Homelands

A Personal History of Europe

Timothy Garton Ash

成為歐洲人

親身經歷的戰後歐洲史

提摩西·賈頓艾許＿著　閻紀宇＿譯

獻給T、D與A

目次

「為今日歐洲書寫一部道道地地的歷史，這可以作為一個人終其一生的職志。」

——托爾斯泰（Leo Tolstoy），《日記》（*Diaries*），一八五二年九月二十二日

「哲學誠不我欺，人生必須以後見之明來理解；但人們忘記了另一個原則，人生也必須以前瞻心態來經歷。」

——齊克果（Søren Kierkegaard），《日記》（*Journals*）

導讀

追求一個完整而自由的歐洲

楊肅献（臺大歷史系名譽教授）

《成為歐洲人：親身經歷的戰後歐洲史》這本書的英文原名是*Homelands: A Personal History of Europe*，乃英國牛津大學歷史家提摩西．賈頓．艾許（Timothy Garton Ash）教授二〇二三年出版的新著。本書書寫一九四五年以來的歐洲史，主軸是歐洲的「民主化」與「一體化」，從他的個人體驗，敘述歐洲如何從二戰的毀滅、冷戰的分裂，走向民主轉型及統合，逐步形成「歐洲人的共同家園」。

一、史家作為研究者、觀察者和參與者

艾許一九五五年出生於倫敦，一九七三年進牛津大學近代史學院就學。一九七七年，他以研究生身分前往柏林，研究二戰期間德國人抵抗希特勒的運動。這段期間，他往返西柏林自由大學與東柏林洪堡大學之間，興趣轉向探究東德共產體制。他經常到東柏林，積極閱讀、觀察、祕密訪談，收集有關資料。

一九八一年，艾許將他在東德的一手考察，寫成《難道你不想成為我的兄弟嗎：今日的東德》在西

德出版。這是一部對東德歐威爾式極權體制的深入報導與嚴謹研究，在當時西方實屬難得一見。艾許卻因此惹惱東德當局，被列入黑名單，禁止再入境東德。不過，他卻也因此與東歐結下不解之緣，在爾後持續關心、考察東歐變局，從東德到波蘭、匈牙利、捷克，出版了七本專著與論文集。

艾許是一位傑出的當代中、東歐史專家，論著聚焦於一九八〇年以後中、東歐地區的民主轉型，深受歐美學界與政界重視。他在一九八九年成為牛津大學聖安東尼學院研究員，二〇〇〇年受邀為美國史丹佛大學胡佛研究中心資深研究員，二〇〇四年更獲聘為牛津大學歐洲研究中心教授兼主任。

艾許教授更是一位歐洲的公共知識分子，關心歐洲重要時事。他曾擔任英國《旁觀者》(*The Spectator*)週刊外國事務編輯，長期報導歐洲事務。他也為《泰晤士報》(*The Times*)、《獨立報》(*The Independent*)與《衛報》(*The Guardian*)等主流媒體撰寫專欄，對歐洲時事發表意見，提出建言，受到歐洲政界重視。

艾許教授長期關注歐洲的自由與統合問題，並利用自己在學術與媒體的影響積極推進。一九九一年，他出席法國總統倡議的布拉格會議，目的即在推動「歐洲邦聯」。二〇一七年，艾許教授獲頒德國「查理曼獎」，表彰其對推動歐洲統合的貢獻。

二、書寫歐洲的「現在史」

艾許教授的歷史書寫幾乎都是在處理他個人親身經歷、觀察到的晚近五十年歐洲。史學上，這段歷史通常會被列為「當代史」或「現代史」(contemporary history)，但艾許教授卻獨創一個名詞，稱之為「現在史」(history of the present)。一九九九年，他將在一九九〇年代發表的歐洲時事論文、短文、通訊等結集出版，即以《現在史》作書名。*最近，艾許教授更在Substack網路平臺開設一個「現在史」通訊，與讀者、粉絲分享、討論當前世界時事。

現代史家治史通常會避開「現在史」。一方面，現在史去今未遠，歷史距離感不足，不易保持客觀超然；另一方面，檔案史料大都尚未開放，一手資料難以取得。史家霍布斯邦（Eric Hobsbawm）在《極端的年代：短暫的二十世紀一九一四至一九九一》中就曾說：「我一生的大部分與這本書處理的時期重疊……我一直都累積有對這個時期的看法或一偏之見，但僅是以同時代人而非學者的角色。在專業史家大帽子下，我生涯的大部分時間一直避開一九一四年以後的歷史書寫。」†直到晚年，霍布斯邦才覺得是時候下筆書寫他經歷過的「短暫的二十世紀」。

* Timothy Ash, *History of the Present: Essays, Sketches and Dispatches from Europe in the 1990s* (London: Allen Lane, 1999).

† Eric Hobsbawm, *The Age of Extremes: The Short Twentieth Century, 1914-1991*(London, 1994), p. ix.

與眾不同的是，艾許教授自學術生涯伊始就投入「現在史」研究與寫作。這類歷史的寫作不可能奠基於檔案史料，主要得靠回憶錄及訪談等口述資料。實際上，《成為歐洲人》乃是一本「由回憶錄來呈現的歷史」。作者將自己長期對戰後歐洲的觀察及紀錄，融入這本「現在史」的敘事裡。

書寫「現在史」，作者須兼有新聞記者與歷史學者雙重角色。艾許教授說他像新聞記者一樣，造訪一些地方，是為「親眼見證」；但他是歷史家，也須引用一手史料和二手研究。他做了許多訪談，並審慎查證：「我當然不會對人們告訴我的事情照單全收，而是效法希羅多德的精神……只要有可能做到，我一定會核實查證。」書寫過程中，艾許坦言自己「並不客觀，會特別關注不滿情緒與異議表達」。但身為史家，他強調「會盡可能公平精確地描述自己察覺的現實」。

三、以「個別人物親身體驗」呈現的「現在史」

艾許教授界定《成為歐洲人》是一本「個人的歐洲史」。這裡所謂的「個人歷史」（personal history）指的並非艾許教授自己的歷史或「自傳」，而是以「個別人物的親身體驗」來呈現歷史。艾許教授擅長敘事，他以眾多人物的真實經驗來鋪陳戰後歐洲的歷史。

值得注意的是，艾許教授重視一般人群的體驗，甚過高層政治人物的夸夸之言。他雖然引述了與歐洲領導人的對話，目的卻是為了「說明故事的原委」。他更看重與歐洲「尋常百姓」的互動，發現他們提供的材料要比領導人更加精彩。在他眼中，在歷史舞臺上「重要人物有時候確實頗具重要性，只不過分量通常不到他們自以為的一半」。這一看法與史家霍布斯邦不謀而合。霍布斯邦在《極端的年代》前言寫道：「據個人經驗……訪談總統或者決策者，通常不會有太大收穫。很明顯，這類人物的發言大都是為作公共紀錄。」*

本書的真正主角，其實是一群「不會出現在歷史著作的男男女女」，艾許教授試圖從他們的眼睛來觀看「另一個歐洲」。這些人的故事現身說法，能夠更如實、生動、有力地呈現戰後歐洲「真正發生了什麼」。

艾許教授在書中描述一九八九年柏林圍牆倒塌前夕，一個東柏林家庭的抉擇則與行動，生動呈現了東歐變局下的驚濤駭浪。故事之一：一九八九年八月，艾許好友沃納之子約阿希姆和女友，利用到匈牙利度假機會，兩度冒著邊境警衛開槍的危險，黑夜下偷偷穿越鐵絲網和荊棘叢，成功偷渡奧地利。故事之二：一九八九年十一月九日，風聞柏林圍牆開放了門禁，沃納開車載著女兒和女兒朋友亞絲翠德，經由檢查哨要進入西柏林。當時，可否自由進出西柏林尚不明朗，沃納一行在邊界徘徊，心情忐忑。確定可自由出入後，一行人急駛入西柏林，受到西柏林人歡呼。眾人後來決定先返回東柏林一趟，故事繼續寫道：

* Eric Hobsbawm, *The Age of Extremes: The Short Twentieth Century, 1914-1991*, p. x.

亞絲翠德在後座說道：「請停車一會兒。」沃納停下車，這位從未到過西方的女孩做了一件非常特別的事，她打開車門，把一隻腳放在地上，西方！

這兩則故事都充滿張力與渲染力，讀來扣人心弦。這本書還有許多類似的動人故事，具體描繪出中、東歐為自由民主的奮鬥。

四、個人視角下的戰後歐洲史

艾許教授是從「個人視角」書寫他的戰後歐洲史。一方面，這本書是以作者第一人稱書寫，而非史家通常採取的第三人稱。史源方面，這本書更主要「取材於作者自己的日記、筆記、照片、記憶、閱讀、觀看與聆聽，綿亙過往半個世紀」，只是也引述其他人的回憶。艾許實際上是在書寫一種介於自傳與歷史的著作。

另一方面，艾許教授明顯是從一種特定立場在詮釋歐洲「現在史」。他是一個「自由派國際主義者」，個人信念是「自由」與「歐洲」，一如他在本書中所說：「歐洲，我的歐洲，其本質在過去是爭取自由的抗爭，至今依舊。當歐洲的理念與自由的理念並肩前進，我最興高采烈。」這本書的主軸之一，便是敘述自由民主在冷戰歐洲的進展。

一九四五年以後，西歐地區大致上維持自由體制，雖然西班牙、葡萄牙和希臘等殘餘獨裁政權直到一九七〇年代才開始民主轉型。艾許教授寫到一九六八年學生運動對歐洲自由的意義。這次戰後嬰兒潮對冷戰秩序的反抗，雖然無法撼動整個體制，卻「在文化上與社會上打了勝仗」，促成西歐社會的深度自由化，反戰、反法西斯、教育主義、環境主義、性解放與社會自由主義等，成為新的社會價值。

艾許最關心的乃是東歐的民主運動：「中歐地區的解放與轉型，是我一生政治經驗的中心。」二戰結束後，中、東歐深陷鐵幕背後，但東歐人民為自由的抗爭不斷：一九五三年東德，一九五六年匈牙利，一九六八年捷克，都發生抗暴運動。這些抗爭不幸都遭蘇聯鎮壓，卻成為一種「記憶引擎」，只要機會一來臨即會再起。

一九八〇年是東歐民主運動的轉捩點，對艾許教授來說，也是歐洲「上升」的開始。這一年，波蘭格但斯克列寧造船廠工人組織團結工聯，以和平方式挑戰共產政權。次年，團結工聯遭波共政權鎮壓，轉入地下活動。艾許教授對團結工聯做了一手觀察，於一九八四年出版《波蘭革命：團結工聯一九八〇至一九八二》以誌其事。團結工聯運動雖然一時受挫，卻已在柏林圍牆鑿出了一個洞。

東歐民主運動的另一個轉捩點發生在一九八五年。蘇聯在這年發生政治變化，新領袖戈巴契夫推動「開放」與「重建」，以挽救蘇聯經濟。戈巴契夫同時放鬆對東歐國家的控制，民主運動遂在東歐風起雲湧，衝擊東歐的共產體制。

一九八九年是東歐最驚心動魄的一年，而艾許教授親身見證了這一巨變。[*]這一年先是中國爆發震撼全球的民主運動。艾許教授點出，天安門事件當日波蘭正好舉行四十年來第一場半自由選舉，團結工聯大獲全勝，成立蘇聯集團有史以來第一個非共政府。波蘭民主化帶來連鎖效應，匈牙利接著發生一場「改革式革命」，也進行民主轉型。

匈牙利新政府上臺後，於九月二十二日對東歐人民開放邊界，這一舉動間接推倒了鐵幕。匈牙利邊界一旦開放，東德人隨即蜂擁而入，借道匈牙利投奔奧地利與西德。東德政府擋阻不住人民用腳投票，兩個月後被迫打開柏林圍牆，東德共產政權隨即垮臺。捷克斯洛伐克接著發生了「天鵝絨革命」，結束共黨統治，文學家哈維爾出任民主捷克首任總統。

在艾許教授看來，一九八九年東歐的民主化，是歐洲日後從「上升」奔向「勝利」的關鍵。

五、營造歐洲人的共同家園

艾許教授是帶有歐洲情懷的英國人，長期關注、支持歐洲的一體化，希望建構一個「完整而自由的歐洲」。[†]歐洲的統合運動與東歐的民主化，就是他在本書敘事的兩大主軸。

一九六一年興建的柏林圍牆，象徵著戰後歐洲的分裂，爾後數十年圍牆兩邊的歐洲各走各的路。當東歐人在鐵幕內為自由奮戰時，西歐國家則致力化解仇恨，邁向統合與共榮。艾許教授在書中敘述此一過程。一九五一年法、德、義、荷、比、盧六國共組「歐洲煤鋼共同體」，七年後轉型為「歐洲經濟共同體」，為統合奠定基礎。一九七〇年代以來這一共同體逐步擴張：一九七三年英國、愛爾蘭、丹麥加盟，一九八〇年代初希臘、西班牙、葡萄牙在民主化後也受到接納。西歐大部分完成了經濟整合。一九九〇年代，「歐洲經濟共同體」進一步轉型為「歐洲聯盟」，持續推進一體化內容：建立單一市場、發行共同貨幣、撤除聯盟內部邊界。一九九五年以後，歐盟國家公民已可在歐盟區內自由移動、就業與生活。艾許教授比喻說：「家園西半部的房間已經打通牆壁，大家共用各種設施，在共同空間用餐，甚至共用餐具，感覺就像生活在一個全新型態的家園。」

東歐的民主轉型帶來歐盟東擴的契機。東歐人民嚮往西歐的自由與繁榮，大都想加入歐盟。艾許教授一直支持歐盟應接納東歐國家。一九九〇年代初，他出席柴契爾夫人的諮詢會議，說服她支持兩德統一。艾許也參加一場法、德、英三國會議，呼籲歐洲共同體接納民主的波蘭、匈牙利和捷克。

歐盟訂定有嚴格的入盟條件，如穩定的民主政治、保障基本人權、尊重法治、市場經濟等。到了二〇一〇年代，東歐國家在完成改革後多數加入歐盟：「『歐洲共同家園』經歷自一九四五年以來最徹底的改造重建。這座家園大部分的水管、路線、家具、裝潢都打掉重做，而且以家園的西廂為藍本。東廂房

---

* Timothy Ash, '*We the People: The Revolution of 1989 Witnessed in Warsaw, Budapest, Berlin, and Prague* (Penguin, 1990).

† Timothy Ash, 'Europe Whole and Free', *New York Times Book Review*, Nov. 2, 2023.

客穿的衣服，使用的產品，工作與生活方式都發生變化，向西廂看齊。」

歐盟如今已有二十七個成員，涵蓋大部分歐洲國家，一九五一年歐洲煤鋼共同體開啟的歐洲一體化工程大致完成。歐洲成為歐洲人名符其實的「共同家園」，標誌了歐洲的「勝利」。這項勝利帶來了一種樂觀情緒：「在二〇〇〇年代初期，歐洲人相信二十世紀晚期的歐洲預示了世界未來的形態：後民族主義、經濟相互依存、相互合作、遵守法律、和平共處。」

然而，時序到二十一世紀第二個十年，歐盟卻出現危機：歐債危機、移民問題、宗教恐攻、右翼民粹主義、中歐新威權主義、英國脫歐，種種困擾紛至，使歐盟的未來充滿不確定。「歐洲近年的下滑頹勢，我們無法確知會持續抑或反轉，甚至全面復甦、更上層樓。」不過，艾許教授仍積極看待歐洲的一體化，呼籲人們持續戰鬥，「在最黑暗的夜裡仍然追求黎明」。

附記

一九八三年到一九九〇年，筆者在英國讀英國史，正逢冷戰終結前夕，世局混沌，親眼見識了那個時期的變動。猶記得一九八九年，每天看ＢＢＣ、ＣＮＮ直播天安門運動、東歐民主運動、柏林圍牆倒塌，心情跟著躍動，震撼不已。一九九〇年初，畢業返臺前去了一趟歐陸，特別安排走訪柏林。來自戰地金門的筆者，想要感受一下歐洲前線的冷戰氛圍。火車從法蘭克福出發，在深夜進入東德，睡眼惺忪中見到兩名東德士兵荷槍實彈登車檢查證件。筆者花了五西德馬克買了一紙臨時簽證，一如艾許教授在書中所說。到達西柏林後，即去參觀邊境檢查哨和柏林圍牆，看到很多民眾在敲打滿是塗鴉的圍牆，取下碎片販賣，我也花五馬克買了一塊當作紀念，這塊圍牆碎片如今仍陳列在我家客廳！當時德國公民已可自由進出東柏林，外國人則須跟團才能進入。筆者再花二十五馬克參加東柏林一日遊活動。來自反共的臺灣，筆者第一次踏進鐵幕時，既感到緊張又覺得新鮮。旅途中，可以感覺到東柏林氣氛仍然嚴肅，物資極為缺乏，咖啡店架上只有幾塊蛋糕，交易只收西德馬克。從這些蛛絲馬跡，可以理解東德人民為何要冒死逃往西方了。如今冷戰已遠矣，而四十年後再讀艾許教授所寫的一九八〇年代，內心仍然澎湃不已！

序曲

我們的時代

小小一間客廳，彌漫著不太熟悉的高盧牌菸草菸味與濃黑咖啡味，我和我的法國寄宿家庭坐在一起，注視著小小一部黑白電視螢幕。那年我十四歲，是個交換學生，幫忙翻譯電視上的一段話：「阿姆斯壯說：這是我個人的一小步，卻是人類的一大步！」一會兒之後，一個模糊的人影開始在月球表面蹦蹦跳跳，彷彿沒有重量。我看過丁丁漫畫系列的《月球探險》(*Explorers on the Moon*)，因此相當熟悉這類場景。

對於一九六九年的英國學童來說，歐洲大陸到底有多遙遠？如今已很難回想。我不會說法國感覺像月球一樣遠，但法國完全涵蓋了英文「外國」(foreign）這個字眼的傳統意義。那個地方的人們吃青蛙，騎摩托車，一天到晚交媾，而且他們的水千萬不能喝。前往法國大西洋岸城鎮荷榭勒（La Rochelle）的旅程看似沒有盡頭，巴士、地鐵、火車、渡輪（嚴重暈船）、火車、最後又是巴士。來到邊界關卡，我那本封面硬挺的深藍色嶄新英國護照，被仔細檢視及蓋上戳章。我一手插在褲袋，緊張地摸索著幾張脆硬大張的法郎鈔票。如果要打電話回家，過程會相當複雜，必須透過雜訊連連的通訊線路，以彆腳法語和總機交涉。（窩們可以退獾費用嗎？）

二十年後，我來到布達佩斯，參加一場異議人士集會，簽名分送我那本中歐事務論文集的匈牙利文版。*一九八九年是奇蹟之年，自由與歐洲（我最關心的兩個政治理念）伴著貝多芬的第九號交響曲攜手並進，引領一場和平革命，為歐洲與世界歷史開啟新篇章。對我而言，歐洲大陸各地再也不是「外國」。我親自體現了當代歐洲人所謂「出國就像回家」一樣的弔詭經驗。

幾乎到了賓至如歸的地步，以致於我和匈牙利朋友走在布達佩斯五光十色的溫暖街道上時，他忍不住轉身對我大聲說道：「你一定是舒勒姆・艾許†的後代子孫！」

「不是。」我回答，有一點驚訝。

「那你為什麼對中歐那麼感興趣？」

朋友的意思似乎是，一個人之所以會對另一部分的歐洲產生情感，想必是出於家族血緣的因素。身分認同既是一種給予，也是一種創造。我們無法選擇父母，卻可以選擇自己要成為什麼樣的人。卡夫卡（Franz Kafka）在寄給未婚妻的明信片上如此宣稱：「基本上我是個中國人。」如果我說「基本上我是個中歐人」，這並不意謂我自稱是中歐意第緒語作家舒勒姆・艾許的後人，而是宣示一種刻意選擇的親密連結。

我出生於英格蘭溫布頓，無可置疑是在歐洲誕生，因此理論上我生來就是歐洲人。從約莫兩千兩百年前的古希臘哲人埃拉托斯特尼開始，地圖繪製者向來都將不列顛納入歐洲地區（歐洲與亞洲、非洲的並立，可能是人類心智中最為古老且持續至今的世界分野）。只要歐洲的地理觀念仍然存在，不列顛這座略呈三角型的島嶼就會是歐洲的一部分。然而，我從小並沒有被人們耳提面命自己「生來就是歐洲人」

---

* 譯註：指作者在一九八九年出版的《逆境的用處：論中歐的命運》（*The Uses of Adversity: Essays on the Fate of Central Europe*）。

† 譯註：舒勒姆・艾許（Scholem Asch, 1880-1957）是波蘭出生的猶太裔小說家、劇作家與詩人，當代意第緒語文學大家。

的經驗。

我母親唯一一次以「歐洲人」自稱，是她談起自己在英屬印度出生成長的青春歲月。「當時的歐洲人，一大清早就會出門騎馬。」她對我喜孜孜地憶起二戰結束時年輕的她在新德里的浪漫時光。英國人在印度會自稱為歐洲人，回到家鄉之後卻否認這個身分。然而在華盛頓、北京、西伯利亞或澳洲塔斯馬尼亞（Tasmania）的人們看來，這根本是不爭的事實。

我從來不曾聽過父親說自己是歐洲人，儘管他最重要的成長經驗就是隨著第一波英軍於D日在諾曼第灘頭登陸，與大量盟軍在歐洲北部並肩作戰，直到他來到德國北部某處平原，在一輛戰車裡安靜而疲憊地迎接歐戰勝利日降臨。他最欣賞的英國首相是麥克米蘭（Harold Macmillan），據說這位保守派政治家曾如此評論傳奇的法國總統戴高樂（Charles de Gaulle）：「嘴上說歐洲，心裡想法國。」但我父親那類的英國人就是如此，他們提到歐洲時首先會想到法國。過去至少六百年來的英國人以也都有志一同，這事最遠可以追溯到百年戰爭下法國與英國兩相抗衡的民族認同。

對我父親而言，歐洲絕對屬於「外國」，歐洲聯盟則是某種「狡詐伎倆」，意圖挫敗深受國歌薰陶的英國愛國者。我曾在耶誕節送父親一塊歐元形狀的巧克力，他立刻大快朵頤，用牙齒嚼出誇張的喜悅。父親一輩子都是熱忱的保守黨人，晚年一度轉向支持英國獨立黨（UK Independence Party），*令我大感驚駭。如果二〇一六年時他還在世，一定會在公投中投票贊成英國脫歐。

我自覺受到歷史的眷顧，能夠在我摯愛的英格蘭長大成人，但這項地理事實並沒有讓我成為一個歐洲人。一九六九年的我是個呼吸高盧牌菸草菸味的青少年，一九八九年的我在革命中的布達佩斯為著作簽名；我是在兩者之間的某個時刻，才產生了身為歐洲人的自覺。一九七七年八月十二日星期五，我在日記中記下了西柏林的某個夜晚，我和來自奧地利的卡爾坐在一家披薩餐廳。當時我二十二歲，自命不凡，剛從牛津大學畢業，而卡爾則是一位「電工、影評人與計程車司機」。我在日記中是這麼說他的：「一個顯然相當文明的歐洲同胞」（和不文明的人一起吃披薩不是好事，對吧？）文明與否，他顯然是我的歐洲「同胞」。

—

這是一本親身經歷的歐洲歷史，但並不是自傳，而是一部由回憶錄來呈現的歷史。我的寫作取材於自己的日記、筆記、照片、記憶、閱讀、觀看與聆聽，綿亙過往半個世紀。但我也引用了其他人的回憶，因此我所謂的「親身」並不等於「我自己」的歷史，而是指個別人物親身體驗的歷史，以他們的故事現身說法。我會引述自己與多位歐洲領導人的對話，前提是有助於說明故事原委；我也引述許多我和「尋常百姓」的互動，他們的故事往往比自家領導人更為精彩。

---

* 譯註：英國獨立黨成立於一九九三年，是一個強烈反對歐盟的右翼民粹政黨。

我會像新聞記者一樣為了親眼見證而多次造訪某些地方，也會像歷史學家一樣援引最恰當的第一手史料與最新近的學術研究。與我過去在事發當時進行的報導與評論不同，本書會善用所謂的「後見之明」。人們常說，後見之明會讓人看得比較清楚。從二〇二〇年代初期展望的視野絕不完美，但有些事情的確變得更加明晰。

本書試圖做到精確、真實與公平，然而我不會聲稱自己全面、中立或客觀。一位年輕希臘作者眼中的歐洲將與我所見截然不同，年長芬蘭人、蘇格蘭民族主義者、瑞士環保運動者或葡萄牙女性主義者所看到的歐洲也各有千秋。歐洲人可以擁有不止一個家園，但家園的感覺不可能在每個地方都如出一轍。

我們身處的地方各有不同，身處的時代也是如此。舉例而言，我幾位波蘭朋友在一九八〇年代初期的共產高壓情勢下「暗中」運作，使用化名、夜裡暗渡陳倉更換住所或發送密碼訊息，宛如二戰時期反抗納粹占領的波蘭地下組織成員。有一回我拜訪他們，並在日記中寫道：「一九八四年從倫敦希斯洛機場起飛，抵達一九四五年。」不同世代的人們就算是居住在同樣的地方，也有可能生活在不同的時代。我的二〇二三年就不會是我學生的二〇二三年，每個人都有自己的「我們的時代」。

如果採用廣義的地理界定，將俄羅斯、土耳其與外高加索地區都納入，今天的歐洲大約有八億五千萬人口，那麼就存在八億五千萬個歐洲。告訴我你的歐洲在哪裡，我就可以說出你是什麼樣的人。但就連這樣的框架也還不夠廣闊。身分認同有如一手牌，既取決於我們被分到什麼牌，也決定於我們如何打這手牌。身分認同還是一種混合，既關乎我們如何看待自身，也關乎別人如何看待我們。歐洲人容易沾沾自喜，必須學習透過非歐洲人的眼光來看待自身，特別是那些曾經遭受歐洲殖民統治的廣土眾民。

儘管「我們的年代」或「我們的歐洲」各有不同，它們其實都位於共享的時間框架與空間之中。想要理解今日的歐洲，就必須先回溯到另一個年代，也就是東尼・賈德（Tony Judt）所說的「戰後歐洲」：他那部探討一九四五年之後歐洲歷史的《戰後歐洲六十年》（*Postwar*）。但是還有一個時期與戰後歐洲重疊，甚至在概念上取代了戰後歐洲，那就是「柏林圍牆倒塌後的歐洲」（post-Wall Europe）：包含一九八九年十一月九日柏林圍牆倒塌、一九九一年十二月蘇聯解體，同時也結束了讓歐陸分裂為兩大敵對集團的冷戰。本書立足於「戰後歐洲」與「柏林圍牆倒塌後的歐洲」這兩個相互重疊的時間框架，既是個人親身經歷的故事，也是歐洲歷史的一種詮釋。

柏林圍牆倒塌後的歐洲並沒有和平太久，先後發生了前南斯拉夫聯邦血腥的分崩離析、許多歐洲城市遭遇恐怖攻擊，以及俄羅斯在二〇〇八年入侵喬治亞、二〇一四年併吞克里米亞與烏克蘭東部延燒至今的武裝衝突。儘管如此，這段時期對大部分歐洲人而言仍舊宛如某種「三十年和平」，直到二〇二二年二月二十四日。和平戛然而止，俄羅斯全面入侵烏克蘭，戰爭的規模與恐怖程度是一九四五年之後所未見。而一九四五年正是本書故事的起點。

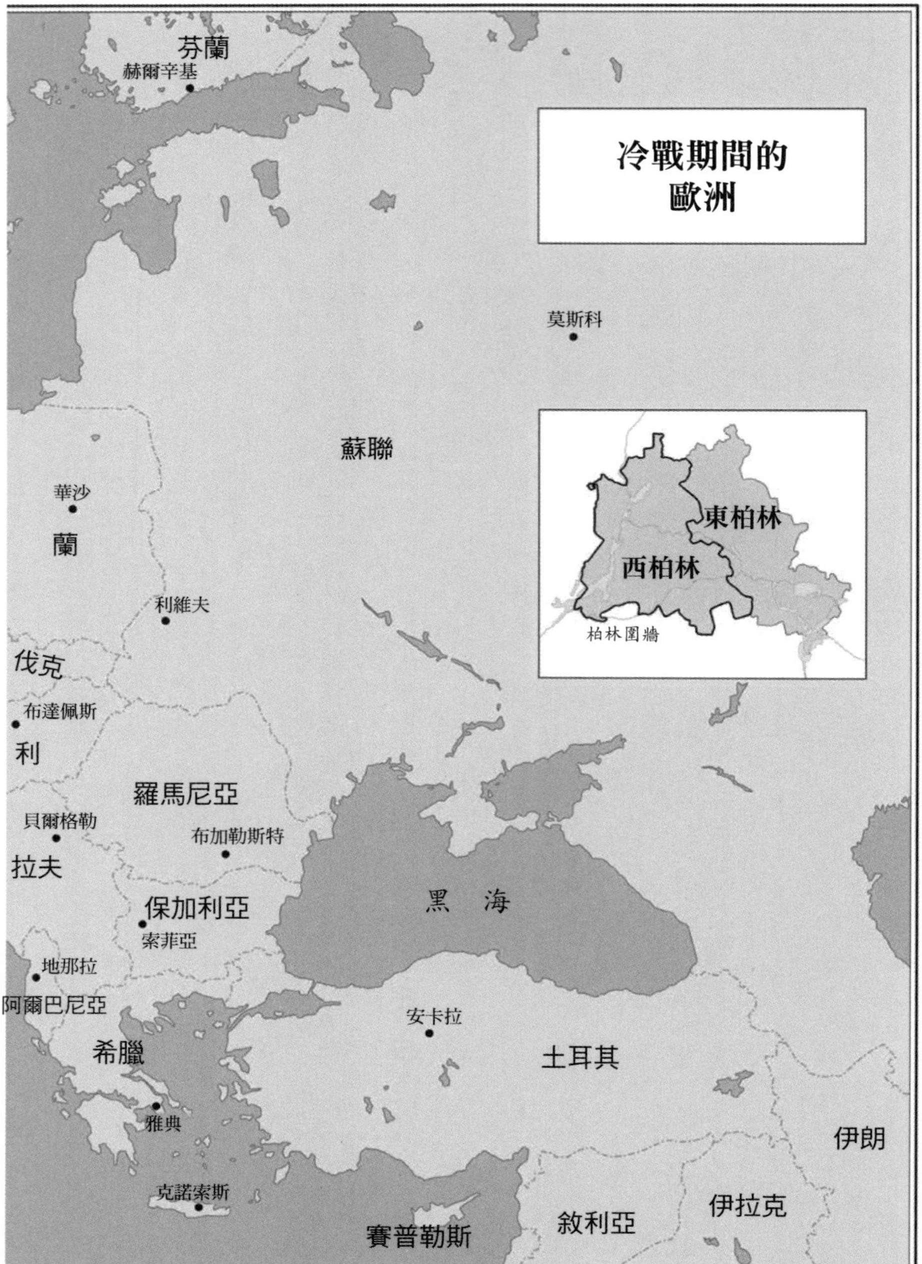

冷戰期間的
歐洲
芬蘭
赫爾辛基
莫斯科
蘇聯
華沙
蘭
利維夫
伐克
布達佩斯
利
羅馬尼亞
貝爾格勒
布加勒斯特
拉夫
保加利亞
索菲亞
黑　海
地那拉
阿爾巴尼亞
安卡拉
希臘
土耳其
雅典
伊朗
克諾索斯
伊拉克
敘利亞
賽普勒斯
東柏林
西柏林
柏林圍牆

0
300 英里
0
600 公里
挪威
奧斯陸
瑞典
斯德哥爾摩
北 海
丹麥
哥本哈根
波羅的海
格但斯克
都柏林
愛爾蘭
英國
倫敦
荷蘭
海牙
威斯騰
柏林
普希謝欽
東德
波
布魯塞爾
亞琛
波昂
比利時
盧森堡
西德
布拉格
鐵
幕
捷克斯洛
維蘇梅
巴黎
維也納
法國
奧地利
伯恩
瑞士
匈牙
大 西 洋
南斯
亞得里亞海
義大利
羅馬
西班牙
馬德里
葡萄牙
里斯本
地
中
海
休達
突尼西亞
摩洛哥
阿爾及利亞

俄烏戰爭
期間的歐洲
俄軍在 2022 年 12 月中旬
違法占領的地區
芬蘭
赫爾辛基
塔林
愛沙尼亞
里加
拉脫維亞
俄羅斯
莫斯科
立陶宛
維爾紐斯
明斯克
白俄羅斯
華沙
蘭
基輔
烏克蘭
利維夫
洛伐克
布達佩斯
牙利
摩爾多瓦
聶斯特河沿岸
（被占領）
奇西瑙
羅馬尼亞
貝爾格勒
布加勒斯特
塞爾維亞
蒙特內哥羅
波德戈里察
保加利亞
科索沃
索菲亞
史高比耶
北馬其頓
地那拉
阿爾巴尼亞
希臘
雅典
克諾索斯
黑　海
阿布哈茲
（被占領）
南奧塞提亞
（被占領）
喬治亞
提比里斯
亞美尼亞
葉里溫
亞塞拜然
安卡拉
土耳其
伊朗
伊拉克
敘利亞
賽普勒斯

0
300 英里
0
600 公里
挪威
奧斯陸
瑞典
斯德哥爾摩
北 海
丹麥
哥本哈根
波羅的海
格但斯克
愛爾蘭
都柏林
英國
倫敦
荷蘭
海牙
威斯騰
柏林
普希謝欽
德國
波
布魯塞爾
比利時
亞琛
盧森堡
布拉格
捷克
維蘇梅
巴黎
法國
斯
維也納
布拉提斯拉瓦
伯恩
瑞士
奧地利
匈
大 西 洋
斯洛維尼亞
盧比安納
薩格勒布
克羅埃西亞
波士尼亞
塞拉耶佛
亞得里亞海
義大利
羅馬
西班牙
馬德里
葡萄牙
里斯本
地
中
海
休達
突尼西亞
摩洛哥
阿爾及利亞

第一章

毀滅

（一九四五年）

威斯騰

「英國軍隊在接近傍晚時分來到。」魯普（Heinrich Röpe）說道，這位德國下薩克森邦的農民身材結實，臉龐膚色有如大黃。我們走過靜謐祥和、綠草如茵的阿勒河（River Aller）河岸，他指向自家的木骨架房屋旁，一九四五年四月的某一天，英軍在此搭建一座金屬便橋。「蒙哥馬利*就是在這裡過河！」他高聲宣布，頗有一點與有榮焉的味道。當時小魯普才五歲，踮著腳尖從窗口望出去，看著身穿卡其制服的軍人通過。

為了三張畫質粗糙的黑白照片，我來到今日欣欣向榮的威斯騰（Westen，意為「西方」），這座村莊位於德國北部平原地帶的中部。照片中，一群英國陸軍軍官正在觀看板球比賽，我父親是其中之一，當年二十六歲。他在照片背面以他特有的斜體書法註明「一九四五年六月攝於威斯騰」。那時第二次世界大戰進入尾聲，他的部隊占領當地。諾曼第登陸之後一年，父親大部分時間都在作戰，從法國、比利時、荷蘭一路打到德國，看過無數同袍傷亡；對他而言，一場平靜的板球比賽一定非比尋常。我檢視照片中這張緊繃的臉龐，那個年輕時我還不認識、老去後卻成為我摯愛的親人。當時他心理在想些什麼？

更仔細端詳，我注意到照片背景有一名女子，懷裡坐了娃娃。除了她之外，還有幾名兒童也是平民裝扮。一個男孩滿頭金髮，穿著吊帶高腰長褲。當他們漫步在這些陌生的外國軍人之間，看著一場陌生的外國比賽，他們又會有什麼樣的感覺？

也許我能夠在威斯騰找到一些人，還記得當年的細節？

我因此到訪威斯騰，那是一個晴朗的春日，地點是一幢漂亮的紅磚建築：它建於十八世紀，如今是社區博物館與活動中心。我前方是一張木質大圓桌及十二位年長的男女，他們記得一切。真的，他們什麼都記得，包括許多我未曾知曉的故事。

「我當時加入希特勒青年團，」古德克（Albert Gödecke）率先發言，他讓人印象深刻，「怎麼看都覺得希特勒將贏得戰爭。」他對此深信不疑，直到第一次遇見英軍——自尊自重的威斯騰人都用「英國佬」或「湯米」（Tommy）來指涉英軍。幸好古德克略通英語，因此可以對英國軍人開口：「這邊請。」

繆勒（Heinrich Müller）是一位身材極為厚實的老農民，腦袋像一顆大南瓜。他其實曾在德意志國防軍（Wehrmacht）服役，投入東線戰事，直到因傷退役。後來英軍闖進他的家族農場，以拙劣的德語質問：「你為什麼沒去當兵？」這位納粹德軍退伍軍人才拉起褲管，露出傷疤。

為了在阿勒河東岸捍衛希特勒毫無指望的防線，大約三十名德國青年因此犧牲。我來到村莊墓園，行經一排又一排小小的長方形墓碑，檢視上面的名字與出生日期：艾斯騰伯格（Gerd Estemberger），十七歲；布瑞契（Wilhelm Braitsch），十七歲；容布魯特（Paul Jungblut），十七歲。我心頭浮現詩人吉卜林（Rudyard Kipling）寫給一位新兵的墓誌銘：

＊譯註：指二戰英國陸軍元帥伯納德・蒙哥馬利（Bernard Montgomery），當時率領英國第二十一集團軍在德國西北部作戰。

第一天第一個小時
我跌入前方的戰壕。
（戲院包廂的孩子
站起來看個究竟。）

當時德國難民湧入威斯騰，村莊人口從約莫六百人倍增至超過一千兩百人。有些人來自漢堡，經歷過英美聯軍進行的恐怖轟炸：「蛾摩拉行動」（Operation Gomorrah）將城市化為齏粉，至少九十萬人逃離。另一群難民則是更早（古德克形容為「希特勒的年代」）就從比薩拉比亞（Bessarabia）逃到德國境內的波美拉尼亞（Pomerania），後來趕在蘇聯紅軍抵達之前再度上路，「帶了一百四十匹馬」。果然只有農夫才會精確掌握馬匹數目這類細節，我喜歡。更大一群難民來自西利西亞（Silesia），當時史達林、邱吉爾與小羅斯福已經決定戰後將那個地區畫歸波蘭。

海爾嘉（Helga Allerheiligen）乾乾淨淨，個頭嬌小，看來遠比實際年齡八十歲年輕。她接棒講故事，丈夫阿勒海利根（Wilhelm Allerheiligen）在一旁幫腔。是的，她來自布雷斯勞（Breslau，今日的波蘭的弗羅次瓦夫〔Wrocław〕），「坐著一輛牛車，只帶了三個行李箱。」她和家人落腳鄰村惠爾森（Hülsen），一座原本安置波蘭奴工的營地，「你應該看看波蘭人把營房搞得多髒亂。」她後來偷偷告訴我，透露出一絲舊時代的偏見。

當地人並不歡迎這些德國難民，也絕不願意讓自己的兒子與難民的女兒交往。「威斯騰的男人就應該娶威斯騰的女孩。」幸運的是，英國軍隊安排了幾場晚會，因為英軍官兵「很想與德國女孩聯誼」，海爾嘉如此解釋。有一場舞會在惠爾森村一家酒館舉行，海爾嘉因此認識了一個很不錯的威斯騰小伙子，就是阿勒海利根。當年阿勒海利根的父親大驚失色：「她什麼家當都沒有！」然而愛情總是有辦法找到出路。因此兩人今天還坐在這裡，廝守一輩子，一起緬懷那些美好與不怎麼美好的往日。

她提到英軍辦舞會是因為官兵「很想與德國女孩聯誼」，引發我的另一個問題：當時有人和英軍官兵談戀愛嗎？大家沉默半晌，一位男士才調侃開口：「你是來威斯騰尋親嗎？」

會議散場，眾人享用咖啡與居民自製糕點，我將父親的板球比賽照片拿給魯普與繆勒看，問他們是否知道那場比賽是在哪裡舉行？兩顆結實的頭顱碰在一起。當然知道！他們驚呼，就在通往瓦納貝爾根（Wahnebergen）的路上，你看，還有諾克（Nocke）的電報線桿。

有人可以帶我去看看嗎？年紀最小的歐斯默斯（Jan Osmers）自告奮勇。我們跳上我租來的福斯轎車，立刻趕到當地：照片中的草地映入眼簾，電報線桿也佇立在原地。我站在深及腳踝、氣味美好的草叢之中，心裡彷彿能夠聽見那場板球比賽的聲音。那是多年前一個溫暖的夏日午後：「好球，長官！」「出局！」

歐斯默斯身材瘦削，頭髮蓬亂，戴著一副深色眼鏡，是當地的歷史學家。他相當自豪擁有一座風力磨坊，在家族中已經傳了五代。歐斯默斯寫過一部內容詳細、研究扎實的威斯騰編年史。他只比我年長幾歲，我與他一拍即合。

離開板球草地，我們驅車前往鄰村杜費爾登（Döverden），造訪當年戰時安置奴工的斯坦營區（*Steinsiedlung*）。營區如今已改名為「斯坦社區」（*Steinsiedlung*），結構堅固的營房被改裝為可容納一個個家庭的樸實平房。草地整整齊齊，車道上停放著小型車。一間平房樹立旗桿，高掛美國國旗。

這個地方的納粹奴工有許多人都曾經為當地農民工作，雙方一起生活，後者的子弟卻投入希特勒的戰爭，殺害前者的親屬。當年住進斯坦營區的波蘭人、俄羅斯人、法國人與比利時人，還會到鄰近的艾比亞（Eibia）火藥工廠工作，製造原始的化學武器。歐斯默斯和我開車進入一座位於巴姆（Barme）的茂密針葉林，在冷杉與松樹之間仍然可以找到死亡工廠的遺跡。一條廢棄的鐵路直接進入廠房，緊鄰的支線仍然在營運。這些有如靜脈般曲張的鐵路曾經是納粹帝國的邪惡血脈，將毒氣、奴役與死亡送到歐洲占領區的每一個角落。

進入巴姆森林，你已經非常接近黑暗的中心，如果想要更靠近一點，你可以駛向通往漢諾威的幹道，依循路標駛向貝爾根—貝爾森（Bergen-Belsen）。*當年英軍渡過阿勒河幾天之後，在這裡見證罕有英國人能想像的恐怖場景，觸目所及盡是「形容枯槁泛黃的活骷髏」，聞到「肉體腐爛的惡臭」。

凌虐、飢餓與疾病將倖存者最後一絲尊嚴剝奪殆盡。當時與英國軍方合作的醫學院學生麥考斯蘭（Alan MacAuslan）回憶：

我藉著昏暗的光線俯視，一名女子蹲伏在我腳邊。她黑色的頭髮糾結成一塊一塊，長滿蝨子；她的肋骨突出畢現，彷彿骨骼與皮膚之間空無一物……她在排便，但因為極度虛弱，臀部無法抬離地板；她腹瀉，黃色糞液流在大腿上。她兩腳蒼白浮腫，那是飢餓引發的水腫症狀。她還得了疥瘡。她一邊蹲伏著一邊搔抓私處，私處也長滿疥瘡。

一位捷克裔囚犯貝魯涅克（Jan Belunek）告訴解放他的英軍，他看過有些屍體的心臟被挖出，另一名囚犯「坐在這樣一具屍體旁邊……吃肉，我非常確定他吃人肉。」

屍體彼此堆疊，越堆越高，展現了一位英國軍官描述的「屍僵對人類臉孔所能造成的各種影響，攤開手腳的人體被隨意拋擲後所能呈現的各種怪異姿態。」如果你造訪今日的貝爾根—貝爾森紀念館，就會看到當年的紀錄片，片中已淪為俘虜的集中營警衛奉命將這些赤裸僵硬的屍體從卡車上搬下，拖進集體墳冢埋葬。集中營倖存者在一旁大聲叫罵，歐洲各地的語言都聽得到。

短短一天，我開車行經今日歐洲西北部繁榮和平的一隅，卻被傳送到這座大陸最黑暗的時刻。幽靈

＊　譯註：貝爾根—貝爾森集中營位於下薩克森邦，曾囚禁數萬名戰俘與猶太人。一九四五年四月被英軍解放時，營中約有六萬名倖存囚犯、一萬三千具屍體。

在那裡等待你，一場對話就可能讓它們現身。對於每一位海爾嘉、古德克與魯普，每一位像我父親一樣的英國軍人，每一位斯坦營區的法國、波蘭與俄羅斯奴工，每一位貝爾根—貝爾森的囚徒，世界上都還有無數人有著與他們類似的遭遇。

地獄

人類總想在人間打造天堂，卻從來沒有成功過，反而是一次又一次把人間建成地獄。二十世紀前半葉的歐洲人就是這樣對待自己的大陸，一如過去幾百年對待其他人的大陸一般。沒有人替我們代勞，這是歐洲的野蠻行為，歐洲人對歐洲人為所欲為（往往還是以歐洲之名）。想要瞭解歐洲在一九四五年之後的歷史，先決條件就是瞭解這座人間地獄。

「一個人的死亡是一場悲劇，一百萬人的死亡是一個統計數字。」*姑且不論精確估算的困難性，人們的心智很快就會被數字麻痺。我是不是應該告訴你，一九四五年三月一個月之內，貝爾根—貝爾森集中營就死了大約一萬八千人？二戰結束時，德國已有將近八百萬人淪為強迫勞工？杜塞爾多夫（Düsseldorf）被盟軍轟炸之後，大約九成三的市區已無法居住？或者告訴你戰前人口擁有約九百萬人的白俄羅斯，在二戰承受了約兩百萬人死亡，另有至少三百萬人流離失所？

十九世紀歐洲帝國主義者曾為非洲貼上「黑暗大陸」的標籤，而歷史學家馬佐爾（Mark Mazower）

的同名著作《黑暗大陸》（*Dark Continent*）則讓這個標籤與二十世紀的歐洲形影不離。馬佐爾在書中估計：「一九三九年到一九四八年之間，歐洲將近九千萬人遭到殺害或流離失所。」這意謂每六個歐洲人就有一個遭到此般遭遇，而且還沒有計入那些經歷飢餓、疾病、性侵、酷刑、肢體殘障、乞討維生、寒凍、賣淫、失去父母、遭到凌辱、遭到貶抑、喪夫喪妻、終身心靈受創等經歷的人們，更別提他們的子子孫孫受到什麼影響。

《舊約聖經》曾說，父親不公不義的罪孽會被追討「直到三四代」。我曾經研究一九七〇年代晚期與一九八〇年代早期監控我的「史塔西」（Stasi，東德國家安全部）官員，考察他們的人生。我首先閱覽的就是他們自己在史塔西的個人檔案，後來更與這些人進行深度訪談。當年我被一項事實震撼：除了一人例外，他們在成長過程中全部都沒有父親。戰爭讓他們的父親不是死亡就是失蹤。我在訪談過程中領悟到，父親的缺席讓他們在心理上更容易受到「祖國」感召。一九四五年之後，歐洲數以千萬計的孩童都是在父親缺席與母親守寡的環境中長大成人。

歐洲這座地獄分成不同層級。富人通常不至於挨餓，然而貴族身分並不能免於淪入赤貧。族群地位會隨著時間變化，有時候當德國人或匈牙利人會比當法國人或荷蘭人來得好，有時候正好相反。然而斯拉夫人的待遇通常等而下之，羅姆人與猶太人更糟。這座地獄具有顯著的地理差異：如果你生活在

＊ 譯註：語出德國記者與作家圖霍爾斯基（Kurt Tucholsky），但經常被誤認為史達林的「名言」。

瑞士、瑞典或愛爾蘭之類中立國家，你就能躲過最恐怖的遭遇。如果你生活在英國，那你可能會體會到軍事損失、戰時轟炸與戰後經濟困境等巨大痛苦——我哥的中間名「布萊恩」就是為了紀念我父親一位死於戰火的摯友。然而，最恐怖的情況發生在歐洲大陸的東半部，那塊被歷史學家史奈德（Timothy Snyder）形容為「血色大地」的難忘之地。

一九四五年四月在阿勒河岸陣亡的德軍少年兵，如今埋葬在威斯騰的村莊墓園。在一塊又一塊的墓碑旁有著一塊紀念石板，上面寫著：

你將發現他們
就在你尋找他們的地方
東方是隕落之地
西方為他們悲嘆

西方為這些人的命運悲嘆，在威斯騰這座地名含有「西方」之意的村莊。威斯騰以務農為主，薪柴供應充裕，因此免於大多數主要城市（尤其是東部城市）的饑荒與寒冷。確實有些英國軍人在解放西歐的過程中犯下罪行，包括草率處決與凶殘毆打，但嚴重程度遠遠比不上蘇聯紅軍對德國平民的大規模性侵與暴行。昔日希特勒青年團成員古德克好心地向我保證，當年來到威斯騰的英國軍人「非常冷靜，實事求是」。但英國軍人確實也不曾像紅軍中的俄羅斯、烏克蘭、白俄羅斯等來自東歐地官兵，曾經遭受過德軍的大規模暴行。

奧斯騰

個人歷史的一樁意外引領我來到威斯騰這座村莊之後，我開始思索，會不會也有一座名叫「奧斯騰」（Osten）、意為「東方」的村莊？還真的有。一九一四年之前的德意志帝國境內有三個地方就叫做奧斯騰，其中一個位於今日波蘭西部，已改稱「普希謝欽」（Przysieczyn）。因此我來到普希謝欽，坐在另一張木頭桌子前方，身邊是另一群有男有女的老人家。他們也像威斯騰的德國老人家一樣，什麼事都記得，而且知道的遠比透露得更多。

一位已退休的波蘭老師以誇張的動作舉起一個破損發黑的法國陸軍金屬水壺：那是一份禮物，一位法國士兵在德國戰俘營送給一位波蘭戰俘。一位老農夫還記得一九四五年初，他看到死亡德軍的屍體散落在森林裡，他們是被蘇聯紅軍的哥薩克騎兵獵殺。但是更早之前，同一座森林裡，一九三九年九月德國入侵波蘭之後，一百零三名波蘭人遭到納粹親衛隊殺害，同時還有大批波蘭人被遣送到東方。

我們位在一幢黃色牆面的低矮建築，在納粹占領普希謝欽時期曾是一所「波蘭人學校」。當時鄰近的城鎮瓦格羅威次（Wagrowiec）設有一般小學與中學，但只限德國學童就讀。波蘭學童被迫長途跋涉到鄰近村落的簡陋學校唸書。他們在學校裡不准說波蘭語，只能接受德語教學的基礎教育，十二歲時就得結束學業、開始工作。畢竟他們被視為次等種族。

我結識了奧雷沃（Zbigniew Orywał），一位九十多歲的前奧運國手，曾經是那所「波蘭人學校」的學生。他回憶德軍占領時期規定，波蘭人走在街道上最多只能兩人並肩。他父親會在晚上違反宵禁溜出去，向當地農民採買糧食。如果被德國人逮到就會被當場處決。一九四五年初，蘇聯紅軍逼近，大部分德國人逃離普希謝欽，帶走馬車與馬匹（一如威斯騰，馬匹也是這裡的重要話題）。奧雷沃也對紅軍官兵如何收拾少數留下的德國人記憶猶新。

瓦格羅威次地區彰顯了那個年代的瘋狂，不僅是數以百萬計的男女老幼，整個國家的人民都像牛隻一樣被強迫驅趕。這個地區數百年來都是波蘭人的家園，但在一七七二年第一次瓜分波蘭時被普魯士奪占，因此一八七一年德國統一時，該地區也成為德國的一部分。第一次世界大戰落幕之後，瓦格羅威次再度回歸波蘭。我們在普希謝欽的木桌對話結束時，精神愉快、身材結實的前村長卡涅夫斯基（Jan Kaniewski）拿出一大捲硬紙板。我攤開來一看，是一幀二戰時期這個地區的德文地圖，由他父親保存下來，所有地名都使用德文：瓦格羅威次是「艾琛布律克」（Eichenbrück），普希謝欽就是「奧斯騰」（Osten）。他告訴我，一九八九年波蘭共產黨政權垮臺之前，他父親從未提起過這幀地圖。

德國占領期間，瓦格羅威次的波蘭人將近半數遭到流放，主要目的地是波蘭納粹占領區東部，但也會被送到威斯騰等地進行強迫勞動。波蘭人的商家與農地多半被德國人接管，後者有許多是來自第三帝國東部。梅斯亞許（Adam Mesjasz）是一位健談的老農夫之子，他回憶自己三歲時一家人被趕出農場，坐上一列冰冷刺骨的火車前往東部地區，那是一九四一年二月十一日。他們的農場被一名「來自波羅的海的德國人」接管。一九四五年復活節一家人重返故里時，那些來自波羅的海的德國人已經向西逃竄，但同時帶走所有**馬匹**——他也特別強調這一點。

梅斯亞許也有東西要給我看，一本用褐色紙張包覆的大書。那是一本相簿，標題寫著《阿道夫・希特勒：領袖生活玉照》（*Adolf Hitler: Photos from the Life of The Führer*），內容有領袖看報紙、領袖輕拍快樂的金髮孩童腦袋、領袖被仰慕的女性熱情包圍，每一張照片都是從某種刊物細心收集而來。一名當地的德國農民事先印好扉頁，再將照片黏貼在適當位置。相簿原本藏在一間農舍的地板下方，梅斯亞許和同事一九七〇年代翻修農舍時才發現，有如發現家中潛伏的幽靈。

當地德國人有些家族已定居數個世代，但都在一九四五年初逃離，大部分落腳德國北部的呂內堡（Lüneburg）地區，與威斯騰相距不遠。德國人留在瓦格羅威次的農地有許多是被另一群波蘭人接收：他們位於東部的家鄉被史達林的蘇聯併吞，自己也遭到強制遷徙。威斯騰的老太太海爾嘉就是從原屬德國的布雷斯勞（今日波蘭的弗羅次瓦夫）逃難而來，當初驅離她的波蘭人有些自身也是「只帶了三個行李箱」的被驅離者，曾經長期定居的摯愛家園如今隸屬於烏克蘭或白俄羅斯。歐洲的強迫遷徙歷史，有如一座瘋狂的旋轉木馬。

蘇聯進軍過程中對德國人大肆報復，有罪或無辜一視同仁，行徑也不限於草率處決與劫掠。一位目擊者描述，當紅軍來到波羅的海港口但澤（Danzig，今日的格但斯克〔Gdańsk〕），「幾乎所有女性都遭到性侵，受害者包括六十歲、七十五歲的老婦人，也有十五歲甚至十二歲的小女孩。許多女性被侵犯達十次、二十次或三十次。」當地男性往往被強迫在一旁觀看。法斯賓達（Rainer Werner Fassbinder）主演的電影《瑪麗亞布朗的婚姻》（*The Marriage of Maria Braun*）女主角瑪麗亞說道：「如今男性似乎都萎縮了。」當時的德國男性正是如此。

哲學家康德（Immanuel Kant）的家鄉柯尼斯堡（Königsberg）後來硬生生變成俄羅斯城市加里寧格勒，當地一位年輕醫師倫多夫（Hans von Lehndorff）聽到被反覆殘暴性侵的女性對紅軍官兵大喊：「槍殺我吧！槍殺我吧！」他感嘆道：「噢，死亡要承受多少嫉妒的目光！」飽受蹂躪的歐洲各地，自殺案例多不勝數。

倫多夫與和他一同留下的同胞，最後還是被新成立的波蘭政府逐出位於東普魯士地區的家園。*這位貴族出身的醫師告訴自己的德國同胞：「當地的波蘭市議員表示，他很抱歉我們必須這樣離開家園，但他愛莫能助，因為德國人當初也是這樣對待波蘭人。遺憾的是，他說的沒錯。」

不同族群的苦難無法共量，道德上也難以把彼此積欠的帳算得一清二楚。詩人奧登（W. H. Auden）對此鞭辟入裡：

我和公眾都知道

所有學童都懂的道理
凡遭惡行侵害者
必以惡行回報

在這恐怖的大觀園與眾生相之中，痛苦的形態層出不窮，猶如畫家波希（Hieronymus Bosch）筆下的地獄。最令人感到椎心之痛的仍舊是兒童：淪為孤兒、被人遺棄、遭到凌虐、留下創傷。在威斯騰地區，戰時強迫勞工生下的嬰兒會被人從母親身邊帶走，收養在環境惡劣的孤兒院——其中兩座是豬舍改建，另一座原本是馬廄。許多嬰兒夭折，活下來的一輩子帶著心靈創傷。二戰剛落幕時，從集中營倖存的猶太裔兒童，行為舉止也總讓英國護理師驚駭莫名。如果一群孩子之中有一個不見蹤影，其他孩子會理所當然地回答：「噢，他死了。」對他們而言，死亡就是如此家常便飯。

零年的輪迴

認為一九四五年是歐洲的「零年」（Year Zero），而這項認知包含了一個事實與兩道陷阱。事實是當

* 譯註：東普魯士原本為德意志帝國東北部省分，首府即柯尼斯堡（今加里寧格勒），二戰之後被蘇聯、波蘭、立陶宛瓜分。

時大部分歐洲人確實會認為：「可怕的事情終於結束了，讓我們從廢墟出發，重建更美好的世界。」

第一道陷阱在於，以一九四五年為起點其實忽略了「負一年」或「負十年」等導致「零年」出現的年分。想要理解一九四五年無辜德國人的恐怖遭遇，我們得先理解德國人從一九三三年起對其他德國人做了什麼，以及從一九三八年德國併吞奧地利與部分捷克斯洛伐克開始，德國人又對其他歐洲人做了哪些事情。對蘇聯人民而言，殘暴境遇與一九一七年的蘇聯統治同時並行。俄羅斯內戰延燒到一九二〇年代初，葬送至少八百萬條人命；一九三〇年代初期爆發的烏克蘭大饑荒，又造成將近四百萬人死亡。為了理解這一連串發展，又必須回溯至一九一四年一次大戰的起因、經過與遺緒。事實上，一九八九年之後再度出現的國家與民族爭議，部分源頭就是鄂圖曼帝國與奧匈帝國於解體後，*那些戰勝國所施行的和平計畫。

第二道陷阱則是，認定歐洲人皆有同樣的零年，也就是一九四五年。對於南歐的義大利，零年是一九四三年的同盟國入侵。對於東歐許多地區，零年得從一九四四年蘇聯紅軍大舉反攻開始起算，而且到一九四五年顯然都還沒有結束。在烏克蘭與波蘭，共產黨人與反共勢力、波蘭人與烏克蘭人激烈交鋒，則是一路持續到一九四〇年代晚期。南斯拉夫與希臘發生同樣激烈的戰鬥，英軍在南斯拉夫支持共產黨人，在希臘卻打壓共產黨人。

熱戰與冷戰之間並沒有楚河漢界。奧地利直到一九五五年的《奧地利國家條約》簽訂之後，才正式加入西方陣營。愛沙尼亞獨樹一幟的「森林兄弟」藏身偽裝隱蔽的林地，持續武裝反抗蘇聯占領至一九五〇年代。等到最後一位森林兄弟薩布（August Sabbe）在被蘇聯國家安全委員會（ＫＧＢ）逮捕前自盡身亡時，時間已來到一九七八年。蘇聯各地都有名為「古拉格」（Gulag，俄語「勞動改造營管理總局」的首字縮寫）的龐大勞改營，這一類營區網絡多年來持續殘害平民，索忍尼辛（Aleksandr Solzhenitsyn）在《古拉格群島》（*The Gulag Archipelago*）一書中對此有詳盡描述。各地古拉格在一九六〇年正式關閉，然而關押政治犯的「特別拘留中心」卻一直維持到一九八〇年代。

相較一九三〇與四〇年代的極端情況，蘇聯大部分人民承受的壓迫與殘暴從一九五〇年代中期開始確實有所減輕。然而，就如同捷克異議劇作家哈維爾（Václav Havel）一再指出的，捷克斯洛伐克等國人民體驗到的「和平」，實在無法與法國、荷蘭或比利時人民享有的和平相比。更不用說這類「和平」幾度被打斷：蘇聯在一九五六年入侵匈牙利、一九六八年入侵捷克斯洛伐克，波蘭政府則在一九八一年宣布國家進入「戰爭狀態」。有如家常便飯的警方鎮壓，更是讓這些國家的「和平」百孔千瘡。

這個問題也不能簡化為東、西方的分野。葡萄牙與西班牙持續被法西斯獨裁統治籠罩，因此它們的「零年」得要到一九七〇年代中期獨裁政權垮臺之後才會來臨——對這類國家來說，它們其實有兩個零年。希臘也在一九六七年淪陷於「上校」的軍事獨裁，直到一九七四年才重見天日。†

---

* 譯註：兩大帝國分別在一九二二年、一九一八年解體。

† 譯註：希臘軍方一九六七年四月發動政變，絕大部分領導人官拜上校，因此其政權又稱「上校政權」。

柏林圍牆在一九八九年十一月九日倒塌，幾天之後，我走在腓特烈大街的東德路段上，遇到一名男子興沖沖地大喊：「二十八年又九十一天！」那是他一家人被困在圍牆後方的時間。他告訴我他先前看到一張手寫海報，上面寫著：「戰爭到今天才真正結束。」對於蘇聯宰制的東歐各國社會，一九八九年是它們的第二個「零年」。

然而，當我們才剛說「告別那一切」，那一切就在前南斯拉夫噩夢重現，而且變本加厲。戰爭、族群清洗、將性侵作為武器、集中營、恐怖與謊言。我永遠不會忘記一九九五年的某一天，我在塞拉耶佛與一位雜誌主編會面，他一邊大談「戰後」時光將會如何如何，一邊轉身將鋸成一塊塊的舊家具送進簡陋的火爐。一時之間，我以為他談的「戰後」是一九四五年之後，後來才弄清楚他是指一九九五年之後。*

在我於二〇二三年寫作本書的同時，另一場大規模地面戰正在烏克蘭如火如荼進行。二〇二二年二月，普丁（Vladimir Putin）發動全面戰爭入侵烏克蘭，俄羅斯軍方肆無忌憚地遂行暴力。當未來的烏克蘭人民終於有機會說出「戰後」，他們指的可能是未來這場戰爭終結的那一年，那也會是另一個「零年」。在歐洲，「零」是一個不斷輪迴的數字。

父親與祖國

我們從威斯騰的板球草地開車前往巴姆森林，歐斯默斯和我談起各自的父親。歐斯默斯的父親哈特穆特曾加入武裝親衛隊（Waffen-SS），也就是可怕的納粹親衛隊旗下的戰鬥部隊。後來哈特穆特對戰爭幾乎絕口不提，只會說「那是一個艱難時期」。他討厭英國人，一九四五年之後曾被英國人拘禁了兩年有餘，在營區吃了不少苦頭。讓人啼笑皆非的是，他對英國人的憎惡延伸到披頭四樂團。多年之後的一九七〇年，時任西德總理布蘭特（Willy Brandt）訪問波蘭首都華沙，在華沙猶太人區起義紀念碑前下跪。哈特穆特大驚失色，「他居然對**波蘭人**低頭！」這名納粹武裝親衛隊老兵驚呼。

哈特穆特曾在東線戰區作戰，後來隨著武裝親衛隊第十裝甲師駐紮諾曼第，這支部隊全力奮戰，試圖阻止D日登陸的英軍繼續推進。哈特穆特告訴兒子，他那一連一百三十人只有三十人倖存。或許當年歐斯默斯的父親很有機會殺死我父親，我父親也很有機會殺死他父親。一位曾在諾曼第樹籬林地（林木茂密且樹籬成列的鄉野）歷經激烈肉搏戰的老兵，回憶自己看到一名英軍的屍體：

> 身體中間被一把德軍步槍與刺刀穿透，釘在一棵樹上。與此同時，他也伸長了手……將自己的匕首

* 譯註：波士尼亞戰爭交戰各方在一九九五年十二月簽訂和平協議，為戰事畫下句點。

插入敵人背部中央。兩個人在那天夜裡同時喪命，天亮之後，看起來卻像是互相扶持。

那兩個人原本有可能是我與歐斯默斯的父親。我父親的戰時故事就有一則發生在距離貝約（Bayeux）不遠的樹籬林地：他發現自己與一輛德軍戰車只隔著一道濃密高大的樹籬，聽得到戰車指揮官以德語大聲發號施令。幸運的是，德軍視線無法穿透樹籬。父親永遠記得那個生死交關的時刻。

我父親經歷了所謂的「一場好戰爭」，那是當年英國在我童年時的說法（除了英國，歐洲還有哪個國家的人民會說「一場好戰爭」？）一九四四年六月六日D日，清晨七時三十分左右，約翰・賈頓艾許（John Garton Ash）上尉隨著格林霍華茲步兵團的第一波攻勢登陸黃金海灘的國王區，搶攻及仰攻一座有地標意義的諾曼第小鎮維蘇梅（Ver-sur-Mer）。英軍稱該鎮為「馬桶屋」，靈感來自於偵察空照圖呈現的當地公路形狀。攻下維蘇梅之後，英軍還必須解決鎮外一處德軍火砲陣地。接下來是連續幾個月的苦戰，田野四處可見人類與牛隻的屍體。

父親擔任砲兵前進觀測官，他必須與步兵一同推進，並且爬到最高處的觀測位置（通常是教堂塔樓），以便透過無線電將最精確的射擊指示傳回後方砲兵。敵軍很快就會猜測到有人在觀測位置。一九四四年十一月，在一場格外激烈的戰鬥之後，父親寫家書給自己的雙親：

我知道以前我們去度假時，總是會去很多教堂遊覽。但未來度假時，千萬別再要我欣賞教堂的塔樓，它們命運多舛，經常遭到暴力摧毀。

後來父親獲頒軍功十字勳章，褒揚令甚至提及戰地教堂塔樓的厄運。戰爭是父親一生最關鍵的經驗。就像莎士比亞（William Shakespeare）劇作《亨利五世》（*King Henry V*）中的阿金科特*老兵（「這位好人會為兒子講述這段故事」），父親也經常為我們講述自己的戰時軼事：樹籬後方的德軍戰車，或是占領小村莊威斯騰期間，他的部隊奉命要搜尋與沒收所有制服，結果第二天早上村莊代表來敲門：「請問我們可以拿回地方消防隊員的制服嗎？」一九四五年夏天，歐斯默斯的父親哈特穆特躲進位於威斯騰、家族經營的風力磨坊，用鹽酸去除上臂的納粹親衛隊刺青。當初下令拘留歐斯默斯的父親、將他送往英軍拘留營、導致他一生憎恨英國的軍官，有可能正是我父親，不過父親從未對我講述這則故事。

英國駐紮在威斯騰的砲兵，消磨了幾個月沉悶的生活。他們迫不及待想展開剩餘的人生，無聊之餘還將二十五磅重的砲彈做成重金屬菸灰缸。父親細心保留了一個自己做的，如今在我書房的壁爐臺上占有顯眼位置。「化砲彈為菸灰缸」或許不如「鑄劍為犁」†那麼詩意，然而這具菸灰缸同樣具有無法超越

* 譯註：指英法百年戰爭後期、一四一五年的阿金科特戰役，亨利五世率領英軍擊敗法軍。

† 譯註：「鑄劍為犁」語出《舊約聖經・以賽亞書》，後來常指把軍事武器轉換為和平或民生用途。

的真實性。

父親的軼事帶有一種半開玩笑的輕描淡寫，非常典型的英國風格。他就像同世代的英國男性，有太多的事情絕口不提——哪怕我在他生命盡頭前，曾坐下來請他談談自己的戰時經驗。但就在最後那幾年，高齡九十幾歲的他偶爾會提及自己睡不好。

為什麼？

「噢，你知道的，我想到戰時經歷的一些事情。」

到底是哪些「事情」？這位作風老派且剛毅木訥的英國人依然絕口不提。二〇一四年父親過世，我在他的私人文件中發現一張薄薄的碳式複寫紙，是他的老戰友記錄下許多他們共同參與的行動。「雪，血紅色的雪……」一位愛爾蘭軍官在報告開端寫道：「整個連與半個第十三傘兵營在進攻起點就被殲滅……」陣亡的友人，田野上的屍體，殘破的屍塊卡在樹籬。或許父親曾經在轉瞬間做出什麼重大決定，因此終身自責？為什麼我沒有幫助那邊那個人？我應該幫他的。在同一個資料夾裡，他虔誠地保存了一些信函，通信對象是他砲兵部隊陣亡弟兄的遺孀與母親。

將近七十年過去，二十一世紀進入第二個十年，這些回憶仍然令他輾轉難眠。父親生前住在倫敦西南角、林蔭茂密的羅漢普頓（Roehampton）。當他躺在夜裡醒著，其他國家的城市如那不勒斯、馬賽、克拉科夫與德勒斯登，一定也有老人家躺在夜裡醒著，被類似的回憶、類似的幽靈苦苦糾纏。邪惡就像核輻射，半衰期無比漫長。

記憶引擎

個人記憶，尤其是來自歐洲人自己所打造的地獄般經歷，自一九四五年以來始終是推動歐洲發展與變化的最強大動力之一。我稱之為「記憶引擎」(memory engine)。以葛萊米克（Bronisław Geremek，他的摯友多半稱他為「布羅尼克」）為例，他是二十世紀最後數十年間替波蘭爭取自由的關鍵人物，也是當代最傑出的歐洲人物之一。葛萊米克的個人記憶深沉豐富，足夠讓一般人過上三輩子，包括他早年在地獄最底層的經驗。當他在生命即將結束之際，曾經以電影般的細節回憶自己早年經歷過的一幕場景：

那是一九四二年，一部喀喇作響的電車行經納粹占領的華沙，車上坐著一個骨瘦如柴、餓得半死的十歲男孩布羅尼克。八月大熱天，他穿了四件毛衣，卻還是渾身發抖。每個人都好奇地打量他，而他相信所有人都看得出他就是猶太孩童，剛從華沙猶太人區的某處牆洞鑽出。所幸沒有人揭穿他的身分，波蘭乘客還警告他要當心一名坐在『德國人專用』座位區的德國乘客。神奇的是，布羅尼克後來在家族友人照料下恢復健康，回到猶太人區與父母團聚，然後乘著參加一場葬禮的機會，在前往猶太人墓園的途中再次逃走。布羅尼克就這樣活到戰後，但他父親在納粹死亡集中營遇害，他的兄弟被送進貝爾根─貝爾森，也就是那座後來被英軍解放的集中營。

逃離猶太人區的恐怖情境（「世界在我眼前化為火海」），布羅尼克跟著同樣逃出生天的母親及繼父長大。繼父是波蘭天主教徒，布羅尼克跟著他姓葛萊米克，放棄原本的猶太人姓氏雷佛托夫

（Lewertow）。青少年時期的布羅尼克當過教堂輔祭男童，一位諄諄善誘的神父帶他認識聖母會。因此歐洲根深蒂固的基督教文化，對葛萊米克而言也是刻骨銘心。十八歲那年，他加入共產黨，相信它會建立一個更美好的世界。十八年之後的一九六八年，蘇聯入侵捷克斯洛伐克，粉碎葛萊米克最後的幻想。他退出共產黨表達抗議，回歸中世紀歷史學者的專業身分。然而，政治並不打算放過他。

我第一次遇見葛萊米克是在一九八〇年八月，格但斯克列寧造船廠那場歷史性的占領與罷工行動。這場抗議運動當時被稱為「團結工聯」（Solidarity），罷工工人領袖華勒沙（Lech Wałęsa）邀請葛萊米克擔任顧問。*接下來的十年，我只要一有機緣就登門拜訪。他會一邊叨著教授菸斗噴菸，一邊引經據典為我分析蘇聯帝國的衰微——正是在一九八九年，他與團結工聯的戰友推波助瀾，讓衰微的蘇維埃帝國走向覆亡。

又過了十年，葛萊米克已是外交部長，簽署波蘭加入北大西洋公約組織（NATO）的條約。我到波蘭外交部拜訪他的時候，注意到房間壁爐架上放了一瓶捷克伏特加「史達林的眼淚」。他高聲說道：「你一定要幫我帶走它，波蘭外交部長可不能把史達林養在辦公室裡。」

當他摯愛的國家加入歐盟，他也在過程中扮演關鍵角色，之後更成為歐洲議會議員。然而一場深具象徵意義的悲劇降臨：他在前往布魯塞爾的路上因為車禍喪生。葛萊米克生前全心全意深信，我們可以打造一個更美好的歐洲。

葛萊米克的故事確實獨一無二，但他對歐洲未來的基本想像，其實與數個世代歐洲締造者並無二致——正是抱持這類想像的人打造了二十一世紀初的歐洲樣貌。我們不妨檢視一九四〇年代到九〇年代，不同國家如何推進歐洲一體化的主張。每個國家的故事乍看之下大異其趣，但只要深入挖掘，就會發現這些故事其實共享著相同基礎：「我們經歷過很糟糕的世界，期盼一個更美好的世界，那就是歐洲。」

歐洲國家嘗試擺脫的戰後夢魘各有不同。德國想擺脫罪惡政權帶來的恥辱與汙名，法國想擺脫戰敗與被占領的羞辱，英國想擺脫經濟與政治的衰落，西班牙想擺脫法西斯獨裁統治，波蘭則是想擺脫共產黨獨裁統治。然而，這些國家卻對歐洲未來應該要長什麼樣貌，有著極為相似的想像：過去是跌入深淵，接著會向上提升，指向更美好的未來，一個名為「歐洲」的未來。

今日歐盟的創建者之中，有一群人或許可以稱之為「一九一四世代」，因為他們對一次大戰記憶猶新。這群人包括英國前首相麥克米蘭，他會以粗嘎的聲音談論自己那代人如何淪為「失落的世代」。在他們之後是葛萊米克與同儕的「一九三九世代」，戰爭創傷、古拉格、占領經驗與納粹大屠殺（Holocaust）對他們留下無法磨滅的影響。法國政治人物西蒙·韋伊（Simone Veil）就是其中一例，她從奧斯威辛（Auschwitz）與貝爾根—貝爾森集中營倖存，怎麼可能會忘記？

還有「一九六八世代」，他們反抗飽受戰爭創傷的父母親世代，有些人曾在南歐與東歐親身經歷獨

* 譯註：「Wałęsa」波蘭語發音為「瓦文薩」，但臺灣慣稱「華勒沙」。

裁統治。每一個世代都會餘波盪漾：例如像德國前總理柯爾（Helmut Kohl）這樣的「後一九三九世代」，他們在二戰時因為太過年輕而不曾參戰，卻仍然深受這場戰爭影響。像我這樣的「後一九六八世代」也是如此。一九六八世代之後是一九八九世代，他們在接近二十歲或二十歲出頭時見證波蘭、匈牙利與捷克斯洛伐克的天鵝絨革命如何終結共產主義，見證柏林圍牆倒塌，更見證之後的蘇聯解體。

我們一定要提防一種詮釋：將戰後歐洲史變成童話故事，睿智善良的英雄從地獄般的自身經驗學習，打造一座人間天堂。真實歷史與此大相逕庭，充斥著追求自身利益的國家、江河日下的帝國、旁門左道的權力運作、外交現場的條件交換、咄咄逼人的企業遊說、個人的野心，最後還有相當重要的歷史機運——馬基維利曾說，政治之事有一半可以用機運來解釋。然而在歷史之中的某個地方，有一部記憶引擎跨越四個世代，強力驅動無數歐洲人的理智與情感。

因此人們滿懷希望，邁向一個名為「歐洲」的更美好未來。但從人們抵達應許之地起，麻煩也應運而生。二十一世紀邁入第二個十年，歐洲首度出現一個獨特的世代：他們認識的歐洲純然是和平與自由的化身，大部分地區都屬於自由民主體制。不足為奇的是，這樣的世代往往將這樣的歐洲視為理所當然（生長在前南斯拉夫、烏克蘭、白俄羅斯與俄羅斯等國家的人是重要例外）。這個新世代或許可稱之為「後一九八九世代」，或者借用南非在解除種族隔離制度之後的生動說法：生而自由世代。

一個人的所見所聞、享受或忍受的記憶，會是一股無比強大的驅動力。但想要傳遞關於歷史的知識，並不一定得透過親身經歷。舉例而言，D日對我而言是一個重要時刻，儘管十一年之後我才呱呱墜地。與一位老兵或倖存者親身接觸一回，就有可能改變你我的一生。接下來就是歷史學家、小說家、新聞記者與電影工作者的任務，他們為了生者而復活亡靈。奧斯威辛倖存者維瑟爾（Elie Wiesel）*形容這個過程是「記憶的輸血」。這也形同人類文明的一場豪賭：我們不必重新經歷過往的一切，就能夠從歷史中學習。

* 譯註：生於羅馬尼亞的猶太裔作家、學者與政治運動者，一九八六年諾貝爾和平獎得主。

第二章

分裂

（一九六一年至一九七九年）

宵禁

到了一九七〇年代初，我自幼成長的歐洲已不再是廢墟——儘管城市街道林立著醜陋的混凝土新建築，那也是因為許多舊建築在空襲中毀損。當時的市容就像一位老拳擊手張開嘴，露出一口參差不齊的假牙。歐洲最重要的特色不再是毀滅，而是分裂，分裂為「東方」與「西方」，兩大集團由蘇聯與美國這兩個超級強權領軍。雖然兩個陣營並沒有真的在歐洲大地上兵戎相見，它們仍然在名副其實的「冷戰」中針鋒相對。畫分兩者的界線大部分可以回溯到二戰，但冷戰最著名的象徵「柏林圍牆」則是直到一九六一年八月十三日，才正式分隔了西柏林與東德。原本粗糙的鐵絲網與空心磚路障，改建為堅實的圍牆，東方與西方的分裂從此宛如銅牆鐵壁。對大多數在圍牆後方成長的人而言，圍牆似乎將永遠巍然屹立。

分裂的歐洲讓我大感著迷，因此一從學校畢業就出發探險。我選擇西方作為起點。一九七三年秋天，那年我十八歲，在運兵船改裝的客輪涅瓦薩號（SS *Nevasa*）上工作，這艘船載運英國學童遊歷地中海。一九七三年十一月十七日星期六，我們一行人來到克里特島，我在日記上記下：我們造訪一處位於克諾索斯（Knossos）的青銅時代考古遺址，該遺址非常獨特，而我一直在「思考獨裁統治的問題。接著，下午四點鐘宵禁開始，一千名學生被帶回船上，只是因為雅典發生學生暴動。這就是獨裁！」

現在的我已經不會使用「學生暴動」這樣的字眼。事實上，學生占領雅典理工學院事件是希臘軍事獨裁的歷史轉捩點：在那之前六年，世人稱之為「上校」的一群軍官發動政變。學生臨時建立一個短波無線電臺：「學生自由鬥士、希臘自由鬥士電臺」，播放《鐘聲即將響起》（The Bells Will Ring）等提奧多拉基斯（Mikis Theodorakis）創作且振奮人心的解放歌曲。占領雅典理工學院的學生要求「麵包、教育、自由」，在牆上書寫「人民力量」、「打倒軍方」、「性自由！」等口號。還有一幅塗鴉只寫著「一九六八年五月」。這場抗議行動是希臘姍姍來遲的政治宣示，呼應那獨樹一格且徹底改變歐洲文化、社會與生活的一九六八世代。一位化名「亞瑞圖拉」的無政府主義者抗議領袖，據說曾經在牆上塗寫「性狂歡萬歲！」「在哪裡？希望這是真的！」這是多年後一位垂垂老矣的前學運人士感傷地向一位歷史學者透露的祕密。

然而，就在一九七三年十一月十六日晚間，這場解放的混亂局面驟然畫下苦澀的句點。軍政府的狙擊手對學院四周街道開火，槍殺大約二十四名平民。一輛戰車闖進學校大門，壓斷女學生雷格普魯（Pepi Rigopoulou）的雙腿，留下一連串事件最具代表性的影像。上校們對希臘全國實施宵禁，遠在四百八十公里外的克里特島也無法倖免，讓我那一船的英國學童大感訝異。因此十八歲的我痛斥「這就是獨裁！」並沒有什麼不對。五天之後我們置身雅典，在幾座主要廣場上看到一車一車的軍人。

曾有一本書叫做《獨裁者的歐洲》（*Europe of the Dictators*），專門談一九三〇年代。然而到了一九七三年，我們的大陸仍有許多地方是「獨裁者的歐洲」。如果我們把蘇聯在歐洲的加盟共和國算進去，* 那麼總計約有三億八千九百萬歐洲人生活在獨裁體制之下，民主體制涵蓋的歐洲人只有兩億八千九百萬人（不包括土耳其的三千七百萬人，其政府介於兩種獨裁與民主之間）。這些獨裁政體大部分是共產統治，位於邱吉爾早在一九四六年就定名的「鐵幕」後方，占據歐洲東部的半壁江山。

然而，如果從精神層面與歷史連續性來看，與一九三〇年代最接近的反而是歐洲南部的右翼獨裁政權。希臘上校們禁止長髮、迷你裙與社會學。葡萄牙則是受到會計學教授出身的虔誠天主教徒薩拉查（António Salazar）統治，從一九三二年直到一九七〇年薩拉查過世。他在一九三〇年代相當景仰義大利法西斯獨裁者墨索里尼（Benito Mussolini）。葡萄牙的警察單位無孔不入，一位歷史學家形容為「宛如納粹德國的蓋世太保（祕密國家警察），甚至可說是由蓋世太保進行訓練」。葡萄牙的每一座村莊、每一間辦公室都安排了告密者。

西班牙有佛朗哥（Francisco Franco）將軍，自一九三九年從漫長血腥的內戰勝出後，便大權在握直到一九七五年過世。佛朗哥曾在二戰時期被拍攝到辦公桌上擺放了一張裱框的希特勒照片。直到一九七〇年代初期，包括佛朗哥的妻子波羅（Carmen Polo）和御醫加西亞（Vicente Gil Garcia）在內的親信，甚至都還會高舉伸直的右手臂向他敬禮，那是拜希特勒與墨索里尼之賜而廣為人知的法西斯敬禮。當涅瓦薩號在一九七三年十一月二十日載著我們一行人從克里特島來到雅典時，佛朗哥將軍也在同一天參加彌撒，紀念法西斯英雄暨西班牙長槍黨創立者德里維拉（José Antonio Primo de Rivera）。新聞照片顯示大元帥（佛朗哥較謙抑的稱號）走下烈士谷臺階，身穿國民運動（National Movement）† 的準軍事制服，群眾揮舞支持佛朗哥的旗幟，高唱長槍黨黨歌《面向太陽》（Cara al Sol）。我們完全可以想像，如果一九七五年的義大利仍由老邁的墨索里尼統治，大概也會是如此光景。

薩拉查與佛朗哥都能適應變動不居的國際環境，並且在希特勒與軸心國敗象已露時擁抱西方盟國。畢竟，法西斯主義者也憎恨共產黨，而葡萄牙甚至是一九四九年北約的創始成員國。到了一九七〇年代初，儘管西班牙與葡萄牙的威權聲勢已大不如前，但惡形惡狀依舊不減當年。

一九七〇年，年方二十三歲的英國大學畢業生基茨（Jonathan Keates）遠赴葡萄牙大城波托（Porto）教授英語和英國文學。有一天，他授課的班級堅持邀他一起野餐，地點是杜羅山谷（Douro valley）的葡萄園與橄欖園。基茨感到相當困惑。如今已是一位傑出作家與熱忱的歐洲支持者的他，如此回憶當時的情景：

> 我們才剛開始用餐，這班同學就一個接一個用英語發言，對我控訴政府的罪行與惡行。一些學生有親友被警方迫害，一些學生有認識的人遭到刑求，或者被送往維德角群島的流放地，還有人談到自己因為被懷疑有顛覆性思想或行為，因此遭受不公平待遇。每隔一段時間就會有學生起身，走到田地邊緣的

---

* 譯註：指白俄羅斯、愛沙尼亞、拉脫維亞、立陶宛、摩爾多瓦、烏克蘭。

† 譯註：佛朗哥時期西班牙唯一的合法政治組織，由他本人創建與領導。

乾砌牆仔細觀望——畢竟隔牆有耳，不可不防，儘管是在一處偏僻的橄欖園。我自以為是的英國人情結，開始一點一點消失。

葡萄牙獨裁者薩拉查過世後，他生前領導的執政黨「人民國民行動」仍然在一九七三年國會選舉中囊括全部一百五十個應選席次，而且前一年還有一位學生遭祕密警察殺害，政府壓迫變本加厲。當時葡萄牙共有四百七十六名政治犯，其中一百八十七人是學生。相較之下，一名葡萄牙男子如果殺害紅杏出牆的妻子或者她的情夫，懲罰不過是從居住地區放逐六個月。

還有希臘。我經歷過上校們的宵禁幾個月之後，來到德國巴伐利亞風景如畫的小鎮基姆湖畔普林（Prien am Chiemsee），和一位希臘青年同住。他和我一樣到當地學習德文，但我只知道他的名字是喬格斯（Giorgos）。他父母親會定時寄來一大箱一大箱的開心果，顯然是擔心巴伐利亞的啤酒與白香腸會敗壞兒子的健康。喬格斯在雅典北部富裕的基菲西亞區（Kifisia）長大，但他的一位伯叔父在二戰期間是游擊隊軍官，後來還加入共產黨。喬格斯小時候曾經問他「為什麼？」老游擊隊員回答，他當年在山區奮戰五年趕走德國人，可不是為了讓希臘淪為「美國人的殖民地」。

喬格斯的另一位伯叔父，是港市皮雷埃夫斯（Piraeus）的共產黨組織工作者。一九六七年希臘上校發動政變的那天晚上，他的住處門鈴響起，但他從後門順利逃走。這位伯父躲躲藏藏兩年，經常暗中改換住所，一如波蘭戒嚴時期我那幾位朋友。他的妻子投靠喬格斯的家人，寄居在他們漂亮的中產階級別墅。晚間他們坐在陽臺上休憩時，有時會看到花園盡頭的樹林閃現手電筒燈光：那是警察在花圃中搜尋共產黨人。眾人會開玩笑說：「我們是不是應該請那幾位朋友喝咖啡？」

喬格斯把這些故事講得活靈活現，一邊喝著巴伐利亞啤酒，一邊吃希臘開心果，但他並不是很關心政治。當年我一頭鑽進尼采（Friedrich Nietzsche）與湯瑪斯曼（Thomas Mann），而他忙著在當地迪斯可舞廳夜夜笙歌，隨著暢銷金曲《黑色聖母》（Black Madonna）的旋律，和女孩子卿卿我我。那首感傷濫情的歌描寫一位美麗女孩，淚眼漣漣地坐在星空下的河邊。南斯拉夫裔德國歌手伊利奇（Bata Illic）穿著喇叭褲，跳著萬人迷的舞步唱道：如果女孩今晚留下與他作伴，「那麼明日太陽會照耀你我」。副歌一次次出現，直到今天仍在我腦海揮之不去：「永遠不會太晚……黑色聖母。」當時穿著一件醜陋褐色牛仔喇叭褲的我，在小鎮上漫遊時並沒有意識到，這首歌的風行正顯示了西歐快速推進的世俗化，就連民風保守、天主教氛圍濃厚的巴伐利亞也不例外：迪斯可舞廳的金曲竟然是描寫一名男子與「黑色聖母」（被歐洲基督徒數百年來尊奉為「最純潔處女」）的初次邂逅，就勸誘對方與她發生婚前性行為。

在薩拉查的葡萄牙或佛朗哥的西班牙，如此褻瀆的歌曲絕不可能在國營廣播電臺播放，在教會勢力龐大的保守愛爾蘭大概也不可能。一九七〇年代早期，佛朗哥的西班牙禁絕許多歌曲，包括海灘男孩（Beach Boys）的《美妙振動》（Good Vibrations，審查員意見：「情慾橫流，歌詞涉及性興奮」）、艾瑞莎・弗蘭克林（Aretha Franklin）的《好好搖擺》（Rock Steady，「歌詞與節奏讓人想要扭腰擺臀」）、艾爾頓・強（Elton John）的《小小舞者》（Tiny Dancer，「態度很不尊重」），以及約翰・藍儂（John Lennon）的

《想像》（Imagine）。協助我進行相關研究的，是西班牙歷史系學生桑妮亞（Sonia Cuesta Maniar），而她找不到《黑色聖母》被禁唱的任何證據。但她告訴我，她祖父母里卡多與茱莉亞還記得他們家曾到德國當客工，返回西班牙的路上心情非常緊張，因為通過國界時車上收音機播放的正是《黑色聖母》。或許導致他們緊張的真正原因在於，自己正從一個自由國家回到獨裁國家。

喬格斯並沒有把希臘上校當一回事，但對許多希臘、西班牙與葡萄牙的年輕人而言，獨裁政權與對抗獨裁政權的經驗，不僅促成他們終其一生投入政治，也為他們的記憶引擎提供燃料，有些人更因此在二十一世紀初成為歐洲政壇的重量級人物。達馬納基（Maria Damanaki）就是如此，她在雅典理工學院示威事件中擔任學生電臺的首席播報員，後來在二〇一〇至一四年間代表希臘出任歐盟執委會執委。

達馬納基在任時期的歐盟執委會主席，是葡萄牙政治人物巴羅佐（José Manuel Barroso）。巴羅佐在位於布魯塞爾貝爾萊蒙大廈的辦公室裡放了一張裱框照片：取自一九七〇年六月號的《巴黎競賽》（*Paris Match*）雜誌，主角薩拉查躺在以燭光照明的靈柩裡供人瞻仰。靈柩的一邊站著白人侏儒，來自當時仍為葡萄牙殖民地的安哥拉；另一邊站著黑人巨人，來自另一個重要的非洲殖民地莫三比克。圖說寫著：這張照片並非西班牙超現實主義導演布紐爾（Luis Buñuel）的電影劇照。巴羅佐回憶，十四歲那年看到《巴黎競賽》這幀照片後，讓他在政治上覺醒，看到相較於庇里牛斯山脈之外的現代歐洲，自己的國家有多麼怪異與落後。一兩年過後，他最欣賞的中學老師上課時頭上貼著膠布，告訴學生自己剛被鎮暴警察打傷。十八歲時，巴羅佐成為毛派運動者，也被稱之為「維加同志」*——他在里斯本就讀大學時，毛澤東主義最受葡萄牙反威權左派運動青睞。一九七四年四月二十五日，葡萄牙後薩拉查時期的獨裁政權被「康乃馨革命」推翻，巴羅佐形容那天「是我生命中最重要的一天」。

一九九九年成為歐盟第一任外交與安全政策資深代表的索拉納（Javier Solana），永遠不會忘記自己十七歲那年的遭遇。他當時經常去西班牙惡名昭彰的卡拉邦奇監獄探視哥哥路易斯，「每個星期四與星期天」，他回憶。路易斯積極參與的一個學生組織，與被查禁的社會黨[†]有所關聯，因此被佛朗哥政權的祕密警察逮捕及毆打，為自己的勇氣付出兩年牢獄生活的代價。路易斯以身作則，激勵弟弟索拉納投入地下運作的社會主義政治活動，後來弟弟也在一九六三年被馬德里康普頓斯大學開除。索拉納後來旅居美國多年，深受民權運動與反越戰運動鼓舞，回到西班牙後在一九七〇年代初成為社會黨領導人物。當時社會黨仍然被政府定性為非法組織。

「轉型」（transition）一詞很快就廣為人知，用來形容一九七〇年代的西班牙、葡萄牙與希臘，同時也呼應接下來五十年的變化。這個詞後來更成為「從獨裁到民主的轉型」的簡稱。轉型出現在許多拉丁美洲國家、亞洲與非洲部分地區，以及一九八九年之後的中歐、東歐與東南歐。像我這樣的歐洲自由派曾一度期望（通常會落空）轉型也能出現在世界其他地區，例如二〇一〇至一二年阿拉伯之春之後的北

---

* 譯註：維加（Veiga）是巴羅佐父親的老家。

† 譯註：全稱為「西班牙工人社會黨」（Partido Socialista Obrero Español），後來長期執政。

非與中東。

那時候南歐的民主轉型，其實還密切連結另一項轉型，那就是成為當時簡稱「歐洲共同體」*的成員國。希臘就在一九八一年加入歐洲共同體，距離軍政府垮臺不到七年：那個世代的歐洲領袖普遍受過古典教育，將希臘視為歐洲文明的搖籃，這成了希臘能夠加入的重要原因。時任法國總統德斯坦（Valéry Giscard d'Estaing）就曾傲慢地指示一名歐盟執委會官員：「我們不會對柏拉圖說不。」沒有柏拉圖的西班牙與葡萄牙只得力爭上游、好好表現，一路到十多年後的一九八六年才總算加入歐洲共同體。

對於巴羅佐與索拉納這樣的南歐人而言，爭取自由民主與加入歐洲，其實是同樣的奮鬥進程。也就是說，為了加入「歐洲」（意指歐洲共同體），一個國家必須落實民主轉型。自由意謂著歐洲，歐洲就意謂著自由。但在大部分英國人看來，這項想法其實相當陌生。對於像我父親這樣的英國人，英國才是自由的代表，而歐洲代表自由受到的威脅。然而對於其他地區無數的歐洲人，自由與歐洲一體兩面已是再熟悉不過的理念。

以愛爾蘭為例，愛爾蘭與英國在一九七三年同時加入歐洲共同體，而大部分愛爾蘭人都認為自身的自由與獨立從此更上層樓。愛爾蘭作家奧圖（Fintan O'Toole）回憶，愛爾蘭英語在一九七〇年代初出現一項新說法：「我們已進入歐洲」，意思是「情勢一片大好」。

人們會問：「現在情勢如何？」得到的回答會是：「啊，沒問題的，我們已進入歐洲。」或者某人會說：「現在情況很好，不是嗎？」你會回答：「噢，的確如此，我們已進入歐洲。」

柏林圍牆倒塌之後，中歐與東歐大部分民眾對此也有同感。波蘭刻意向西班牙的案例學習，啟程展開自家的雙重轉型：追求民主與加入「歐洲」。波蘭與西班牙這兩個國家分別在十六、十七世紀躋身帝國強權，都有引以為傲的貴族世系傳承，都深受天主教會影響，都與歐洲有著複雜糾葛的關係。在兩國歷史記憶猶新的不同階段，兩國都曾經毅然決然堅持自己屬於歐洲——從過去到未來都是如此，無法想像沒有歐洲的境遇。兩國也同樣堅持，自己必須立刻回歸歐洲。但如果你原本就在某個地方，又要如何「回歸」？這個明顯的悖論其實不難解決，只要我們體認到一項事實即可：歐洲人對於「歐洲」一詞有些令人困惑的用法，不僅局外人會感到困惑，歐洲人自身也經常如墜五里霧中。

多種歐洲

大概也只有法國，從未懷疑過自身屬於歐洲。事實上，法國往往認為自己**就是**歐洲。緊鄰D日登陸海灘的諾曼第小鎮古赫瑟勒蘇梅（Courseulles-sur-Mer），鎮中有座紀念碑以法文寫著「一九四四年六月

＊ 譯註：西歐六國在一九五八年成立歐洲經濟共同體，一九九三年改稱歐洲共同體，為今日歐盟的前身。

六日盟軍解放歐洲」（*Le 6 Juin 1944 les forces alliées libèrent l'Europe*），後面寫上戴高樂六月十四日在此地登陸。顯然，既然盟軍解放了法國，當然也就解放了歐洲。

比利時人、荷蘭人與盧森堡人同樣很少懷疑自己是否屬於歐洲。至於德國人，在歷經兩次世界大戰與納粹獨裁政權之後，他們也曾對歐洲產生嚴重疑慮。湯瑪斯曼就曾在一九五三年於漢堡一場演講中敦促聽眾，努力營造一個「歐洲的德國」，而不是「德國的歐洲」。這項說法在一九九〇年德國統一後傳誦一時，明顯表示希特勒治下的德國並未安居於歐洲。我們大概也無法想像沒有義大利的歐洲。從古羅馬一路到一九五七年締結歐洲經濟共同體的《羅馬條約》，都是發生在義大利。然而到了二十世紀初，當義大利人經歷過那段把「義大利歐洲」（*Italiamieuropei*）當成單字的希望時期之後，義大利民粹主義者也開始譴責「歐洲」（也就是歐盟，特別是歐元區）為義大利人民帶來不必要的痛苦。

其他的歐洲國家無一例外，對於自己是否完全屬於歐洲都有著歷史悠久、攸關生存的不確定感。波蘭歷史學家耶德利茨基（Jerzy Jedlicki），就曾將他研究十九世紀波蘭的著作命名為《歐洲的郊區》（*A Suburb of Europe*）。另一個例子是義大利作家塔布其（Antonio Tabucchi），他的小說《佩瑞拉聲稱》（*Declares Pereira*）精彩呈現了薩拉查治下的葡萄牙。在這本書中，佩瑞拉是一家晚報的文化版主編，他與朋友席爾瓦有這樣一段對話：

> 席爾瓦點了一道杏仁佐鱒魚，佩瑞拉點了俄式酸奶牛肉菲力牛排加水煮嫩蛋，兩人無聲開動。一會

兒之後，佩瑞拉問席爾瓦認為情勢如何。什麼情勢？席爾瓦反問。歐洲的情勢，佩瑞拉回答。噢，別白費心思了，席爾瓦說：我們不在歐洲，我們在葡萄牙。

我曾在一九九一年初來到繁華且現代化的瑞典首都斯德哥爾摩，在一家旅館裡與畢爾德（Carl Bildt）談話，當時他是瑞典自由保守主義政黨「溫和黨」領導人，不久之後出任總理。畢爾德身材高大、神情堅定，外型與鼻子有點神似戴高樂。這場談話令我大感驚訝，因為他告訴我他期望瑞典「回歸歐洲」。什麼，**瑞典**有必要回歸歐洲？畢爾德解釋，長久以來瑞典社會黨政府都想像瑞典是一個奉行不結盟政策的中立國家，與「第三世界」的關係可能比與德國或法國還接近。現在瑞典必須回歸自身的歐洲根源，加入即將定名為「歐盟」的組織。瑞典確實在一九九五年做到了。

當我們在進行小團體談話時，如果有其他人和你同名，多少會有一點尷尬。「露西對這個問題一定有想法。」露西張嘴準備發言，卻突然明白對方說的是另一個「露西」。歐洲也有類似狀況，而且更糟，因為檯面上至少有四種不同的歐洲。

一八七一年統一德國的政治家俾斯麥（Otto von Bismarck），曾經在一位俄羅斯政治家信箋邊緣輕蔑地寫道：「談論歐洲的人都搞錯了，那只是一個地理概念。」然而，就算我們只從地理概念著眼，歐洲的東方與南方也沒有清楚疆界。如今大部分地理學家都同意，歐洲的傳統疆界沿著俄羅斯西部的烏拉爾山脈由北而南畫分，跨越高加索地區（但高加索的確切範圍又是一個問題），然後西行經過黑海，穿越博斯普魯斯海峽，化為一道彎折的曲線畫過地中海，最後匯入大西洋。儘管歐洲、亞洲、非洲的區分是地理學中最古老的地圖學界線，看似一清二楚，實則不然。土耳其學者卡迪歐魯（Ayse Kadioğlu）一語道破這項分界的武斷性：她家就住博斯普魯斯海峽歐洲這邊的伊斯坦堡，卻在海峽亞洲這邊的一所大學工作，因此她說：「我每天都在歐洲與亞洲之間通勤。」

當歐洲向東與向南延伸，並不會碰上明確的邊界，而是漸漸消失，消失在莫斯科與海參崴之間，伊斯坦堡與艾爾比勒（Erbil）之間，馬格里布（Maghreb）與黎凡特（Levant）之間。* 對古希臘人與古羅馬人而言，在地中海北岸與南岸之間畫定界線是相當荒謬的想法。羅馬人稱地中海為「我們的海」（*Mare Nostrum*），周遊地中海時會在每一處海岸、每一座島嶼邂逅歐洲的歷史。我自己在一九七三年搭乘涅瓦薩號時就是如此，從杜布洛尼（Dubrovnik）到丹吉爾（Tangier），從桑托里尼島（Santorini）到帕爾馬（Palmar），從伊斯坦堡到休達（Ceuta）。然而，當摩洛哥想在一九八七年申請加入歐洲共同體時，卻立刻吃了閉門羹，連候選成員國的資格都不可得。《羅馬條約》第二三七條規定「任何一個歐洲國家」都可以申請加入，但當時在布魯塞爾負責相關事務的歐盟執委克謝松（Claude Cheysson）卻聲明，摩洛哥「在地理上並不是歐洲的一部分」。不過土耳其卻在一九九九年成為歐盟候選成員國，儘管它是一個穆斯林國家，而且數百年來基督教歐洲都以對抗它來界定自己的身分認同。我在這裡提出挑戰：有誰能夠明確解釋為何土耳其屬於歐洲，摩洛哥卻不屬於歐洲？

檯面上第二個歐洲是歷史核心的歐洲，大致上對應查理曼曾經統治的疆域。如果你對大部分歐洲人注射吐真劑，他們很可能會承認在直覺上，比起烏克蘭西陲城市烏日霍羅德（Uzhorod）或阿爾巴尼亞首都地拉那，羅馬、巴黎與查理曼的都城亞琛（Aachen，法國人稱之為Aix-la-Chapelle、西班牙人稱之為Aquisgrán、波蘭人稱之為Akwizgran）具有著更為強烈、完整與明確的「歐洲感」。但你如果膽敢把這種差異說出口，恐怕會惹禍上身，因為當你指稱某個族群不是百分之百的歐洲人，將會立即引發對方的敵意。「你說我們不是道道地地的歐洲人，什麼意思?事實上，我們比那些驕傲的法國人更像歐洲人！」

這種敏感反應有其充分理由。在歷史上很長一段時期，西歐人眼中的東歐都只是一個異域殊方、發展落後、充滿野蠻氛圍的半調子歐洲。這是一種「歐洲內部的東方主義」，也是一種文明的倨傲鄙夷。這種態度在二十世紀的瑞士歷史學者岡德雷諾（Gonzague de Reynold）著作中達到堪稱荒謬的地步：他大剌剌宣稱「西歐與東歐……文明開化程度並不相同」，甚至「歐洲文明是……西歐的成果」。他形容西歐是「歐洲人的歐洲」（*l'Europe européenne*），從而暗示歐洲的其他部分是「非歐洲人的歐洲」。就連在我們這個時代，作為歐洲人往往被心照不宣地等同於受到文明開化。

這就帶我們來到第三個歐洲，即文化與價值的歐洲，有如一個衣冠楚楚卻擁有兩副截然不同面貌的角色。歐洲數百年來對世界其他地區呈現的面貌，坦然而自信地突顯了自身的文化優越性：以男性為主

＊ 譯註：艾爾比勒位於今天伊拉克的北部，馬格里布主要指北非地區，黎凡特主要指地中海東岸一帶。

的白人基督徒，受到上帝感召要將文明帶給「野蠻人」，將真正的宗教帶給「異教徒」。當法國在一九五〇年代帶頭締結歐洲經濟共同體的同時，也正為了保有海外殖民地而進行殘民以逞的戰爭。在今日大部分歐洲人眼中，這段殖民歷史黯淡而遙遠，然而薩拉查那張詭異的照片拍攝於並不遙遠的一九七〇年，他的靈柩兩邊各站了來自安哥拉的白人侏儒與來自莫三比克的黑人巨人。一直要到一九七五年，安哥拉與莫三比克才脫離葡萄牙殖民統治獨立。

直到今天，任何一個喜愛丁丁的兒童在閱讀《丁丁在剛果》（*Tintin in the Congo*）這本書的時候，仍然會感受到殖民心態。你只要移動滑鼠按一下，就可以從亞馬遜網路書店訂購一本來看。書中，我們的小小記者男主角在比屬剛果一間傳教士學校教課，面對一排排顯然一頭霧水的黑人幼童，反覆詢問一個得不到答案的問題：「二加二等於……？」如果是在一九三〇年代問世且尚未經由比利時藝術家與作家艾爾吉（Hergé）修改的原版，那麼你還會見到丁丁對黑人幼童說：「現在我要談談你們的祖國：比利時！」

然而第三個歐洲的另一副面貌，卻是嚮往追求人類最高層次的理想。那是一九九〇年代的某一天，地點在獨立之後的波蘭國會，漆成白色的長廊跫音迴盪，葛萊米克和我信步向前。他突然停下腳步，撫摸著鬍鬚，以一種沉靜內斂但熱情的語調說道：「你知道嗎，對我而言，歐洲具有一種柏拉圖的本質。」在這個意義下，歐洲代表著一整套價值，諸如自由、民主、和平、尊嚴、人權，也可以被理解為一種終極狀態或目標，古希臘人稱之為「*telos*」，是我們的嚮往與抱負，也是我們衡量自身成功的標準。二

○○○年代初，有一回我和法國國際關係理論家阿斯奈（Pierre Hassner）共進午餐，席間我們辯論歐洲的未來。他感嘆道：「是，我想你說對了，歐洲不會實現。」我回答：「但阿斯奈，你現在就置身歐洲！」如果按照這種理想主義的規範性世界觀，希特勒、納粹大屠殺、一九九五年斯雷布雷尼察（Srebrenica）波士尼亞回族（Bosnians）遭遇的種族滅絕屠殺，全都會被認定為「不屬於歐洲」，儘管從實證意義來看，它們毫無疑問屬於歐洲。

檯面上已是眾聲喧嘩，但還有第四個歐洲：歐洲國家的體制與組織。對大多數歐洲人而言，那個組織就是歐盟，只不過該組織經過了幾番演變。戰後歐洲一體化的開端，是一九四八年在荷蘭海牙舉行的一場大會，會中議定成立的機構叫做「歐洲理事會」。這一決定充分代表戰後歐洲的雄心壯志：建立一個更美好的歐洲，一個更為「歐洲」的歐洲，更為自由、民主、法治、尊重人性尊嚴與人權的歐洲。隨之誕生的是《歐洲人權公約》，生效施行後由位於史特拉斯堡的歐洲人權法院負責裁決。如果你的國家是歐洲理事會至少四十五個成員國之一，當你被界定在《歐洲人權公約》中的權利遭到侵犯，且本國法院無法還你公道時，你就可以到史特拉斯堡的法院打官司。這種辦法極好，但時至今日幾乎已無人再提起歐洲理事會。它就像一個紳士風範的大哥，穿著有點陳舊的粗花呢外套，待在自己的鄉間莊園，看著衝勁十足的小弟「歐盟」在大城市闖蕩，挪用（且不加說明）自己最卓越的理念，甚至盜用自己的旗幟：歐盟的藍底十二顆五角金星旗原本是為歐洲理事會所設計。

複雜的狀況還不止如此。在捷克出生的歐布萊特（Madeleine Albright）是美國總統柯林頓（Bill

Clinton）的國務卿，她曾經給我一張幕僚繪製的示意圖，顯示疊床架屋的歐洲各個組織，並附上它們極容易混淆的名稱縮寫。

歐布萊特微笑著告訴我：「我們稱之為『歐洲之亂』。」

歐洲之亂最廣大的一張網是「歐洲安全暨合作組織」，成員涵蓋了俄羅斯、哈薩克（在烏拉爾山脈以西有一大片領土並引以為傲）、土庫曼、塔吉克、加拿大與美國。儘管有這一串複雜背景，如今多數人在提到「體制性的歐洲」這第四種歐洲時，指的都是即將在二〇二七年度過七十歲生日的歐洲聯盟。

四個歐洲此刻都放上檯面，就好像一桌坐了四個同名之人。人們談論時往往混為一談，彷彿在場的露西只有一個，不是四個，更不是十四個。為了使日常使用不至於誤會，我建議每當人提到「歐洲」時都應該暫時打住，釐清到底說得是哪一種「歐洲」。但就算我們真這麼做，恐怕仍無法掌握大部分人最在意的歐洲：承載我們個人經驗的歐洲。

置身其中

我們這時代的歐洲與過往所有歐洲都不同，這要歸功於一項革命性的變化：一九六〇年代迄今大眾旅遊與通訊的高速成長。十八世紀中上階層英國青年確實會進行「壯遊」，造訪精挑細選的文化勝地，最終前往羅馬。十九世紀晚期開始，來自經濟繁榮國家的旅客會遊歷鄰近的歐洲國家，通常是利用新近建設的鐵路。來世英國的旅客，便是歐陸戲謔作品的熟面孔。二十世紀初期的歐洲紳士（偶爾會有女士陪同）則會在礦泉療養地、鄉間莊園、賽馬場進行社交，然後上戰場一決生死，就如同尚雷諾（Jean Renoir）那部一戰電影傑作《大幻影》（*The Grand Illusion*）中的德國與法國貴族軍官——他們首先射殺雉雞，然後射殺彼此。

然而，在歐洲史上的大多數時期，或至少直到二十世紀晚期之前，大多數歐洲人一生從未造訪過其他國家，例外情況包括戰時從軍、父母田地無法養活自己而離鄉背井，或因為反猶太屠殺及其他族群清洗而流離失所。對許多鄉村居民而言，他們在意與認知到的並不是民族或國家，而是街坊鄰里。波蘭、烏克蘭與白俄羅斯東部邊地的農民，如果被問起自己的身分，有時會回答自己是「*tutejszy*」，意思就只是「當地人」。對這類人來說，「旅遊」就是搭乘馬車前往當地城鎮的市集。威斯騰一位健壯的下薩克森邦老農民就曾如此回憶二戰後的第一個十年：「當時沒有人會想到歐洲，歐洲很久之後才到來。」

突然之間，數百萬歐洲人開始到彼此的國家旅遊，交通工具包括火車、渡輪、馬車、汽車、雙螺旋槳飛機，一九六〇年代之後更開始搭乘噴射機。來到一九七〇年代中期，西歐薪資較高的藍領勞工可能買得起Fiat 500、Mini、福斯金龜車或Golf（Golf從一九七四年開始生產）、雪鐵龍（Citroën）的*deux chevaux*（字面意思是「兩匹馬」，指這款車的應稅馬力）代步。這些車款後來都成為流行文化的重要象徵，其新世代的版本在五十年後的今天大部分都還在生產。

一九七三年，西班牙迎來逾三千四百萬外國旅客，人數大約與常住居民相當。有史以來第一次，對大部分歐洲人而言，「歐洲」成為他們個人的直接經驗，具象化為真實的地方與臉孔，有著有趣的新聲音、景象、滋味與氣味，可能是一幅美景、一家海景餐廳、一位美麗女孩或帥氣男孩，一旦邂逅，永生難忘。雖然記憶會褪色，但柯達平價相機、電影攝影機與後來的便攜式攝錄影機則讓人們可以拍攝家庭電影。不久之後，容易買到的便宜卡式錄音帶問世，讓你將聲音裝在手提袋裡：提奧多拉基斯、披頭四、無與倫比的葛芮柯（Juliette Gréco），甚至是褻瀆上帝的《黑色聖母》。如果你在其他國家交到朋友，還可以透過航空郵件（纖薄的藍色信紙細心摺疊，有如摺紙藝術作品）、費率越來越親民的電話，還有即將問世且堪稱尖端科技的傳真機來保持聯絡。

一九四八年的海牙大會上，西班牙知識界領袖馬達里亞加（Salvador de Madariaga）宣稱：「當西班牙人會說『我們的夏特（Chartres）』、英國人會說『我們的克拉科夫』、義大利人會說『我們的哥本哈根』、德國人會說『我們的布魯日（Bruges）』……那麼歐洲將永世長存。」當時這番話只是夢想，如今卻得以藉由大眾旅遊實現，而且方式可能比馬達里亞加的設想更為腳踏實地。今日人們會說「我們的夏特」或者「我們的哥本哈根」，是因為他們真的去過那些地方，珍惜在那些地方留下的個人記憶。

我在荷榭勒見證人類登月壯舉之前，曾經和家人重遊父親一九四四年登陸的諾曼第海灘。我們家綠白兩色的座車 Hillman Super Minx（從來不是什麼流行文化象徵）被送進一部機身低矮、活像蟾蜍的運輸機，連車帶人飛往瑟堡（Cherbourg）。然後我們開車沿著法國海岸東行，父親非常開心，因為他盡可能忠實重現了當年軍事行動的苦頭。茶是在寒風吹襲的曠野用煤油爐小火慢煮。就我和哥哥克里斯多福記憶所及，我們與當地人的接觸少之又少，主要多半是友善的雞同鴨講。回到羅漢普頓家中，我們像羅賓遜（Heath Robinson）一樣大費周章，在遮光的房間架設投影機與螢幕，放映那技術問題層出不窮、影像模糊且聲音嘈雜的八釐米賽璐珞影片，重溫自己如何在寒風吹襲的曠野煮茶。

一九七三年夏天，我開車載一位學校朋友沿著萊茵河南下，探訪巴伐利亞的祕境。我們在泥地裡紮營，靠麵包與香腸果腹，瀏覽歷史遺址。我們先造訪了從亞琛的查理曼大帝八角形教堂（我在十八歲那年首度造訪），歷經科隆（Cologne）、沃母斯（Worms）與斯派爾（Speyer）的大教堂，接著又來到大學城海德堡，我注意到一幅噴漆塗鴉譴責某位「反動教授布魯克納」。我短暫停留，目的只是發送電報回家——沒錯，**電報**，就像一九三〇年代黑白電影中的角色。在營地飽餐黑香腸（*Blutwurst*）、讀過湯瑪斯曼的《布登布洛克家族》（*Buddenbrooks*）之後，我重點欣賞了巴伐利亞的美學珍寶：路德維希國王童話般的新天鵝堡。行程尾聲，我們來到達豪集中營遺址，我以學童的筆跡寫道：「**恐怖**的照片顯示了營區的生活條件、酷刑凌虐等，還有人們受到的影響……但儘管引述了西班牙哲學家桑塔亞那（George Santayana）的名言『不能銘記歷史的人注定重蹈覆轍』，儘管紀念碑明確宣示『永不再犯』，遊客的反應大多仍然是難以理解。」「現在，」我以說教的口吻做結論，我們需要一位作家或一部電視節目「將當代的暴政**銘刻**在每一個人的生命之中。」沒錯，這是在說教，然而並沒有說錯。

那年秋天，運兵船改裝的涅瓦薩號在地中海的太陽下閃耀著白色光芒，要讓船上的英國學童見識到歐洲的榮耀。結果未必盡如人意，涅瓦薩號懷舊網站刊出一封家書，開頭寫道：「親愛的媽媽，我真希望來這裡的人是你不是我。」

然而，對於船上某些學童而言，這次經驗讓他們大開眼界，甚至因此改變人生。海倫（Helen Buchanan）也參加了一九七三年那趟航程，當時她十三歲，就讀於康瓦耳（Cornwall）的法茅斯中學，她告訴我她從此愛上旅行，終身不渝。那年她回家之後，跟母親談起雅典街頭的軍人。她也記得在土耳其南部城市麥辛（Mersin）的街道上「幾個男人瞪著她的可怕經驗」。即便如此，桑托里尼島與克里特島是如此美好，使她迫不及待要舊地重遊。

萬花筒織錦

希臘上校實施宵禁之前不久，我們來到克里特島克諾索斯宮殿重建過的庭院，躲避熾熱的陽光。那年是西元一九七三年，但考古學證據顯示，這地方早在西元前一九七三年就已建立一座宮殿。歐洲人面對圖騰般的中國歷史「四千年」時往往膝蓋發軟，然而我們歐洲人也有自己的四千年。

西元前二千紀中期，克諾索斯是一座先進的都市聚居地，宮殿周遭的住宅區可能住了十萬人，一座劇院能夠容納大約四百人。宮殿本身有燈光明亮的房間，濕壁畫美侖美奐，門廳、客廳與走廊有如迷宮。宮殿還設置了浴室、廁所、排水系統，食物儲藏室存放著一罐罐油脂、羊毛、醇酒與穀物。克諾索斯的居民前往地中海各地做生意，從埃及到西班牙都有他們的足跡。他們的黏土泥板記錄了一些語言，其中之一就是早期的希臘語。

這就是「歐洲第一座城市」，據說也是一位神話女性的棲身之地，「歐洲」（Europe）之名就是取自於她。「歐羅巴」（Europa）是一位美麗的公主，故鄉在今天的黎巴嫩，有一天她騎上一頭看似溫馴雪白的漂亮公牛，結果鑄成大錯——公牛原來是宙斯化身，縱情聲色的希臘眾神之王。他將歐羅巴帶往東地中海，來到克里特島。她在當地生了三個兒子，包括後來成為國王的米諾斯。第一位發掘克諾索斯遺址的英國考古學家埃文斯（Arthur Evans），就將當地的文明命名為「米諾斯文明」。發掘工作讓壯麗的濕壁畫重見天日，描繪人們在公牛身邊、身上舞動跳躍，如今典藏在鄰近的伊拉克利翁考古博物館供人欣賞。

但讓我著迷的並非嬉戲的公牛，而是一幅袖珍的濕壁畫。畫中主角是一位女性，服飾與髮型優雅動人，皮膚白皙，雙唇鮮紅，黑眼睛又大又圓，彎彎的眉毛非常突顯。寫作此文時，她的圖像就在我面前：一九七三年我在克諾索斯買了一本導覽手冊，其中一幅彩色插圖就是她。人們暱稱她為「巴黎女子」是有道理的，看她那雙又黑又圓的眼睛，活像是剛從二十世紀早期藝術家夏卡爾（Marc Chagall）的某幅畫作走出來。

這正是歐洲經驗的一大特色。我們生活在層層疊疊的歷史上方，就像一處考古遺址，而克里特文化是最古老的歷史層之一。不僅如此，我們歐洲人生活在一個人口稠密的多重宇宙，表現為反覆出現與心懷預期、有意識的相互參照與無意識的迴響呼應，因此除了德國哲學家布洛赫（Ernst Bloch）所謂的

「非同時性」（一九八四年從英國出發，抵達一九四五年的波蘭），還有一種與之抗衡的「同時性」，壓縮了數個世紀甚至數千年。來到科隆大教堂，你會看到一尊小巧精緻的耶穌十字架受難木雕，耶穌粗壯的手指被釘入十字架，臉部的線條刻畫分明、渲染悲傷，頭髮與腰布以風格化的直線表現。從這些線索來看，這尊木雕好像是現代主義作品，可能出自二十世紀初期德國雕刻家巴拉赫（Ernst Barlach）的門徒之手，但它其實完成於西元第十世紀，已有一千多年歷史。

塵世的新舊交錯更為錯綜複雜，因為人們會體認到由於品味改變、商業發展與二戰摧殘，許多舊事物其實是新事物。我以前到華沙都會去拜訪葛萊米克位於舊城區中心、啤酒街的小公寓，坐在他空間狹小的書房。深色木製書架堆滿了中世紀歷史著作。一道陽光穿過窗口，映照他教授派頭的鬍子與菸斗，感覺有點像來到歌德筆下浮士德博士的「狹窄房間」拜訪。然而，這幢看似陳舊的建築其實一點都不陳舊。一九四四年波蘭非共產黨勢力發動「華沙起義」，試圖解放自己的首都卻慘遭鎮壓，之後德軍便奉希特勒之命，遂行文化野蠻行徑，將整座城市夷為平地。戰後波蘭展開文化大反擊，動員大量建築師、藝術家與工匠，根據歷史繪畫與圖像，一磚一瓦一門楣地重建整座老城，包括啤酒街這幢公寓。舊其實是新，新其實是舊。曾有人略帶詩意地誇飾：今日華沙最古老的事物，恐怕是瓦金基公園（Łazienki Park）裡的幾棵老樹。

遊歷克諾索斯之後的十年間，我在日記中留下數量驚人的造訪紀錄——今天在邁錫尼，明天往佛羅倫斯，下星期到巴黎。我還為自己仰慕的教堂、宮殿、雕像與畫作，以及讀過的書，看過的戲劇、歌劇和影片，寫下連篇累牘的評論。是的，我有如一隻文化禿鷹。然而時至今日，儘管過去五十年間不間斷地旅行與研究，我知道自己對歐洲這部巨著不過只翻閱了區區幾頁。借用華格納（Richard Wagner）的說法，真實存在的歐洲（不是英國政治辯論中那黑白扁平的「歐洲」）其實是一種「整體藝術」(*Gesamtkunstwerk*)，有如一件包羅萬象的作品，其創造者並非某個狂妄自大的作曲家，而是要歸功於數千年來無數人的努力及不斷改造。這一整體藝術的內容除了人們熟悉的傳統上層文化要素，還包括時尚、食物、飲品、體育、流行音樂、地方風俗、地中海島嶼的特有氣味、北歐的峽灣、強風吹襲的大西洋海岸、門庭若市的義大利餐廳、五十種成為男人或女人的微妙方式、擁抱其他性傾向或性別身分的方式、錯綜複雜且多彩多姿的地方文化，以及一幢又一幢的建築。對於這本真實的歐洲之書，一萬頁頂多只是序論，每一次旅行的每一個地方都會寫下新的篇章。

什麼樣的隱喻適用於如此豐富的多元性？重複書寫的羊皮紙？法式千層派？拼布被單？我所能想到的最恰切隱喻，其實是「萬花筒」與「織錦」的結合：萬花筒織錦（kaleidotapestry）。歐洲是一幅織錦，經由無數人的雙手織造而成，形成一幅幅獨特景觀——可能是一處街景，或者是一處風景，一場活動。例如義大利城市西埃納（Siena）在廣場舉行的社區賽馬節，一二三九年就見於史籍，至今仍是當地年度盛事。歐洲也有如一具萬花筒，同樣的彩色碎片不斷排列出新的組合：教堂、城堡、市集與市政廳組成反覆出現的視覺文法，對羅馬以及哥德式、巴洛克、新藝術運動或一九六〇年代年代粗獷主義要素的援引，諸如米諾陶、賽蓮、聖母與聖子等主題動機，造形與類型變化萬千的餐廳，風味竟然神似土耳其咖啡的希臘咖啡，料理方式總能推陳出新的甘藍菜。每當你遇到極其熟悉的事物，也會同時發現非常獨特的風格（被許多歐洲語言形容為「典型風格」）。當你在演奏列支敦士登國歌時起立，你會聽到英國國歌《天佑女王》（God Save the Queen）的旋律。同中有異，異中有同。這一切融會貫通成一種典型的歐洲經驗，我的法國暨希臘暨英國朋友尼可萊迪斯（Kalypso Nicolaïdis）一語道破：「出國就像回家」。

一九五三年，湯瑪斯曼曾在德國漢堡對一群學生談起「歐洲的德國」，他解釋自己之所以在居留美國十五年後以七十八歲高齡回到「老土地」，主要原因就是歐洲豐美繁複的歷史。他形容歐洲的生活「空間較為狹小，但時間更為廣闊」。如此優雅之說其實是立基於一個大有問題但當時很少被質疑的假定：美國的歷史「時間」只能從歐洲移居者與殖民者來到起算。在表彰歐洲層層疊疊的歷史文化時，我們很容易就會墜入陷阱，以偏概全地強調歐洲文明獨一無二、在本質上高人一等。

中國與印度都擁有年代古老、層次多重的歷史記憶場域，不讓歐洲專美於前。造訪北京孔廟的人就能領會，當地的石碑記載了七個世紀、五萬多名科舉考試及第者（進士）的姓名。或者想想西元前三世紀印度統治者阿育王頒布的法敕，鐫刻在包覆一塊巨石的金屬板上，矗立在今日新德里國立博物館外側。歐洲歷史顯然與中國或印度的歷史大異其趣，好比歐洲的政治與法律權威來自多個中心，而且具備一個不從屬於任何國家的國際化教會體系。這些特質非常重要，但歐洲沒有必要堅稱自己在人類文明領域獨一無二，更別提先天優越性這回事。一如中國與印度，我們的任務是在面對自身歷史文化時，決定哪些元素該被重視，哪些又該被揚棄、珍惜、保存與增進。

哈姆雷特與黃色潛水艇

歐洲人南腔北調，語言繁多。根據一位頂尖專家估計，歐洲語言的數目少則六十四種、多則兩百三十四種。沒有人能夠通曉每一種歐洲語言，但如果想要瞭解歐洲，多會幾種語言將很有幫助。

我們的大陸有強大的語言民族主義。早在一八六二年，德國哲學家萊布尼茲（Gottfried Wilhelm Leibniz）發現德語之中深藏著「我們生活、說話、寫作甚至思考的方式」。他的理念後來由其他德國作家進一步演繹，例如赫爾德（Johann Gottfried Herder）就認為「民族精神」（*Volksgeist*）會具體呈現在特定語言之中。斯拉夫學者也接棒論述，從各式各樣的斯拉夫方言中整理出明確區分的語言，並且以編纂字典、文學創作奠定基礎，讓這些語言站穩一席之地。後來的語言民族主義者受到更多德國思想家影響，開始要求自決，進而追求建立主權國家。此一政治與領土的分離過程從十九世紀初期啟動，直至今日仍未結束。

一九九五年南斯拉夫內戰時期，我曾在陷入重圍的塞拉耶佛遇見一位名叫伊薩科維奇（Alija Isaković）的作家。他花了十年時間編纂一本《波士尼亞語言特徵字典》（*Dictionary of Characteristic Words of the Bosnian Language*），一九九二年出版時南斯拉夫聯邦已開始解體。伊薩科維奇在字典序言中寫道：「我們的語言就是我們的道德，『波士尼亞語』的概念天經地義。」他以贊同口吻引述一位克羅埃西亞學者的話：「以說一種語言的民族來命名這種語言能傳達顯而易見的事實：有一個民族存在，這個民族有自己的語言。」伊薩科維奇的字典介紹了大約七千個波士尼亞單字背後的文學典故．有些相當獨特，往往源出鄂圖曼土耳其文化，有些只是常用語的變體（Europa／Evropa、ethos／etos）。儘管有些人聲稱波士尼亞語只是塞爾維亞—克羅埃西亞語的一種方言，伊薩科維奇卻堅持波士尼亞有自己不同的語言。方言和語言有何差別？俄羅斯猶太裔語言學家魏因賴希（Max Weinreich）常說：「語言就是擁有軍隊的方言。」

二十一世紀初期，南斯拉夫內戰即將結束時，語言民族主義的原始邏輯幾乎被整個翻轉過來。不過兩個世紀之前，人們仍相信「我們說不同的語言，因此需要一個不同的國家」。等到蒙特內哥羅在二〇〇六年宣布獨立，邏輯已經變成「我們是一個不同的國家，因此必須說不同的語言」。二十世紀大部分時期都被稱為「塞爾維亞—克羅埃西亞語」的語言，後來演變出四種不同的語言：克羅埃西亞語、波士尼亞語、塞爾維亞語、蒙特內哥羅語（依據這樣的邏輯，應該也會有加拿大語及紐西蘭語）。雖然塞爾維亞語和蒙特內哥羅語也都使用西里爾字母與拉丁字母，但這四種語言其實源出於同一種南斯拉夫語。我的一位克羅埃西亞朋友如是說：「我竟然不知道自己會說四種語言！」如果要指派一名官方通譯將塞爾維亞語翻譯為蒙特內哥羅語，他將有如荒謬劇場角色般，存在沒有任何意義。今天當來自這四個前南斯拉夫地區的人們會面，彼此溝通完全不會有問題，因為使用的語言就是他們所說的「我們的語言」。

然而，對其他歐洲人而言，什麼是「我們的語言」？大部分歐洲人的母語截然不同，而且無法相互溝通。第一個答案來自義大利學者作家艾可（Umberto Eco），他認為「歐洲的語言就是翻譯」。這不僅是功能性翻譯（例如歐盟為各成員國官方語言提供通譯服務），艾可的概念還涉及更深層的事物，一套由象徵、神話、原型與引語組成的通用詞彙。

莎士比亞的《哈姆雷特》是歐洲語言翻譯的終極典範。這位丹麥王子出現在每一種歐洲語言的文學和想像之中，既同中有異，也異中有同。波蘭語有一個動詞「*hamletyzować*」（哈姆雷特），意思是面對重大抉擇猶豫不決、苦惱不已；後來還衍生出一個名詞「*hamletyzowanie*」。波蘭文學批評家許納德爾（Jacek Trznadel）更以波蘭文學的哈姆雷特為主題寫了一整本書。

俄羅斯沙皇保羅一世之所以成為皇位繼承人，是因為父親被母親的情夫暗殺，有如莎士比亞筆下情節。保羅一世年輕時曾進行「壯遊」，晉見神聖羅馬帝國皇帝約瑟夫二世，體貼的東道主特別下令取消一場《哈姆雷特》舞臺劇演出，原因顯然是男主角暗示當晚劇院會有兩位「哈姆雷特」。俄羅斯詩人沃洛申（Maxsimilian Voloshin）寫道，哈姆雷特「是『斯拉夫靈魂』悲劇遭遇的原型，經歷了意志、感覺與意識的解體」。

「德國就是哈姆雷特！」德國自由主義詩人福萊利希拉特（Ferdinand Freiligrath）在一八四四年寫道，意思是他的同胞就像莎士比亞筆下的王子，永遠處在懷疑與動搖之中，無法挺身而出為亡父的幽靈（福萊利希拉特稱之為「被埋葬的自由」）復仇。一九四九年，湯瑪斯曼指出依據歌德的觀點：「不僅德國，整個歐洲都是哈姆雷特。」至於在全劇尾聲出面收拾血腥殘局的外國領導人福丁布拉斯（Fortinbras）

「則是美國」。在我看來，哈姆雷特也很適合作為歐盟的化身，歐盟處理重大決策往往長期舉棋不定，最後選擇往往也不是原先的考慮方案。簡而言之，哈姆雷特。

翻譯之外，歐洲面對語言多樣性挑戰的第二種回應方式，是鼓勵歐洲人學習不同語言，以多語學習來應對多語環境。二十一世紀初歐洲晴雨表（Eurobarometer）的一份調查發現，居留歐盟成員國的歐洲人逾半數至少會說一種母語之外的語言，「熟練程度足以進行對話」。二〇一二年，正好四分之一的歐洲人表示自己可用至少兩種語言對話，前段班包括盧森堡人、拉脫維亞人與荷蘭人，英國人則可想而知是後段班。然而舌頭打結的英國人有恃無恐，因為歐盟的非英國籍公民每十人就有四人會說英語，遙遙領先其他語言。

從古羅馬帝國開始的兩千年間，受過教育的歐洲人是以拉丁文作為共同語言的基礎。儘管對於拉丁文知識的掌握起起落落，許多人的拉丁文寫作能力欠佳，對話能力更糟，但拉丁文始終不曾消失。一九三九年，時任英國工黨領導人艾德禮（Clement Attlee）協助一位德國猶太裔兒童威勒（Paul Willer）跟著母親來到英國，並讓他住到自己家中。威勒不懂英文，艾德禮不通德文，因此艾德禮的女兒成了家庭通譯，她和威勒就是以拉丁文來溝通。

拉丁文曾被歐洲人視為小學教育的必修課程，我大概是有此觀念的最後一個世代。一九六六年時我十一歲，老師為了讓我們對歐洲文明的古老語言感興趣，讓我們看連環漫畫：身穿皮夾客的時髦年輕人騎著摩托車四處遊蕩，說拉丁文。我們只覺得可笑。

我只有一次將自己粗淺的拉丁文用於對話，那是一九七九年，我第一次造訪華沙，在聖安東尼教堂的修道院發現一塊紀念碑，上面銘刻著一個地點與死亡日期：「卡廷，一九四〇年。」看似簡單明瞭，實則驚天動地。一九四〇年，史達林的劊子手在卡廷屠殺數千名波蘭軍官，*但蘇聯集團成員國的共產黨政權異口同聲，堅稱大屠殺是入侵波蘭的德軍在一九四一年所為。在當年的俄羅斯或波蘭，記者或教師表達另類觀點可能會丟掉工作。可恥的是，當時就連英國政府也宣稱大屠殺真相不明，儘管每一位正派的歷史學家都知道誰才是凶手。因此聖安東尼教堂紀念碑上簡單的銘文，是對一則巨大謊言的無聲駁斥。當我站在紀念碑前方，一位波蘭僧侶走過來，我一指日期他便興奮地抓住我的手肘，引領我到另一處為「卡廷，一九四〇年」波蘭死難者樹立的紀念碑。當時我還沒學會波蘭語，這位僧侶對我連珠砲般嘗試的英語、法語和德語似乎無動於衷。這時我突然福至心靈，拉丁文脫口而出：「*Fortis est veritas et praevalebit!*」（真相強大，終將勝利！）僧侶喜悅的眼睛閃閃發亮。

這是我第一次也是最後一次在對話中使用拉丁文。英語就像今日的拉丁文。當一個保加利亞人在赫爾辛基一家法國咖啡館想喝一杯卡布奇諾，他會以歐陸英語點餐。†顧名思義，英語原本當然是英國人的語言，後來隨著英國的海外帝國擴散，成為新世代超級強權美國的語言。結果就是一種簡化的英語成

* 譯註：蘇聯一九三九年九月與納粹德國協同作戰入侵波蘭，俘虜大批波蘭官兵、警察、公務員與知識分子，翌年四月至五月在俄羅斯西部村莊卡廷進行大屠殺，約二萬兩千人遇害。一九九〇年四月，蘇聯政府正式認罪、道歉。

† 譯註：泛指歐陸、歐盟地區民眾使用的英語。

為全世界最重要的語言（可能也是因為學習英語要達到基礎程度相對容易），被稱之為「全球語」或者「世界語」。全世界母語使用者人數最多的語言是華語，然而英語是非母語使用者最多的語言。

這對我們英國人而言會產生一種奇特效應：我們自家使用的英語成了一種方言。從捷克異議作家變成捷克總統的哈維爾曾經對我說：「英語其實有三種，第一種是捷克人與義大利人或巴西人與匈牙利人說的英語，我們可以百分之百理解。第二種是美式英語，我們可以理解百分之五十。第三種是英國人說的英語，我們一句也聽不懂。」由於英國人習慣在語句結尾壓低聲音，而且很喜歡輕描淡寫或欲言又止，因此我瞭解哈維爾的意思，只能默默表示同意。

當代歐洲具有一種低調謹慎的魅力，而歐洲的語言大觀園對此貢獻良多。誰會想到一部關於丹麥聯合政府政情的電視劇，竟然會風靡全歐洲？《權力的堡壘》（*Borgen*）這部劇取名自哥本哈根市中心一座城堡，是丹麥國會、政府與最高法院的所在地，該劇扣人心弦，而且迷人之處一部分恐怕要歸功於丹麥語的抑揚頓挫「*Tak*」（謝謝！）、「*Undskyld*」（打擾一下！），我們一面聽一面透過字幕理解人物的對話內容。

除了歐洲傳奇足球員C羅（Cristiano Ronaldo）或席丹（Zinedine Zidane）之外，最多歐洲人共享的文化參照可能就是英語演唱的流行歌曲。有一回在捷克西利西亞一座灰撲撲的小鎮布倫塔爾（Bruntál），天氣寒冷，我和一組英國拍片團隊想找地方喝酒，但店家似乎都沒開門，光景比「鬼鎮」還要荒涼死寂。我們最終在一幢厚實的凝土商場建築的深處發現一家小酒吧，一根閃爍的霓虹燈管映照著骯髒的玻璃窗。走進去一瞧，三個捷克人正坐在一張搖搖晃晃的美耐板桌前，顯然已喝了不少啤酒，正在大聲歡唱。一位酒客彈奏吉他，另一位拿自己光禿禿的大腦袋當鼓，用一具金屬大勺敲打出節奏，他的腦袋顯然空空如也，因此可以敲出巨響。我們點了大杯啤酒，我和這歡樂三重奏用捷克語攀談了幾句，但要如何建立更廣泛的社交連結呢？當然要請出披頭四。英國與奧地利雙重國籍的電影導演貝克（Fred Baker）輕輕將吉他拿過來，煞有介事地對鼓手點點頭，開始演奏《黃色潛水艇》（Yellow Submarine）。「我們都生活在黃色潛水艇……」我們參差不齊地高唱，敲、敲、敲，鼓手的勺子和腦袋鏗鏘作響，「……黃色潛水艇，黃色潛水艇，我們都生活在黃色潛水艇，黃色潛水艇……」此時此刻，歐洲人是一家人。

依循英國學童傳統，我學習的第一種外國語言是法語，至今仍認為那是全世界最美的口說語言。後來因為著迷於德國近代史與湯瑪斯曼，我轉移陣地到德語，在基姆湖畔普林的歌德學院進行非常有系統的學習，同學就是那位很愛玩樂的希臘朋友喬格斯。法語或義大利語在世界上都以優雅著稱，德語並沒有這樣的名聲，但仍然可以做到美麗深沉。自從開始學習德語，我就愛上德語。二十幾歲時，受到波蘭異議運動激勵，波蘭語也進入我的世界。每多學習一種語言，我就會變得更歐洲化一些，借用法國哲學家利科（Paul Ricoeur）精細的論述，我因此更能夠將自己看成他者，同時逐漸擺脫父親的英國，以及那牢不可破的單一語言確定性。

學習法語、德語和波蘭語之後，我已進入歐洲語言的三大家族：羅曼語族、日耳曼語族、斯拉夫語族，因此觸類旁通，對於義大利文、西班牙文、荷蘭文、捷克文或斯洛伐克文也有一定的掌握，至少可以閱讀報紙。我攜家帶眷在歐陸旅遊時，經常讓兩個兒子湯姆與艾利克覺得很丟臉，因為我會喜孜孜地嘗試使用當地語言，適時加上比手畫腳。毫無疑問，我曾經讓自己多次出糗。但我願意嘗試（儘管有時只是幾個發音錯誤的詞彙）本身就是一種表明願意相互認可的姿態，一種歐洲主義的象徵，對方通常也會心有戚戚焉。

然而，當我們頌揚這種語言多樣性的同時，也必須認清它造成歐洲地理與社會的分裂。進入二十一世紀第二個十年，民粹民族主義的年代，我們發現歐洲各個社會最深層的分裂，大致上對半畫分成兩個群體：一半能說不只一種語言，另一半語言從一而終。前者多半上過大學，住在大城市或繁榮市鎮，經常旅行歐陸各地，樂於使用不同語言溝通，後者以上皆非。如英國的法拉吉（Nigel Farage）等新近崛起的民粹主義政治人物，往往會動員後者來對抗前者，並訴諸這樣的論調：「那些國際化的自由派菁英掌控了歐洲，歐洲只對他們有好處，對你們可沒有。國家應該要照顧你們。」二〇二〇年波蘭總統選舉，民粹主義執政黨的宣傳機器攻詰自由派、親歐洲的反對黨候選人恰斯科夫斯基（Rafał Trzaskowski），竟然拿他會說五種語言大做文章，說他具備這樣的能力，顯然一點都不愛國。

能夠以自己的語言過生活、受教育與工作，是人類發展不可或缺的基本條件，而且普遍被視為一項人權。但俗話說的好，詩歌會失落在翻譯之中，某種程度上政治也是如此。先後出任捷克斯洛伐克與捷克共和國總統、在政壇高層打滾十年的哈維爾，喜歡這麼闡釋自己的理論：政治有如劇場，兩者都是人生的濃縮與強化。

哈維爾當然說對了。最具天賦的政治人物也會是演員、舞臺監督與劇作家。如果沒有邱吉爾（他的諾貝爾文學獎實質名歸）的語言助陣，二戰英國會有何命運？我們也很難想像一個沒有戴高樂論述的戰後法國。西德的「東方政策」（Ostpolitik）之所以廣獲支持，得要歸功於總理布蘭特激勵人心的話語——我後來研究他的私人文件時發現，其中一大部分是以綠色的氈頭筆書寫。哈維爾也愛用綠色氈頭筆，他曾說綠色是希望的顏色，他的言論也形塑了我們對於後共產黨時期歐洲的想像。

國內政治猶如劇場，這點在美國華府尤其如此。對歐洲人而言，美國的政治肥皂劇要比布魯塞爾的歐洲政治更能引發關注，至於其他歐洲國家的國內政治就不用提了。事實上，美國是流行音樂與足球之外少數讓全歐洲人都關心的事物之一。相較之下，大部分歐洲人看待布魯塞爾的政情變化，就像翻閱洗碗機使用說明書。丹麥電視影集《權力的堡壘》有一個角色曾說：「在布魯塞爾，呼天搶地也沒人聽到。」我要補上一句：「布魯塞爾不會唱歌。」要想像歐盟的溝通方式能夠觸動人們的情感與理智，最接近的場景是歐洲旗與各國國旗一起飄揚，還有拜貝多芬之賜的《歐洲之歌》（European anthem）。* 但並不意

* 譯註：《歐洲之歌》截取自貝多芬第九號交響曲第四樂章《歡樂頌》的序奏。

外的是，《歐洲之歌》並沒有官方版歌詞。音樂與旗幟或許能讓我們團結，然而一遇到語言，我們堅持各說各話。

羅馬

「*E pluribus unum*」（合眾為一）是一句廣為人知的拉丁文格言，出現在美國官方的大紋章上面。歐盟的格言「*In varietate concordia*」則罕為人知，英譯原本是「unity in diversity」（多元一體），後來改為「united in diversity」（在多元中團結一體），但就算最具同情心的觀察者可能也會回應：歐洲確實多元，但團結一體何處可尋？語言上的答案是多語言學習與翻譯，政治上的答案則取決於歐洲人對於協同行動時高時低的意願，而歷史上的答案則起始於一個單字：羅馬。

「條條大路通羅馬。」這句諺語出自十二世紀一位法國僧侶。從字面來看，這句話是在指古羅馬的道路網，所有距離都從古羅馬廣場的一個定點起算，以一座金色里程碑標示。想要領略這個了不起的交通網絡，你可以觀看一幀「波伊廷格地圖」（Peutinger table），它是十三世紀一名僧侶對四世紀原圖的臨摹。波伊廷格地圖攤開來長度將近七公尺，記錄了縱橫古羅馬世界約十一萬兩千公里長的道路。就像今日的道路地圖，它以風格化形式來顯示特定地標：河流是深藍色，道路是紅線，其間散布著上色的迷你房舍圖示，以羅馬里標明距離，最大的幾座有一些是礦泉療養地。「Aquis Sestis」是今日的艾克斯普羅旺斯（Aix-en-Provence），「Aquinco」是今日的布達佩斯，「Aquas Aureanas」是今日土耳其的刻瑟希爾（Kirsehir）。那位四世紀的旅人就像今日的自助旅客，可以預先規畫今晚要投宿哪一家旅館或者礦泉療養館。

從隱喻層面來看，「條條大路通羅馬」的意思大概是「不管你做了什麼，到最後都會置身羅馬」。對歐洲而言，這句話最重要的意義介於字面與隱喻之間。湯瑪斯曼在戰後德國的漢堡告訴學生，他曾在久別之後再訪羅馬，因此重溫歐洲的「千年視野」，心中充滿了「一股近乎驕傲的悲傷之情」。歌德在寫給朋友的一封信中提到，他一七八六年踏進羅馬的那一天是他「第二個生日，真正的重生」，因為「整個世界歷史在這個地方落地生根」。

「世界歷史」是一種以歐洲為中心的誇飾，然而歌德的話語完美捕捉了歐洲歷史與羅馬的關係：歐洲在羅馬「落地生根」。原因不僅在於歐洲的歷史組成有一大部分已經在晚期的羅馬帝國出現，也不僅在於對羅馬曾經主宰的疆域而言，羅馬從未完全消失；原因更在於就連那些從未被古羅馬帝國統治的人們與地區也都對它著迷不已，試圖承接及複製其遺緒，而且是方方面面的複製。歷史與神話，傳統與被發明的傳統，彼此間有著盤根錯節的關係。

關於羅馬的故事，傳統版本強調希臘／羅馬與猶太教／基督教文明是透過羅馬傳遞給我們。這種說法有其道理，但無可避免地過度簡化。（今日歐洲是一座多元文化大陸，穆斯林人口眾多且持續成長，我們也別忘記古希臘哲學經典能夠保存至今，得要感謝當年的阿拉伯學者與圖書館員。）當葛萊米克於一九八二年受困在波蘭共產政權的帶刺鐵絲網後方時，他正忙著兩件事：一方面籌畫波蘭民主反對運動的策略，一方面思考中世紀歐洲是如何興起。身為學者的葛萊米克確信，羅馬與基督教的結合催生出中世紀晚期關於歐洲的概念，也是今日我們歐洲概念的源頭。

對於歐洲日後發展相當關鍵的是，羅馬天主教會（線索就在名稱中）開枝散葉到許多地區，而且運作不受地方世俗政權管轄（至少在原則上）。天主教會堪稱全世界第一個國際性的非政府組織。然而對東歐與東南歐而言，基督教遺緒是傳承自我們稱之為「拜占庭」的東羅馬帝國，以號稱「第二羅馬」的君士坦丁堡為中心。我曾經有機會晉見普世牧首巴爾多祿茂一世（Bartholomew I），他是君士坦丁堡宗主教，向來被視為東正教會最高階領導人。我們這個小小的代表團來到他位於伊斯坦堡、傳統風格的陰暗辦公室，小心翼翼啜飲著一種有如白糖糖漿的飲料。這位留著雪白鬍鬚、戴著眼鏡的老邁主教，平靜地歡迎代表團來到一個「我們已經待了約莫一千七百年」的地方。雖然今日伊斯坦堡的東正教徒只剩數千人，但在那短暫的一小時會面中，我們宛如置身於當年的君士坦丁堡。

歐洲有過長達數世紀的嚴重分裂，而基督教正是凝聚當時歐洲的最主要因素。我眼前攤開一幅名為《多語言歐洲》（*Europa Polyglotta*）的地圖，是德國一位地圖學家在一七三〇年繪製。地圖乍看之下一片混亂，標明不同語言的細小文字布滿歐洲地表與周遭大部分海洋，像是某個瘋狂教授的胡亂塗鴉。仔細一看就會發現，這幅地圖上以三十三種語言（無論是拉丁、西里爾、希臘或其他字母）書寫同樣一段文句：「我們在天上的父，願人都尊祢的名為聖。」

歐盟在二十一世紀初召開大會籌畫制定「歐洲憲法」時，各方曾熱烈討論其序言是否應該提及基督教。最後憲法序言僅提及「從歐洲的文化、宗教與人文主義遺產得到激勵啟發」。時至今日，許多西歐國家都有為數可觀的非基督教徒民眾，例如荷蘭就將近半數，瑞典超過三分之一。有些最熱忱的「歐洲支持者」同時也是堅定的無神論者。一九五〇年代歐洲計畫的創建者經常援引基督教，但新世代的歐洲人則深信歐盟的價值觀不必乞靈於基督教，而是應該繼承十七、十八世紀歐洲啟蒙運動與為其鋪路的科學革命。新歐洲信奉的真理，必須是能以科學驗證且以事實為根本的實證真理，而不是天啟般的宗教真理。人文主義真理至上，以理性原則取代宗教信條。在這幅歐洲的新地圖上，翻譯成各種歐洲語言的共同格言想必不會是「我們在天上的父……」，而會是十八世紀德國哲學家康德在他論啟蒙運動的開創性文章中所建議的：「敢於求知！」（*Sapere aude!*）

然而，就算是信念堅定的無神論者，也必須體認歷史現實：沒有基督教就不會有今日我們所知的歐洲。一如歐洲歷史上常見的情況，看似統一的基督教也會遭遇縱橫交錯的分裂。基督教歐洲因為東、西教會（羅馬天主教會與東正教會）大分裂而壁壘分明。一位東正教會學者狡獪地指出：「羅馬天主教會」之名自相矛盾，因為天主教應該是普世教會。宗教改革之後，天主教也與多個新教教會分裂。一八六〇年代，一位陪同作家史蒂文生（Robert Louis Stevenson）旅遊歐陸的蘇格蘭護理師發現法國人「非常善良」，只可惜生活在「一個罪人的統治之下」，她指的便是教宗。我在一九六〇年代就讀的社本（Sherborne）寄宿學校新教旗幟鮮明，人們言之鑿鑿告訴我，死對頭天主教當塞德（Downside）寄宿學校和我們比賽橄欖球時，會有頭戴斗篷的修士在球場盡頭擊打大鼓，激勵男學生盡可能野蠻粗暴。在人們記憶猶新的過往，多個歐洲國家將天主教徒與新教徒通婚列為「異教婚姻」。

過往信仰形成的心態，就像已過世經濟學家的理論，即便是不再相信的人都還是會深受其影響。以色列學者阿維內里（Shlomo Avineri）曾說：一個猶太教背景的無神論者、一個天主教背景的無神論者、一個伊斯蘭背景的無神論者，這三個人不相信的神也不一樣。德國人談到債務會用「Schuld」，這個字眼意謂「罪責」，帶有濃厚的路德宗原罪意味。基督教會與歐洲猶太人的關係錯綜複雜、充滿罪孽，對伊斯蘭則有根深蒂固的敵意，這些問題仍然縈繞今日歐洲。

———

那麼歐洲已經做到「在多元中團結一體」了嗎？做是做到了，但歐洲在最深層的本質上仍然分裂。歐洲對羅馬的仿效就是如此，這個習慣最能夠突顯歐洲本質，從傳統認定的羅馬帝國覆亡之後即是如此。西元五〇〇年，軍人出身的哥德族國王狄奧多里克（Theoderic）從首都拉芬納（Ravenna，該地原本是帝國軍團的總部）出發，以勝利者之姿造訪羅馬。他首先在聖彼得的教堂駐足，這位耶穌基督使徒領導者的墳墓就在教堂內。然後狄奧多里克對當時尚存的羅馬元老院發表演說，承諾「在上帝庇佑之下，他會忠實奉行前任羅馬皇帝頒布的所有政令」，接下來是傳統的帝國遊行、對民眾開放的競技場比賽、分送食物，真正做到了「麵包與競技場」這句諺語的精髓。*

三百年之後的西元八〇〇年，法蘭克軍人國王查理曼來到羅馬，由教皇加冕為皇帝，從而確認「第二羅馬」仍在西方，不在君士坦丁堡。查理曼並在自己的紋章刻上「羅馬帝國復興」字樣，神聖羅馬帝國就此誕生，德文簡稱為「Reich」（帝國），可能是歐洲歷史上最被低估的政治實體。希特勒曾經誇稱自己建立了一個「千年帝國」——儘管他的第三帝國只維持了十二年，但神聖羅馬帝國這個「第一帝國」確實傳承了一千年，直到一八〇六年為止：神聖羅馬帝國末代皇帝弗朗茨二世（Francis II）退位，降格為奧地利皇帝弗朗茨一世（Francis I）。伏爾泰曾經以報紙專欄作家的機智快人快語，把這個帝國形容成既非神聖、也非羅馬、更不是帝國，但在幾個世紀以來，對於該帝國大部分的子民而言，神聖羅馬帝國就是一個既神聖且羅馬的帝國。

如果你今天到亞琛的查理曼教堂參加一場大禮彌撒，還是能約略體會神聖羅馬帝國的神祕氛圍（我自己是在二〇一七年首度參加）。當你沿著狹長的庭院走向教堂，你會注意到左邊高牆砌的是古羅馬石塊。進入建築物時，你會穿過兩扇壯麗的青銅大門，建造年代在西元八〇〇年前後，讓你想到查理曼本人一定也曾穿過這兩扇門。你會行經一尊西元前三世紀的母狼雕像，很可能就是羅馬建城神話中那隻餵哺羅穆盧斯（Romulus）與瑞摩斯（Remus）兄弟的母狼。接著，你會發現自己置身於一座古色古香的教

* 譯註：羅馬諺語，意謂政治人物與其戮力從公，不如滿足民眾的口腹之欲、提供娛樂享受。

堂，也是在西元八〇〇年前後落成。教堂呈八邊形，有狹窄的迴廊、彩色飾帶的拱門、金色的鑲嵌（馬賽克）地板，拜占庭的感覺與羅馬天主教會的感覺平分秋色。它的設計深受聖維塔教堂影響，後者位於拉芬納，當地在狄奧多里克時代之後成為拜占庭的「代牧區」。亞琛教堂在興建時可能也用了拉芬納的石材與大理石。

如同歐洲常見的情況，有些古老事物其實相當新近，是在十九世紀之後重新修復或者錦上添花。但當你來到亞琛教堂一樓的迴廊，你將看到一個真正的王座，以羅馬大理石板構成，從十世紀到十六世紀的「羅馬日耳曼」國王都是坐在上面接受加冕（國王還得前往羅馬接受教皇加冕，才能夠升格為皇帝）。抬頭看看，香煙繚繞中有東西閃閃發亮：那是一座巨大環狀燭臺上的蠟燭。燭臺是由十二世紀的國王與皇帝紅鬍子腓特烈下令製作，他長眠在德國圖林根邦（Thuringia）基弗霍伊澤（Kyffhäuser）山區深處，一旦歐盟高峰會無法對歐盟新年度預算達成協議，就會將他喚醒。

教堂東側是哥德盛世風格的唱詩班席，還有一座金色祭壇，一座作工精美的高聳金色神龕，據說藏有查理曼的骸骨（真實性頗高）。祭壇旁邊是眾人目光焦點，聳立著一具華麗的十字架，是查理曼為孫兒洛泰爾（Lothar II）製作，中心鑲嵌一塊一世紀的古羅馬皇帝　古斯都寶石浮雕。香爐搖晃，香煙繚繞，瀰漫在黃金、寶石與蠟燭之間。上方迴廊傳來唱詩班的歌聲，當然是拉丁文，「*Agnus Dei, qui tollis peccata mundi, miserere nobis*」（主的羔羊，祢除去世人的罪，憐憫我們）。你在二〇一七年，你也在一二一七年；你在羅馬，你也在拉芬納，在拜占庭，在北萊茵西發里亞邦。

一條歐洲歷史的康莊大道從羅馬出發，行經拉芬納與亞琛，來到神聖羅馬帝國的千年歷史，通往它的繼承者。冷戰造成的歐洲分裂結束之後，葛萊米克在一九九〇年代告訴我，他希望能說服法國人、德國人與義大利人（他們大致上繼承查理曼分封給三個兒子的三塊領土）相信，今日歐洲應該走鄂圖路線，而非卡洛林路線，換言之就是要學習十世紀神聖羅馬帝國皇帝鄂圖一世建立的王朝，擁抱中歐與東歐，而不是僅限於西歐。一九九八年葛萊米克在亞琛獲頒查理曼獎，*對一群以德國人為主的聽眾致辭時指出，西元一千年時鄂圖三世皇帝在格涅茲諾（Gniezno）的殉教者聖道博（St Adalbert）墓地會見波蘭國王波列斯瓦夫（Boleslaus），是「歐洲歷史上重要的一天」。波蘭文與捷克文的「國王」分別是「*król*」與「*král*」，都源自「Karl」，也就是查理曼；†德文的「Kaiser」（皇帝）以及保加利亞文與俄文的「Tsar」（沙皇）則是「Caesar」（凱撒）的變體。這些語源關係都不是偶然。

一〇二七年，統治斯堪地那維亞與英格蘭大部分地區的克努特王（King Cnut）前往羅馬，參加康拉德二世由教皇若望十九世加冕為皇帝的典禮。他在回丹麥的路上寫信告訴英國臣民：「我想要讓各位知道，羅馬舉行了一場復活節盛會，由教皇若望與康拉德皇帝主持……大家都尊敬我、歡迎我，還送上貴重的禮物。」字裡行間透露出一種缺乏安全感的誇耀，歐洲中心地區之外的領導人往往會有這種情結。

* 譯註：查理曼獎（Charlemagne Prize）表揚促進歐洲一體化有功的個人或團體，從一九五〇年開始頒發，本書作者正是二〇一七年得主。

† 譯註：查理曼的德文稱號是「Karl der Große」（卡爾大帝）。

時至今日，許多歐洲政治人物都還會對自己的同胞強調：「布魯塞爾、柏林與巴黎人士對我們都非常尊重。」一九九〇年代的英國首相梅傑（John Major）堪稱近代的克努特王，他怎麼說？噢，沒錯，英國「位居歐洲的中心」。

更大膽的歷史論述來自俄羅斯。君士坦丁堡在一四五三年被鄂圖曼帝國土耳其帝國攻陷之後，俄羅斯統治者伊凡三世迎娶拜占庭末代皇帝的侄女索菲婭（Sofia Paleologue），並且師法拜占庭模式，在莫斯科建立了一個奢華堂皇的朝廷。他的東正教意識形態衍生出一套理論，認定莫斯科是「第三羅馬」，在宗教與帝國事業上都繼承了拜占庭的「第二羅馬」。當時一位僧侶普斯科夫的斐洛菲斯（Filofei of Pskov）寫信給伊凡三世：「您是全宇宙基督徒唯一的皇帝……前兩個羅馬均已滅亡，但第三羅馬屹立不搖，而且不會有第四羅馬。」

但這位僧侶大錯特錯。當時已經出現至少三個羅馬，而且接下來還會有第四、第五、第六羅馬。「羅馬」宛如一部賣座電影，續集拍攝欲罷不能。拿破崙在一八〇四年被加冕為法國皇帝時使用了兩頂皇冠，一頂是象徵古羅馬的黃金月桂冠，一頂是仿製的查理曼皇冠。教皇庇護七世（Pius VII）出席了這場在巴黎聖母院舉行的典禮，唸誦的文詞與一千多年前教皇良三世（Leo III）加冕查理曼如出一轍。第二年，拿破崙被加冕為義大利國王，戴上自紅鬍子腓特烈以降歷代神聖羅馬帝國皇帝都戴過的倫巴底鐵王冠。因此當神聖羅馬帝國在一八〇六年正式畫下句點時，新駕到的羅馬主子早已準備就緒。

這樣的情事持續發生。墨索里尼使用古羅馬的束棒（fasces）來象徵法西斯主義（fascism）。他的「il

Duce」（領袖）稱號來自拉丁文「dux」，原意是六世紀義大利的軍區指揮官。他更形容義大利法西斯主義是古羅馬「普世文明」的繼承者。希特勒曾經在他戰時總部的晚宴上對賓客說道：羅馬帝國是「歷史上唯一真正偉大的國家與政治體制」。他並借用通俗化的尼采觀念指出，如果羅馬沒有因為接受基督教而走向衰弱，應該很有機會擊敗入侵的匈人，大幅改變今日歐洲的面貌。希特勒指出，包括查理曼及其後繼者在內的日耳曼皇帝們大膽進取，「想想看，他們有多少次跨越阿爾卑斯山。」他們的帝國總是遙望南方，不是東方。一九四二年三月，當希特勒自己的大軍重蹈拿破崙覆轍，陷在俄羅斯寒冬中動彈不得，他卻想到或許一千年後某個古怪的學校老師會說：「希特勒在東方的所作所為的確是用心良苦，但最後結果卻相當愚蠢，他應該向南方進軍。」

當戰後西歐的民主領導人決定建立歐洲經濟共同體時，他們選擇在什麼地方簽署條約？當然還是羅馬。一九五七年三月那個下雨的星期一，簽約儀式處處可見古羅馬的流風餘韻。「為我們的希望做珍貴的見證，沒有其他地方比永恆之城更為理想。」斯巴克（Paul-Henri Spaak）如是說，這位比利時政治人物是歐盟創建者之一。「羅馬，古代世界的昔日首都，」時任荷蘭外長倫斯（Joseph Luns）指出，「我們今日文明的政治、法律與社會基礎在這裡燦然大備。今日，在同一座羅馬城，我們為新歐洲奠定基礎，希望這個新歐洲能夠團結、堅強、繁榮，如同昔日的羅馬帝國。」德意志聯邦共和國第一任總理艾德諾（Konrad Adenauer）較為審慎：「羅馬這座城市永遠見證的人類共同遺產，既是一個警訊，也是一份希望。」

一九六〇年代晚期，我初次踏上歐陸的時候，歐洲共同體的範圍仍然只與西元八〇〇年的查理曼帝國相去不遠。一直要到一九七三年，英國、愛爾蘭與丹麥加入這個第六羅馬（或第七羅馬），才終於有卡洛林王朝以外的「蠻族」踏進查理曼的花園。但就算是我們這樣的蠻族，也是會回顧羅馬、模仿羅馬，只是以我們特有的方式。

直至今日，「羅馬問題」仍然是歐洲政治的核心難題，一個關於一體性與多元性的難題，每一個世代都在探問：「歐洲如何能夠登峰造極？」有些人會說：「更多的一體性，更多的羅馬！」這是一場又一場布魯塞爾演講的主旋律。但其他人會回應：「不，更多的多元性，更少的羅馬！」他們主張歐洲進步的動力不是來自羅馬，而是來自歷史學家席代爾（Walter Scheidel）所謂的「逃離羅馬」。一項行之有年的論點認為，歐洲之所以能夠締造史無前例的經濟起飛，關鍵正在於歐洲歷史的多元性；席代爾擴展這項論點，認為相較於亞洲帝國中心化的一體性，歐洲的「後羅馬時期多中心形態」讓它成為現代性的誕生之地。「沒有多中心就沒有現代性」。不過席代爾也提出質疑，如果羅馬根本不曾存在，這項論點是否還站得住腳？羅馬會讓人們逃離，也會讓人們夢寐以求。

一體性與多元性是歐洲的陰與陽，正命題與反命題，永遠在尋求它們的合命題。一旦過度強調一體性，強迫促成的結合會開始分崩離析；如果過度強調多元性，最後會讓歐洲人交相征戰，得有人挺身而出收拾亂局，就像《哈姆雷特》尾聲的福丁布拉斯（明日的福丁布拉斯搞不好是中國）。神聖羅馬帝國之所以國祚綿延，原因正在於它將一種具有凝聚力的深層神祕性，結合歷史學家威爾遜（Peter Wilson）所謂的「一種維繫地方性、特殊性的自由權利……尊重多元性、自主性與差異性的框架」。威爾遜還說：「成功與否通常取決於妥協與含糊。帝國儘管對外強調一體性與和諧性，但實際運作上必須接受其內部政治永遠存在歧見與不滿。」如果這番話聽起來有熟悉感，我認為這對今日歐盟的前景而言，顯示的是希望而非絕望。

冷戰西方

一九七〇年代的歐洲一分為二，一體化似乎仍是空中樓閣。一九七五年夏天，二十歲的我踏進柏林，分裂大陸的分裂中心。先前我在一座公園當園丁賺取旅費，漫漫長夜搭乘火車，行經德國北部平原，三十年前我父親在截然不同情境中行經的地方。我的日記提到一位「精神不太穩定的土耳其人」，身穿橘藍色牛仔布服裝，深夜裡大發議論痛批帝國主義，尤其不滿英國帝國主義；還有一位波蘭人向一個英國女學生大獻殷勤，這個「天真到不可思議」的十七歲女孩想當芭蕾舞者。然後，疲憊的我沉沉睡去。

可能就是因為睡著了，我才沒有記錄自己第一次穿越鐵幕（指東、西德邊界）與第二次穿越（也就是從東德進入怪異的內飛地西柏林，後者當時已被柏林圍牆完全包圍）。儘管東德官方聲稱這道圍牆是「反法西斯防衛牆」，但人盡皆知它的建造目的不是阻擋西柏林的法西斯主義者進入東德，而是要防堵東德人民逃往西柏林。從一九六一年八月十三日開始，西柏林這座「赤色海洋中的孤島」已被隔絕十四年，當時的圍牆令人望而生畏，包括多道圍牆、瞭望塔、圍籬、反車輛壕溝，以及一條由耙過沙地構成的「死亡走廊」。

關於分裂，歐洲擁有久遠的歷史，其中許多都被貼上「西方」與「東方」的標籤。然而，最新這道分裂的形成原因，並不是歐洲強權爭奪心臟地帶（一如從凱撒到希特勒的年代），而是兩個核武超級強權進行「冷戰」的結果。對，冷戰，一個歐威爾（George Orwell）早在一九四五年就使用的字眼。從一九一四年到一九四五年，歐洲在一場邱吉爾所謂的「新三十年戰爭」中撕裂。蘇聯與美國都扮演福丁布拉斯的角色，出面收拾殘局。俄羅斯帝國長期以來都是歐洲事務的重量級參與者，美國就其根源與文化而言亦可說是大西洋彼岸的「新歐洲」。但無論是蘇聯或美國，都不會被界定為道地的歐洲國家。

多個世紀以來，歐洲對遙遠國度的人們頤指氣使，如今時移勢易。或者應該說，歐洲人身兼二職，因為在一九四五年的時候，英國、法國、荷蘭與葡萄牙的海外帝國大致上仍是完璧。歐洲勝利日當天，法國也正忙著血腥鎮壓阿爾及利亞的民眾抗議。可以這麼說，歐洲陷入一種奇特的雙重情境：既是被殖民者，也是殖民者；既踐踏別人，也被別人踐踏。葡萄牙是歐洲最老牌的海外帝國，一直要到我首度造訪柏林前後，葡萄牙的海外帝國才終於解體，讓安哥拉與莫三比克獨立建國。

今日歐洲地圖上武斷的分界線，對於那些被畫歸錯誤一方的人們而言，堪稱是一項足以改變一切的影響。讓我們以斯坦斯圖肯（Steinstücken）這個小地方為例。一七八七年時，柏林西南部鄉間一座名為「施托普」（Stolpe）的村莊在主要聚落之外取得一小塊農地，也就是斯坦斯圖肯。到了十九世紀末，施托普與那塊外飛地斯坦斯圖肯的住宅區被合併到林蔭茂密的萬湖區（Wannsee），更在一九二〇年成為大柏林的一部分。一九四五年夏天，美國、蘇聯、英國與法國達成最終協議，將希特勒的首都依照大柏林各行政區的界線畫分為四個占領區。面積僅有十二公頃的斯坦斯圖肯被納入美國占領區，三個西方國家占領區後來合併，斯坦斯圖肯因此歸屬於西柏林。

一九六一年八月，東德隔絕西柏林，斯坦斯圖肯因此成為另類的小小西柏林，一座孤懸「東方」大海之中的「西方」蕞爾小島。儘管它距離西柏林市區的路程還不到一公里，美軍還是在當地闢建了一個簡單的直昇機起降區，用於運送部隊。今日的斯坦斯圖肯有一座直昇機紀念碑，兒童遊樂場裡甚至有一座直昇機造形的攀爬架。不過重點不是美國軍人，畢竟他們可以今天起飛、明天降落德州。想像一下斯坦斯圖肯當地居民的處境：你的房子座落於街道的哪一邊，可能就決定於你置身於哪一個世界。

當年的柏林是「西方」與「東方」對壘的新前線。我第一次來到柏林時滿懷興奮，感覺世界的歷史正在這個地方締造。興奮感有一大部分來自於不知道歷史會往哪個方向前進。我就像一名泳客，來到一座潮水強勁多變、惡名昭彰的深邃海灣，還沒有搞清楚狀況就一頭潛入。游著游著，感受海流迴旋的強大力量，不知道自己會被帶向陸地，還是推向外海。

以後見之明來看（這是一種既彰顯卻也模糊過去的能力）似乎再清楚不過：當時的潮水顯然是湧向民主、西方、自由與推動歐洲一體化。希臘、西班牙與葡萄牙當時都已開始從獨裁轉型為民主，英國則展現它著稱於世的理智務實心態，在一九七五年的公投中決定留在歐洲共同體，贊成留下的主力是英格蘭與保守黨，強烈反對者則是工黨與蘇格蘭，*就連我的疑歐派父親也投下贊成票，要英國留在「共同市場」。

同一年，比利時總理廷德曼斯（Leo Tindemans）提交一份《歐洲聯盟報告》（*Report on European Union*）給歐盟高峰會，後者是由九個成員國政府領導人組成的決策機構。他建議歐洲共同體應該轉型為一個「聯盟」，由人民直接選出代表進入歐洲議會，制定共同的貨幣政策與經濟政策，讓人民不受邊界管制而能夠自由遷徙，推行更為密切協調的外交政策；這些建議預示了之後四十五年歐洲發展的概況。同一年，六個主要的工業化民主國家，也就是美國、法國、西德、義大利、英國與日本（後者在此被視為「西方」國家），其領導人在法國西南方的宏布耶城堡（Château de Rambouillet）舉行一場非正式的高峰會。隔年加拿大加入六國行列，形成我們今日所知的「七國集團」（G7）。經濟自由化改革為西歐經濟體帶來新的活力與發展。

鐵幕後方則是截然不同的光景：蘇聯集團陷入經濟與政治停滯。我搭火車前往柏林幾天之前，《赫爾辛基協定》在芬蘭首都簽署，先前經歷漫長的談判協商——蘇聯希望藉由這項協定，確保自家在東歐的主宰地位得到正式承認（一九四五年二月的《雅爾達協定》對此僅含糊其詞），而美國則藉此推行「低盪政策」（detente）。西德也有一套低盪政策，也就是永遠會讓人聯想到布蘭特總理的「東方政策」。

一九七五年的協商結果，啟動了包含一系列檢討會議的「赫爾辛基進程」，進而促成波蘭、匈牙利與捷克斯洛伐克等國的政治發展：異議人士援引議定書對於人權的模糊背書、對於推動人民接觸的明確承諾等，來要求共產黨統治者，畢竟他們都簽署了議定書。從後見之明來看，我們可以從赫爾辛基畫一條線直達共產主義在東歐國家的終點。一些國家後來加入北約與歐盟，擴大這個冷戰時期西方的關鍵組織。當時成立的歐洲安全暨合作會議，就是今日的歐洲安全暨合作組織。

歷史教科書大可以對這段歷史做出總結，然而這段發展並沒有任何必然性可言，就連「潮水轉向」這樣的隱喻也會有所誤導，因為它暗示了一種自然而然、無可抑遏的過程。但當時其實有許多才智傑出、消息靈通的人士都認為，事態會朝相反的方向發展。來到宏布耶城堡，布蘭特的繼任者、西德總理施密特（Helmut Schmidt）與法國總統季斯卡看著桌上的開胃菜，臉色凝重，擔心兩年前開始的油價暴漲（所謂的「油價震撼」）在削弱西方國家的經濟之後，也會削弱西方的政治實力。

美國則是在越戰與水門案醜聞的致命夾擊之下風雨飄搖，資本主義代表城市紐約幾乎要破產。時任

* 譯註：與二〇一六年英國脫歐公投的投票傾向正好相反。

美國國務卿季辛吉（Henry Kissinger）擔心葡萄牙在推翻右翼獨裁政權之後會由共產黨當家，警告葡萄牙新任外長索阿雷斯（Mario Soares）他有可能淪為克倫斯基（Alexander Kerensky）翻版——季辛吉指出克倫斯基雖然是俄羅斯革命第一階段孟什維克（Menshevik）領導人，但很快就被列寧更為激進的布爾什維克（Bolsheviks）掃地出門。* 索阿雷斯好聲好氣回應，說他不想當克倫斯基，季辛吉回吼：「克倫斯基也不想當克倫斯基！」在葡萄牙前殖民地安哥拉，古巴與蘇聯支持的勢力確實壓過美國撐腰的勢力。義大利一九七六年國會選舉，共產黨拿下逾三分之一選票，緊追基督教民主黨，而且實力看似蒸蒸日上。

當時的義大利與西德都深受左派恐怖攻擊撼動，多位重量級的實業家與政治人物遇害，例如義大利的赤軍旅就曾綁架並殺害基督教民主黨籍前總理莫羅（Aldo Moro）。當我造訪西柏林一座湖畔的俱樂部，一位新結識的朋友告訴我：「這地方不久前才被RAF炸過。」我一時間納悶，為什麼英國皇家空軍（Royal Air Force）要做這種事？後來才弄清楚RAF是指「赤軍團」（Red Army Faction），一個又名「巴德爾—邁因霍夫幫」（Baader-Meinhof gang）的極左派恐怖組織。右派德國人擔心國家不到三十年的民主，會因為搞革命的左派而陷入生存危機；左派德國人則深信，右派壓迫性的過度反應才是民主的危機來源。有一天，我坐在西柏林的一家法院中，見證一名赤軍團恐怖分子接受審判。後來我看了一部愁雲慘霧的電影《德國之秋》（*Germany in Autumn*），是多位西德頂尖導演聯手的拼貼剪輯之作，暗示法西斯主義即將出現在德意志聯邦共和國。

一九七八年四月，我真的和一名老法西斯主義者莫斯利爵士（Sir Oswald Mosley）共進午餐，不是那些德國導演的寬鬆定義，而是貨真價實的「法西斯主義者」——莫斯利在一九三〇年代曾是「不列顛法西斯聯盟」的領導人。我來到莫斯利位於法國奧賽（Orsay）的拿破崙年代住宅，房子不大但相當豪華，低調地取名「榮耀聖殿」。

接待我的人是莫斯利的妻子黛安娜，著名的米特福德姊妹（Mitford sisters）[†]其中一員，態度冷若冰霜。其他賓客還包括一名天主教蒙席，一身黑衣黑不見底；幾名疑似出身上層社會的英國人；還有一人，我在日記中如此描述：「不修邊幅，但相當優雅，在場唯一的法國人。」午宴開始一陣子後，這人問莫斯利，坐在餐桌另一端的我們在談什麼？我的日記寫道：

「我們在說，」莫斯利用對法文著桌子大喊，口吻就像說英文的邱吉爾，「我們在說，馬克思主義已經徹底破產！」

---

* 譯註：季氏此處理解有誤。克倫斯基領導社會革命黨，孟什維克是俄國社會民主工黨（蘇聯共產黨前身）少數派，曾經與克倫斯基合作，然而並沒有從屬關係。但克倫斯基最後確實被布爾什維克「掃地出門」。

† 譯註：英國米特福德家族六姊妹——南西、帕蜜拉、黛安娜、優妮蒂、潔西卡、黛博拉，都是二十世紀上半期英國與歐洲社會上有頭有臉的人物。

接下來我如此評論：「這幅奇觀讓人眼界大開，一位孤立的老邁國王，統治一個鏡花水月的王國，朝臣隨侍在側，極度自信地宣稱一種影響全球五分之二人口生活的思想已經死亡。」當時我認為已經「徹底破產」的不是共產主義，而是法西斯主義。（四十年後，我們發現法西斯主義捲土重來，普丁領導的俄羅斯就是如此。）

《赫爾辛基協定》被後世推崇為開啟了東歐解放的歷史契機，但《古拉格群島》一書作者、當時剛踏上流亡之路的索忍尼辛卻對此大加撻伐，認為它代表西方的可恥投降，中歐與東歐許多異議人士對此也有同感。蘇聯領導人認定自家在赫爾辛基打了勝仗，讓一九四五年之後的戰後格局得到正式承認，這是他們長期以來的渴望。危言聳聽者聲稱東方在冷戰中占了上風。就連態度審慎、理智的歷史學家羅伯茲（J. M. Roberts），也在一九七六年問世的《世界史》（*History of the World*）第一版中寫道，蘇聯如今擁有「能夠與美國匹敵的科學與工業基礎」，而且「美國不再獨占鼇頭，連十年前的聲勢都比不上」。《世界銀行圖表集》（*World Bank Atlas*）鄭重留下記錄：一九七五年，東德的國民人均收入超越英國。幾年之後，法國作家何維爾（Jean-François Revel）出版了一本書，書名就叫《民主如何滅亡》（*How Democracies Perish*）。

後人躲在自家避風港品評前人，往往會驚嘆：「他們大錯特錯，真是荒謬！」這麼說其實也有道理，前人的判斷的確失準。但從另外一個可能更重要的層面來看，這麼評論其實完全錯誤。正是因為一九七〇年代西方政治人物或知識分子看出（事實上是高估）西方民主體制的弱點及東方集團與之競爭的強度，才會導致西方在自家國內與國際舞臺上更加努力。我們甚至可以這麼說：西方因為擔心輸掉冷戰，所以才會贏得冷戰。二〇〇〇年代初期與一九七〇年代的對比也發人深省：千禧年前後，西方世界被成功的喜悅沖昏了頭，放眼望去看不到夠分量的對手，於是志得意滿、趾高氣揚。看看後來發生了什麼事。

一

一九八〇年代初期，冷水澆頭的恐懼過後，冷戰緊張態勢升高。當時人們談論低盪時期結束，接踵而至的會是「第二次冷戰」，這個詞彙甚至被人寫入教科書。然而第一次冷戰從未結束，低盪只是以其他方式來持續冷戰，對西方與東方來說都是如此。

大部分的人不會每天一早醒來，就覺得自己置身戰爭之中。對我這個世代許多的西歐人而言，沿著鐵幕形成的分裂已幾乎形同地理上的實體分隔。他們能夠接受這世界一分為二，兩個集團各由一個核武超級強權帶頭。如果你進一步追問，他們會承認「西方」的前線是武斷畫定，而且對困在另一邊的人而言並非好事。但至少，部分最顯著的困境已經得到改善。以斯坦斯圖肯為例，當局修出一條路直通西柏林（反正大部分西歐人不會去東歐）。一九七八年夏天，我定居柏林，驚訝地發現許多西柏林人從未穿越邊界、踏上自家城市的東半部。他們等於是背對著柏林圍牆過日子，在他們的心智地圖上，義大利的托斯卡尼（Tuscany）與法國的普羅旺斯要比東德的薩克森邦與圖林根邦更為接近，彷彿出了查理檢查哨（Checkpoint Charlie）*就是西伯利亞。

政治上也是如此，許多西歐人滿足於現狀。一位法國小說家如是說：「我們太愛德國了，因此很高興能有兩個德國。」柏林圍牆倒塌前約兩個月，我訪問英國外相赫德（Douglas Hurd），他輕鬆寫意地回顧一個「我們生活在其中相當幸福快樂」的體系。我不得不指出，鐵幕另一邊的人們也同樣生活在這套體系之中，但可不怎麼幸福快樂。

二十歲的我並沒有把這種分裂視為常態，為什麼？是什麼因素讓我對「東方」深深著迷？是因為冷戰態勢升高嗎？是典型的英國人對旅遊和冒險的喜好？還是看了太多間諜小說？當時我對勒卡雷（John le Carré）涉獵不多，倒是讀過葛林（Graham Greene）的每一部作品。幾年之後，我二十歲出頭，差一點成為英國間諜，但（謝天謝地）決定繼續做一個獨立的政治作家，大言不慚地宣稱自己要扮演「一個探查真相的間諜」。父親和祖父都有自己的戰爭經驗，我是否因此認定眼前局勢正是我的戰爭？當然，這場戰爭不會讓你非死即傷，因此更加引人入勝。在這些年輕氣盛的動機之中有一股強烈渴望，要讓境遇不如我幸運的人們得到更多我享有的自由。如今回顧，我發覺自己當年對英國有一種過於樂觀的理想化認知，恐怕唯有一個出身優渥、長期在國外生活經驗的白種英國人才會照單全收。時至今日，我以更批判的眼光看待自己的祖國。

人類的行為動機永遠不單純。對於自身成長的時代與地方，我們會不自覺地反映它們的精神。唯有多年之後，才會察覺自身行為的某些潛藏因素。追根究柢，真正重要的還是我們到底做了些什麼。

腓特烈大街，東方

一九七五年八月底，我這輩子第一次踏進東柏林，穿越腓特烈大街車站有如混凝土迷宮的地下邊界關卡（讓人想起克里特島的克諾索斯），記下每一個細節：「困惑的群眾聆聽著擴音器傳出的低沉咆哮。」當時政府強制規定要將五德國馬克（西德貨幣）兌換為幣值遠遠不如的五東德馬克，裝在一個密封的小塑膠袋裡。我被一名「臉色陰沉的官員」選中，又驚又喜地跟著他「穿過一道拉上鐵鏈的門，行經一條土黃色油漆斑駁的走廊，走進一個土黃色油漆斑駁的小房間，一張桌子，兩張椅子，一盞光禿禿的電燈泡……」接下來是「一場鉅細靡遺、無比認真的檢查，」針對我行李箱中與口袋裡的每一件東西，包括我的記事本、支票簿、巴克萊信用卡（Barclaycard）、借書證，「你是學生嗎？」「哪裡的學生？」「主修什麼？」我回答：「歷史。」然後這名官員帶我走回門口，鐵鏈在我身後落下。怪物米諾陶允許我進入東方。

我雖然天真，滿腦子人云亦云的冷戰觀念，但還是可以抽離開來，覺得這次經驗「很有喜感」，顯示對於穿越鐵幕懷有過度興奮的期待。之後的五年間，除了在牛津與柏林兩地攻讀歷史，我還自行安排一段學徒生涯，來理解共產主義統治下的生活。我前往南斯拉夫，然後展開一場「進步之旅」，進入

＊　譯註：位於柏林圍牆，東、西柏林之間最著名的通道。

史達林主義國家阿爾巴尼亞，當時那是唯一可行的方式。行前說明書提醒我們，為了這趟「進步之旅」得要剪短頭髮。同行者包括七位來自英國里茲的馬克思列寧主義教師，還有一位姓氏意思是「老天保佑」(Godsave)的先生，他在英屬印度當過警察，告訴我他此行目的是要「瞭解敵人」。我們搭乘客車回到外國人專用旅館，周遭是有如軍營的高聳鐵絲網，我們的嚮導慢條斯理地說道：「就像各位在英國說的：不管東方或西方，都比不上家鄉！」後來我曾經花了七個星期時間，開車暢遊整個蘇聯集團，從東柏林到索菲亞（Sofia），道路顛簸崎嶇，很不適合我那部深藍色的愛快羅密歐（Alfa Romeo），它精細的義大利懸吊系統與四輪定位飽受摧殘。

從一九七八年開始，我就經常以西柏林為基地前往東方。一九八〇年我定居東柏林，開車遊歷東德各地，但還是經常回頭穿越柏林圍牆，探視西柏林的朋友——每一次心裡都非常清楚，如果我的東德女友也這麼做，下場會是鋃鐺入獄，甚至遭到槍殺。身為一個開車的英國公民，我必須通過位於腓特烈大街的邊界關卡，也就是通稱的「查理檢查哨」。後者其實是指美國的檢查哨，只有一間小小房舍，通常可以直接開車通過。相較之下，東德這邊的檢查哨是一組任憑風吹雨打、類似組合屋的建築，位於圍牆中間，我通常要花半個小時接受「管制」。寫到這裡，我手邊放著一疊深藍色的舊英國護照，內頁蓋滿了東德邊界戳章與蘇聯集團簽證。要蓋的戳章實在太多，我不時就得申請新護照。

現在我如果閉上眼睛，還是可以召喚那間護照管制室的氣味：木料填充劑、廉價清潔劑、潮濕的靴子、汗濕的腋下。我前前後後大概在那地方耗了幾個小時，盯著房間裡唯一的裝飾：一片厚重、掛在牆上的有機玻璃板，用紅字寫著：

貝托特・布雷希特（*Bertolt Brecht*）：

偉哉迦太基

打了三場仗

第一場之後

它依然強大，

第二場之後

它仍可居住，

第三場之後

它消失無蹤。

一段時間之後，邊界警衛已認得我。「你看起來很蒼白，」一位慈祥和藹的警衛說道，「你應該多曬一點太陽，像我一樣。」另一位年輕的女性警衛動不動就要提起「塔夏夫人」（Frau Tatscha），顯然覺得這個人物黑暗而迷人。

多年之後，我得以見到當時幾位重量級人物，包括柴契爾夫人（Margaret Thatcher）、施密特、季斯卡、何內克（Erich Honecker）。托爾斯泰在《戰爭與和平》（*War and Peace*）提到，我們的領導人自以為締造歷史，歷史學家也加以附和，但托爾斯泰卻認為事實並非如此：領導人只是傀儡，而且非常可笑地對身上的牽線渾然不覺。我對此不以為然。托爾斯泰的同胞戈巴契夫（Mikhail Gorbachev）就足以證明，重要人物有時候確實頗具重要性，只不過分量通常不到他們自以為的一半。我的學徒生涯給我的禮物，就是讓我得以透過那些不會出現在歷史著作的男男女女，從他們的眼睛來認識「另一個歐洲」。

當時人們與一九四五年相距不遠，正如同今日與一九八九年。我來到羅馬尼亞布拉索夫（Brasov）一家旅館的餐廳，聽到一對夫妻以意第緒語對話。我與他們攀談，提出一個相當平凡但永遠派得上用場的問題：「你們是哪裡人？」「原本是波蘭人，後來移居墨爾本，如今定居以色列。」赫曼（Herman）是波蘭的猶太人，在納粹集中營待了四年但存活下來，一九四五年四月十五日被英國軍隊從貝爾根—貝爾森集中營解放（這個日期他永遠記得）。我的博士論文正是研究這個題目，於是問他在集中營是否經歷過囚犯彼此團結、甚至發動反抗的事件？他回答：「你要知道，我們不是人，我們只是數字。」

來到東柏林一家畫廊，我遇見一位文化素養深厚、滿頭白髮的德國猶太裔女士，她在一九三〇年代還很年輕時，就在柏林加入共產黨。她先生也是共產黨員，兩人一起逃離第三帝國，前往蘇聯避難。但先生沒有逃過史達林的大整肅，在古拉格勞改營關了幾年，健康每況愈下；她則被送進勞動營區工作。「一位充滿知性的勇氣之母。」我在日記中寫道，直到多年之後我才非常難過地發現，她竟然會向祕密警察史塔西通報我的言行。

當我開著那部愛快羅密歐漫遊東方的崎嶇道路，一位技工想盡辦法幫我維修，後來我得知他來自梅梅爾領地（Memelland），今日立陶宛的克來佩達（Klaipeda）地區。*他母親和許多德國難民一樣，拚命向西逃離節節進逼的蘇聯紅軍，不幸死在漫漫長路上。他不知道自己真正的名字，也不知道父母親的名字，甚至不知道自己真正的生日。進入孤兒院，他被隨意註記一個生日：四月十二日。

我曾經住在東柏林的普倫茨勞貝格區（Prenzlauer Berg），如今已經「仕紳化」（gentrified），當年是個灰暗而粗陋的地方。在當地一家街角小酒館，我與一名身穿加州大學T恤、身材粗壯的年輕男子攀談。我費了一番工夫，讓他相信我確實是來自英國的歷史系學生，不是史塔西的奸細，然後他才告訴我他的故事。他的父母親住在西柏林，一九六一年邊界封閉那晚，三歲的他剛好睡在東柏林的祖父母家。共產黨政權拒絕讓他與父母親團聚，他父親偶爾會過來探望他，開著耀眼的賓士轎車，送上來自西方花花世界的禮物，包括那件T恤。

令我訝異的是，相較於理應是「反動」的西歐民主國家，理應是「革命」的東歐共產政權反而更能夠保存較為古老的戰前歐洲。共產主義具有一種弔詭的保存效應，原因之一在於慢半拍的經濟發展步調。從最瑣細的層面來看，這種效應表現在中歐各地年久失修的大飯店：華沙的布里斯托酒店、布拉格的巴黎酒店（Paříž）、布達佩斯的蓋勒特酒店（Gellért），菜單上會出現「『寇松夫人』海龜湯」

* 譯註：梅梅爾領地原屬東普魯士，曾經有逾四成的德裔人口，二戰後併入立陶宛（時為蘇聯加盟共和國），德裔人口逃散一空。

（Turtle Soup "Lady Curzon"）。（「**為什麼**海龜湯會以『寇松夫人』為名？」我的筆記簿留下一個荒謬的問題。）*這些美食有許多都是紙上談兵，來到羅馬尼亞城鎮提密什瓦拉（Timisoara），一家餐廳的侍者悄悄以德文告訴我：「菜單看起來琳瑯滿目，其實能上桌的很少。」

我造訪巴那特（Banat）與外西凡尼亞（Transylvania）地區、由德國人建立的古老城鎮與村莊，兩個地區在一九七〇年代仍然有不少德裔居民。我發現自己有如置身風景如畫的傳統德國：高聳的哥德式山牆、鵝卵石街道、馬拖著犁耕耘周遭肥沃的田地。小鎮薩克爾豪森（Sackelhausen，如今改名瑟克拉茲〔Săcălaz〕）一位迷人的牧師招呼我「日安！」並問我打哪兒來，「啊，牛津！」他以很有節奏感的柔和德文高聲說道，「那麼你認識紐曼嗎？」樞機主教紐曼（John Henry Newman）早在一八九〇年就已過世，因此這個問題問得有點牽強。

這些只是浮光掠影的觀察，然而一段時間之後，我有了更深層的認識。新認識的朋友如東柏林牧師沃納（Werner Krätschell）後來成為我的終身摯友，性情溫和的學者豪費（Eberhard Haufe）專攻歌德時期的威瑪文學，還有那些在華沙、布拉格、布達佩斯與我促膝長談的知識人，他們為我帶來在西方世界付之闕如、或至少非常稀薄的高品質文化生活。一如詩人策蘭（Paul Celan）在納粹大屠殺之前對家鄉車諾夫契（Czernowitz）的描述，這個地方「**讓人們與書籍**生活在其中」。理念和軍隊的重要性等量齊觀、宗教仍然受到關注、音樂來自客廳的鋼琴演奏，有如十九世紀的小說場景，還有時間與空間讓人們經營友誼。西方也許財力雄厚，但東方似乎擁有更充裕的時間。人們的對話帶有一種特別的強度。回到西方時，我的東方印象非常切合美國小說家菲利普・羅斯（Philip Roth）的一段話：「身為一位作家，我所屬的社會每一件事都在發生，但全都無關緊要；然而對於我在布拉格遇見的捷克作家，什麼事都沒發生，但每一件事都很重要。」

這些論點並無意將個人的見聞經歷理想化，我非常清楚這些都是莎士比亞所謂的「逆境的用處」，後來我用這句話當一本書的書名，收錄我取材於自身經驗的文章。當人們終於確定我不是祕密警察的爪牙，對我吐露許多批判性的意見，我怎麼可能置若罔聞？我非常警覺祕密警察監控的風險。有一回到東德城鎮什威林（Schwerin）欣賞歌德的《浮士德》演出，有人悄悄告訴我：「小心，浮士德也為史塔西工作。」後來那位飾演浮士德的演員果真邀我到他家喝酒，千方百計想問出我到東德的真正目的。回到東柏林，我和好友、路透社特派員伍德（Mark Wood）喝酒聊天直到凌晨，這時電話響起，對方說道：「你們有第三者。」這位史塔西的監聽員顯然希望我和朋友早早就寢，好讓他也能睡個美容覺。東德政府垮臺之後，我看了史塔西針對我製作的檔案，找到當年監控我的告密者與祕密警察，並與他們對談，後來寫成一本書，書名就叫《檔案：一部個人史》（*The File: A Personal History*）。

然而，看過電影《竊聽風暴》（*The Lives of Others*）的人可能會以為，鐵幕後方的生活就只是祕密警

＊　譯註：寇松夫人是十九世紀末、二十世紀初英屬印度總督喬治・寇松（George Curzon）的夫人，這道咖哩口味、加了雪莉酒的海龜湯是她的發明。

察的全面壓迫，人們就只能等待、渴望解放時刻到來。實情並非如此，大部分人們無法想像解放要如何發生。蘇聯在一九六八年入侵捷克斯洛伐克，撲滅布拉格之春的希望，而人們對此記憶猶新。一九七五年的《赫爾辛基協定》，似乎代表西方已經接受東、西方的畫分牢不可破。共產黨宣傳使用「正常化」這個字眼來描述蘇聯入侵之後，捷克斯洛伐克如何回歸蘇聯的常態。對於這種不正常的常態，大部分人們都接受這會是長期現實，並且嘗試盡可能善用這樣的現實。

當時的東歐與十年或十五年之前相比較，情況確實略見改善。你可以在新開發的大樓區申請購買一戶公寓，添購音響與彩色電視機，甚至在等候幾年之後買到一部小汽車——可能是波蘭飛雅特（Polski Fiat，獲得授權在波蘭生產的 Fiat 500）、噗噗作響的東德衛星（Trabant）、四四方方的蘇聯拉達（Lada），或者羅馬尼亞的便宜貨達契亞（Dacia）。越來越多西方消費性商品、音樂、電影與電視節目獲准輸入。歐洲的分裂看似楚河漢界、已成定局，但界線上出現越來越多空隙。《赫爾辛基協定》與西德的東方政策皆鼓勵東方與西方人民相互接觸，為這個過程推波助瀾。

大部分東德人的旅遊範圍都被限制在蘇聯集團之內，當時我拿到的東德「旅遊地圖」在蘇聯集團之外一片空白。但波蘭人、匈牙利人、捷克人與斯洛伐克人則逐漸解禁，可以前往西方世界旅遊。我的日記記載了一位布拉格男子「伊日」(Jiří)，他花了許多時間幫我修車，告訴我他為了開車到巴黎度假兩個星期，耗費七年時間才申請到所有許可並籌足旅費。由於捷克公民每天合法兌換外匯的上限是十二美元，因此他和妻子帶了一堆罐頭食物，晚上就睡在車裡。儘管如此，這仍然是慶祝兩人結婚十週年的美好方式。我們道別時，伊日說道：「下回你到中歐來，記得打電話給我。」那是我頭一回聽到有人使用「中歐」這個字眼，而且指的確實是當前的中歐。

當時東方的狀況可能比十年前來得好，但還是比不上「西方」——如今像伊日這樣的人可以親眼見證，而且兩邊的差距越來越大。我認識的人們會花很多時間跟我談論永無休止的資源短缺、消費性商品的品質如何低劣、生活上瑣細嚴格的管制、浪費人們時間的官僚體制、學校與大學的馬克思列寧主義灌輸、謊言與言論檢查。我家裡的牆上到現在都還貼了一張舒爾茲（Manfred Schütz）製作的海報；他是一位平面設計師，海報主題是東柏林德意志劇院演出的海涅（Heinrich Heine）《德國，一個冬天的故事》（*Germany: A Winter's Tale*）。舒爾茲希望在海報邊緣重現一九一四年之前德國的代表色紅、白、黑（當然是諷刺意味），也就是德意志帝國國旗的顏色，但缺乏幽默感的檢查員命令他去除黑色。後來我為海報加上黑色相框，復原舒爾茲的創意。

這些不滿也透過政治笑話來展現，這類笑話永無匱乏之虞。「資本主義與共產主義有什麼差別？資本主義是一個人剝削另一個人，共產主義則是反其道而行。」「共產黨接管撒哈拉沙漠之後會發生什麼事？一個禮拜之內，沙子開始缺貨。」「什麼是弦樂四重奏團？一個剛從西方巡迴歸國的東德交響樂團。」

世界銀行傑出的統計人員會認定東德人均收入已經超越英國，但我當時生活在那裡，知道那全是胡說八道。我當然不會對人們告訴我的事情照單全收，而是效法希羅多德的精神：「我的工作是記錄人們說過的話，但這並不意謂我一定要相信。」因此只要有可能做到，我一定會核實查證。的確，我並不客觀，會特別關注不滿情緒與異議表達。但追根究柢，我會盡可能公平精確地描述自己察覺的現實。整體而言，這樣的現實並不包括對於共產黨統治的堅決（更別說全面）反抗。唯一的例外是波蘭。

—

一九七九年七月，我第一次造訪波蘭，投宿新胡塔（Nowa Huta）一座鋼鐵廠工人的宿舍公寓，這座城鎮位於克拉科夫市郊，是共產政權為當地一家龐大的新鋼鐵廠建立。新胡塔的建設宗旨是要成為一座無產階級重鎮，與天主教重鎮、風氣保守、極為美麗的前王國首都克拉科夫分庭抗禮。來到公寓門口，一位身材矮胖、上半身打赤膊的鋼鐵廠工人興高采烈迎接我，送上一杯非常燙也非常甜的咖啡，比手畫腳地告訴我他的妻子（手勢顯示她非常豐滿）還在工作。然後他坐下來，端著一杯啤酒，欣賞電視上播出的美國西部片。我當時寫道：「這間公寓要比我在宛茲沃斯（Wandsworth）看到的許多公寓來得像樣。」回想起有一次我假日到倫敦南部宛茲沃斯的住宅區打工，當地狀況很糟，一區一區破舊的混凝土社會住宅，彌漫著垃圾臭味與尿騷味。相較之下，新胡塔這間公寓小而溫暖，有自來水與室內廁所，在物質層面遠遠超過屋主在鄉村地區生活的先人。但我好奇的是，對屋主而言，除了用大電視看西部片、有機會到西方旅遊之外，共產主義體制還為他提供了什麼好處？

來到這個社會主義模範開發計畫，最讓我訝異的景象是一座新教堂，造型有如一艘巨大的挪亞方舟，船頭安裝一具大型十字架。教堂是在過去十年建成，新胡塔的居民出錢出力，無視於共產黨當局的阻撓。教堂落成奉獻給「聖母，波蘭女王」的時候，約有五萬人（幾近新胡塔人口的四分之一）參加由克拉科夫教區樞機主教沃伊蒂瓦（Karol Wojtyła）主持的典禮，沃伊蒂瓦後來成為教宗若望保祿二世（John Paul II）。我造訪波蘭的時候，波蘭還在舉國振奮，因為若望保祿二世才剛以教宗身分返鄉，進行史無前例的訪問。在克拉科夫市中心廣大的布沃涅（Błonia）草原，近兩百萬人專注聆聽他的講道，與他一起祈禱、一起歌唱，異口同聲地回應他。在華沙的勝利廣場，群眾高喊：「我們要讓上帝回到書本、回到學校，我們要上帝回到政府的命令……」教宗訪問九天期間，共產黨政府彷彿已經消失，只有波蘭社會存在。一位又一位男女老幼頭一回發現無數人和他們有一樣的感受，並且體驗到團結的力量。

我後來到克拉科夫郊區森林一家民營餐廳吃晚飯，進一步認識這位波蘭籍教宗的精神感召；餐廳不大，開張還沒多久（與那些堂皇的大飯店相比較，菜單精簡，但菜肴遠勝）。羅莎（Róża Woźniakowska）是藝術史學者亞賽克（Jacek Woźniakowski）的女兒，亞賽克出身波蘭望族，是沃伊蒂瓦主教的摯友。年輕的羅莎圓圓胖胖，精神飽滿，一頭金髮剪得很短，笑聲很有感染力。我們一邊吃一道她將名稱翻譯為「納爾遜內臟」的菜肴，一邊聽她說自己的故事。她的成長環境有如一座由親友構成的綠洲，文化水準高、洋溢愛國情操，小心翼翼且鄙夷不屑地與共產黨政權保持距離。一九七六年，她前往巴黎，得知波蘭工業城鎮拉敦（Radom）與烏爾蘇斯（Ursus）的示威工人遭到殘暴鎮壓，覺得自己不能再繼續過這種「內在移民」的生活。

羅莎在巴黎與維也納享受了幾個月精彩的「西方」生活，學習德文（當時我正好也在基姆湖畔普林的歌德學院學習德文），然後回到克拉科夫的大學。一位同學莫名其妙死亡，促使她投身於創立學生團結委員會，舉辦一場名為「喬治．歐威爾的《一九八四》是否已在今天成真？」的講座，但被警方取締阻止。羅莎找上當地一位也是家族友人的神父，安排講座在教堂中進行，這回安然過關。一場抗議行動過後，羅莎遭到拘捕，與幾名當地妓女一起關了四十八個小時，「對我來說是很好的經驗，」她說，「你知道她們是如何生活的嗎？」

四十年之後，婚後從夫姓圖恩（Thun）的羅莎成為歐洲議會議員，全心全力對抗波蘭暗暗高漲的威權主義、追求一個團結的自由歐洲。她和出身南歐的巴羅佐、索拉納一樣，青年時期的獨裁政權生活經驗，成為驅使她熱忱投入的動力，是她的記憶引擎。

在一九七九年那趟旅程的日記中，我以字首縮寫「PLO，波蘭自由反對派（Polish liberal opposition）」來代指羅莎與其他新結交的朋友。回到華沙之後，我遇到波蘭自由反對派最勇敢的人物之一，巴托謝夫斯基（Władysław Bartoszewski），他身材高大精瘦，微微駝背，鼻子有如鷹喙——今天你在波蘭波羅的海城市索波特（Sopot）可以看到一座維妙維肖的雕像。巴托謝夫斯基是我見過走路、吃飯、說話速度最快的人，他在奧斯威辛集中營熬了六個多月，囚犯編號是四四二七；後來因為反抗下一個獨裁政權，又在史達林的監獄待了六年多。我與他在華沙醜陋的史達林文化宮共進午餐，他像機關槍一樣高聲對我解釋：「我們期待俄羅斯帝國在二十一世紀崩潰！」

第三章

上升

（一九八〇年至一九八九年）

自由戰役

一九八〇年八月十九日星期二，我穿過格但斯克列寧造船廠藍灰色的金屬大門，走進中歐歷史的新篇章。這座占地廣大且向四面八方延伸的造船廠位於波羅的海邊上，曾經是波蘭共產黨政權的驕傲，如今卻被罷工工人占據，他們以罷工對抗一個號稱是「為工人與農民服務的政府」。格但斯克成為協調全國罷工潮的運作中心，風潮落幕時，波蘭共產政府同意成立一個獨立工會，這在整個共產黨世界史無前例。新成立的工會名為「團結工聯」，很快就擴大為一場全國解放運動，顛峰時期成員多達一千萬人。一九八一年十二月，波蘭政府宣布戒嚴，鎮壓成立才一年四個月的團結工聯，卻並無法讓它消聲匿跡。

我們如今知道，格但斯克造船廠的罷工引發了長達十年的政治轉型，最終促成整個中歐的共產黨統治在一九八九年畫下句點。那年春天，重整旗鼓的團結工聯派出代表，在一場開創性的圓桌會議上商討如何終結波蘭共產黨的統治。匈牙利快步跟進。然後輪到東德，柏林圍牆在一九八九年十一月九日倒塌。八天之後，哈維爾的天鵝絨革命在捷克斯洛伐克登場。在這一連串事件帶動之下，原本被無數歐洲人視為理所當然的東、西方冷戰分裂從此消失。

然而，當年二十五歲的我對這一未來尚且一無所知，站在造船廠藍灰色大門前興奮不已，門前擺滿鮮花、插滿旗幟，還有一幀波蘭教宗的大照片。巨型起重機靜靜聳立，像巨大蚱蜢般居高臨下。夏日天氣燠熱，一名年輕工人看守左手邊大門，上半身打赤膊，只佩戴了紅白兩色（波蘭的國家代表色）的臂章。他檢查我和同行的奧地利、巴西新聞記者的護照，在大門打開時宣告我們的國籍。他帶領我們行經工廠車道，來到一幢大型紅磚建築。穿著藍色工作服、金屬鞋尖靴的工人排成兩列為我們歡呼，彷彿我們代表自己的國家帶來支持，他們以波蘭語大喊：「巴西！奧地利！英國！」這段往事距離我寫作此書已經四十年，但我永遠忘不了那些線條分明、滿布鬍渣臉龐上的表情，造船廠的氣味，陽光的溫暖，緊張與堅決的氛圍。就是在這樣的時刻，希望與歷史相互呼應。

揚聲器大鳴大放罷工公報、愛國音樂，還有披頭四的《黃色潛水艇》。老老少少的罷工工人坐在陽光下，抽菸說笑，但只喝水或是茶，罷工行動委員會從行動伊始就禁絕飲酒。支持罷工的農民帶來一大籃一大籃食物，工人做成香腸與火腿肉捲，和茶水半滿的玻璃杯相間擺在狹長的會議桌上。會議桌有三列，從大廳的一頭延伸到另一頭。坐在桌前的男男女女來自波羅的海沿岸兩百多家工廠，不久之後就連更遙遠的工廠也派人前來，為當時一項歷史性創新共襄盛舉：成立「工廠間罷工委員會」。每一家工廠的名稱都寫在一張紙上，對摺後樹立在工廠代表坐的會議桌上。

到處都看得到自製的海報、傳單、地下自助出版刊物，大部分是以手動油印機印刷——這種技術比較接近古騰堡（Johannes Gutenberg）的年代。大廳裡最先進的通訊器材是小型的卡式錄音機，來自其他工廠的代表會錄下列寧造船廠的重要時刻，再播放給自家同事聽，有時候是透過「工廠電臺」的揚聲器。

「全國工廠的無產者，聯合起來！」工廠大門上方掛起大型紅色橫幅，脫胎自卡爾・馬克思（Karl Marx）的口號「全世界的無產者，聯合起來！」用以對付一個共產黨政府。罷工全程，一座列寧雕像坐在大廳前方，底座正好可以讓工人放置玻璃茶杯與吃了一半的三明治。但最前方罷工委員會的桌子上方懸掛著一具耶穌十字架受難像，在十字架下方搞工人革命！西方的左派人士大惑不解。「工人領袖怎麼可能是宗教信徒？」西班牙導演布紐爾就質疑：「這根本是自相矛盾。」傍晚時分，工廠大門裡面搭了一座臨時祭壇，舉行一場彌撒，透過揚聲器播放。另一道大門掛出一幅手寫的標語：「聖母也罷工。」

有一個瘦巴巴的人物在這整個過程中滿場衝刺、手舞足蹈、熱烈議論、來回穿梭，這位三十八歲的失業電工名叫萊赫．華勒沙，蓄著長長的八字鬍，有如十七世紀的波蘭貴族。他的表情生動多變，讓人想起卓別林（Charlie Chaplin）。華勒沙唯有在領聖體的時候，才有靜下來的時候。有一張照片是當地神父揚科夫斯基（Henryk Jankowski）將聖體（無酵餅）放進華勒沙嘴裡，但背景並不是金碧輝煌巴洛克風格、描繪天使與天使長的祭壇畫，而是一整排照相機爭先恐後捕捉這個攝影記者所謂的「賺錢鏡頭」。彌撒結束之後，萊赫（所有罷工工人都直呼華勒沙的名字）會發表「晚禱」。他站上一部箱型車，這樣就不會被鮮花環繞的大門擋住。他向門外群眾報告時話速極快，玩笑連連，不顧文法，但很有一種閒話家常的魅力。萊赫這個人有趣極了，但當時沒有人料到他後來會成為一場全國性運動的領導人，在一九八三年榮獲諾貝爾和平獎，一九九〇年成為自由波蘭的第一任總統。

人們經常引述美國小說家威廉．福克納（William Faulkner）的名言：「過去永遠不死，甚至不曾過去。」但這段話在一個很重要的層面上大錯特錯：過去具有一種不可逆的「一去不復返」特質，我們永遠無法重溫當時當下的感受，哪怕那個時刻無比關鍵、影響深遠、永難忘懷。感受之所以無法重溫是因為現在的你已經知道接下來會發生的事，而且無法「不知道」。舉個例子，透過數位平臺看一場非直播的足球賽，如果有人事先告訴你比賽結果，感覺一定很不一樣，不是嗎？一場革命、一場感情、一段童年、一段人生，亦復如是。

在我抵達列寧造船廠之前的那個星期天，廠區大門外安放了一具簡單的木十字架，紀念一九七〇年十二月從廠區走向街頭、遭到安全部隊射殺的抗議工人。（來到一九八〇年八月，罷工工人強力要求設置正式的紀念碑，結果就是今日的三十字架紀念碑。）* 在那具臨時紀念的木十字架上，有人釘了一小張紙條，上面寫著英國詩人拜倫（Lord Byron）作品《異教徒》（*The Giaour*）的詩句，由「波蘭拜倫」亞當．密茨凱維奇（Adam Mickiewicz）翻譯為波蘭文，波蘭的學校幾乎都會教：

自由的戰役一旦開始，
流血的父親傳給兒子，
情勢混亂但終將勝利。

* 譯註：一九七〇年十二月波蘭政府大幅調高物價，波羅的海沿岸城市工人發起罷工與示威，當局血腥鎮壓，至少四十四人罹難。三十字架紀念碑在一九八〇年十二月樹立。

只不過書寫詩句的人將「流血」這個字眼省略，不想在造船廠再經歷流血。

——

這段詩句後來成為我個人的主題動機。歐洲，我的歐洲，其本質在過去是爭取自由的抗爭，至今依舊。當歐洲的理念與自由的理念並肩前進，我最興高采烈；當歐洲與自由扞格衝突，或者至少是對自由漠不關心，我會沮喪失望。自由的狀態永遠不會盡善盡美，而且遠遠不只是讓獨裁政權無法立足。但當你邁出第一步，你確實必須先推翻獨裁政權，西班牙人、希臘人、葡萄牙人近年來都已身體力行。

「波蘭是我的西班牙，」一九八〇年十二月，我在筆記中寫道，「就像喬治・歐威爾與他的義大利戰士，」這裡指的是歐威爾在《向加泰隆尼亞致敬》（*Homage to Catalonia*）描述他與一位義大利志願軍的短暫邂逅，兩人在西班牙內戰中都是共和派支持者。但從更廣泛的層面來看，我關注的是西班牙如何成為深刻影響歐威爾的政治經驗。當時的波蘭則是我的西班牙，而且在政治浪漫情懷之外還添加了個人浪漫情事。當時我和一位年輕的波蘭美女妲努塔（Danuta）在一起，她後來成為我的妻子。因此，我與波蘭的因緣是雙倍的浪漫。有何不可？這也正是歐洲本色。

然而這種浪漫的政治互動，會對一位寫作者造成諸多危險。其中一項是在支持某人理念的同時將對方理想化。儘管我努力奉行歐威爾的訓示，要當自家陣營最嚴格的批判者，還是不免錯失一些警訊。舉例而言，那位將聖體送進華勒沙嘴裡的揚科夫斯基神父，後來現形為一名口不擇言的反猶太民族主義者，還被指控性侵兒童。

另一種危險也普見於所有的回憶錄：對於自己躬逢其盛的事件，過度膨脹其歷史重要性。我曾寫下自己對團結工聯運動的歷史見證，在一九八三年出版，取名《波蘭革命》（*The Polish Revolution*）。但那場運動真的算是革命嗎？它確實很有革命的感覺，也具備過往革命的許多特徵，整體經驗就像一場激流泛舟，進行了十六個月，沒有人知道接下來會發生什麼事。這是一場貨真價實、自動自發的大規模人民行動。我花了許多時間處身群眾之中，他們以四拍子節奏高喊口號：「團—結—工—聯！萊赫—華—勒—沙！民—主—政—治！」

格但斯克的罷工工人提出「二十一項要求」，其中第三項是言論自由與獨立媒體，當時的情景也宛如一場言論自由的節慶，海報、傳單、漫畫、塗鴉在整個國家百花齊放，洋溢著同情與幽默。革命創造力勃興，一個範例就是團結工聯的標誌，紅色的「SOLiDARNOŚĆ」字樣像年輕的華勒沙一樣活蹦亂跳，字母N的第二道垂直筆畫向上延伸為旗桿，掛出一幅波蘭國旗，白底映襯紅字。真是讓人眼睛一亮的革命圖像學。

最重要的是，這些事件都具備政治哲學家漢娜·鄂蘭（Hannah Arendt）最珍視的一項革命特質。鄂蘭主張，在最好的狀況下，革命彰顯了人類的一種能力，藉由個人的創造性行為來開啟真正新穎的事物。革命因此也是人類自由在政治上最為突出的表現，進而駁斥了「歷史是由機械化過程與不可抗力來決定」的這種去人性化觀點。波蘭團結工聯是道道地地的新事物，這場工人革命在十字架之下進行，對抗一個所謂的「工人政府」。不僅如此，這場革命匯聚了不同社會階級（知識界、工人與農民）與政治力量（例如天主教會、世俗左派），促使他們進行史無前例的結合。在意識形態上，這場革命也是前所未見的社會主義、基督教義、民族主義、自由主義大雜燴。

「但革命是暴力的！」傳統的革命家會抗議。毛澤東也說過：「革命不是請客吃飯。」團結工聯運動爆發之前兩年，英國歷史學家泰勒（A. J. P. Taylor）便在一場討論革命的系列講座上開宗明義：「只要政治社群存在，暴力的政治動亂必不可免。」顯而易見，「暴力」是一項決定性特質，沒有暴力就沒有革命。一七八九年法國大革命如此，一九一七年俄羅斯革命如此，一九七九年的伊朗革命也是如此。

然而，一九八〇至八一年間波蘭的事態發展，卻指向一個規模更大、跨越國界的嘗試，要將革命改造為一種非暴力的政權轉移程序。團結工聯經過計畫的非暴力抗爭，一部分要歸因於蘇聯集團成員國反抗共產黨統治的失敗經驗：一九五六年的匈牙利革命與一九六八年的布拉格之春都遭到蘇聯鎮壓，一九七〇至七一年冬天波蘭造船廠的工人也下場淒慘——當時格但斯克、格地尼亞（Gdynia）與什切青（Szczecin）的工人走上街頭，縱火焚燒共產黨的黨部，結果遭到軍警射殺。（異議人士庫龍〔Jacek Kuroń〕的結論是：「與其放火燒黨部，不如建立自己的黨部。」）但非暴力也連結到另一道更久遠的學習之鏈，上溯到聖雄甘地（Mahatma Gandhi）在英屬印度倡導的公民反抗，下接備受全球關注的一九六〇年代美國民權運動，以及葡萄牙、西班牙與希臘相對和平的推翻獨裁政權經驗。

波蘭異議人士米奇尼克（Adam Michnik）後來解釋：「我們受教於歷史，因此心存疑慮。如果我們強力攻打今日的巴士底監獄，恐怕只會在無意間建造出新的巴士底。」當奧特沃次克（Otwock）當地憤怒民眾威脅要私刑處決一名警察，米奇尼克挺身而出，對民眾描述自己被警察毆打的切身經驗，說服他們懸崖勒馬，不要從和平的群眾淪為私刑的暴民。從格但斯克罷工啟動到一九八一年十二月十三日戒嚴實施，前後歷時一年四個月，沒有任何一個人橫死。葛萊米克二十五年之後回顧，驕傲地宣稱：「團結工聯追求變革但並不訴諸暴力，這樣的運動在歐洲歷史上無與倫比。」

因此，團結工聯為和平示威抗議在全球各地的發展做出貢獻。這類做法日後見於一九八六年菲律賓的馬可仕（Ferdinand Marcos）獨裁政權遭到推翻，從此留下「人民力量」的說法，也見於一九八八年智利的大規模群眾動員，透過公民投票促成皮諾契特（Augusto Pinochet）將軍下臺。到了一九八九年中歐地區的天鵝絨革命，非暴力做法幾乎已確立為革命預設的新模式，與一七八九年的暴力模式有天壤之別。許多類似的元素也見於一九九〇年代晚期的斯洛伐克、二〇〇〇年塞爾維亞的米洛塞維奇（Slobodan Milošević）被推翻但大致和平的過程、二〇〇四年烏克蘭的橙色革命。而在歐洲之外，則有伊朗的綠色運動、二〇一一年的阿拉伯之春、緬甸的民眾示威抗議。這些運動有的成功，有的失敗，有些遭到暴力鎮壓，有些自身轉向暴力，但它們都為擴展一個非暴力人民力量的經驗寶庫做出貢獻。

二〇二〇年八月，催生團結工聯的罷工行動四十週年紀念日前後，白俄羅斯爆發大規模和平示威，抗議總統大選嚴重舞弊。由於白俄羅斯是「後蘇聯國家」之中最像蘇聯的一個，因此一九八〇年的回音也特別響亮。這個國家仍然擁有類似列寧造船廠的龐大國營工廠，僱用數千名工人，其中一部分當時參與罷工。當我聽說格羅德諾（Hrodna，二戰之前屬於波蘭，今日距離波蘭邊界僅約二十公里）有二十二家國營企業的工人試圖建立一個「工廠間罷工委員會」，感覺就像時光倒流回到四十年前。就連示威運動的顏色都與波蘭相同，因為示威者選用了一九一八年短命的白俄羅斯人民共和國紅白兩色的旗幟。

在與團結工聯相隔四十年的白俄羅斯，我們再一次見證和平示威的群眾能夠激盪出何等卓越的創意。白俄羅斯也有那種類似五旬節教派的經驗，長久噤聲的男男女女把握機會，有生以來首度大鳴大放。「人民已經厭倦謊言，厭倦言論自由被剝奪，」四十一歲的亞歷山大是國營電機廠的工人，「我們只期望能夠生活在一個文明法治的社會裡。」「一切都改變了，」二十四歲的雷西亞是一位麻醉師，「一種新的集體精神已被喚醒，再也無法被關回瓶中。他們偷走了我們的選票，但無法偷走我們的精神。」

音樂也是如此，我們可以追蹤到跨國接力傳唱的現象。一九六八年，加泰隆尼亞歌手利亞奇（Lluís Llach）寫了一首歌《木樁》（L'Estaca），令人難忘的副歌唱道：「我們被捆綁上的木樁」將會「倒下、倒下、倒下」（tomba, tomba, tomba）。佛朗哥將軍統治末年，這首歌成為西班牙反法西斯反抗運動的非正式主題曲。《木樁》也讓波蘭歌手卡茲馬爾斯基（Jacek Kaczmarski）印象深刻，他在一九七八年為同樣的旋律配上波蘭文歌詞的《高牆》（Mury），後來成為團結工聯年代波蘭反對派的非正式主題曲。來到二〇二〇年，白俄羅斯版的《高牆》接棒繼續傳唱，它取自波蘭文的反共歌曲，後者則是改編自西班牙文的反法西斯歌曲。

每一場新運動都為和平示威抗議增添新的做法。就白俄羅斯而言，那就是由女性扮演領導者的角色。反對黨的總統候選人季哈諾夫斯卡婭（Sviatlana Tsikhanouskaya）就是一位女性，她與兩位女性得力助手科列斯尼科娃（Maria Kalesnikava）與澤布卡羅（Veronica Tsepkalo）組成一個「民主女性三重唱」。白俄羅斯示威者的隊伍有時清一色是娘子軍，許多人一身白衣。雖然這樣的陣容無法阻止盧卡申科（Alexander Lukashenko）總統戴上面罩的安全部隊逮捕她們，但這些勇敢的白俄羅斯女性會扯下這些獨裁鷹犬的黑色頭套，他們困惑的臉孔立刻會被其他示威者用智慧型手機拍下。沒過多久，白衣女子依舊被擊敗，與一九八一年底的團結工聯同一命運。正如拜倫所示，自由的戰役「情勢混亂」，尤其是當你堅守和平原則、掌權者卻準備動用武力的時候。然而，保持非暴力做法，最終會讓你到達一個更美好的境地。甘地如此教誨，米奇尼克如此理解，你使用的手段將決定你的最終目的地。

一九八〇年代的波蘭正是如此。波蘭人常說，在柏林圍牆上打出第一個洞的其實是團結工聯。但要讓圍牆倒塌，還有許多變革必須發生，包括克里姆林宮必須換上新的領導人。對於一九八九年在協商中進行的革命，團結工聯的出現是必要條件，然而並不是充分條件。來到一九八一年底，團結工聯看來大勢已去，即將步上一九五三年東德的抗議者、一九五六年的匈牙利人、一九六八年的捷克人與斯洛代克人等歷史上許多失敗運動的後塵。

一九八一年十二月十三日，賈魯塞斯基（Wojciech Jaruzelsk）將軍宣布波蘭實施戒嚴，戰車開上白雪覆蓋的街道，軍隊攻進一座被罷工者占領的煤礦，工人遭到殺害。我的許多朋友都被關進帶刺鐵絲網圍繞的拘留營。從奧斯威辛集中營與史達林監獄倖存的巴托謝夫斯基也置身其中，被獄友私下推舉為「榮譽指揮官」。從華沙猶太人區倖存的葛萊米克當時正在寫一篇論文，闡述十五世紀波蘭神學家帕拉迪許的雅可布（Jakub of Paradyż）作品中的歐洲概念。其他朋友則躲藏起來，參與「地下化」的團結工聯，或者出國流亡。許多波蘭人已放棄希望，民調顯示將近半數人民贊成實施戒嚴。我的一位摯友有個八歲大的女兒，讓我看她自己手繪上色的故事「吸血鬼國度」——在這個寓言國度，國王凌虐臣民，人民與「權力」之間的鴻溝無法跨越，交易的方式主要是以物易物，人們出賣自己的心臟換取美元。

要將這樣的挫敗當成勝利，只能乞靈於一種美好的說法，來自一戰之後帶領波蘭追求獨立的畢蘇斯基（Józef Piłsudski）：「遭遇失敗但拒絕投降是勝利，獲得勝利卻志得意滿則是失敗。」享有一年四個月的自由之後，波蘭已經成為另一個國家。一位工人對我形容，「靈魂的革命」已經徹底改變人們的意識。當時的波蘭社會已不可能像一九五六年之後的匈牙利、一九六八年之後的捷克斯洛伐克那樣「正常化」。一九八三年六月，我跟隨波蘭教宗再一次踏上返鄉朝聖之旅。來到華沙，大批民眾歡迎他，揮舞團結工聯的旗幟，高喊「言論自由！民主政治！萊赫．華勒沙！」我在筆記本寫下這些口號，還加了一個新口號「特赦！」（意指特赦政治犯）。團結工聯的遊行者大聲鼓勵猶豫的旁觀者：「跟我們一起走，今天他們不會動手。」

教宗若望保祿二世前往琴斯托霍瓦（Częstochowa），站在光明山修道院高聳的紅磚牆前方，使出唱作俱佳的渾身解數來觸動那些緊張甚至絕望的群眾——演員爾古德（John Gielgud）以「完美」形容他的演出。「我要走向你們，」他邊說邊大步走下遙遠的白色臺階，「為教宗準備椅子！為教宗準備椅子！」群眾高聲回應。緊接著，他直接對琴斯托霍瓦的黑色聖母說話，祈求祂「幫助我們保持希望」。（與西德流行歌曲《黑色聖母》完全不可同日而語。）

「感謝您，感謝您！」群眾高喊。

然而在教宗啟程返回羅馬之後，一位抗議者告訴我：「那是我們享有自由的最後一天。」

那年秋天，我在華沙與教宗若望保祿二世最敢言的門徒之一、波比耶烏什科（Jerzy Popiełuszko）神父交談，當時他可說是團結工聯華沙鋼鐵廠的駐廠神父。「撒旦的王國必須滅亡，」他告訴我，「我正在做正確的事，我不曾犯下罪孽，何需畏懼？不到十二個月之後，他死了，死在祕密警察手裡。畢竟，那個年頭是一九八四年。

一九八四年

一九八四年某個明亮溫暖的一天，蘇聯共產黨機關報《真理報》（*Pravda*）頭版刊出一張照片，我的一位朋友應該出現在上面卻消失無蹤。拍攝當天我們都在場，黑白照片畫質粗糙，一群英國記者聚集，每個人都很敬業地拿起筆記本，盯著克里姆林宮裡一張長長木桌，坐著蘇聯最高領導人契爾年科（Konstantin Chernenko），姿態僵硬一如杜莎夫人蠟像館的蠟像，正對著英國外相侯艾（Geoffrey

Howe）。但我早在東柏林就認識的朋友、時任路透社駐莫斯科特派員伍德，卻從照片上憑空消失，他所在的位置被塗上一塊牆壁飾板。

我很樂意如此記載：伍德之所以從照片消失是因為政治因素，就如同托洛斯基（Leon Trotsky）從俄羅斯革命早年的照片憑空消失。但真正的原因很可能只是伍德的身影讓畫面顯得不夠整齊。伍德告訴我，這不是他頭一回遇到這種事。在真實世界版的「一九八四」之中，人們經常從蘇聯報紙的照片上消失，就如同歐威爾的男主角史密斯（Winston Smith）的日常工作——將「非人」送進記憶的黑洞之中。史密斯上班的地方就是隸屬於真理部的紀錄司，這個諷刺性虛構的靈感，有一部分正是來自蘇聯的《真理報》。

然而，蘇聯這種系統性的偽造歷史，有一些重要案例當時仍然在進行。我到莫斯科的時候，史達林的外長莫洛托夫（Vyacheslav Molotov）剛被共產黨恢復黨籍。莫洛托夫在一九三九年與希特勒的外長里賓特洛甫（Joachim von Ribbentrop）簽署《德蘇互不侵犯條約》，納粹德國與蘇聯祕密協定瓜分波蘭。來到一九八四年。蘇聯歷史學家仍然被禁止承認有這分協定存在，彷彿那場惡劣自私的瓜分並未發生、從未發生，因為「誰能掌控過去，就能掌控未來；誰能掌控現在，就能掌控過去」。

對中歐與東歐地區而言，這只是歐威爾的《一九八四》先知先覺的其中一個層面。此外還有書中灰暗的破敗景像、公寓樓梯間瀰漫著煮甘藍菜的氣味、民生必需品總是缺貨而人們被迫求助於黑市或歐威爾所謂的「自由」市場：

有時候是鈕扣，有時候是毛線，有時候是鞋帶，此時此刻則是刮鬍刀片。你只能到『自由』市場偷偷摸摸，設法取得。

「他怎麼能夠未卜先知？」俄羅斯流亡詩人戈巴涅夫斯卡雅（Natalya Gorbanevskaya）曾經問過我。一位英國作家怎麼可能預知一九八〇年代莫斯科、布拉提斯拉瓦（Bratislava，斯洛伐克首府）、索菲亞（保加利亞首都）的生活狀況？答案會讓人訝異：《一九八四》的情節有一大部分是取材自戰後倫敦沉悶乏味、貧窮匱乏、食物配給的現實，時間是一九四八年，歐威爾將它反轉為一九八四年。

歐威爾筆下的三個超級強權大洋國、歐亞國與東亞國長年征戰，結盟關係朝夕改易，但真理部的宣傳貫徹始終，對此隻字不提。「根據官方說法，結盟夥伴的改換從未發生，大洋國曾經與歐亞國交戰，因此大洋國與歐亞國一直在交戰。」歐威爾下筆時顯然想到《莫洛托夫－里賓特洛甫條約》簽署之後，蘇聯與納粹宣傳一夕變調，兩國在一九三九年九月先後入侵與占領波蘭。在我書房的牆壁上，掛著一幅偉大漫畫家大衛洛（David Low）的作品：希特勒與史達林相見歡，舉起帽子，打躬作揖，兩人腳邊是一具波蘭人的屍體。希特勒說：「世間的人渣，是吧？」史達林說：「該死的工人殺手，對吧？」

如今已是現實世界的一九八四年，歐亞國的角色退居邊緣，但大洋國與歐亞國仍然是劍拔弩張。在所謂的「第二次冷戰」期間，核子戰爭的風險再度升高，彷彿回到一九六二年的古巴飛彈危機。幾年之後從我的日記回顧，我非常驚訝地發現自己在一九八〇年的最後一天寫道：「未來十年之內，將會發生一場核子戰爭。」這麼說好像還不夠斬釘截鐵，我又以大寫字母再強調一遍：「未來十年我們將會經歷一場核戰。」

不久之後，美國作家謝爾（Jonathan Schell）出版《地球命運》（*The Fate of the Earth*）一書，認為人類將面臨滅絕。以這種恐懼為認知基礎，西歐各地的和平運動風起雲湧，反對北約為了對抗蘇聯SS-20彈道飛彈而部署中程巡弋飛彈。腳踏車擋泥板的貼紙宣稱：「距離午夜只剩五分鐘。」*西德總理柯爾打了一場政治硬仗，在一九八三年十一月讓聯邦議院放行北約飛彈部署，藉此在華府建立信譽。六年後當德國統一的機緣意外出現，他因此得以善加利用。

對於我那個年代的許多西歐人而言，和平運動代表非常重要的政治理念，只是對我來說並非如此。時至今日，如果我們檢視學界發掘的各項證據，確實可以認定當時因為誤判而引發核戰的風險居高不下。一九八三年九月二十六日，午夜時分剛過，一個錯誤警訊幾乎引發蘇聯以發射核彈頭飛彈回應，所幸當時紅軍的執勤官彼卓夫（Stanislav Petrov）中校相信自己的直覺，並沒有向軍方高層證實美國發動核武攻擊。出身英國情報官員的歷史學家巴拉斯（Gordon Barrass）記錄了後來的發展：

> 幾個月之後蘇聯調查人員判定，事發當天美國蒙大拿州上空陽光突然增強，從雲層反射，導致一部出問題的衛星電腦通報美軍發射飛彈。之後十五年時間，這起事件一直列入機密。

北約在一九八三年十一月舉行代號為「神箭手」的演習，刻意升高緊張態勢，操練如何以核武來反制紅軍的傳統武器攻擊，讓莫斯科當局大感緊張，蘇聯參謀總長進入莫斯科地下深處的指揮部備戰。美國總統外國情報顧問委員會事後一項報告結論指出：「我們可能在無意間將美國與蘇聯的關係置於一觸即發的險境。」多年之後，我在莫斯科會見當時的KGB外國情報事務主管克留奇科夫（Vladimir Kryuchkov），他對我證實「那是最危險的時刻」。

事後看來，我們知道在一九八五年三月戈巴契夫上臺掌權之後，情勢幡然改觀。事後看來，當時的蘇聯甚至已經敗象畢露、來日無多。但在一九八四年七月那天，當老友伍德和我站在克里姆林宮那個房間，我們只看到坐在英國外相侯艾對面的蘇聯領導人已經來日無多。根據一份侯艾通譯的報告，契爾年科一直呼吸困難，給人「一種心不在焉、摸不著頭緒的感覺」。他試圖唸出一份事先撰擬的聲明，結果「一塌糊塗」，接下他與侯艾對話時也表現得「明顯欠缺信念，有時甚至欠缺理解力」。†

對於當時蘇聯或者蘇聯集團其他國家的大部分人們，更美好的未來無處可尋。早在一九七〇年的時候，俄羅斯異議人士阿馬爾里克（Andrei Amalrik）就出版了一本書《蘇聯能否撐到一九八四年？》

* 譯註：美國科學家在一九四七年設立「末日鐘」，以午夜零時象徵世界末日，每年一月進行評估，將分針撥近或撥離午夜，標示世界趨向毀滅的急迫性，初始設定為七分鐘，二〇二四年為九十秒。

† 譯註：契爾年科一九八四年二月接任蘇聯共產黨總書記時已高齡七十二歲，之後健康每況愈下，隔年三月死亡，由戈巴契夫繼任。

（*Will the Soviet Union Survive until 1984?*），他被囚禁五年，之後被迫流亡異國，流亡期間死於車禍。來到一九八四年，KGB官員偵訊另一位異議人士夏蘭斯基（Anatoly Sharansky，後來改名納坦〔Natan〕）時嘲笑他：「阿馬爾里克已經死了，但KGB還在！」俄羅斯諷刺作家季諾維也夫（Alexander Zinoviev）更聲稱，人類已出現一個新品種：蘇維埃人（Homo Sovieticus）。

來到捷克斯洛伐克，歐威爾之外要加上一點卡夫卡。一九八四年一月，一個寒冷的星期二，我造訪布拉格的奧爾沙尼墓園，馬路對面就是卡夫卡長眠的猶太墓園。我要尋找的是瑪麗·捷第利奇可娃（Marie Jedličková）的墓地。人們經常會在她的墓地點燃蠟燭、留下鮮花，附上「我們記得」之類的留言，然後物品很快就會被「不明人士」清理一空。誰是瑪麗·捷第利奇可娃？沒有人能告訴我，悼念者只知道這塊墓地先前埋葬的是一位男性帕拉赫（Jan Palach）。

帕拉赫是一位捷克學生，一九六九年以二十歲之齡，在布拉格溫塞斯拉斯廣場（Wenceslas Square）引火自焚，抗議蘇聯入侵與占領捷克，後來傷重不治。於是帕拉赫的墓地成為聖地，直到某天晚上，當局盜墓，將他的遺骸移走及火化，裝進一個骨灰罈，送交他住在鄉下小鎮的母親，然後在原地埋葬一位死於安養院的老婦人瑪麗·捷第利奇可娃。只不過想要向帕拉赫致敬的人們不會受騙上當，因此繼續來到捷第利奇可娃的墓地，留下紀念物品。捷克流亡作家米蘭·昆德拉（Milan Kundera）當時剛出版的《笑忘書》（*Book of Laughter and Forgetting*）是怎麼說的？「個人對抗權力的奮鬥，也正是記憶對抗遺忘的奮鬥。」

我曾經以德文出版一本書批判東德的歐威爾式國家體制，結果遭到禁止入境，直到一九八四年十月獲准舊地重遊，參加東德三十五週年國慶。行經查理檢查哨，一名邊界警衛顯然做了功課，他告訴我：「你這回是要參加三十五週年國慶。」我問他是否看到國家的變化，他說有，尤其是經濟方面，「我們的成長率已可媲美大部分工業化國家。」在慶祝儀式上，共產黨領導人何內克誇稱德意志民主共和國已經與一百三十二個國家建交（最新對象是象牙海岸），並且宣示：「在德國的大地上，沒有人能夠逆轉歷史的巨輪。」接著，群眾向莫斯科祝賀團領隊、外長葛羅米柯（Andrei Gromyko）歡呼致意，我在筆記本上稱他為「陰沉葛羅」。後來我到柏林的潘科（Pankow）教區拜訪友人沃納，與此同時有五名便衣男子坐在屋外一部綠色的拉達轎車上盯哨。史塔西國家看似固若金湯。

羅馬尼亞的西奧塞古（Nicolae Ceausescu）政權更為歐威爾、也更為殘暴。後來榮獲諾貝爾文學獎的作家米勒（Herta Müller）曾經遭到逮捕，原因只是以「過高的」價格在提密什瓦拉一個「私營市場」購買堅果。她拘禁期間獄友的罪名是偷蠟燭（當地會例行性地停電幾個小時）。她很確定羅馬尼亞祕密警察曾經為她製造一場腳踏車的假車禍。從一九八三年開始，羅馬尼亞的每一部打字機都必須向當局登記。後來一項研究顯示，羅馬尼亞成年人大約每三十人就有一人受僱於祕密警察。共產黨統治期間，羅馬尼亞出了五十萬名政治犯，其中約十萬人病死獄中。

波蘭的情況有所不同，但也處於黑暗時期。妲努塔和我看看自身在牛津的平靜優渥生活，再看看波蘭朋友們的生活，非常清楚地感受到強烈的對比。他們大部分不是流亡入獄，就是轉入地下工作。在華沙，我曾偷偷摸摸拜訪利騰斯基（Jan Lityński），一位精神昂揚的小個子反抗運動者，出身一九六八年的運動。他當時藏身在一處不知名的公寓，使用假名與假身分證件，一如二戰時期波蘭反抗軍的戰士。我們談話時，一具監聽警方頻道的無線電接收器突然響起。海倫娜（Helena Łuczywo）回憶時感嘆：「那是一個可怕的年代，讓人難以承受。」她一九八〇年代在馬佐夫舍（Mazowia）地區工作，勉力維持團結工聯地下刊物出版不輟。

我幫海外流亡團體捎書帶信，以細小的鉛筆字寫在旅行支票背面。我也幫基金會與NGO將一捲一捲小面額美鈔夾帶入境，資助地下出版與團結工聯。我前往弗羅次瓦夫一處公園，在一張預先約定的長椅上見到地下運動者芭芭拉（Barbara Labuda），她先小心翼翼地觀察四周，再從皮包裡拿出一張捲菸紙，上面寫了幾項重要的要求。我用鉛筆以細小字體的密語形式抄錄下來，然後她將那張捲菸紙送進嘴裡，嚼了幾口吞嚥下去。這是我第一次看到有人真的「食言」。多年之後，波蘭終於贏得自由的戰役，芭芭拉躋身政壇，成為一位強而有力的女權倡議者。

然後是團結工聯神父波比耶烏什科遇害事件。一九八四年秋天，三名波蘭祕密警察綁架他，把他關進汽車行李箱，反覆將他拖出來痛毆，最後還在他身上綁了一袋石頭，丟進一座水庫，讓他活活溺死。波比耶烏什科的葬禮在他自己的教堂舉行，以極為波蘭的方式融合了宗教信仰、愛國情操及政治理念，讓人無法不想起波蘭在十九世紀的自我形象定位：「眾國之中的基督。」我注意到祭壇的一邊有一幅油畫，將波比耶烏什科描繪成聖喬治（他的名字Jerzy就是波蘭文的George）。華勒沙致悼辭時說：「團結工聯會活下去，因為你為它奉獻生命。」華沙鋼鐵廠一位工程師指著教堂上方鳴響的鐘，直接對這位壯烈成仁的神父說道：「尤瑞克（Jurek，Jerzy的暱稱）！自由的鐘聲響起，你聽到了嗎？」*

當時自由似乎遙不可及，就連在匈牙利也是如此。這個國家號稱是「蘇聯集團最快樂的營區」，其共產黨政權最為包容、最有心改革，但異議作家康拉德（György Konrád）依舊寫道：「蘇聯帝國儘管內部困難重重，但體質仍然健全，並沒有面臨崩潰的跡象。」當時我能想像到最有希望的局面，就是蘇聯帝國「鄂圖曼化」，也就是會像日暮途窮的鄂圖曼帝國一樣，帝國中心的掌控力江河日下，邊陲地區逐漸獲取更大的自治權，過程歷時數十年。這是藉助帝國衰敗而獲得的解放。但當時有許多朋友都認為我的想法太過樂觀，對我引述一個非常道地的蘇聯集團笑話：

兩個朋友在街上相遇，

「您還好嗎？」

「感謝。比明天來得好。」

* 譯註：殺害波比耶烏什科神父的三名凶嫌後來被送上法院定罪判刑，神父則被天主教會追認為「殉道者」，策封為僅次於聖徒的「真福品」。

一九六八世代與後一九六八世代

解開鈕扣的深色襯衫，日漸稀疏的頭髮仍然披覆頸部，鬍渣突顯出鬆垂的雙下巴，在白色的桌布上，年華老去的一九六八世代舉起一杯上好紅酒。無論使用哪一種語言，他提到對方時總是以「你」相稱，而不是比較拘禮的「您」。談到昔日的革命性觀點，他臉上會浮現一抹諷刺的微笑。畢竟「昔日」是五十多年前的事，今日他的觀點已經大相逕庭。性愛也許是唯一的例外，今日的他仍然（至少在原則上）熱忱接納性愛，就像接納上好的紅酒，多多益善。

我可能置身於巴黎、柏林、米蘭、里斯本、布拉格、塞拉耶佛，或者柏克萊、開普敦、雪梨、里約熱內盧。對方可能是一位律師、學者、新聞工作者、發行人、學校教師、政治人物、NGO運動者、藝術家。我們來到一間小餐館，還沒來得及把深色木椅拉近餐桌，我就已看出那些無比明顯的跡象。

所謂的「一九六八世代」（英文68ers、法文Soixante-huitards、德文Achtundsechziger、義大利文Sesantottin），是一九三九世代之後，最獨特也最具影響力的歐洲世代。它與一九三九世代相同之處在於，有一群作為核心群體的男女參與了足以改變人生的事件，進而確立自身特質，只不過一九六八世代的人口世代分布更為廣泛。一九三九世代的核心群體包括像我父親、葛萊米克這樣的人，親身經驗過二戰，貫穿其暴力序幕與事後殘局。事實上我們應該討論「漫長的一九三九年」，*從一九三〇年代早期延伸到一九四〇年代晚期。但一九三九世代也涵蓋一個更廣大的人口世代：從前線陣亡官兵的父母親到年輕時代的德國前總理柯爾。柯爾在一九四五年時年僅十五歲，他的名言是自己有「晚生之幸」——哥哥死於戰爭，而自己親眼見證祖國實體上與道德上的崩壞。柯爾經常津津樂道地談到，戰爭如何促使他致力於建立一個更美好的歐洲。

一九六八世代的核心群體，曾經參與漫長的一九六八年。所謂「漫長的一九六八年」*，是指從一九六〇年代早期延伸到一九七〇年代晚期，涵蓋有如迷幻萬花筒的政治、文化、社會與環境激進主義。「掌握現實，要求不可能的事！」「一切禁止都被禁止！」「人行道的下方就是沙灘！」†呈現為一道有如彩虹的光譜，從荷蘭碧翠絲公主（Princess Beatrix）婚禮上示威抗議的「激怒者」到葡萄牙毛派人士的意識形態扭曲；從一九六八年三月華沙的學生示威抗議到一九六八年五月巴黎的學運事件再到布拉格之春；從西柏林的第一公社到列寧格勒（今聖彼得堡）的黃色潛水艇公社；從紐約州胡士托音樂節的裸體狂歡到英國的戀童癖資訊交換中心；從反戰的良心拒服兵役者到「德國之秋」巴德爾—邁因霍夫幫與義大利「鉛的年代」赤軍旅的血腥恐怖主義。如果將這些年頭在畫布上呈現，景象將有如布勒哲爾（Pieter Breughel the Elder）繪製的荷蘭箴言畫，每一平方公分畫面都充斥著奇特行為：兩個光溜溜的屁股從木牆露出來（「他們在同一個洞裡拉屎」）、兩個男人互捏對方鼻子（「牽著彼此的鼻子走」）、一名男

---

* 譯註：作者此處援引法國史家布勞岱爾（Fernand Braudel）「漫長的十六世紀」與英國史家霍布斯邦（Eric Hobsbawm）「漫長的十九世紀」的概念。

† 譯註：這三段話都是一九六八年法國學生運動的口號。

子屁股冒火在田野上奔跑（「敢吞火就會拉出火花」）。

這一切行動背後都有一股力量，一個新近出現、人數眾多的世代，嬰兒潮世代湧上公眾舞臺，透過橫掃一切、反抗威權的大鳴大放，讓自己的聲音、品味、欲望和理想舉世皆知。年輕人搶下麥克風：「我們要全世界，現在就要。」搖滾樂團門戶合唱團的莫里森（Jim Morrison）唱道。打倒那些穿西裝打領帶的老男人！美國出現一個叫做「青年國際黨」的組織，而歐洲穿西裝的老男人無論走到哪裡，似乎都會遇到一個青年國際黨成員。

法國新聞記者圭塔（Bernard Guetta）捕捉了這個時刻。一九六八年五月三日，年僅十七歲的圭塔身陷警方圍捕巴黎大學校園內示威抗議學生的行動之中（圭塔提到有許多學生仍然打著領帶）。當一部警方箱型車在給呂薩克街遇到紅燈停下，一名學生突然大喊：「我們走！」接著一行人全部跳車，一哄而散，縱聲大笑，只留下驚駭的圭塔一個人坐在車廂裡，與兩個同樣驚駭的警察面面相覷。他寫道，在那個紅燈前方，你會看到兩個世代之間的巨大差異：老世代被戰爭、占領、戰後復原消磨殆盡，再也無法貢獻什麼。相反的，新世代則是：

> 嬰兒潮世代，習慣於為所欲為，成長過程有如帶來救贖的小小神祇，自信、歡樂、鄙夷、打破常規，決心要一手掌握全世界，扯掉那些領帶，拒絕聽從任何人，重現一七八九年、一八四八年及二戰抵抗運動的往昔革命，帶著摧枯拉朽的笑聲前進新的地平線。

一如以往，人口學家使用的統計學人口世代（嬰兒潮世代、X世代、千禧世代）與歷史經驗的世代不會完全吻合。幾位一九六八世代的領導者其實是出生於二戰期間，例如西德一九六八年抗議運動的靈魂人物杜契克（Rudi Dutschke）就生於一九四〇年。圭塔生於一九五一年，在一九六八年運動參與者之中已經屬於比較新的一代。其他就是我這種嬰兒潮世代，占大多數，在持續至一九六五年的戰後生育高峰期出生。此外還有無數的「非一九六八世代」與「反一九六八世代」。之後的數十年間，「反一九六八世代」人數日益擴張，聲量也水漲船高。我們幾乎可以說，今日右翼民粹主義的主張有一大部分正是「反一九六八」。反過來說，這一事實也見證了一九六八世代與時俱進的影響力。

我生於一九五五年，算是「後一九六八世代」。在我青少年時期的倫敦，我只稍稍沾染了嬉皮世界的流風餘韻。等到我在一九七八年移居西柏林時，「一九六八」已經只是柏林自由大學牆壁上褪色的塗鴉。公社公寓的室友長篇大論高談性欲與政治，夾雜一堆術語。我無緣結識杜契克，只是在一九八〇年一月參加了他的葬禮。*我來到西柏林林蔭茂密的達勒姆區（Dahlem），與佇立在聖安妮教堂外的廣大人群比肩。我在日記中寫下：「一位左派學運領袖的葬禮，出乎意料地感動，非常非常冷。」（我一輩子都想不起來自己為什麼感動，但寒冷的感覺宛如昨日。記憶啊，請與我對話，不要出題目考我。）那場

* 譯註：杜契克在一九六八年四月遭西德右派人士槍擊重傷，十一年後死於後遺症。

葬禮既是終點，也是起點。漫長的一九六八年與布勒哲爾式的奢靡放縱，最終把自己逼到了盡頭。那些還沒有走上不歸路變成恐怖分子或毒蟲的人，紛紛回歸比較傳統的方式來度過餘生。

我也清楚記得與《南德意志報》（*Süddeutsche Zeitung*）一位優秀記者的對話，他告訴我在一九七〇年代早期，他差一點點就要變成恐怖分子。一九七三年，一個自稱為「掃蕩組織」（Putzgruppe）的革命團體在法蘭克福當街襲警，並且遭人拍攝下來。其中一名成員克萊因（Hans-Joachim Klein）後來涉入維也納的一場恐怖攻擊，造成三人罹難。另一名成員菲舍爾（Joschka Fischer）卻在短短十年之後代表新成立的綠黨進入西德國會。一九九九年時，菲舍爾已成為德國外長，主張德國因為承擔納粹大屠殺沉重的歷史責任（德國一九六八世代對此念茲在茲）而必須出動聯邦國防軍加入北約干預科索沃戰爭的任務，防止塞爾維亞在當地進行種族滅絕。原本在街頭踹打警察的菲舍爾，如今要將獨裁者踹出科索沃。*

社會學家德國哈伯瑪斯（Jürgen Habermas）曾在一九八八年宣稱，杜契克著名的主張「體制內的長征」已進展到基督教民主聯盟之內。這位後一九三九世代的重量級知識分子認為，一九六八年是促成西德社會深度自由化的關鍵。從一九九〇年代到二〇〇〇年代、甚至二〇一〇年代，一九六八世代與後一九六八世代的成員在大部分歐洲社會都位居要津，成為政府領導人（法國總理若斯潘〔Lionel Jospin〕、德國總理施若德〔Gerhard Schröder〕、義大利總理達勒瑪〔Massimo D'Alema〕）、內政部長（英國的史卓〔Jack Straw〕、德國的席利〔Otto Schily〕）、法官、高階公務員、大學校長、媒體總編輯、發行人與小說作家。

這種優勢地位或許有生物學上的解釋，因為嬰兒潮世代的數量之多，宛如蟒蛇吞下一頭山羊。但這種優勢也是獨特的社會與文化現象。直到二〇一〇年代晚期，出生於一九八九年後的新世代才開始將老一輩的一九六八世代打下高位，指責他們性別歧視、言論冒犯、在環境議題上輕忽資本主義等罪孽。就像圭塔所屬的法國嬰兒潮世代，也曾在經過連續二十年的和平、繁榮與樂觀後，對一九三九年世代所做的事情一樣。一九六八世代如今老態龍鍾。

鄂蘭在一九六八年六月寫信給德國哲學家雅斯培（Karl Jaspers），她想像「下一個世紀的孩童探索一九六八年，將會像我們探索一八四八年一樣」。鄂蘭如果知道今日大部分歐洲兒童對二十世紀歷史的認識有多貧乏，恐怕會大感震驚。不過，她拿一八四八年來做比較這點卻相當有啟發性。英國歷史學家內米爾（Lewis Namier）曾經形容一八四八年發生了一場「知識分子的革命」，一九六八年的特質也相去不遠。一如一八四八年，一九六八年歐洲許多國家也接二連三爆發民眾示威抗議。†

一九六八年在巴黎與布拉格、西柏林與華沙，同時都有重大事件發生，且都是由嬰兒潮世代領導

---

* 譯註：北約一九九九年三月介入科索沃戰爭，開始空襲塞爾維亞，六月塞爾維亞同意簽署和平協定，聯合國部隊進駐科索沃。二〇〇八年二月，科索沃宣布獨立。

† 譯註：一八四八年一月義大利兩西西里王國爆發革命，隨後法國興起二月革命，追求民主自由平等、建立民族國家的革命浪潮蔓延到幾乎整個歐洲，但大部分歸於失敗。

風騷。可以說，自從一九四五年鐵幕分裂歐陸以來，一九六八年是第一個全歐洲共享的重大時刻。然而就政治層面而言，一九六八年的泛歐洲特質只是表面。《戰後歐洲六十年》這本書的作者賈德也是一九六八世代，他出生於一九四八年，年輕時是一個精通法語的左派人士，曾經在巴黎及死氣沉沉的劍橋參與示威抗議。賈德不幸英年早逝，過世前不久曾經如此反思：「對於一九六八年五月那些熱烈激進的辯論，我完全想不起來我們曾經提及布拉格之春，更別說波蘭學生運動。這是否代表我們誇大了一九六八年五月對全歐洲的重要性？」至於華沙與布拉格的學生對於巴黎事態的關注，也只是略勝一籌。

杜契克後來果真前往布拉格尋求戰友，卻發現自己有如陷入一場失聰者的政治對話。幾年之後米奇尼克前往巴黎時也遭遇類似的困境。法國與德國一九六八世代使用的革命馬克思主義語彙，在波蘭人、捷克人與斯洛伐克人耳中卻是一種早已名聲掃地的「新語」，來自他們全力反抗的自家政權。也就是說在一九六八年，東方與西方的政治目標南轅北轍，甚至相互衝突。然而雙方還是有一個共同點：如果目標在於改變自家的政治體系，那麼雙方都是失敗的一方。從自由民主體制信徒的觀點來看，一九六八世代在布拉格與華沙的失敗令人遺憾，但在巴黎、羅馬與西柏林的失敗則令人慶幸。

四十年之後回顧，有「紅色丹尼」與一九六八年標竿人物之稱的法裔德籍政治家龔本第（Daniel

Cohn-Bendit）如此總結：「我們在文化上與社會上打了勝仗，然而幸運的是，我們在政治上打了敗仗。」無論是在鐵幕的哪一邊，文化與社會的轉型並沒有改變政治體制，但至少留下深遠的政治影響。從二十世紀晚期到二十一世紀初期，大部分歐洲年輕人成長歷程中面對的規範與心態，都是由一九六八世代與後一九六八世代所奠定。

這些心態是什麼呢？廣義而言，我們可以把它形容成反帝國主義、反法西斯主義、反戰、國際主義、教育主義、環境主義、不可知論甚或無神論、性解放、社會自由主義。從一九五〇年代到一九六〇年代，幾個歐洲國家仍擁有傳承數個世紀的海外帝國，並且為了繼續保有而掀起殖民地戰爭。當時諸如法國在馬格里布（北非）的屬地，就被視為歐洲家園不可或缺的一部分疆域。但到了一九七〇年代中期，海外去殖民化歷程已經大致完成，歐洲的殖民地只剩零星幾處，例如英國的香港、法國的馬丁尼克（Martinique）。葡萄牙在安哥拉與莫三比克的殖民地戰爭徒勞無功，但終結戰爭的努力卻啟動了民主轉型。儘管仍有一些相對沒那麼嚴重的認知矛盾，歐洲如今可以欣然以反帝國主義者自居。

一九六八世代的歐洲之所以選擇對抗及推翻在希臘、葡萄牙與西班牙的（後）法西斯獨裁政權，並不只是單純的「反法西斯」而已。我們以最明顯的德國為例，當時德國的一九六八世代非常強調面對前一個世代德國人刻意忽略的法西斯歷史。這又是一場重大的典範轉移，畢竟在戰爭或革命之後陷入失憶、刻意遺忘，曾是數百年來歐洲的傳統典範，好比邱吉爾曾呼籲大眾在一九四五年之後展開一場「受庇佑的遺忘行動」。就像詩人芬頓（James Fenton）的《德文安魂曲》（A German Requiem）所說：「真令人安心，一年一回或兩回／聚在一起，遺忘過往。」（這首詩源自於從我們倆在柏林的共同時光）。然而來到一九六〇年代與一九七〇年代，「永不遺忘！」已成為新典範。在個人與公眾承認及面對歷史的過程中，棘手的過去必須被記錄、被檢視，被從心理、道德與政治層面「處理解決」。

這個新歐洲還有一點與舊歐洲大相逕庭，那就是反戰。這項轉變的動力最初來自於歐洲在一九一八至一九四五年這「第二個三十年戰爭」的恐怖歷程——西歐國家後來甚至又打了三十年的殖民地戰爭。越戰正是一九六〇年代反戰運動的導火線（這場戰爭從法國的戰爭變成美國的戰爭）。反對越南戰爭是西歐各地一九六八世代的共同理念，我在西柏林的幾位友人就是為了逃避西德徵兵才會遷居當地（西柏林的四強共管地位特殊，因此居民免服兵役）。一九六八世代不僅反映了既有的反戰趨勢，也加速了這項趨勢的進程。正如戰史學家霍華德（Michael Howard）所云：「死亡不再被視為社會契約的一部分。」

反帝國主義、反法西斯、反戰之外，一九六八世代也是國際主義者。越戰最特出之處在於，它很諷刺地彰顯了美國的軟實力：美國的反戰與民權運動對全歐洲產生巨大影響力。對德國年輕人而言，馬丁・路德・金恩（Martin Luther King）比馬丁・路德（Martin Luther）更令人嚮往。對法蘭克福與阿姆斯特丹的學生而言，哥倫比亞大學與加州大學柏克萊分校的示威抗議要比華沙與布拉格更令人關注。我還在學的時候，曾經弄到一本毛澤東的《毛語錄》。在我西柏林的公寓中，寬大的雙人床上方懸掛著一張巨大的海報，黑紙上以血紅字體寫著「處死伊朗國王！」（前任房客是伊朗難民）。許多學生在臥房兼客廳牆上張貼切格瓦拉的海報。還有人踏上嬉皮旅行，前往印度與阿富汗。以旅行者或同路人的身分涉獵廣大的世界，這種行為也許相當膚淺，從道德層面來看無足輕重——畢竟是在隔岸觀火的安全處境著迷於革命暴力。但這些行為的遺緒帶來一種廣泛的國際主義。人們如果在年輕時對於第三世界感興趣，有時會轉化為終身從事的人道主義慈善或國際發展援助工作。老一輩的一九六八世代也會這麼做。

拜一九五〇年代與一九六〇年代高等教育大幅擴張之賜，一九六八世代往往是家族中第一個上大學與接受專業教育的人。這個世代的許多成員成為學校教師或學者，或是所謂的「教育主義者」（educationalist），他們認為包括高等教育在內的教育機會，應該要提供給更廣大的社會階層。英國自由派思想家拉爾夫・達倫多夫（Ralf Dahrendorf）主張，教育是一種公民權利。一直要到多年之後，二〇一〇年代的民粹主義風潮期間，我們才明白這種自由主義式追求平等的計畫，無意間製造出一種新的社會分裂：一方上過大學，另一方沒上過大學。

另一項非常獨特（儘管未必顯著）的趨勢，那就是「環保主義」。漫長一九六八年的諸多發展渠道，有一道即是流向環境保育運動與綠黨。環保運動在一九六〇年代初期還默默無聞，到了一九八〇年代卻已是大多數歐洲社會的特徵，不分東歐與西歐。舉例而言，雅典理工學院占領事件學生電臺的播報員達馬納基，後來致力於海洋保護與海洋生態保育工作。一九八四年十月，我在筆記本記下西德綠黨國會黨團的一場內部討論，與會者說當天應該象徵性地拒吃肉類食品，綠黨議員在國內旅行原則上不搭飛機、改搭火車，「我們一方面抗議法蘭克福機場增建西側新跑道，一方面繼續從那座機場起飛！」看著筆記本上的潦草文字，我彷彿聽到年輕的自己在嘲笑他們。然而，如果我們在將近四十年前就落實西德綠黨的主張，或許今日就不會面臨如此嚴峻的氣候危機。二〇一六年，一名保守派民族主義立場的波蘭外長指責「一群只容許可再生能源的腳踏車騎士與素食主義者」，他想到的可能就是某個一九六八世代的德國學校教師。

典型的一九六八世代不會信奉基督教，許多人是無神論者或不可知論者，也有人對佛教等其他宗教產生興趣。對西方世界而言，這項宗教轉變無比巨大，歐洲尤其。歐洲許多地區從羅馬帝國晚期就信奉基督教，大部分地區近一千年來都是如此。（立陶宛在十四世紀之前是異教徒的地盤，詩人米沃什〔Czesław Miłosz〕對此相當欣慰。）*葛萊米克就認為，中世紀對歐洲的概念與基督教世界的概念密不可分。歐盟的奠基者當年在援引基督教文明價值時並不會遲疑。《宗教統治》（*Dominion*）一書作者霍蘭（Tom Holland）更進一步指出，「對於理解人類存在、理解一個歷時一千九百年的世界秩序如何崩解，基督教信仰是歷來最具影響力的框架。」然而在一九六八年之後，西歐大部分地區都已成為「後基督教」的世界。

組織性基督教信仰的鬆綁，加速了性解放與社會自由主義。就在學生大舉示威抗議的同一年，教宗發布宗座通諭《人類生命》（*Humanae Vitae*），重申天主教會的傳統教誨，明訂性行為發生對象只限於已婚夫妻，目的也僅限於繁衍後代。相較之下，一九六八世代堅持男男女女都可以和自己選擇的伴侶尋求性的愉悅。女性避孕藥普及之後，這種自由不但可以實現，而且不必擔心傳統後果。歐洲年輕人因此能夠選擇享有更多性愛、更少的下一代。

一九七二年，英國作家康弗（Alex Comfort）的《性愛的歡愉》（*The Joy of Sex*）出版，立刻洛陽紙貴。書名化用美國一部烹飪暢銷書《烹飪的歡愉》，連架構安排都相當類似，有「食材」、「開胃菜」、「主菜」、「醬汁與醃漬」等章節。值得留意的是，這種性愛的歡愉恐怕並不是男女兩性雨露均霑。假設今日一位歐洲女性搭乘時光機回到一九六八年西柏林或法蘭克福的某個公社，她恐怕會震驚於當時男性的性別歧視或更惡劣的行為。當年有一則口號是「與同一個女人睡過兩次的男人，已經是體制中人」。蔚五海（Patrick Viveret）在一九六八年就讀巴黎楠泰爾大學期間是個托洛斯基主義者，他回憶：「我非常驚訝，有那麼多男性利用革命意識形態來勸誘女性跟他們上床，聲稱她們如果拒絕，就代表小資產階級心態作祟。」學者珍·席頓（Jean Seaton）在一九六〇年代晚期也是學生，她說與她同一世代的女性應該要有一件T恤寫上「我們活過毛手毛腳的年代」。到了二〇一〇年代晚期，一九六八世代老邁男性的性道德觀念也在#MeToo運動中被點名批判，因為他們並未察覺自身所處的時代正在改變。

一九六八年也引發了所謂的「婦女解放運動」或「第二波女性主義」。第一波女性主義全力爭取的女性投票權，如今已被視為平等政治自由權的基本要素，也是我們共享的歐洲價值觀（只不過今天看來不可思議的是，「民主的母國」瑞士卻直到一九七一年公投後才讓女性在聯邦選舉中投票。祕密封建體制的列支敦士登更是頑抗到一九八四年）。第二波女性主義則把焦點轉向女性在其他領域的權利與機會，從職場到家庭，從離婚（西班牙直到一九八一年才離婚合法化）到女性對於是否、何時與如何生兒

* 譯註：一九八〇年諾貝爾文學獎得主米沃什是波蘭裔，但出生地位於今日的立陶宛，他在一九九二年成為立陶宛榮譽公民。

育女的選擇權。沒有人可以宣稱女性主義已經大獲全勝，然而從一九五〇年代到二〇一〇年代，在大部分歐洲社會，女性地位確實出現重大且正向的變化。這個現象還伴隨著社會自由化在其他方面的重大進展，從同性性行為的合法化起步，邁向全面接納LGBTQ+的身分認同。如果人們可以自由選擇性伴侶與性傾向，那麼他們當然也可以在生活的其他層面自由選擇。

相較於這些概括性的論述，還有許多家庭、社群甚至整個國家處於例外。我們很難從涵蓋廣大的社會與文化變遷動力，區分出一九六八世代的獨特影響力。好比到了二〇二〇年代初期，在波蘭與匈牙利等國（更不用說美國），這些價值觀與心態依舊遭到強烈挑戰。儘管如此，有一件事仍然十分清楚：對二〇一五年大部分歐洲青少年來說的「常態」，在一九五五年歐洲青少年看來會是天方夜譚。這種新常態是由一組相互交錯的典範所塑造，它們在漫長的一九六八年浮現，並且在我這樣的後一九六八嬰兒潮世代功成名就後加以強化與鞏固。這確實是一場革命，只不過不是當年巴黎街頭示威學生期盼的那種革命，而是需要人們以半輩子來成就的革命。

安傑洛・高蒂

「威斯騰有過客工嗎？」

「噢，有的，安傑洛・高蒂（Angelo Gotti），在霍夫曼的麵包店。」

在德國北部的小村莊威斯騰，自從一九四六年我父親和他的英軍弟兄開拔，最後一批納粹奴工前往或新或舊的家園想辦法重建人生後，高蒂大概是第一個來到當地定居的外國人。他從一九六一年八月十三日開始在麵包店工作（柏林圍牆也建立在那一天）。他就像無數「客工」一樣，從此落地生根。

現在高蒂和我坐在席林家族農莊的乾淨廚房裡，他是一位身材結實，臉龐寬闊、心情愉快的七十多歲老人，以有時不太通順的德語跟我訴說他的故事。他一九四三年生於義大利北部的科莫湖附近，父親在義大利軍中服役，一九四四年陣亡，四年後母親再嫁，他跟繼父相處不來。後來他到一家旅館工作，十七歲那年，德國麵包師傅霍夫曼（Herr Hoffmann）投宿旅館，邀他到威斯騰工作，而他欣然接受。

「他們需要我為這個地方帶來生機！」

威斯騰當地人叫他「義大利佬」，他要安頓下來不是那麼容易。所幸他很會踢足球，加入當地球隊，後來當上球隊副主席。足球幫了他大忙。

他最大的難關發生在愛上當地一位女孩之後，「她父母反對我們交往。」難關持續了幾年（還有兩位威斯騰村民也跟我說了這個故事，顯然當時鬧得滿村風雨），他與漢娜洛爾終成眷屬，一九七〇年在當地一座教堂成婚。

那麼他有沒有改信新教？

「有的，那是我妻子的要求，」他莞爾一笑，「但我**在這裡**還是天主教徒。」他輕碰自己的心房。

夫妻倆有時候會回科莫湖度假，但他在義大利頂多只能待上幾個星期，「我在兩個地方的心境完全不同。」

高蒂的故事也是數百萬人的故事，每一則都有潛力發展為一部長篇小說。這些故事的共同源頭是一場大規模人口遷徙。到了柏林圍牆倒塌時，這一人口遷徙已徹底改變歐洲西北部的社會。一九四七年的英國電影《商女恨》(*Frieda*)，描述一位英國戰鬥機飛行員在一位美麗德國女子協助之下逃出戰俘營，之後兩人結婚，飛行員帶著妻子回到一個名叫丹菲爾德（Denfield）的地方，「一個很平凡的城鎮，」他告訴她，「就跟英國任何一座城鎮一樣，大部分家庭都是世居當地，我們家就是。」到了一九八九年的歐洲西北部，適用於這種描述的大型城鎮已經少之又少。每一個地方都有許多來自其他地方的家庭：來自南歐與東歐，來自世界的四面八方。這些地方的社會後來都成為多元文化社會。

這一波人口大遷徙的背後，分別具有一個強大的推力與拉力：前者是去殖民化，後者是經濟榮景。法國從一九四五年開始強勁經濟成長，法國人稱這段時期為「輝煌三十年」(trente glorieuse)，直到一九七三年的油價風暴之後才急轉直下（這也是歐洲諸殖民帝國開始崩解的時期）。經濟榮景突顯了人力短缺，歸因於大量男性在戰爭中非死即傷。從昔日殖民地湧入的男男女女，不單純是在回應快速成長經濟的人力需求。事實上，去殖民化與經濟榮景這兩個現象相互疊合也相互增強。

五個多世紀之前，歐洲人開始向大海揚帆，探索海外世界並納為殖民地。現代世界第一座歐洲殖民地是加納利群島與今日的西班牙飛地休達，後者位於北非地中海沿岸，最早是在一四一五年被葡萄牙人征服。歐洲現身世界各地，但隨著二十世紀下半期殖民地一一消失，世界也回到歐洲。昔日的殖民地居民心不甘情不願地回到里斯本、馬賽、坦布里治威爾斯（Tunbridge Wells），帶回無數日後可送上拍賣會場的物品：例如一具雕工精美的緬甸修道院長座椅，如今就放在我家客廳。我總是為有多少英國家庭帶有殖民地背景而感到訝異：有些人是童年早期在非洲度過，有些人（例如我）的祖父曾是印度文官制度的一員。在葡萄牙，來自安哥拉、莫三比克與其他殖民地的「回歸者」多達八十萬人，約占全國人口一成五。在義大利，回歸者來自利比亞、衣索比亞、厄利垂亞與索馬利蘭；在荷蘭，回歸者來自荷屬東印度群島與蘇利南；在法國，光是所謂的「黑腳」，也就是阿爾及利亞殖民者的後裔，就多達一百萬人。

回歸者並不是只有前殖民者，還包括前被殖民者。當殖民帝國有意將海外領土一視同仁，往往會賜予被殖民者模稜兩可的公民權，例如法國的海外領地、義屬東非、大英國協與大英帝國。法國伴隨著「黑腳」而來的是二十萬名「志願軍」（harkis），即為法軍效力的穆斯林軍人。在英國的波爾頓與列斯特（Leicester），也有許多印度次大陸的特定區域與群體在此化身為櫛比鱗次的紅磚房屋——不只是旁遮普人，而是特定旁遮普當地社群；不只是喀什米爾人，而且是米爾浦人（Mirpuri）。西班牙某座城市的某個區迎來北非摩洛哥人，荷蘭某座城市的某個區迎來東南亞摩鹿加人。地方議會議員不但要瞭解新近抵達族群的社會，還得瞭解他們的文化根源。遙遠地區的民族誌轉化為歐洲城市郊區的新民族誌。

我在一九八〇年代與妻子住在牛津東區，兩邊的鄰居都在考利（Cowley）的汽車廠工作：左鄰的連恩與莫莉夫妻是在英國出生的白人勞工階層；右舍的羅利與珍妮特是來自加勒比海的第一代移民。老不列顛與新不列顛共存。「考利路一路上住了許多外國人，」非常英國的建商告訴我和我的波蘭妻子，「壞胚子和外國人。」

大部分曾經擁有海外帝國的歐洲國家，面對昔日的被殖民者與被壓迫者，很少會承認自身負有道德責任。今日回顧，我發現外祖父曾在印度為大英帝國效力這件事，對我早年的思維幾乎沒有影響，感覺就像遠古歷史，而歐洲才是未來。一直要等到我們子女這個世代或後一九八九世代，我們才會被提醒，必須面對本國的殖民歷史。

然而，歐洲的德語地區卻出現相當不同的情況。德意志與奧地利帝國主要是渾然一體的陸地帝國，數個世紀以來緩慢成長。奧地利帝國在一戰結束時突然畫下句點。德國的大陸領土先是張牙舞爪地擴張，然後在一九三七年至一九四五年的恐怖動盪之後遭到懲罰性縮減。希特勒的戰爭結束之後，西德與東德接納了至少一千兩百萬來自前德意志帝國東部領土的人民。一九五〇年到一九八九年之間，西德又從蘇聯集團接納了兩百萬德國人——更確切地說，根據西德獨特國籍法而判定的德國人。在西奧塞古的羅馬尼亞，對於那些有數百年歷史的德國人聚落（包括那位問我是否認識紐曼樞機主教的迷人牧師），西德當局的做法是直接付錢給羅馬尼亞政府，將這些德國人接回西德。一九八四年時，一名羅馬尼亞德國人的贖金是八千德國馬克，相當於今日的五千五百歐元。

這些德國人的出身背景相當多元，但歐洲德語地區的多元文化發展其實與他們無關，而是要歸功於德國、奧地利與瑞士的勞動力短缺——這些國家因此得向地中海地區招募像高蒂這樣的「客工」。早在一九五六年，西德總理艾德諾就為來自義大利的工人免費提供火車票。後來西德還與希臘、西班牙、土耳其、摩洛哥、葡萄牙、突尼西亞、南斯拉夫簽署協議。瑞士、奧地利與荷蘭也有類似政策，只是規模較小。引進勞動力的國家當時並不認為，這些新來到者會成為自家社會的固定班底，更別說成為平起平坐的公民、同胞與歐洲人。瑞士作家弗里施（Max Frisch）在一九六五年寫道：「我們招募勞動力，結果來的卻是人類。」

關於地主國社會對移民的接納，並不存在於一道清楚二分的界線。實情並非同文同種的新來者就能融入地水到渠成，或是外國人必定會在此寸步難行。歐洲本土偏見的地理分布遠比這種簡單區分更加糾葛，更加複雜。還記得從西利西亞逃難到威斯騰落腳的德國女孩海爾嘉嗎？她當年想要嫁給當地一名農民的兒子威廉，那則故事已經告訴我們，儘管雙方毫無疑問是同胞（或者像其他案例中同為白種人基督教徒德國人、荷蘭人、法國人或者英國人），還是有可能難以獲得接納。在威斯騰，那些來自前蘇聯集團的德國人「德裔俄羅斯人」直到今日仍然自成一格，聚居在一個乾淨整齊的現代化社區。

與此同時，被接納為歐洲人並不代表能夠免於偏見。一九六四年，法國有一份關於家庭如何僱用西班牙女傭的指南，就很好地解釋了這種情況：

> 大致上來說，她們從不抱怨，相信自己的命運早已注定，那是阿拉伯人占領西班牙留下的影響。

短短一段話就包含了兩個種族刻板形象！深膚色的西西里人或阿爾巴尼亞人，在街上無意間遭遇種族歧視的可能性，並不下於淺膚色的埃及人或土耳其人。一九八〇年代初，德國記者瓦爾拉夫（Günter Wallraff）只需戴上假髮與深色隱形眼鏡，加上一口彆腳的德語，就足以讓人們以為他是土耳其來的「客工」，並以惡劣態度相待。這些經歷後來全都記錄在他的報導作品《底層中的底層》（*Lowest of the Low*）。

從膚色、服裝、食物、節慶、宗教到禮儀，每一種差異都有可能觸發偏見與歧視。一整個世代的南亞裔英國兒童都在成長歷程中飽受威脅：放學回家路上動輒被毆打或凌虐。印度裔的佛教徒與巴基斯坦裔的基督教徒相比，被地痞流氓欺壓的風險其實不相上下。偏見也存在於不同的移民社群之間。帕特爾（Patel）是牛津東區一位積極進取的書報亭老闆與屋主，他對我耳提面命，千萬別把房子租給奈及利亞來的房客。

想當然耳，像海爾嘉這樣的白種人基督教徒，確實是光譜上最容易被歐洲人接納的一群。反觀來自非歐洲國家的深膚色穆斯林，則位居光譜的另一端。幾個世紀以來，伊斯蘭都是歐洲最重要的「他者」。關於「歐洲人」最早的紀錄，就出自於西元七三二年圖爾戰役（Battle of Tours）編年史，當時綽號「鐵錘」的國王查理．馬特（Charles Martel）擊敗了入侵的阿拉伯人。教皇庇護二世（Pius II）會在十五世紀讓「歐洲」這個詞彙家喻戶曉，正是為了防範鄂圖曼帝國土耳其人對基督教世界理念的侵犯。從莎士比亞的戲劇到十九世紀波蘭畫家繪製的一六八三年維也納戰役（這幅畫至今仍高掛在梵蒂岡），「土耳其人」一直是外敵威脅的同義詞。戴高樂曾經告訴一名親信，他曾擔心一個噩夢般的場景：摯愛村莊「兩間教堂的科隆貝」有朝一日會淪為「兩間清真寺的科隆貝」。截至二〇二一年，科隆貝所屬的上馬恩省（Haute-Marne）人口不到十八萬，但已有十二座清真寺，儘管科隆貝村中還是看不到清真寺。

如果移民被視為根本不應該長期居留的「客工」，他們要融入當地社會將是加倍困難。德國政府在一九六四年舉行儀式，歡迎第一百萬名「客工」迪薩（Armando Rodrigues de Sá）。他是一位來自葡萄牙的地毯工人，收到康乃馨與一部機器腳踏車當禮物。一九六九年，德國企業聯會主席為第一百萬名土耳其「客工」巴貝德（Ismail Babader）送上一部電視機。一九七二年，德國迎來第兩百萬名「客工」，一位南斯拉夫女性薇拉（Vera Rimski）拿到一部便攜式電視，代表當局感謝外籍勞工「對國民生產毛額的重大貢獻」。一段時間過後，外籍勞工的妻子與兒女也獲准入境團圓，其中一些人的經驗非常正面。我的西班牙研究生桑妮亞的祖父母雷卡多與茱莉亞就是如此，「人們張開雙臂歡迎我，」雷卡多對孫女回憶，「我努力工作，博得人們尊敬。我感受到強大的支持。」他永遠不會忘記，有一回數十位同事私下主動寫信寄到伍珀塔爾（Wuppertal）的移民管理機構，為他的優良品格作證。

然而，當一九七三年油價風暴拖累經濟成長之後，三十年的光輝歲月畫下句點，各國開始鼓勵「客工」返鄉，許多人也真的回到家園，尤其是家園在南歐的「客工」。一九七七年，一個官方委員會宣稱「德意志聯邦共和國不再是一個移民國家」。基督教民主聯盟與自由民主黨在一九八二年組成聯合政府時，也一再強調這種說法，弦外之音就是「我們**不想**成為美國、加拿大那樣的移民國家」。但就算只是稍稍翻閱法蘭克福的電話簿，也可以看出德國早已成為一個移民國家。

除此之外，儘管從一九七〇年代開始，大部分國家的本國出生人口生育率都大幅下滑，史稱歐洲的

「第二次人口轉型」，但移民人口的生育率仍然居高不下。在一九七四年的西德，每六名兒童就有一人的父親或母親是在國外出生。然而這些兒童大部分仍然被歸類為「外國人」，不會因為在德國出生就取得公民身分。一九八九年，這些所謂的「外國人」（有些人一輩子都在德國度過）已占西德總人口百分之八。

到了一九八〇年代，西歐民眾（尤其是在有大量移民人口的大城市）赫然發現，歐洲的「萬花筒織錦」出現了長期且重大的變化。人們開始尋求新的方式，將這些少數族裔納入一種包容且都市化的現代社會生活。一九八九年，老一輩一九六八世代的標竿人物龔本第受命領導一個位於法蘭克福的新成立「多元文化事務辦公室」，當時法蘭克福的外籍人士占人口比例超過兩成。「多元文化主義」後來發展成一種模糊籠統到無藥可救的意識形態。往好處看，這一意識形態鼓勵人們瞭解左鄰右舍帶來的宗教與文化；但若從壞處著眼，這種意識形態將以「文化差異」為理由，容許侵害自由的習俗存在，例如某些少數族裔社群對女性的長期壓迫。無論如何，這種意識形態至少證明了西歐已成為一個多元文化地帶。

在這方面，歐洲的西半部與東半部相映成趣，在二〇一五年的難民危機中涇渭分明。一九一四年至一九八九年這所謂「短暫的二十世紀」裡，*東、西歐就像夜裡交會的兩艘船，朝相反方向駛去。一九一四年時，中歐與東歐是多元文化程度較高的一半，龐大帝國混雜了各種民族、文化與宗教。我們現在以斯洛伐克語稱之為「布拉提斯拉瓦」（Bratislava）的城市，說德語的人稱之為「普雷斯堡」（Pressburg），匈牙利人稱之為「波攸尼」（Pozsony），當地眾多的猶太人則是三者通用。我有一張黑白老照片顯示，當地市中心有一座天主教教堂、一座新教教堂、一座猶太教會堂，三者緊鄰並排。來到今日的布拉提斯拉瓦，我曾遇見一位年邁的音樂學者，同時擁有詹恩、漢斯或阿爾布雷希特等三個名字，我們還沒開始吃午餐，他就已經說了這座古老城市的三種語言。為了描述中歐這種日常生活中的國際化，布拉格出生的德國暨波西米亞作家烏茲迪爾（Johannes Urzidil）創造了一個新詞：「內地國際化」（hinternational）。

在「短暫的二十世紀」中，出現了一波波的族群分離，從一九一八年之後拼湊形成的民族國家，到一戰之後國際協議批准的人口交換、希特勒與史達林下令的滅絕式族群清洗、二戰落幕初期的驅離與屠殺。我們可以將社會人類學家蓋爾納（Ernest Gellner）的比喻改寫為：從一幅柯克西卡（Oskar Kokoschka）光影掩映且色彩斑爛的畫作，轉變為蒙德里安（Piet Mondrian）界線分明且方方正正的單一色塊。族群分離後來持續進行。一九五〇年代，保加利亞驅逐了大約十四萬名土耳其人與羅姆人。波蘭的猶太人社群在納粹大屠殺之後已門可羅雀，一九六八年的反猶太行動又逼走許多人。來到一九八九年，波蘭的人口已有九成八是波蘭人。

有一些陣容龐大的少數族裔留存下來，例如羅馬尼亞與斯洛伐克境內的數百萬匈牙利人，捷克斯洛伐克與南斯拉夫也依然是多族群國家。然而這些是落地生根、源遠流長的少數族裔，其中有許多已

* 譯註：出自霍布斯邦的著作《極端的年代：短暫的二十世紀 1914-1991》（*Age of Extremes: The Short Twentieth Century, 1914-1991*）。

定居數個世紀，並不是新來乍到的移民。蘇聯集團成員國有少部分的移民來自越南、安哥拉等國（我在一九八〇年負笈東柏林時，同公寓的一位室友就是來自安哥拉的標本剝製師），但他們處境很不安穩，經常遭遇種族歧視，難以獲得廣大社會的接納。

隨著歐洲各國分隔彼此的實體邊界倒塌，歐洲東半部與西半部也朝著不同方向演進。如今法國與比利時每十位居民就有一人是在國外出生，捷克斯洛伐克與羅馬尼亞的比例則不到百分之一。西方從蒙德里安變成柯克西卡，東方從柯克西卡變成蒙德里安。族群分離的過程持續進行，導致一個很快就會改稱為「前南斯拉夫」的地區陷入殘酷暴力。

旁觀的英國

倫敦道提街（Doughty Street）五十六號頂樓的一個小房間，十位臉頰泛紅、西裝筆挺的男士圍坐著一張打磨光亮的餐桌。這是一座優雅的十九世紀初期建築，只隔幾道門就是道提街四十八號，狄更斯（Charles Dickens）當年就在這裡寫下《匹克威克外傳》（*The Pickwick Papers*）。五十六號則是英國最老字號雜誌《旁觀者》（*The Spectator*）的總部。儘管我手錶顯示時間是下午三點三十分，但午餐還在進行，配上任人暢飲的波爾多淡紅葡萄酒，主廚珍妮佛（Jennifer Paterson）是一位高大開朗的女士。我們的主客是美國駐英國大使布魯斯特二世（Kingman Brewster Jr.），他剛剛起身離席，席間對話轉向酒後閒聊。

《旁觀者》的作家馬納姆（Patrick Marnham）提出一個值得思考的問題：為什麼會有那麼多美國主流社會人物的名和姓很難區分？

金曼．布魯斯特（Kingman Brewster）

溫斯頓．羅德（Winston Lord）

克拉克．克利福德（Clark Clifford）

「噢，他不是死了嗎？」有人問道。

一陣靜默，只剩下紅酒啜飲聲。

《旁觀者》總編輯錢瑟勒（Alexander Chancellor）以他略微吞吞吐吐的上層社會口音說道：「我不認為他已經……**完全死透**。」

那是一九八〇年的夏天，一個星期前，我蹲伏在東柏林一處破舊走廊，一位朋友惴惴不安地低聲告訴我，史塔西如何偵訊他。一個星期後，我佇立在柏林德意志國防軍昔日的總部，參加一九四四年七月二十日暗殺希特勒計畫的週年紀念日，出席者包括許多普魯士軍官團的倖存者：馮漢默斯坦（von Hammerstein）、馮魏茨澤克（von Weizsäcker）、馮登布許（von dem Bussche），以及其他姓氏中有「馮」（von）與「楚」（zu）的來賓。* 夾在兩個德國獨裁政權的沉重嚴肅之間，是英國的輕鬆寫意，這樣的

* 譯註：「von」與「zu」是常見的德國與奧地利貴族姓氏助詞。

英國。

我曾為《旁觀者》這份全英國最「疑歐」的刊物撰寫歐洲事務，時間超過十年，這是我奇特的命運使然，純屬機緣巧合，人生十之八九如此。當時的我彷彿是一尾親歐的魚，置身在疑歐的陌生汪洋，後來接替我的兩位國際版主編布魯瑪（Ian Buruma）與安愛波邦（Anne Applebaum）也是如此。布魯瑪回憶在同一張光亮的午餐桌上，時任總編輯摩爾（Charles Moore）提出一個讓他驚訝莫名的問題：「布魯瑪，告訴我，你使用哪一個版本的《聖經》？」安愛波邦描述她在《旁觀者》工作時是「一個好用的陪襯者，一個凡事認真的外國人，總是想讓我的英國同事別再開玩笑，好好探討俄羅斯或中國這類難以處理的外國地區（「我們這一期需要一些嚴肅文章，找安愛波邦來寫。」）

我們很容易將那個時期的《旁觀者》看成一幅荒謬可笑的漫畫，代表一種與時代脫節或與外界隔絕的「英國特質」（Englishness），認定一九八〇年代柴契爾的「疑歐主義」與二〇一六年的英國脫歐具有直接關連。但事實真相要更複雜一點，因此也更為有趣。

的確，當年我在午餐時聽到的一些對話，有一些彷彿是來自狄更斯《我們共同的朋友》（*Our Mutual Friend*）的〈波茲納普精神〉（Podsnappery）：小說的這一章為讀者呈現了波茲納普先生這個角色，代表英國與世隔絕倨傲心態的化身。雖然他的生意得倚賴英國與其他國家的貿易，但波茲納普先生：

認為其他國家除了與英國做生意之外，實在不應該存在，這些外國人的生活禮儀與風俗習慣完全

「不像英國！」他只要揮一揮手臂，或者臉色一改變，一眨眼的工夫就可以將它們拋諸腦後。

但我們又不能說當年的《旁觀者》就像波茲納普先生。總編輯錢瑟勒儘管說起話來有一點像喜劇角色伍斯特（Bertie Wooster），但他曾經擔任路透社駐歐洲特派員，通曉義大利語，非常瞭解歐洲人的好惡。接任錢瑟勒的總編輯摩爾雖然沒有那麼豐富的歐洲經驗，但興趣十分廣泛，後來寫了一部很不錯的柴契爾夫人傳。他們與繼任者不僅展現寬廣的品味，聘請我、布魯瑪或安愛波邦這樣的親歐派定期為《旁觀者》供稿，還會主動發起關於歐洲的理念論戰。相較之下，當時西歐的新聞媒體很少這麼做，特別是從布魯塞爾進行報導時，西歐媒體往往只呈現歐洲美好的一面。

我家中牆壁上貼了一張具有幽默意味的地圖：「想像的歐洲」，是布拉格一家地下刊物《中歐》（*Střední Evropa*）設計與印製的新年賀卡，送我的人則是該刊物的總編輯。這張一九八八年的地圖賀卡將歐洲各國呈現為不同的房間（讓人想起戈巴契夫在前一年訪問布拉格，提出「我們共同的歐洲家園」之說）。東德是電視房，西德是一整排浴室，義大利是「豪華展示廳」，法國是「大客廳」，英國則是「瞭望臺」。

地處歐洲外海的英國，就像是一座絕佳的瞭望臺，當時如此，現在亦是如此。原因不僅在於英國與歐洲藕斷絲連的地理位置，也在於英國擁有心存懷疑、實事求是及熱烈辯論的傳統。這就意謂關於歐洲計畫的種種棘手問題或重大問題，《旁觀者》等英國媒體會比歐洲其他地區的媒體更早提出、進行更透徹的探討。英國歷史學家馬康姆（Noel Malcolm）曾對民主與主權發出重要疑問，頂尖銀行家傑康姆（Martin Jacomb）曾質疑歐洲雖然建立貨幣聯盟，成員國之間卻沒有大型財政轉移支付機制。傑康姆一九八九年在《旁觀者》撰文指出，歐洲各地區將出現富者愈富、貧者愈貧的現象。二十年之後，如出一轍的憂慮在歐洲各地浮現：歐元區爆發危機，北歐國家受到的傷害遠比南歐國家來得輕微，北歐因此不覺得有必要與南歐團結共度難關。

話雖如此，當時也有一些脈絡直接指向英國脫歐。在為本章進行準備工作的時候，我特別前往牛津大學辯論社的維多利亞年代哥德式會所，當年強森（Boris Johnson）、戈夫（Michael Gove）、莫格（Jacob Rees-Mogg）等人在學生年代時就是從這裡開始磨練口才，後來才得以在二〇一六年脫歐公投辯論中充分發揮。來到辯論社的格萊斯頓廳，十九世紀打磨光亮的木質裝潢，鬆垮的皮革扶手椅，我翻閱裝訂成冊的一九八〇年代《旁觀者》，一下子就翻到一篇一九八〇年四月的文章：保守黨評論員蒙特（Ferdinand Mount）指出，英國退出歐洲共同體的議題「如今首度被各流派的政治人物認真討論，視為有實現的可能性。」那年十月，鮑威爾（J. Enoch Powell，曾發表著名的反移民演說「血河」）肯定工黨主張英國退出歐洲共同體是「為英國發聲」，力促保守黨跟進。當時工黨一位雄心勃勃的政治新秀也支持黨中央的立場，此人就是後來的首相布萊爾（Tony Blair）。鮑威爾並指出，保守黨如果不能跟進工黨，將被視為一個「反國家」的政黨，而英國則將淪為「歐洲國的一個省分」。

不足為奇的是，《旁觀者》會對於一九八八年柴契爾夫人在比利時布魯日歐洲學院發表的演講讚揚有加。三十年後，讚揚者之一威立茲（David Willetts）認為布魯日演講「將英國送上脫歐之路」。這麼說有一些道理，但並不完全。最近我與摩爾總編輯討論，他表示從一九七五年的第一次脫歐公投（每三名就有二名選民支持留在歐洲共同體，包括我父親與年方十八歲的摩爾），到一九八八年的布魯日演講之前，保守黨內疑歐派的處境就像是一九五〇年代社會的同性戀者。但到了柴契爾演講之後，疑歐派紛紛現身。以這場演講為名的智庫「布魯日集團」三個月後成立，在接下來的十年化身為保守黨疑歐主義的急先鋒。

柴契爾在布魯日的演講，代表她對於德洛爾（Jacques Delors）日益高漲的不滿。德洛爾是一位作風強勢的法國籍歐盟執委會主席，積極推動聯邦體制、社會主義政策（他曾經出席英國工會大會的活動）。更重要的是，柴契爾的新聞祕書英厄姆（Bernard Ingham）向英國媒體簡報這場演講的方式，只會鼓勵各家媒體爭相做出類似《太陽報》（*The Sun*）粗魯直白的下標：「去你的德洛爾。」英厄姆啟迪了從柴契爾到卡麥隆（David Cameron）等日後一長串保守黨首相的新聞祕書。卡麥隆就曾形容，對英國新聞記者而言，每一場歐洲高峰會都是滑鐵盧戰役的重演。

然而真正的轉捩點其實是在一年多後：德國統一，法國與德國聯手強力捍衛歐洲貨幣聯盟。這兩件事有因果關係，也都讓柴契爾極為反感。貨幣聯盟計畫是一九九二年《馬斯垂克條約》的核心，這項條約締造了今日的歐盟，在保守黨國會黨團引發批准與否的內戰，也將保守黨的疑歐主義推送上路，終點即英國脫歐。

回到一九八八年，我們可以將布魯日演講視為歐洲共同體的另類願景。柴契爾確實斥責「超級大國歐洲正在布魯塞爾興起，對各國頤指氣使」，但她同時也承認：

英國並不會妄想置身在歐洲共同體的邊緣，舒適而孤立地生存。我們的命運就是歐洲，我們是共同體的一分子。

柴契爾的願景就歐洲而言是戴高樂主義，就國際而言是大西洋主義。她期盼的是戴高樂所謂的「由國家組成的歐洲」，是政府對政府的體制而不是由上而下的聯邦體制。她特別強調困在鐵幕後方華沙、布拉格、布達佩斯等「歐洲偉大城市」的人也是歐洲人。她會在不久之後造訪華沙與格但斯克，會見華勒沙等團結工聯領袖（我親自見證她訪問波蘭，還記得當時她極受歡迎，一幅手寫海報寫道：『柴契爾夫人，買下波蘭！』）。她對於中歐民主運動的支持，後來演變為一九九〇年代英國對於歐盟東擴的力挺。「在許多重大議題上，」柴契爾在布魯日說道，「歐洲各國應該嘗試做到異口同聲。」各國在貿易、國防與國際關係等領域應該更加密切合作。儘管講稿初稿是出自外交部某位官員之手，但柴契爾絕不是言不由衷的人。她關於在一九九二年之前成立歐洲單一市場的倡議是真心誠意，而且完全是她自己的想法。

布萊爾的歐洲事務顧問沃爾（Stephen Wall）回憶，二〇〇〇年代初，布萊爾曾跟他要了一份布魯日演講的講稿，「他重讀過後大聲說出感想：這份講稿真好，不走極端，我也頗有同感。」沃爾後來在二〇二〇年回顧時說：「今日來看，布魯日演講有關歐盟的觀點，每一個成員國應該都能接受。」這樣的說法有誇大之嫌，但在二〇二〇年代初確實有為數眾多的歐洲人（包括法國人與德國人）更能夠接受柴契爾在布魯日演講呈現的歐洲願景，而不是德洛爾在自家布魯日演講描繪的聯邦制願景。

這一情況也適用於另一位鐵娘子，也就是德國總理梅克爾（Angela Merkel）。她在二〇一〇年也來到布魯日的歐洲學院發表演講，語調遠比柴契爾來得溫和平緩，也更支持歐洲。不過她也大力主張提升歐盟的政府間機構的地位，尤其是由各國領導人組成的歐盟高峰，至少要與採取「共同體方針」的歐盟執委會、歐洲議會平起平坐。與其他領域一樣，梅克爾屬於中間派，理念介於柴契爾與德洛爾之間。她把這套綜合版的方案稱為「聯盟方針」。

柴契爾並不是以一介旁觀者的身分在布魯日演講。她在一九八四年楓丹白露高峰會為英國上繳的歐洲共同體預算爭取到退返款，還留下「把錢還來！」的名言。之後幾年間，英國都是歐洲一體化的重要推手。我在一九八六年造訪布魯塞爾時，英國駐歐洲共同體大使漢奈（David Hannay）告訴我，楓丹白露高峰會是一個「新的開始」，英國只會越來越歐洲化。與此同時有一位法國官員語帶遺憾地悄悄告訴我：歐洲正越來越英國化。歐洲一體化計畫的核心，是在一九九二年之前建立歐洲單一市場，完全拆除國家之間的保護主義壁壘，闢出公平的競爭場域。這項計畫由歐盟的英國執委科克菲爾德勳爵（Lord Cockfield）領導，他具備鬥牛犬一般的決心，與德洛爾密切合作。這項計畫要能成功，就得先在共同體內部擴大運用多數決機制，藉此壓制少數堅持保護主義、不肯退讓的成員國（柴契爾對此非常認同）。當年締造的歐洲單一市場，至今仍是歐盟的核心。

歷史就像高明的喜劇演員，最厲害的笑話總是慢條斯理。其中一個笑話充滿諷刺：三十年後，已經脫歐的英國想要與歐盟締結貿易協議，結果最大的障礙卻在於必須先成為公平的競爭場域，才能夠與歐盟的單一市場往來。從這個角度來看，英國可謂搬磚頭砸自己的腳。儘管如此，英國確實曾為近代歐洲最重要的向上提升，貢獻一份相當可觀的心力。

向上提升

如果自由在歐洲曾經水到渠成、勢不可擋，那應該是在一九八〇年代的後半期。一群非常特出的人士，一系列歷史過程，幾樁意外但幸運的事件，結合起來為歐洲催生出一場和平轉型。這樣的結合非比尋常，只能用「奇蹟」來形容。然而歐洲人很快就開始犯下錯誤，將奇蹟當成正規發展路徑。不是第一次也不是最後一次，歷史的偶然被認定為歷史的必然。

如果要為歐洲的向上提升設定一個起始日期，那應該是一九八五年三月十一日星期一。前一天晚上，借用錢瑟勒的話來說，蘇聯領導人契爾年科（我前一年才在克里姆林宮見到半死不活的他）終於**完全死透**。第二天，蘇共中央政治局在古老的沙皇元老院胡桃廳開會，推選時年五十四歲的戈巴契夫為新任領導人。如果那天政治局推選的是另一位成員，例如六十二歲的羅曼諾夫（Grigory Romanov）——此人對大位躍躍欲試，而且擁有沙皇的姓氏，一旦雀屏中選，世界歷史勢將改寫。個人會在這場歷史變革中扮演如此關鍵的角色，哪怕蘇聯在意識形態上堅稱歷史是由非關個人的宏觀力量所締造。

這位「個人」還真是不同凡響，問問柴契爾夫人便知分曉。幾個月之前的一九八四年十二月，她在英國首相鄉間別墅契克斯（Chequers）接待戈巴契夫，共進午宴。戈巴契夫從前門走進來，一位目擊者形容他「腳步輕快雀躍」，活力四射，展現堅定決心。午宴過程中，柴契爾夫人比較共產主義與西方民主體制的利弊得失，不顧外交禮節，熱烈而真誠。午宴之後，兩人開始討論軍備管制議題，英方的通譯注意到「兩人之間明顯起了化學效應」，幾乎是打情罵俏。柴契爾一位親信的說法後來廣為人知：我們在戈巴契夫身上看到一個「可以打交道的人」。

十二年之後，我在倫敦衛理公會中央禮堂兩千四百多位來賓之前，為戈巴契夫主持回憶錄新書發表會，他的溫暖、活力與直率仍然溢於言表，只是如今又加上身為世界性歷史人物的光環。俄文的「開放」（glasnost）與「改革」（perestroika）如今已被多種語言納入政治辭彙。

我請戈巴契夫列舉自己最重要的三項成就。

「自由、對世界各國開放、終結軍備競賽。」

一波接一波的熱烈掌聲，湧向這位西方世界的超級英雄（儘管他在自己同胞眼中已不再是英雄）。

晚餐過後，他的夫人蕾莎似乎覺得我們與這位偉人太過親近，於是以學校女老師的口吻告訴我們，過去從來沒有一位蘇聯領導人會這樣不拘形式，坐下來與人們暢談。

「不，列寧不會這麼做。」她說。

「史達林不會。」大家局促不安地笑了。

「赫魯雪夫、安德洛波夫、契爾年科都不會。」

「嗯，安德洛波夫有可能會。」戈巴契夫靈光一閃地回應，提到自己昔日的導師。

戈巴契夫的故事帶有許多無心插柳的情節：一位蘇聯愛國主義者的政策摧毀了蘇聯、一位溫和改革者引發了革命、一位共產黨員打開國門迎接民主。如果沒有戈巴契夫，自由不會以如此迅速和平的方式降臨歐洲東半部，世界各地的冷戰也不會以如此迅速決絕的方式畫下句點。

還有四個國家或國家群體也共同締造了這場偉大的變革，那就是美國、西歐、東歐與德國，各自都擁有卓越人物與獨特的歷史演進，與戈巴契夫的改革及後來的蘇聯解體相互結合。想要瞭解這場變革，我們可以逐一回溯這四方立場與戈巴契夫的互動經過。

首先來看另一個超級強權。因緣際會，戈巴契夫登上大位時，美國的國勢也正蒸蒸日上。十年之前，越戰與水門案使美國的國際名聲與影響力一度跌落谷底，許多人都認為蘇聯在經濟上、科技上與美國棋逢敵手。十年之後，美國經濟已經走出衰退，一路蓬勃發展。美國的科技業受惠於冷戰時期聯邦政府對於國防相關研究的投資而突飛猛進，即將催生出網際網路。雷根（Ronald Reagan）總統讓許多美國人相信「美國再度迎來黎明」（以他一九八四年競選廣告的口號來說）。這位老一輩的電影演員再清楚不過，敘事軟實力的重要性可以媲美經濟與軍事實力。好萊塢為五角大廈與華爾街錦上添花，打造出三個維度的美國實力。

當時雷根受到許多西歐人士（我可能也是其中之一）嘲笑與輕視，被當成一名「牛仔」、「B級片演員」。然而對於終結冷戰，他的重要性不在戈巴契夫之下。雷根和大部分華府專業人士不同，他相信美國能夠在冷戰中擊敗蘇聯，可行之道是升高軍備競賽，從政治、科技與意識形態層面公開挑戰這個他在一九八三年指稱的「邪惡帝國」。因此他增加軍事開支，特別著重俗稱「星戰計畫」的「戰略防禦計畫」。*

在雷根的第一任期，世界一度面臨一九六〇年代以來最逼近核戰的危險境地，但雷根有歷史鴻運護持，這場豪賭讓他賭對了。當戈巴契夫啟動「由上而下的革命」來徹底改造蘇聯，這位蘇聯領導人很快就理解到自己不可能在推動國家現代化的同時，繼續和美國進行軍備競賽。他必須與西方世界合作而非對抗。一九八六年的車諾比核電廠災變，讓他充分體認蘇聯體制有多破敗、核子交鋒又會讓人類付出多恐怖的代價。

當活力充沛的蘇聯領導人首度會見高齡七十四歲的美國總統（雷根生於一九一一年，與契爾年科同

* 譯註：雷根於一九八三年提出這項計畫，建構高科技系統（包括太空武器）來防禦蘇聯的核子彈道飛彈，但在十年之後畫下句點。

齡）的時候，後者給前者的印象是一頭「政治恐龍」。然而雷根與大部分的七旬老者不同，這頭「恐龍」仍然能夠學習與調適。接下來幾年，雷根透過一連串高峰會與交流，藉助於舒茲（George Shultz）等幹練部屬，做出一百八十度大轉彎：他的第一任期還與「邪惡帝國」軍備競賽、針鋒相對，第二任期卻尋求終結冷戰。到了一九八八年的莫斯科高峰會，美蘇兩位領導人已經親暱到互稱「米哈伊爾」（戈巴契夫之名）與「隆尼」（雷根名字的暱稱）。可以想像，這種美式的不拘形式來自「隆尼」的建議。雷根在莫斯科被記者問到是否仍將蘇聯視為「邪惡帝國」時回答：「不會。那是另一個時期，另一個年代。」

我曾為《旁觀者》報導兩位超級強權領導人一九八五年在日內瓦首度會面，以及一九八七年在華盛頓峰會上簽署雙方第一份軍備管制協議《中程飛彈條約》。這一連串風雲際會的戲劇性在今日很難重溫，也不太可能重現。也許二〇二〇年代的某個時候，美國與中國領導人的某一場峰會庶幾近之。但就算中國與美國這二十一世紀的兩大超級強權相持不下，有如掀起一場新冷戰，兩者之間還會有歐盟、印度、俄羅斯等其他強權。今日世界已走向多極或無極，相較之下，一九八〇年代的世界仍是雙極：美國領導的西方及蘇聯領導的東方。當年蘇聯與美國的峰會就像神話中史詩等級的遭遇，宙斯與克洛諾斯（Cronus）在天際相互衝撞，我們凡人在塵世戰戰兢兢。

我的筆記本內容夾雜著枝微末節的瑣事與真正的歷史性時刻。前者必然會出現在峰會相關報導中，因為記者總有許多內容需要填補。「我想總統穿平常穿的內衣。」我記下雷根發言人對一位記者提問的回答（十一月的日內瓦很冷），接著開始記錄兩位領導人閒話家常的點點滴滴。水花城堡豪華的池畔廳堂，壁爐薪柴火光熊熊。幾頁之後，我記下戈巴契夫如是說：「在歷史的分水嶺時刻，你需要真相就像呼吸需要空氣。」這樣的話語會讓人想到索忍尼辛，而不是布里茲涅夫（Leonid Brezhnev），更不是史達林。一九八七年十二月的華盛頓峰會，蘇聯領導人最後一場記者會，我潦草的筆記出現四個字並畫下鮮明的底線：「終結冷戰。」戈巴契夫談話的官方逐字稿完全不曾記錄這樣的字眼，但當天感受到這個前景的人，我並不是唯一一個。

美國人身在強權國度，習慣性地妄自尊大，有時會獨攬終結冷戰的功勞。如果只聽某些人談論這段歷史，你可能會以為雷根全憑一己之力做到。一九八七年，他在柏林布蘭登堡大門前發表演說，呼籲戈巴契夫「拆毀這道牆」。美蘇確實透過日內瓦、雷克雅維克、華盛頓與莫斯科一系列峰會改善關係，而且不能不歸功於雷根個人立場從對抗到低盪的大幅轉變。雷根總統任內最後一場峰會一九八八年十二月在紐約舉行，是一場三方會議：戈巴契夫、雷根、雷根的副總統與總統當選人老布希（George H. W. Bush）。美國此時換上一位作風截然不同的總統，則是另一項幸運的歷史轉變。老布希作風低調、公事公辦，相當投合戈巴契夫的胃口，後來更對一九八九至九〇年間的德國統一談判大有幫助。柏林圍牆倒塌後，老布希告誡自己的團隊「不要在牆上跳舞！」如果是雷根主政，他可能會無法抗拒以勝利者自居的誘惑。

然而戈巴契夫本人堅持，冷戰融冰也應該歸功於「歐洲」，他指的是西歐。「我跟柴契爾夫人這麼說，」他在華盛頓峰會最後一場記者會上解釋，英國、德意志聯邦共和國與其他歐洲國家的角色不可或缺，「甚至可以說，蘇聯是在歐洲國家激勵之下，才會採取更具建設性的行動。」戈巴契夫最親信的幕僚切爾尼亞耶夫（Anatoly Chernyaev）記錄他在與柴契爾進行另一場熱烈討論之後的省思：「我認為我們對歐洲的研究還不夠充分，並不是非常瞭解它。我們在這方面必須加緊腳步，好好教育人民……」切爾尼亞耶夫還記錄了以下這段話：

同志，這個問題非常複雜。顯而易見的是，想要解決任何一個議題，歐洲都是不可或缺……就連我們的內政事務、我們的改革都需要歐洲。歐洲在外交政策上更是不可取代。歐洲擁有全世界最強大的中產階級，不僅經濟上如此，政治上也是如此。日本一度看似要超越世界各地，但突然間，德意志聯邦共和國在科學與技術上就做出不可思議的大躍進。

戈巴契夫這麼形容歐洲共同體：「在我們旁邊站起來的巨人。」西歐對於世局向上提升的貢獻，可以從幾個方面來看。戈巴契夫與西德「東方政策」的推手布蘭特、法國總統密特朗（François Mitterrand）等歐洲領導人的會談，有助於他相信軍備競賽外另有一條可行之道。實際上，美國與西歐有如分工合作一般（儘管並非預先規畫），各自扮演強硬與懷柔的角色。戈巴契夫第一次以蘇聯領導人身分出訪便是前往法國，他在那裡第一次提到「歐洲是我們共同的家園」。歐洲共同體的蓬勃發展，以及計畫在一九九二年前建立起單一市場的壯闊願景皆使他相信，想要推動蘇聯現代化，就必須與西歐國家及其「最強大的中產階級」密切合作。戈巴契夫原本隨手拈來的「歐洲共同家園」形象，就此轉變成一套意識形態：歐洲有如一幢現代雙拼住宅，蓬勃發展的資本主義西歐與改革派社會主義東歐和樂相處。西歐也對東歐社會產生強大衝擊，讓後者對一九八九年的天鵝絨革命做好心理準備。有些人甚至聲稱「一九九二年前建立單一市場的願景」是一九八九年東歐劇變的成因之一，儘管這種說法明顯違反歷史的邏輯。

寫到這裡，我必須向另一位卓越的歷史人物致意：德洛爾，一九八五年至一九九五年的歐盟執委會主席，「一九九二」計畫的推動者。一九八四年，德洛爾在上任前試圖尋求一個能夠重啟歐洲整合的「大構想」，而曾經擔任尚莫內（Jean Monnet）*幕僚長的荷蘭人康斯塔姆（Max Kohnstamm）建議他聚焦單一市場。後來德洛爾造訪歐洲共同體十個成員國，發現單一市場正是能夠獲得十個成員國政府（甚至包括唐寧街十號）一致支持的「大構想」。不尋常的事就此發生，法國社會主義者德洛爾與英國保守黨歐盟執委科克菲爾德勳爵，在鐵娘子的支持下，聯手推動了歐洲單一市場計畫。

只不過德洛爾與柴契爾對這項計畫的目標，存在有不同的認知。在柴契爾看來，單一市場本身就是目標；對德洛爾而言，單一市場是為另一項更遠大的目標鋪路：聯邦制的歐洲聯盟。德洛爾一九九〇年在法國電視節目上告訴觀眾：千禧年結束（二〇〇〇年底）之前，歐洲將會成為「一個真正的聯邦」。

---

* 譯註：法國政治人物，曾任歐洲煤鋼共同體（歐洲共同體前身）主席，歐洲一體化的主要設計者、歐盟創建者之一。

單一市場的下一步會是貨幣聯盟，尚莫內在四十年前就已如此設想。在德國總理柯爾的支持之下，德洛爾主持一個由各國中央銀行總裁組成的委員會，為貨幣聯盟擘畫藍圖。一九八九年中期，歐洲共同體原則上批准了這項計畫。

德洛爾也特別關注軟實力領域。他在一九八五年建議採用貝多芬第九號交響曲的「歡樂，眾神的火花」樂段作為歐盟的《歐洲之歌》（但不用歌詞）。藍底十二顆黃星的歐洲理事會旗幟變成歐洲共同體的旗幟，也幾乎可說是德洛爾一個人的決定。時至今日，歐洲旗常常伴隨歐盟成員國的國旗一起飄揚，也是歐洲整合計畫中最常見、最富於情緒感染力的象徵。當歐洲旗從英國官方建築冉冉降下，我心中大為傷感，那代表英國從此脫離歐盟，只能看著有如丑角版邱吉爾的強森首相靠著兩面米字旗大聲嚷嚷，洋相百出。我們失去了意義更重大的事物，與人口自由流動及單一市場成員國身分同等重要。那是一份志向：在維持國族認同的前提下，超越國族認同。

歐洲共同體在德洛爾主政十年間的發展，催生出德國歷史學家羅德（Andreas Rödder）所謂從「第一階段歐洲」到「第二階段歐洲」的轉型。德洛爾不曾以雷根風格的電視廣告宣示「歐洲再度迎來黎明」，也沒有那麼多的柔性訴求，但那確實是一九八〇年代晚期人們的感受。當時的西歐就像美國，洋

溢著歷史樂觀精神。儘管德洛爾本人對東歐興趣缺缺，但這股樂觀精神對鐵幕東邊的國家造成巨大影響，以致於人們再度將這個地區稱之為「中歐」。這個脫胎換骨的過程，其實有一項低調但極具意義的徵兆：匈牙利、波蘭與捷克所謂的「常態」開始出現變化。

一九八四年，我在布拉格的一位朋友告訴我：「如果有人在公開場所站出來表達心聲，他的同事會說『他不正常』。」這就是蘇聯所謂的「正常化」嘗試，也就是讓一個歐洲國家的社會回歸蘇聯式的「常態」。然而到了一九八〇年代晚期，當中歐各地的人民告訴我「我們只想成為一個正常的國家」，他們心中想到的是法國、英國與西德。大規模工業化曾為東歐帶來可觀的經濟成長，直到一九七〇年代都是如此。然而，當西歐經濟已轉向服務業與科技業，東歐卻無法跟上腳步。不僅如此，波蘭、匈牙利與東德在內的幾個東歐政權為了獲取供不應求的強勢貨幣，大舉向西方借貸，導致債臺高築。一位波蘭的計程車司機在一九八五年告訴我，共產主義是一套「屬於天使的體系」——顯然對凡人而言，民主資本主義還是比較好的選擇。布達佩斯街頭流傳這樣一則笑話：「社會主義是一條從資本主義通往資本主義最漫長且痛苦的道路。」我在一本筆記本寫下結論，西方已經贏得一場「常態之戰」。西德第一任總理艾德諾所謂的「歐洲磁鐵」(Magnet Europa）正在發揮強大的吸引力。

當時的東歐快速變遷，戈巴契夫的角色非常關鍵，但也複雜糾葛。他的改革與開放政策相當激勵人心，從布拉格、華沙到東柏林，凡是他所到之處，人們都會高喊他的暱稱「戈比！」問題在於，儘管戈巴契夫珍視一九六八年「布拉格之春」的核心信念，也就是由上而下改革現有的共產主義體系，打造一套「人性面貌的社會主義」，抱持同樣希望的東歐人已寥寥無幾。戈巴契夫在蘇聯樹立了頗具影響力的改革範例，他卻不曾大力拔擢東歐各國共產黨內的改革派。他的傳記作者陶伯曼（William Taubman）指出，他對蘇聯的東歐衛星國相對不大在意。這些東歐國家被戈巴契夫視為麻煩，只會讓他蘇聯現代化的大業節外生枝。他難以忍受那些僵化、沉悶且傲慢的老同志，像是東柏林的何內克與布拉格的胡薩克（Gustav Husák），更不用說羅馬尼亞的新極權主義者西奧塞古。相較之下，與布蘭特或西班牙社會主義者岡薩雷茲（Felipe González）*（他最心儀的兩位外國領導人）對談，與柴契爾夫人唇槍舌劍，或是與「隆尼」親切互動，都要有趣得多。

戈巴契夫的心腹格拉切夫（Andrei Grachev）認為，戈巴契夫明確提出「選擇自由」的一般性原則，但未曾深入思考這項原則對東歐會有何影響。這位蘇聯領導人自身是真誠的蘇聯愛國者，因此並未充分理解對於大多數立陶宛人、愛沙尼亞人或拉脫維亞人而言，「蘇聯」不是單一的國家，不是一個會讓他們愛國情操油然而生的「祖國」。對他們而言，蘇聯就是以俄羅斯為主體且對內壓迫的帝國。等到帝國之外的東歐開始加速追求自由，戈巴契夫已忙於處理蘇聯內部非俄羅斯族群的不滿情緒而無暇他顧。到最後，他的偉大就在於面對他未能預見、原本也不樂見的事情時，選擇放手任其自然。德國詩人與散文家恩岑斯貝爾格（Hans Magnus Enzensberger）留下雋永的評語：戈巴契夫是「一位退讓的英雄」。

戈巴契夫對東歐亮起黃燈的時候，沒有人知道最後是否會轉為綠燈。與此同時，波蘭團結工聯運動的關鍵人物回到幕前擔任要角。他們發起有如柔道摔擲的政治攻勢，當共產波蘭總統賈魯塞斯基將軍建議與波蘭社會各界舉行「圓桌會議」，他們借力使力，將會議轉變成賈魯塞斯基政權與團結工聯的政治轉型談判。葛萊米克正是這場政治柔道的籌畫者之一。

波蘭四十多年來第一場半自由的選舉，在一九八九年六月四日登場；同一天，北京爆發天安門廣場大屠殺。團結工聯在大選中取得壓倒性勝利，將共產黨政權的正當性剝奪到一絲不剩。那天我人在華沙一處投開票所，陪同我的地下出版商羅斯納（Andrzej Rosner）及其夫人安妮亞，心滿意足但一語不發。他們拿著一份執政黨候選人名單，把一個又一個名字畫掉。[†]不到三個月之後，馬佐維耶茨基（Tadeusz Mazowiecki）成為蘇聯集團有史以來第一位非共產黨籍的總理。他是一位自由派天主教徒，而且與葛萊米克一樣，從一九八〇年八月列寧造船廠罷工開始就擔任團結工聯的顧問。對於這場經由協商談判進行的革命，實無必要去爭論應該歸功於戈巴契夫或波蘭民主反對派。兩者都不可或缺。沒有那位蘇聯領導人打開大門，後面的一切都不可能發生。但我們也需要有人走過大門，一路向西，追求成為一個「正常」國家。

在匈牙利，最具象徵性的事件發生在一九八九年六月十六日，那天各界為一九五六年匈牙利革命改

---

* 譯註：西班牙民主轉型推動者之一，一九八二至九六年間擔任總理。

† 譯註：一九八九年波蘭國會選舉，眾議院四六〇席有二九九席保留給共產黨及其附庸，一六一席開放競選；參議院則一百席全部開放競選。結果團結工聯囊括眾議院全部應選席次，參議院也拿下九十九席。

革派共產黨領導人納吉（Imre Nagy）舉行改葬典禮。我的筆記本記錄下一幅獨特景象：布達佩斯的英雄廣場呈現為莊嚴的黑色，一位當時還默默無聞的年輕人奧班（Viktor Orbán）*發表激情四射的演說，不顧反對派演講者應避免挑釁的檯面下協議，呼籲蘇聯從匈牙利撤軍。匈牙利的路徑類似波蘭，接下來是一場經由協商談判進行的轉型，我稱之為「改革式革命」(refolution)，意謂「改革」與「革命」兩者結合。然而對歐洲整體而言，當時名義上仍為共產黨的匈牙利領導階層，影響最重大的舉措就是對奧地利打開鐵幕（一次大戰前匈牙利與奧地利在憲法上同屬奧匈帝國）。兩國外交部長拿著大型剪線鉗合照，象徵性地剪開一段帶刺鐵絲網圍籬。照片在西方媒體頭版看起來很上相，但匈牙利仍然奉命阻擋東德人民跨越邊界。

還差臨門一腳。繼蘇聯、美國、波蘭、匈牙利、法國、英國與歐洲共同體之後，還需要分裂大陸的分裂中心也參與，那就是德國。柯爾領導的西德政府與戈巴契夫的關係一開始就遇到麻煩，原因之一是柯爾在受訪時出言不遜，將這位蘇聯領導人比擬成希特勒的宣傳頭子戈培爾（Joseph Goebbels）。不過，等到柯爾在一九八八年秋天造訪莫斯科，兩位年齡相仿的男士已經建立不錯的交情，一個由德國企業界領袖組成的龐大代表團及三十億德國馬克貸款當然也很有幫助。

一九八九年六月戈巴契夫回訪西德，他與柯爾之間一切都水到渠成。波蘭選舉的驚人結果揭曉後，我在匈牙利納吉的葬禮之前匆匆趕回西德首都波昂，親眼見證名副其實的「戈巴高潮」(Gorbasm)。†波昂市政廳廣場群眾情緒激動，一點也不輸我在華沙或布達佩斯見識到的場景。這位蘇聯領導人走到任何地方都有如搖滾巨星、戰勝英雄、聖人。四處都能聽見「戈比！戈比！戈比！」的歡呼。我的筆記本提醒我，當時一項民調要西德民眾舉出「最受信賴的領袖」，結果九成受訪者回答戈巴契夫，遠勝老布希總統的五成八，柯爾總理更只有五成。

幕後運作同樣精彩。兩年之後，柯爾跟我談起他與戈巴契夫的深夜對談。那天兩人先在所謂的「總理平房」共進親密晚餐（對，西德總理的官邸是一幢「平房」），然後散步行經花園，坐在一道俯瞰萊茵河的矮牆上，德國人與俄國人一起陷入沉思。柯爾告訴戈巴契夫，歷史的流動就如他們下方的萊茵河，終將流向德國統一。凌晨時分，兩人相互告別，也第一次互相擁抱。柯爾告訴我那是一個「決定性時刻」，後來在回憶錄中詳細敘述。人們可以想像，如此深重的歷史沉思一定讓戈巴契夫心有戚戚焉，只可惜他的回憶錄並沒有提及那場「決定性」對話，反而津津樂道波昂市政廳廣場熱情迎接他的群眾，特別是來自多特蒙德赫許鋼鐵廠的工人。

毫無疑問，兩位領導人相互信任的關係非同小可，群眾的狂熱愛戴亦復如是。最重要的還是兩國將致力於建立全面夥伴關係，並寫入一份通稱為《波昂宣言》的共同文件。對戈巴契夫而言，這意謂對於他困難重重的蘇聯現代化計畫，西德承諾提供經濟、科技與政治方面的協助。實際上，莫斯科當局重視

---

* 譯註：匈牙利極右派民粹主義、民族主義領導人，一九九八至二〇〇二年、二〇一〇年迄今擔任總理。

† 譯註：「Gorbachev」與「orgasm」兩字的合成，語出美國極右派電臺主持人林保（Rush Limbaugh），用以譏嘲美國自由派對戈巴契夫的愛戴。

自家與西德的關係，更甚於它與衛星國東德的關係。

如今回顧，戈巴契夫的幕僚切爾尼亞耶夫認為波昂之行「正是德國統一的開端」。後世人也的確如此看待。戈巴契夫訪問波昂一個月之前，老布希訪問西德，告訴西德民眾他們應該扮演「合夥領導人」的角色，他期待一個「完整而自由的歐洲」。這個響亮的說法被寫進老布希在梅因茲（Mainz）的演講之中，執筆者是一位早已被遺忘的國務院官員席切曼（Harvey Sicherman）。在我看來，對我們這個世代在歐陸追求的目標，這項說法至今仍是最簡單扼要也最具說服力的總結。戈巴契夫、老布希與柯爾等三位關鍵政治家逐漸建立起絕佳關係，到了一九八九年六月，所有要素各就各位，足以解釋後來的事態發展。我們必須承認，德國統一到那時已是勢所必然，不是嗎？

然而人生除了死亡之外，沒有什麼必然可言。當時我們並不知道歷史會走上這條路。我們如墜五里霧中，但我們的研判可能仍然優於無所不知的後世人。我繼續興沖沖地在歐洲各國首都穿梭，一九八九年七月初來到東柏林，與共產黨黨工及官方智庫人士進行荒謬可笑的對話。其中一人甚至不肯說「德國人」，而是滿口「德意志聯邦共和國人」與「德意志民主共和國人」，不過倒也大膽表示，當兩種人聚在一起，「我們可以和睦相處」。就連我在葛德與普珀夫妻公寓中見到的一小群異議人士，也不知道事態會如何發展。他們告訴我，很高興聽到波蘭與匈牙利傳來好消息，但在東德不可能發生。

約阿希姆

一九八九年七月六日星期四，夏日陽光燦爛，我坐在東柏林潘科區一幢古老牧師宅邸的陽臺，與年方二十一歲的約阿希姆（Joachim Krätschell）談話。他父母親沃納與安妮格雷特是我在東德最熟稔的朋友。多年前我記憶中的小男孩，已經長成為一個高大強壯且憤怒的年輕人，在談話中對我掏心挖肺。一個月之前，他與幾位神學院同學發起示威行動，抗議地方選舉舞弊。他們遭到逮捕，警方抓著他們的頭髮在街上拖行，而且當地居民站在陽臺上大聲為警方喝彩（這一點最讓約阿希姆憤怒）。他在史塔西的牢房裡待了一晚，接下來是一場嚴酷偵訊。東德不會改變，年輕的約阿希姆咬牙切齒說道。到最後，柏林圍牆後方只會剩下「愚蠢庸俗的人們和一小撮理想主義者」。他受夠了，他想要活下去。也許有什麼辦法，可以讓他呼吸到自由的空氣。

三十多年之後的今天，約阿希姆已是一位柏林西區的牧師，我們聊到後來發生的事。我和他的陽臺談話過後幾個星期，他與女友瑟佳依照許久之前的計畫，前往匈牙利度假。抵達之後，他們決定嘗試逃出已經半開的鐵幕，逃向奧地利。兩人在西德的朋友（感謝他們）已經規畫出一條路線，從美麗的匈牙利小鎮索普隆（Sopron）附近通過。朋友會在邊界的另一側等候，會合地點在奧地利村莊德意志克羅伊茲（Deutschkreutz）的一座教堂旁。那是一個炎熱的八月夜晚，藉助滿月的光輝，約阿希姆與瑟佳出發，偷偷溜過匈牙利的瞭望塔，行經幾道鐵軌，爬過帶刺鐵絲網。兩人來到一處月光照耀的草地，自由近在咫尺。但就在此時，警笛響起，警犬狂吠，一輛邊防警察吉普車隆隆駛來，「舉起雙手！躺在地上！」第二天早上，兩人被帶往一處森林釋放，他們擔心回到東德會被逮捕，決心當晚再試一次，走上另一條西德友人偵查過的路線，但這一回的遭遇更為恐怖。

他們再一次爬過鐵絲網，行經一座玉米田，走上鐵軌。突然間遠方出現兩名男子，揮舞著手電筒，約阿希姆與瑟佳趴在鐵軌之間，身體緊貼地面，祈禱這時不會有火車駛過。兩名男子消失，他們繼續上路，發現一小片樹林，正如朋友描述。但這片樹林已存在邊界數十年，林下長滿了帶刺的懸鉤子，夜色如死亡一般漆黑，他們沒有工具可以披荊斬棘。而當他們好不容易通過樹林，筋疲力竭，血跡斑斑，卻發現原本應該長到肩膀高的玉米田已被人採收乾淨，只剩一片光禿禿的土地，在鄰近邊防崗哨探照燈照耀下無比明亮。「我覺得自己就像是佛羅多。」約阿希姆回憶起小說《魔戒》（*The Lord of the Rings*）裡的佛羅多，當他想經過魔多，就得面對索倫魔眼像探照燈一樣搜索。

就此回頭還是繼續前進？走投無路卻猶豫不決，地獄一般的恐懼感油然而生。不，我們已經走了這麼遠，穿越那些該死的懸鉤子，我們應該冒險！他們出發，拚盡全力奔跑，穿越亮晃晃的玉米田。約阿希姆的眼角餘光瞥到一部吉普車，從邊界崗哨一路開過來。「他們很快就可以追上我們。」但吉普車不曉得為何停下，兔子快跑，跑出生路。突然間，他們看見一道邊界標誌：奧地利共和國。自由。好強烈的感受。「我無法描述。」

「噢，何等喜悅，在開敞的天地間自由呼吸！」宛如貝多芬歌劇《費黛里奧》（*Fidelio*），囚犯大合唱。

不到一個星期之後，一場「泛歐野餐」活動在索普隆舉行，參加的東德人集體逃過邊界，沒有受到阻擋。*又過了幾天，匈牙利領導人前往波昂附近的金尼希堡（Schloss Gymnich），與柯爾及足智多謀的德國外長根舍（Hans-Dietrich Genscher）舉行會談。雙方對話波瀾迭起，匈牙利方面同意廢棄他們與東柏林同志的協議，讓約阿希姆這樣的東德人自由跨越邊界，前往西方。債臺高築的匈牙利政府藉此獲取五億德國馬克的貸款，以及波昂當局承諾支持匈牙利加入歐洲共同體。匈牙利靈活運用時機，改變立場，將西德置於東德之上、西歐置於東歐之上。

那年九月，約阿希姆已經抵達西柏林，獲得西德親戚冷淡且吝嗇地接待：東邊的窮親戚應該安分守己待在老家，不應該出現在大門口指望家族情誼。約阿希姆深信柏林圍牆會長期屹立，他也不可能獲准回去探視自己的弟妹，但可以和他們通電話。西柏林打到東柏林適用市內電話費率，不過東柏林打到西柏林要以國際電話計費。

「我希望我們還能夠團聚。」他十四歲的弟弟約翰尼斯說。團聚可能有困難，但**見到**或許還有機會。為此兄弟倆擬訂了一個計畫。分裂的柏林有許多匪夷所思的細節，讓我深深著迷，其中之一就是這樁：地上高架運行、只有西柏林人搭乘的柏林城市快鐵（S-Bahn），有一段路線不僅穿越東柏林，而且非常

* 譯註：匈牙利與奧地利兩國政府在一九八九年八月十九日合作舉行「泛歐野餐」，開放一處邊界檢查站三個小時，當天有逾六百名東德民眾藉機逃往奧地利。

接近與之平行的舒爾茨街（Schulzestrasse）。也就是說，街上的東德人只要抬起頭，視線越過一座邊界瞭望塔，就會看見那些來自西方的幸運兒，站在高處的沃蘭克街（Wollankstrasse）車站月臺。彼此相隔只有幾公尺，卻處在兩個不同的世界。約阿希姆過去常常行經他所謂的「欲望車站」，仰望「那些人身處樂園，我們卻在黑暗之中沉淪」。

因此他安排約翰尼斯和年僅七歲的妹妹卡洛琳來到舒爾茨街最適當的位置，爬上一座混凝土花臺。約定的時間一到，他們的大哥就會站在鐵路月臺，高高在上的西方世界天堂。

他們會揮手，相互叫喚，有時悲從中來，不禁哽咽。

「你們還好嗎？生活怎麼樣？」

「約阿希姆！約阿希姆！」七歲的卡洛琳高喊，能多大聲就多大聲。約阿希姆永遠無法忘記她那遙遠的小女孩聲音。

「約阿希姆！約阿希姆！」

那天晚上卡洛琳哭著回家，無法成眠，為什麼我哥不能回來看我？

一個很好的問題，但沒有很好的答案。

牆塌

托爾斯泰的《戰爭與和平》以一整章篇幅詳述是哪些大大小小的原因，導致拿破崙在一八一二年六月率軍入侵俄羅斯，「那些多不勝數的原因同時運作，促成後來的事件，」托爾斯泰寫道，「結果是這場戰爭沒有單一原因可言，而且戰爭會發生只是因為它必然會發生。」托爾斯泰甚至認為，「這場戰爭從遠古以來就已是上天注定。」如果人們嘗試解釋一九八九年十一月九日星期四晚上，柏林圍牆為何會突然開放，你也會發覺這一重大歷史轉捩點也是源自於多重因素的交集。但我認為這件事的結論其實與托爾斯泰的論點相反：柏林圍牆倒塌並非早已注定，而是非常獨特、百萬分之一機率的歷史幸運。

那個十一月夜晚發生的事之所以意義重大，與它發生的**過程**密不可分。依照東德當局的打算，這原本應該要是一項按照計畫且受到控管的邊界開放行動。當局預計人們會從第二天開始規規矩矩地排隊申請許可。就算事件真如東德當局預期地開展，也仍會是一道重要里程碑，只不過不會是我們記憶中「柏林圍牆倒塌」這一人民力量自動自發、歡欣鼓舞的展現。

要催生出這起歷史事件，一九八〇年代晚期向上提升的每一項發展都不可或缺：蘇聯、美國、西歐、東歐與德國領導者的長期運作與典範樹立，以及東德人民的和平示威抗議。柏林圍牆在十一月九日倒塌之前，其實還有一樁十月九日的萊比錫事件。後者發生的那天晚上，事態一度瀕臨我東德朋友所謂的「中國式結局」——意指四個月前的六月四日（波蘭國會選舉同日）北京天安門廣場上的暴力鎮壓及屠殺。但不僅是萊比錫示威者恪守非暴力紀律、公民社會領袖居中協調，東德共產黨當局更是表現出猶豫和克制，是這些因素加總起來，才確保那個星期一的示威能夠和平進行，前所未見的七萬名群眾走上萊比錫市區的環狀道路。這對東德來說是一個重要分水嶺：恐懼築成的壁壘終於被打破。十一月四日的東柏林示威規模更大，東德人民終於擁有反抗權威的充分自信心，準備前往邊界、敲開大門。

但在十一月九日那天，無能、混亂與溝通不良或許才是解放的最大助力。當時數千名東德人企圖借道捷克斯洛伐克逃往西方，捷克斯洛伐克政府不堪其擾，遂對東德當局大力施壓。東德官員於是匆忙起草一套新法規，準備開放人民直接從東德前往西德。新法規內寫有「西柏林」與「立刻施行」等字樣，原本的意思是從第二天早上開始按部就班施行。結果當天傍晚的記者會上，搞不清楚狀況的政治局委員夏波夫斯基（Günter Schabowski）宣讀新法規並回答記者提問，表示新法規「立刻施行」。我從前在西柏林的室友強森（Daniel Johnson）當時是《每日電訊報》（*The Daily Telegraph*）特派員，傍晚六時五十八分，他以記者會最後一個問題在歷史上留名：「夏波夫斯基先生，柏林圍牆現在該怎麼辦？」*

新法規發布原本就是重大突發新聞，記者更將它升級為轟動事件。當晚八點，西德電視新聞打出頭條標題「德意志民主共和國開放邊界」，一位記者解釋：「柏林圍牆也將在一夜之間開放通行。」晚間十時四十分剛過，記者的誇大其辭來到最高峰，滿頭銀髮、備受尊重的西德電視臺主播弗里德里希斯（Hanns Joachim Friedrichs）宣稱：「柏林圍牆已經門禁大開。」這並非事實，以二〇二〇年代的語彙來說，甚至可以直斥為「假新聞」。但由於西德電視臺在東柏林擁有廣大觀眾且具備公信力，於是這則不正確的報導便成為一則自我實現的預言，成千上萬的東柏林民眾聞訊紛紛趕往各個邊界檢查站。

這些民眾中也包括我的老友、約阿希姆的父親沃納。那天傍晚他在教堂主持儀式時，從一位法國記者得知新旅遊法規出爐，回到潘科的牧師宅邸已是晚間九點。他問女兒坦雅（Tanja）和她的朋友亞絲翠德（Astrid），西德的電視新聞是否報導了邊界開放的消息？她們回答確有此事。三個人跳上沃納的黃色瓦爾特堡（Wartburg）轎車，一路開到伯恩霍爾默街（Bornholmer Strasse）的邊界檢查站，要親眼看看發生了什麼事。

「我這是在做夢嗎？」沃納詢問為他們升起第一道路障的邊界警衛。

「是的，」警衛回答，「你在做夢。」

來到管制哨，沃納的東德身分證被蓋上一個戳章：「註銷」。

「但我還可以回來吧？」

「不行，你已經移民出國，不得再次入境。」

沃納慌了手腳，因為約翰尼斯與小卡洛琳還在牧師宅邸熟睡。沃納駕車在邊界檢查站裡面一百八十度轉彎，準備回家，結果又聽到另一名警衛告訴同事，命令已經改變，「他們可以回來。」於是他再次

＊　譯註：夏波夫斯基回答時顧左右而言他，牽扯裁減軍備議題，七時整結束記者會。但他當天稍晚接受美國記者訪問時重申，東德民眾現在可以自由穿越兩德邊界，不必再借道第三國。

一百八十度轉彎，他的黃色瓦爾特堡轎車再度駛向西方。

沒過多久，他們就遇上一群喜孜孜的西柏林人，對他們歡呼鼓掌。稍晚當沃納決定先回到東柏林時，亞絲翠德在後座說道：「請停車一會兒。」沃納停下車，這位從未到過西方的女孩做了一件非常特別的事，她打開車門，把一隻腳放在地上，西方！後來沃納寫道，就像阿姆斯壯在月球上踏出第一步，這是亞絲翠德的一小步，全人類的一大步。

從沃納的故事可以看到，重大事件的核心時常一團混亂。我們如今知道，那天沃納之所以能夠來到西方，完全是因為負責管制伯恩霍爾默街的史塔西官員耶格（Harald Jäger）剛好實施他所謂的「安全閥管制」：乾脆讓那些一心一意要出去的人出去，在他們的身分證蓋上「註銷」戳章，永遠驅逐出境。但邊界官員卻有不同的想法，他們願意讓其中一些人回到東柏林（包括沃納、坦雅與亞絲翠德），這也是為什麼沃納在身分證被蓋上「註銷」戳章之後隨即聽到邊界警衛說「他們可以回來」。他可能正好碰上命令改變的關鍵時刻，或者也有可能原本是誤打誤撞，後來卻變成現實。

又過了一小段時間，世界史的轉捩點終於來到。晚間十一點三十分左右，伯恩霍爾默街邊界檢查站東側的群眾越聚越多，眾人開始鼓噪高喊「打開大門！打開大門！」此時耶格下了一道前所未有的命令：讓人們通過！其他邊界檢查站隨後一一跟進。到了十一月十日星期五的凌晨，數萬名東德民眾已經踏上月球表面。

我在第二天來到柏林，整個城市動了起來，感覺就像歡度五旬節。一般人也開始打啞謎，一位東柏林民眾就告訴我：「就連醫院裡的病人也坐起身來。」我彷彿置身夢境，在原本是死亡地帶的波茨坦廣場遊走。我後來停下腳步，撿起一小塊形狀不規則、紅色噴漆的柏林圍牆殘骸，我寫作的此時此刻就擺在我面前。那天稍晚，我與沃納坐在旅館房間，俯瞰腓特烈大街的邊界檢查站，它的玻璃牆入口門廊即是著名的「淚宮」。我們看著興奮的民眾進進出出，從東到西，自西向東。在那個時刻，一切似乎都會順順利利、圓圓滿滿。

一九九九年十一月，柏林圍牆倒塌十週年紀念，我在柏林主持一場「高峰會議」，來賓有戈巴契夫、柯爾與老布希，地點在出版商阿克塞爾．斯普林格集團（Axel Springer）總部大樓，從高處俯瞰昔日圍牆的動線。我首先問戈巴契夫，他在那個歷史性夜晚的所作所為與所思所感。他一如以往地答以長篇大論，鋪陳鮮明的托爾斯泰史觀。經過二十分鐘的後續討論，我終於得到答案：那天晚上他一夜酣眠。我也從其他消息來源得知，當時戈巴契夫的顧問並不認為有必要叫醒他。隔天早上，蘇聯駐東柏林大使打電話報告，戈巴契夫的反應則是「他們做得很對」，甚至不曾召開政治局特別會議。

十年之後回顧，三位元老政治家都強調當時及接下來幾個星期的情勢非常不穩，甚至是危機四伏。莫斯科仍然有本性難移的強硬派，主張訴諸武力恢復蘇聯認定的常態。幸運的是，當時戈巴契夫的權勢如日中天，同時身兼蘇聯最高蘇維埃主席與蘇聯共產黨主席。當時三位世界領導人彼此還有互信，而且感受到自己肩負歷史責任。

「我們三人都嘗過戰爭的滋味，」柯爾說道，「他父親戰時受過重傷，」他指著戈巴契夫，「一位叔父陣亡。我哥也是陣亡……老布希當年是太平洋戰場的海軍飛行員。」記憶引擎再度運轉。

美國前總統老布希則解釋，當時他為什麼拒絕華府部分人士的建議，沒有在第二天直飛柏林，慶祝西方的勝利（雷根就有可能這麼做）。各方都必須表現出審慎節制，他一直擔心戈巴契夫在蘇聯國內的地位，「我心想身為美國總統，如果態度傲慢強橫，有如用手指戳對方的眼睛，那實在太不像話。」平常含蓄內斂、有如大家長的老布希，這時舉起左手兩根手指，做出很生動的戳刺手勢。戈巴契夫表示同意，那年十二月初他與老布希在馬爾他會面。「老布希告訴我：『我無意在柏林圍牆上跳舞。』」

說到跳舞，最讓世人難以忘懷且媒體會不斷呈現直到地老天荒的照片，正是人們在噴漆色彩繽紛的圍牆前跳舞。但那是柏林圍牆的西側（東德邊防工事滿布塗鴉的外牆），跳舞的人十之八九也是西德人。約阿希姆那天晚上也來到牆邊，布蘭登堡大門的西側，但他不敢爬上圍牆。東德人對於這道邊界的恐懼，他仍然刻骨銘心。

開放邊界具有無心插柳、自動自發的特質，東柏林民眾的角色也不可或缺，畢竟是他們要求邊界檢查哨放行。這意謂這起事件可以被視為人民力量的延續，從十月九日的萊比錫到十一月九日的柏林，因此也是東德「和平革命」的延續。但就在此事發生時，事件的本質也出現了變化。圍牆倒塌僅僅十天之後，我在寒冷起霧的萊比錫，看著一批群眾高喊「德國，統一的祖國。」還有一條橫幅道盡了這個新方向：「我們是一個民族，我們要求統一。」

「圍牆」是西方的說法，大部分東德人會說「邊界」。然而「邊界開放」很快就變成「圍牆開放」，然後某地的某人（應該由媒體考古學家來考證究竟是何人在何時）將說法變成「圍牆倒塌」。英語的「fall」與「wall」押韻，而且呼應《聖經》耶利歌城牆被號角吹垮的故事。因此「圍牆倒塌」就成為當年事件的標準描述，後來回頭融入德文，變成單一字彙「Mauerfall」。

作為歐洲歷史轉捩點的柏林圍牆倒塌，很快就演進為歐洲外許多地方的參照。二〇〇八年十一月四日晚間，我在華府見證另一個希望高漲的時刻：群眾在白宮前方手舞足蹈，慶祝歐巴馬（Barack Obama）當選美國第一位黑人總統。汽車鳴響喇叭，一名年輕男子用金屬勺子敲打平底鍋，一部鮮紅色小卡車駛過，乘客大聲吹奏薩克斯風。深夜時分，我回到旅館，仍然聽到人們激情高喊「對，我們做得到！對，我們做得到！」穿透窗戶與厚重窗簾。我打開電視，觀看歐巴馬在芝加哥發表勝選演說。

歐巴馬在演說中講述亞特蘭大一位一百零六歲老太太庫珀（Ann Nixon Cooper），講述她漫長一生的故事，早年「像她這樣的人無法投票，只因為她的性別與膚色」。歐巴馬繼續說道：「她曾經見證蒙哥馬利的巴士抗爭，伯明罕的消防水帶攻擊，塞爾馬的橋上鎮壓。一位來自亞特蘭大的牧師告訴人們：『我們終將勝利』。對，我們做得到。」歐巴馬接著說：「一個人登陸月球，一道牆在柏林倒塌，一個由科學與想像力連結的世界。」就像登陸月球，柏林圍牆倒塌已經成為全人類共享的歷史神話。

第四章

勝利

（一九九〇年至二〇〇七年）

柏林圍牆倒塌後的世界

「你知道嗎？」柯爾問我，「你正坐在希特勒的直接繼任者面前。」這位不久前才締造兩德和平統一的總理是一位巨人，從身高到腰圍都是如此。儘管他坐著一張低矮舒適的椅子，相對於我仍然是居高臨下。「我不喜歡這樣，」他繼續說道，「但事實就是如此。」柯爾的前任都只是「西德」總理，但他則是「統一的德國」繼希特勒之後的第一任總理。

柯爾提及這樁惱人的事實，目的只是突顯他懷抱著沉重的歷史責任感。他與戈巴契夫在柏林圍牆倒塌一週年時簽定的條約，不就是宣示德國與蘇聯願意「徹底終結過去」？希特勒尋求建立一個由德國宰制的歐洲，柯爾則希望以歐洲的屋頂覆蓋德國。因此他欣然接納歐洲經濟聯盟與貨幣聯盟的計畫。計畫的原則在一九八九年十二月的史特拉斯堡歐洲領導人峰會通過，如今（我是在一九九一年秋天到波昂的總理府拜訪柯爾）將藉由《馬斯垂克條約》正式確立。柯爾還強力主張，在經濟聯盟之後，歐洲應該致力於建立政治聯盟。

柏林圍牆倒塌之後的歲月興奮激昂，每一個人都覺得歷史將手放在自己肩上。柴契爾夫人召集我和另外五位歷史學家到契克斯別墅開會時正是這麼說。一九九〇年三月，她在這裡與戈巴契夫舉行一場德國統一研討會，共進午餐時唇槍舌戰。如今她想知道，德國是否已經改變？還是就如同會議提綱的生動說法：「我們是否仍然要面對舊日的蠻族？」當年柴契爾與密特朗等其他領導人會談時，經常從手提包裡掏出一張中歐地圖，上面以氈頭筆鮮明標示一九三九年之前的德國邊界，以及東歐幾處前德國領土（在一九四五年波茨坦會議臨時割讓給波蘭與蘇聯，留待最終的和平協定安排）。柴契爾的私人祕書會說：「那張該死的地圖。」

那天我與著名德國歷史專家斯特恩（Fritz Stern）與克雷格（Gordon Craig）等五人，在契克斯耗了將近五個小時，試圖說服柴契爾德國已經改頭換面，期盼在歐洲扮演截然不同於以往的角色。當然，柯爾之所以對我提到希特勒，正是希望我如此理解。奇特的是對柴契爾而言，柯爾本人與納粹歷史同樣問題重重。她大聲說道：「你們沒看到柯爾在史特拉斯堡是如何對我們頤指氣使！」她指的是一九八九年十二月的史特拉斯堡峰會，那場峰會為德國統一與歐洲貨幣聯盟打開大門。鐵娘子在會議上被高大壯碩的德國總理修理了一頓，她因此耿耿於懷。然而德高望重的歷史學家羅珀（Hugh Trevor-Roper）顯然讓她產生共鳴，羅珀提到自己曾在一九四五年前往德國，訪談幾名倖存的納粹領導人，「如果你告訴我們，一個統一的德國在西方世界會有一席之地，我們會覺得無比幸運。」柴契爾最後總算接納我們的訊息，「好吧，」她的結論令人難忘：「我會好好對待德國人。」

前東德領導人何內克也感覺到肩膀上搭著歷史之手，而且感受想必更為直接。一九九二年，我在西柏林的莫阿比特（Moabit）監獄對他進行訪談，當時他正因為下令射殺試圖穿越柏林圍牆的東德人民而受審。我走進監獄探訪室，迎面而來的是一個身材矮小、態度倨傲且臉色蒼白的老先生，以一種拘謹僵硬、行禮如儀的方式跟我打招呼，就好像我是來訪的國家元首。儘管他如今人在牢中，身穿卡其囚服，何內克依舊對我坦承容許更多人前往西方的做法，並沒有讓這些人更滿意自己在東方的處境（「沒有，顯然沒有」），他也堅稱收到數百封前德意志民主共和國公民的來信，表示過去的日子比較美好：「從前的生活要比現在來得平靜。」

何內克大談他和許多西德政治人物的深厚關係，以及與西德社會民主黨的「同志情誼」。他與柯爾也頗有交情，過去會直接與人在波昂的柯爾總理通電話。接著他在我的詫異注視之下，從囚服口袋掏出一張邊緣略微摺過的卡片，上面有他祕書打字記下的電話號碼。他把卡片放在我面前，要我抄下來：〇六四九（代表西德）二二八（代表波昂）五六二〇〇一。後來我嘗試撥打，結果直接打進總理辦公室。*

在那幾年間，戰後歐洲轉換為柏林圍牆倒塌後的歐洲。歐洲在二戰後並沒有達成一九四五年波茨坦會議描繪的最終和平協定，原因即在於冷戰從中作梗。來到柏林圍牆倒塌後的年代，也沒有一場規模盛大的和平會議正式為冷戰畫下句點。相較之下，西方國家曾在一戰勝利時透過一九一九年的《凡爾賽條約》嚴懲德國，並且讓其他戰敗國受到類似處分，例如鄂圖曼帝國與一九二〇年的《色佛爾條約》，同一年的《特里亞農條約》則讓匈牙利失去三分之二領土。反觀一九九〇年至九一年間的局勢，儘管並無和平協定之名，事實上卻足以代表一九四五年未盡全功的和平協定。就如同柏林圍牆倒塌當時，一位不知名的柏林人在自製海報上寫著：「戰爭到今天才真正結束。」冷戰與二戰可以說是同時落幕。

一九九〇年九月在莫斯科簽署、確立德國統一的《二加四條約》，†協商代表來自兩個德國政府與一九四五年的四大占領國（蘇聯、美國、法國、英國），後四國其實一直在行使其殘存的占領權，特別是對於柏林。條約內文特別提及應參照「四國在戰時與戰後締結的協定與決議」。一九九〇年十月三日兩德統一之後，柴契爾夫人手提包裡那張地圖上標示的波蘭與德國「臨時」邊界，隨即在十一月得到統一德國政府的正式承認，永遠定案，不可侵犯。

一九九〇年八月，老布希總統與其國家安全顧問史考克羅（Brent Scowcroft）在美國緬因州海岸進行釣魚之旅期間，構思出「新世界秩序」這個觀念。當時兩人想到的是小羅斯福總統在一九四五年期盼的美蘇合作。後來老布希致函戈巴契夫，提議「一個美蘇合作對抗侵略的新世界秩序」。這裡所謂的「侵略」兼具實質與迫切含義：伊拉克海珊（Saddam Hussein）入侵科威特，後來在波灣戰爭中被擊退。美國與蘇聯也締結兩項重要的軍備裁減條約，一項是關於歐洲的傳統軍備，另一項是針對戰略核武。後者簽署時距離蘇聯垮臺已只剩下五個月。

那麼，歐洲又該如何處理一九四五年二月雅爾達會議揭櫫的《歐洲解放宣言》？該宣言承諾在歐洲的蘇聯占領區實施自由選舉。其實早從一九七五年的《赫爾辛基協定》開始，一長串攸關戰後蘇聯占領區的檢討會議就已開始進行，最終演變成一九九〇年十一月於巴黎提出的《新歐洲巴黎憲章》，簡稱《巴

---

* 譯註：何內克被控共謀殺害六十八人，但因健康惡化，在一九九三年一月罪名撤銷、重獲自由。後來他與妻子飛往南美洲智利依親，一九九四年五月死於肝癌。

† 譯註：全稱《關於最終解決德國問題的條約》。

黎憲章》。《雅爾達密約》的承諾模稜兩可，出爐後不久就被邱吉爾斥之為「欺世盜名的文件」。相較之下，《巴黎憲章》相當詳細明確，建議依循西方的自由民主原則來重建包括蘇聯在內的歐洲秩序。戈巴契夫也在憲章上簽名，而且他不像史達林，他是真心誠意。遺憾的是，他沒有注意到蘇聯是由不同民族組成，某些民族並不期望與俄羅斯共組國家。「民主的蘇聯」等同於自相矛盾，就像油炸雪球。*

「我們致力於建立、鞏固與強化民主，做為自己國家唯一的治理制度。」《巴黎憲章》如此引人注目地宣示，進而對民主做了清晰的自由主義定義：不僅是「自由公平的選舉」，還包括「對於人類與法治的尊重」，要有言論、結社與行動自由及政治多元。依據《巴黎憲章》設置的「衝突預防中心」在維也納落腳，華沙則成立了「自由選舉辦公室」，後來改名「民主體制與人權辦公室」。來到一九九五年，「赫爾辛基歐洲安全暨合作會議」這一全世界運作時間最長的會議成為常設性的「歐洲安全暨合作組織」，其選舉觀察員對於自由公平的選舉有非常詳盡的規範。對這一切，戈巴契夫要蘇聯照單全收，與美國、加拿大及歐洲大部分國家的領導人志同道合。

我們很難想像一份比《巴黎憲章》更為全面的西方勝利宣言，而且它涵蓋了最廣義的「歐洲」：從溫哥華到海參崴。「我們精心打造《巴黎憲章》，確保沒有人會是輸家，每個人都是贏家。」老布希幾年後如此回憶。他參照的是一戰結束後德國遭遇的嚴厲懲罰：「我們避免淪為另一個《凡爾賽條約》。」但是在許多年之後，在許多俄羅斯人眼中，這項後冷戰協定不折不扣正是「另一個《凡爾賽條約》」。老布希私底下有時也沒那麼不食人間煙火。一九九〇年夏天，他與柯爾進行一場熱烈的討論時指出，絕不能讓「蘇聯人」有權否決統一的德國加入北約，「去他的！」這位美國總統大聲說道，「我們贏了，他們輸了。」

一九九一年，蘇聯這個戈巴契夫心目中的單一國家，蘇維埃的祖國，已經是風雨飄搖。波羅的海國家奮鬥爭取獨立帶來的衝擊，戲劇性與啟發性不輸我在華沙、布拉格與布達佩斯見證的天鵝絨革命。當烏克蘭與白俄羅斯及最關鍵的俄羅斯決定組成獨立國家國協，並且由渴望權力的葉爾欽（Boris Yeltsin）領導時，蘇聯也在那一年的盡頭走到盡頭，化身為冷戰最後一幕的最後一景。

西方的擴張

柏林圍牆倒塌後的頭二十年，西方大舉擴張，蔚為奇觀。地緣政治意義的「西方」在二戰期間投石問路，西方民主國家結盟對抗納粹德國、法西斯義大利與日本組成的軸心國。這些民主國家後來在冷戰時期持續發展為緊密的夥伴關係，將西歐、北歐與南歐大部分的民主國家與北美洲的民主國家連結在一起。西方的核心體制是北約與歐洲共同體，後者很快就轉型為歐盟。

* 譯註：典出約翰·馬克斯（John Marks）所著《油炸雪球：共產主義理論與實踐》（*Fried Snowballs: Communism in Theory and Practice*）一書。

白雪公主如果對政治感興趣，而且在一九八九年一月一日入睡、在二〇〇七年一月一日醒來，她會揉揉雙眼，不敢置信眼前的世界。愛沙尼亞、拉脫維亞與立陶宛等國儘管始終被自家人民視為國家，但一九八九年時大部分的歐洲政治地圖都不會將它們標示為主權獨立國家。到了二〇〇七年，這三國不但已是歐盟的成員，而且還加入了北約，跌破冷戰年代人們的眼鏡。另外兩個新國家捷克共和國與斯洛伐克（昔日的捷克斯洛伐克一分為二）也是如此，還有匈牙利、波蘭、羅馬尼亞與保加利亞，以及為前南斯拉夫聯邦共和國開先例的斯洛維尼亞。任何俄羅斯領導人只要從克里姆林宮窗口向西方或西南方瞭望，視線穿越後蘇聯年代的新國家烏克蘭、白俄羅斯與摩爾多瓦，就會看見一道由西方盟國形成的弧線，從最北端的愛沙尼亞到最南端的保加利亞，連結到包圍俄羅斯南方側翼的希臘與土耳其（早已是北約成員國）。這些國家幾乎都已加入歐盟，只有土耳其例外。

對於西方最重要安全聯盟與歐洲核心政治組織的向東擴張，其實並沒有得到西方世界的一致支持。一九九〇年一月我在一場法德英三國會議上主張，應該讓新近自由化的波蘭、匈牙利與捷克斯洛伐克加入歐洲共同體與北約，結果許多與會的政治人物、政府官員與外交官把我看成危險的極端分子。一九九一年，我到布拉格城堡參加一場旨在推動成立「歐洲邦聯」的會議。這項計畫是由密特朗倡議，哈維爾一開始也支持——哈維爾太晚才察覺到，自己被詭計多端的法國總統擺了一道。密特朗的真正構想是儘可能讓中歐與東歐的新興民主國家安心等候，讓法國長期主導即將正式成立的歐盟。幸運的是，我們及時挫敗這項節外生枝的計謀，因此到會議尾聲時，密特朗的特使巴丹戴爾（Robert Badinter）只能呼籲各方制定「一個輕量級的架構，非常輕量」。後來歐盟在二〇〇四年五月大舉東擴，* 羅馬尼亞與保加利亞則在二〇〇七年一月一日加入。

北約東擴的爭議性更大，遭到許多西方國家決策者反對，俄羅斯則一再宣稱西方曾經承諾北約不會東擴。二〇〇〇年升任俄羅斯總統的普丁在二〇二二年十二月召開記者會，憤怒譴責北約在一九九〇年代承諾「絕對不會向東擴張一吋」，結果卻明目張膽欺騙俄羅斯——兩個月後他下令俄軍入侵烏克蘭。普丁引述的說法出自一九九〇年二月九日，時任美國國務卿貝克（James Baker）與戈巴契夫的對話。當時貝克為了讓蘇聯領導人同意兩德統一、同意統一的德國留在北約而使出渾身解數。貝克如此問道：

> 德國統一之後可以不加入北約、獨立運作而不讓美國駐軍，也可以與北約綁在一起，北約保證不會從目前的管轄範圍向東移動一吋。你希望看到哪一個德國？

貝克也向柯爾報告此事，第二天柯爾與戈巴契夫會談時表明：「理所當然，北約不能將領域擴張到目前的東德領土。」柯爾的外長根舍說法更為全面，他告訴俄羅斯外長謝瓦納澤（Eduard Shevardnadze）：「在我們看來顯而易見：北約不會向東擴張。」

---

* 譯註：二〇〇四年五月一日，十個國家加入歐盟，包括八個前共產主義國家。

然而這一連串對話僅止針對東德，並不涉及中歐與東歐其他地區。美國很快就收回貝克關於北約「管轄範圍」不會及於東德的說法，戈巴契夫並沒有拿到關於北約不得東擴的正式書面承諾，但最後仍然勉強同意讓統一的德國留在北約。一九九〇年九月確立兩德統一的《二加四條約》第五條第三款規定：「外國軍隊與核子武器或其載具不得駐紮或部署在德國此一地區（亦即東德）。」這時美國已經開始考慮新近成為民主國家的捷克斯洛伐克與波蘭，有朝一日可能會要求加入北約。因此一幕深夜外交的好戲在莫斯科上演：條約簽署之前幾個小時，美方堅持加入一項「議事錄」，指出第五條第三款所謂「部署」的意義：

> 由統一德國的政府以合理而負責任的方式界定，並顧及本條約序言提及締約各方的安全利益。

佐立克（Robert Zoellick）是這項外交精心操作的締造者，他回憶「議事錄」如此遣詞用字是要未雨綢繆，畢竟未來美國可能會需要調動軍隊借道東德、前往波蘭。戈巴契夫與謝瓦納澤只能同意，他們在談判中處於弱勢，必須尋求西方經濟支持來為陷入困境的蘇聯推動現代化。

無論如何，一九九一年的蘇聯解體創造出全新的局勢。一九九四年的《布達佩斯備忘錄》讓烏克蘭交出大批核武，換取俄羅斯聯邦尊重烏克蘭領土的完整，一九九七年烏克蘭與俄羅斯簽定的雙邊友好條約也重申這項承諾。同樣在一九九七年，北約與俄羅斯聯邦簽署所謂的《北約與俄羅斯基礎協定》來規範雙邊關係，俄羅斯完全體認到北約會向東擴張，納入德國與俄羅斯之間的一部分國家，協定中更提到「北約與俄羅斯不再將對方視為敵人」。雙方同意的原則還包括「尊重所有國家的主權、獨立與領土完整，以及各國選擇保障自身安全方式的固有權利」。在北約這方面，既有成員國強調「沒有任何意圖、計畫與理由在新成員國領土上部署核武」，藉此清楚表明北約將會有「新成員國」。

普丁在擔任俄羅斯總統的第一年也遵循同樣的立場。他二〇〇〇年三月接受英國記者弗羅斯特（David Frost）專訪時表示：「我很難將北約看成敵人。」弗羅斯特追問：「俄羅斯有可能加入北約嗎？」普丁回答：

> 有何不可。我不會排除這種可能性。但我要重申，大前提是俄羅斯的觀點要被納入考量，而且要被視為平起平坐的夥伴。

二〇〇二年五月，新成立的「北約與俄羅斯委員會」第一次會議之後，普丁在羅馬的一場記者會上與時任北約祕書長羅伯森（George Robertson）同臺，並且說道：「烏克蘭是一個主權獨立國家，將自主選擇它確保和平與安全之路。」羅伯森回憶，他曾經九度與普丁會面，對方從未反對涵蓋七個國家的北約東擴計畫。小布希（George W. Bush）總統的國家安全顧問與國務卿萊斯（Condoleezza Rice）也指出，普丁完全不曾對小布希與她表示異議。局勢直到二〇〇七年才出現變化，普丁開始反對北約與美國在波蘭部署飛彈防禦系統的計畫，也反對給予烏克蘭加入北約的機會。

由此看來，雖然西方領導人曾在一九九〇年代初談判時，對蘇聯領導人做過一些廣泛的口頭承諾，但這些承諾並沒有在德國統一的條約之中重申，而且此時蘇聯也已經消失。普丁實際領導的國家（俄羅斯聯邦）接受北約東擴，並且正式承諾保障烏克蘭領土的完整性。

—

二〇〇一年五月，我與另外四位專家受邀到白宮為小布希總統做簡報，當時他正準備首度對歐洲進行官方訪問，並且將首度會見普丁。我敦促他支持所有符合資格的中歐與東歐國家加入北約。

「包括波羅的海國家？」小布希以他慣有的突兀短促口氣問道。

「是的，一定要包括。」

後來在歐巴馬總統任內出使莫斯科的麥克福爾（Michael McFaul）抱持同樣觀點，後來擔任《金融時報》（*Financial Times*）總編輯的巴伯（Lionel Barber）也是如此。

「嗯，」小布希最後說道，「很有趣……我會考慮這項建議。」

我很清楚我們三個人的聲量相當有限，也不會過度高估我們的影響力。當時還有許多遠比我們重要的人士也往同樣的方向推進。然而，有鑑於幾年之後普丁的俄羅斯轉向「復仇主義」（revanchist），最終導致在二〇二二年二月全面入侵烏克蘭，我非常慶幸我們當年主張這條路線。想想看，如果今日的愛沙尼亞、拉脫維亞與立陶宛都還沒有加入北約，它們的和平與自由會面臨何等嚴重的威脅？難保不會遭到徹底扼殺。

許多俄羅斯人會像普丁一樣，將西方歐盟與北約的雙重擴張（尤其是後者的擴張）視為針對俄羅斯的打壓。毫無疑問，對大部分中歐與東歐國家而言，北約的價值正在於抵擋俄羅斯，有些中歐人士甚至也如此看待歐盟。我在一九九四年造訪一位立陶宛國會議員，當時國會外面還有防禦工事，那是三年前為了防備蘇聯攻擊而設置。我注意到議員的櫥櫃門上貼了一張藍黃兩色貼紙，上面寫著「我的國家是歐洲」。

歐洲意謂著什麼？我問他。

「歐洲就是非俄羅斯。」他回答。

我一直很反對從這種觀點來看待歐洲與西方。正確的理解應該是，西方的擴張並不必然導致俄羅斯的式微。正好相反，二〇〇一年白宮那場簡報談及俄羅斯時，麥克福爾和我都敦促小布希總統保持開放心態，因為俄羅斯未來有可能以民主國家的身分加入北約。麥克福爾並指出，當時的俄羅斯其實左右為難，不知道自己應該繼續走向西方與歐洲，也就是依循一九九〇年代的路線，還是要背離西方與歐洲。

柯爾與老布希對於戈巴契夫的承諾是協助俄羅斯現代化，一九九〇年代統一的德國與美國柯林頓政府對於葉爾欽領導的俄羅斯也曾致力於同樣的目標。西方做了許多努力來包容（從另一個觀點來看是整合）這個新俄羅斯，要將其納入西方建構的自由主義國際秩序。一九九七年的《北約與俄羅斯基礎協定》描繪出一幅遠大的合作願景，後來為普丁本人親自發起的「北約與俄羅斯委員會」賦予實質內涵。不僅如此，一九九八年俄羅斯更受邀坐上西方世界的貴賓席：七國集團擴編為八國集團（G8）。一直要到普丁出任總統幾年之後，俄羅斯與西方的關係才在二〇〇〇年代下半急轉直下，變得劍拔弩張。

整合與解體

「歐洲共同家園」經歷了自一九四五年以來最徹底的改造與重建。這座家園大部分的水管、線路、家具、裝潢都要打掉重做，而且以家園的西廂為藍本。大部分房客如今得要付房租給西廂的房東（歐盟與北約公司），舊日東廂的房東已不再收租。新房東會負責修繕、關好門窗、設置安全警報系統。東廂房客身上穿的衣服，使用的產品，工作、溝通與生活方式都發生變化，向西廂房客看齊。除此之外，家園西半部的房間已把牆壁打通，大家共用各種設施，在共同空間用餐，甚至共用餐具，感覺就像生活在一個全新的家園。

一對新詞彙被用來形容這番改造與重建：「擴大與深化」。大方向已經在一九九〇年代初期設定，儘管建設工程幾乎像建造柏林新機場一樣年深月久。如今我從一個塵封的舊資料夾拿出一份講稿，是柯爾總理一九九二年十一月十一日在牛津大學的一場演說。前一年我在波昂訪談他時，他答應來訪牛津。攤開這份講稿，我發現它已鋪陳出完整的歐洲建設藍圖。

柯爾主張，為了避免讓歐洲重蹈政治結盟翻雲覆雨、兄弟鬩牆戰爭不斷的覆轍，我們必須像他果斷完成德國統一一樣，果斷推動歐洲一體化。他演說那天十一月十一日正是第一次世界大戰的停戰日，格外發人深省。柯爾強調《馬斯垂克條約》必須得到批准，共同貨幣必須由獨立的歐洲中央銀行來確保穩定，並且與經濟聯盟緊密結合。然而經濟聯盟與貨幣聯盟要能夠長久維繫，先決條件是牢牢紮根於一個政治聯盟。《馬斯垂克條約》過關之後催生的歐盟必須提升內部安全，更為強固的民主管控同樣重要，因此歐洲議會應該擁有更多權力。前南斯拉夫地區的戰火已經點燃，讓我們體認到歐洲迫切需要共同的外交政策與安全政策，來輔助依然不可或缺的大西洋聯盟。

這些就是所謂的「深化」。至於「擴大」，當時奧地利、瑞典、芬蘭與瑞士的入盟談判很快就會開始，「挪威可能也會跟進。」然而歐洲東部的分界牆也必須推倒，「身為德國人，我完全無法接受歐盟永遠無法跨過德國的東部邊界。」畢竟波蘭並非（「有些人不假思索地認定是」）位於東歐，而是位於中歐。這位統一德國的總理在一九九二年還沒有料想到，波羅的海三國也會被納入歐盟。對於前蘇聯加盟共和國未來加入歐盟的可能性，柯爾斬釘截鐵宣示「予以排除」。演講最後，他以一段抒情文字作結，描述一九九三年一月一日當天，法國與德國的邊界管制全面解除。而在這場演講的短短幾個月之前，他坐在布拉格查理大橋上，夏日陽光普照，周遭年輕世代的義大利人、德國人、英國人與俄羅斯人，已經在享受他這個世代夢寐以求的歐洲。

當時我覺得柯爾的演說相當無聊，全都是老調重彈，而且柯爾的談話風格就像他對食物的品味——分量十足、調味厚重。但在二〇二〇年代初回顧，我腦中想到的卻是「如果今天我們有任何一位領導人能夠對歐洲未來十年的發展，提出如此清晰廣闊的願景，那該有多好！」三十年過去，柯爾的願景還有兩大目標尚未達成：一套真正的歐洲共同外交政策，以及一個對於貨幣聯盟而言不可或缺的政治聯盟。但在其他方面，柯爾的歐洲建設計畫基本上已經付諸實施。

然而故事只說了一半，會讓大部分歐洲人感覺是正向發展的那一半。如果你仔細爬梳這幾年間的事態發展，就會發現歐洲不斷在整合與解體、自由與壓迫、和平與戰爭之間來回拉扯。一九九三年一月，歐洲單一市場正式運作，但捷克共和國與斯洛伐克卻也經歷了「天鵝絨分離」，正式變成兩個國家。一九九四年，歐洲貨幣聯盟籌備計畫進入第二階段，匈牙利申請加入歐盟，英法海底隧道通車，但塞拉耶佛一處市集卻發生可怕的爆炸案，代表第三場南斯拉夫繼承戰爭（繼斯洛維尼亞與克羅埃西亞之後，波士尼亞也陷入戰火）更加惡化。五成二瑞典選民支持加入歐盟，但五成二挪威選民反對加入歐盟。一九九五年，各方對於在二十世紀結束前施行今日所謂的「歐元」，協商出一份「不可逆」的時間表，但與此同時北愛爾蘭卻發生暴動，克羅埃西亞的克拉伊納（Krajina）*地區出現族群清洗，波士尼亞的斯雷布雷尼察陷入種族滅絕的境地。這邊是馬斯垂克的歐洲，那邊是塞拉耶佛的歐洲。

一九九八年，《耶穌受難日協議》終結了北愛爾蘭三十年的宗派暴力，但與此同時我們卻看到科索沃爆發叛亂。當愛爾蘭共和軍放下武器，科索沃解放軍卻拿起武器。一九九九年，歐元在歐盟十五個成員國之中的十一個正式上路（儘管硬幣與紙鈔還沒有開始流通），但戰爭卻在科索沃爆發，幾乎釀成種族滅絕。北約轟炸塞爾維亞，出動地面部隊占領科索沃。那年五月的某一天，我佇立在英國陸軍設於馬其頓的戰地指揮部，距離科索沃邊界不遠。聲音粗啞的傑克遜（Michael Jackson）將軍攤開一張二戰時期德意志國防軍的南斯拉夫地圖，說明北約進軍的地理形勢（將軍皮笑肉不笑地說道，德國佬很清楚最佳入侵路線）。第二天我來到亞琛，見證布萊爾首相獲頒查理曼獎。典禮過後他告訴我，在查理曼教堂舉行大禮彌撒時，他心想自己的孩子是何等幸運，能夠在這樣的歐盟之中長大成人。

歷史繼續進行，暴力與解體多半發生在歐洲大陸東半部，西半部則是和平與整合當道，不過絕非永遠如此。北愛爾蘭有可怕的流血衝突，西班牙有極端組織「巴斯克祖國與自由」（簡稱埃塔，ETA Basque）的炸彈攻擊，義大利有黑手黨殺戮。不久之後還會有伊斯蘭主義恐怖主義肆虐西歐各地。二〇〇四年冬天烏克蘭橙色革命期間，我來到首都基輔（Kyiv）的獨立廣場（Maidan），見識無數民眾熱情揮舞歐洲旗的奇觀。然而二〇〇五年上半年，法國與荷蘭卻以公投否決《歐盟憲法條約》。

秩序與失序、合作與衝突、整合與解體的力量，在歐洲各地不斷進行鬥爭。

---

* 譯註：Krajina 意為「邊境」，主要指克羅埃西亞與塞爾維亞、波士尼亞接壤地區。

好國王溫徹拉斯

二〇二〇年初的某一天，我們圍坐著布魯塞爾一張圓形大餐桌，一群歐洲人正在議論歐洲的未來。睿智且語氣溫和的法國外交官維蒙（Pierre Vimont）告訴我們，曾有一位歐盟高層人士被電視臺記者問到啞口無言，但問題很簡單：「你的歐洲英雄是哪一位？」

我們決定讓在座的每一個人都回答這道問題，結果出現一位在十七票之中拿到六票的贏家：哈維爾。但除了哈維爾，得票超過一票的歐洲英雄只有一位，那就是邱吉爾。西班牙遜位國王卡洛斯一世（Juan Carlos I）、愛沙尼亞前總統梅里（Lennart Meri）、法國政治人物西蒙·韋伊、德國前總理布蘭特、文藝復興時期思想家伊拉斯莫斯、古希臘政治家伯里克里斯各只有一位支持者。我是最後投票的人，為哈維爾投下第六票。

邱吉爾、艾德諾、尚莫內、戴高樂與加斯貝利（Alcide de Gasperi）* 等人物的生平事蹟，充分顯示了一九一四至四五年間「歐洲內戰」悲慘經驗，如何為建立戰後歐洲發揮正向作用。哈維爾則是另一類典範人物：他與葛萊米克、梅里等人受過一九四五至八九年間中歐悲慘經驗的洗禮，為形塑柏林圍牆倒塌後的歐洲發揮正向作用。

從異議劇作家到總統，從監獄到布拉格城堡（捷克總統官邸與辦公場所），哈維爾的故事經常被呈現為某種簡化的名人神話。我們很容易就會把他當成現代版的「好國王溫徹拉斯」（Good King

Wenceslas）。溫徹拉斯是十世紀的波希米亞統治者，根據一首膾炙人口的耶誕節頌歌，溫徹拉斯帶著僕人在耶誕節冒著風雪出門，為窮苦農人送上食物與酒：「好僕人注意我的腳步／勇敢跟著我走。」「Wenceslas」（溫徹拉斯）的捷克文寫法即是「Václav」（瓦茨拉夫），布拉格的「瓦茨拉夫廣場」就是「溫徹拉斯廣場」，以這位中世紀統治者為名，他後來被教會冊封為「聖瓦茨拉夫」。哈維爾不但與他同名，而且身為捷克共和國第一任總統，正是這位波希米亞國王千百年後的繼任者。做為歷史人物，哈維爾逝世後也獲得政治意義的「封聖」殊榮，有如第二位「聖瓦茨拉夫」。

我們這個年代對「英雄」一詞的用法相當寬鬆。我還年輕的時候，相信世間確有英雄，意謂完美無瑕、超越凡俗的人物。如今的我另有一番見解，部分原因是看到過去非常欣賞的幾位中歐異議人士，在一九八九年之後紛紛改頭換面。有些人在某種情境之下堪稱英雄，但在另一種情境卻不可同日而語。儘管世間並沒有完美的英雄，英雄情操仍然存在。

哈維爾在作為異議人士的年代，表現出真正的英雄情操。一九三六年，他出生在一個富裕的中產階級家庭。共產黨統治初期，他無緣接受高等教育，原因就只是出身背景「錯誤」，但他努力自學。家族友人沙伐利克（Josef Šafařík）對早年的哈維爾影響甚深，他主張一個人必須聽從良知的聲音，前提是「依據自身意願，甘冒自身風險，擔負自身責任」。一個人也必須盡一己之力來追尋真實，加以理解掌

* 譯註：義大利政治人物，二戰之後長期擔任總理，也是歐盟創建者之一。

握，然後挺身捍衛，甚至付出生命作為代價。這種以個人身分宣示的真實，重要性無以復加。

哈維爾奮發向上，在劇場擔任舞臺工作人員與燈光師，一路成為舉世知名的劇作家，堪稱捷克的貝克特（Samuel Beckett）或品特（Harold Pinter），還帶有獨特的卡夫卡風格。舉例而言，他的劇作《備忘錄》（*The Memorandum*）就曾描寫某個公家單位主任接收到一份以「疊配文」（一種無法理解的官僚語言）寫成的公文，陷入溝通困境。年輕劇作家哈維爾參與了一九六八年的布拉格之春，指點同胞如何反抗同年八月的蘇聯入侵與之後的占領行動：

> 運用每一種出乎敵人意料的方法來對抗：讓他覺得完全不被理解。嘲弄他，讓他體認自身處境的荒謬……

後來的哈維爾一度陷入絕望，尋歡作樂，沉迷酒色，所幸仍有作品問世。他後來在回憶錄中描述，一九七〇年代的前半段有如「一團渾沌的迷霧」。一九七五年，哈維爾在發表一封寫給共產黨領導人胡薩克的精彩公開信之後，正式成為一位「異議人士」。時候已到，他必須呼應早年導師的教誨，「活在真實之中」。他發揮關鍵作用，號召各路人馬（從前共產黨員到保守派天主教徒）組成聯盟，在一九七七年一月發表《七七憲章》，要求捷克斯洛伐克政權尊重自身簽署的聯合國國際公約與《赫爾辛基協定》規範的人權與公民權利。《七七憲章》的簽署者後來被稱為「憲章派」，催生出一場組織化的異議運動。

緊接而來的是懷疑與羞辱時期。哈維爾遭到拘留與反覆偵訊，還面臨長期囚禁的威脅，為此他簽署一份請願書，懇求當局釋放並承諾「不再從事公開政治活動」，此後將全心全力耕耘藝術領域。後來共產黨機關報《紅色權利報》（*Rudé právo*）將哈維爾這份承諾和其他偵訊供詞彙整後發布，昭告世人他已完全認錯。對於這場「挫敗」，哈維爾耿耿於懷，痛苦不堪，在書信與劇本中描述。最重要的是，他從中學到教訓。一九七九年他再度面臨長期囚禁的威脅，這回他抱著心理準備走向苦難，一如沙伐利克的教誨，「活在真實之中」意謂準備好付出代價。哈維爾被囚禁了一千三百五十一天。剛開始的時候，他要做焊接工人的粗重工作，遇到的第一個典獄者是個虐待狂，在他面前稱讚希特勒：「碰到像你這種害蟲，希特勒會立刻施放毒氣解決掉。」後來哈維爾被送進醫院，因為他身染重病，終其一生都沒有完全康復。他的政治犯獄友丁斯特比爾（Jiří Dienstbier）曾告訴我，獄卒對哈維爾百般折磨，因為他顯得羞怯猶疑，甚至懷著歉意，總是在試圖解釋。丁斯特比爾一邊喝啤酒一邊笑著說道，獄卒後來相當驚訝地發現，囚犯哈維爾居然是同夥之中最強悍的一個。

我第一次與這位異議劇作家見面，是在他位於布拉格的公寓，當時他才剛出獄不久。我在筆記本上描述他「長得像海象」，留著長長的八字鬍，一頭捲曲金髮，兩條短腿撐著渾圓肥胖的身軀，擁有「非常低沉渾厚的嗓音」。他告訴我，兩個問題至關重要：《七七憲章》是否彰顯了真實？如果是，更廣大的社會是否正逐漸瞭解這份真實？他對第一個問題的答案是明確肯定，對第二個問題的答案則語帶保留。

一九八六年，我化身不速之客，開車前往他位於波希米亞北部的農莊。快到目的地時，我看見一輛警車擋住農莊門口，立刻改變計畫，駛入一條小路，將車子藏在樹林裡。我步行走下山丘，行經茂密的草地來到農莊後方，暗自咒罵身上穿的淺色博柏利（Burberry）雨衣讓我顯而易見。如果警方將我的身影拍攝下來，那就是現成的絕佳宣傳片：「西方帝國主義特務造訪。」我輕敲農莊廚房窗戶，哈維爾現身迎接，他穿著拖鞋，暗紅色的燈芯絨長褲，T恤上寫著「誘惑是傑作」。《誘惑》（*Temptation*）是他的最新劇作，不久前才在維也納首演。

「我剛剛還在想，警察不知道是在等候誰。」

接下來我們一起喝啤酒、喝湯，進行了一場我畢生最難忘懷的對話，守候在農莊外面的警察卻渾然不覺。我們聊了幾個小時，關於寫作時打字稿隨時可能被警方沒收的緊張氛圍，關於政治作家的使命，關於西方低盪政策的道德曖昧性與西方大使館的怯懦——法國土魯斯大學（Toulouse University）要頒贈榮譽博士學位給哈維爾，但法國大使拒絕讓典禮在大使館舉行。哈維爾的談話充滿張力且幽默，更傳達出一種精明的政治直覺。

當時哈維爾已經藉由自身的艱苦經驗，提煉出二十世紀最精彩的政治評論：《無權勢者的力量》（*The Power of the Powerless*）。這本書舉了一個例子。一名蔬果商在商店櫥窗裡，洋蔥與胡蘿蔔之間放了一張標語牌「全世界勞動者，聯合起來！」蔬果商為什麼要這麼做？難道他真的滿懷熱忱，要聯合全世界的勞工？不，他只是要向掌權者表態，顯示他願意配合與服從。如果你要求他擺出「我很害怕，因此毫不質疑地服從」這樣的標語，儘管是實話實說，但他不會願意這麼做。權力體系倚賴眾人自欺式的共謀串通，因此如果讓人們看到並認清真實，拆解小人國格局的自欺與謊言，人們將會發現無權勢者的力量。

這樣的分析見樹又見林。十四年之後，我來到仰光，與緬甸反對運動領導人翁山蘇姬坐在一起，當時她短暫脫離軍政府軟禁，和我討論自身的處境。她說哈維爾的作品很有啟發性（可惜她欠缺哈維爾的精明政治直覺）。從德黑蘭、德里、基輔到北京，都有學生對我問起《無權勢者的力量》。他們讀的是地下出版的翻譯，或者在網路上找到的各種版本。二〇一九年香港民主運動期間，當地書店可以買到新版的《無權勢者的力量》，社群媒體也頻頻引述。就算假設哈維爾在一九八三年因長期監禁而過世，這些文章還是會流傳後世，代表歐洲對於人類共同學習過程的獨特貢獻。

所幸哈維爾並沒有英年早逝。之後我經常和他會面，一直持續到他在二〇一一年真正病逝。我們接下來的會面是在一九八八年，也是時間最短的一次。我到布拉格參加他籌畫的非正式研討會，紀念一九六八年布拉格之春二十週年。我按照指示，在巴黎酒店陳舊但依然美麗的新藝術餐廳（Jugendstil Restaurant）集合，哈維爾只來得及說一句「我宣布會議開始」，就被祕密警察逮捕帶走。

世界各地的異議人士往往是那種氣場強大且大聲疾呼的人物，可敬但未必可愛。但哈維爾說話語氣平靜，聲音低沉渾厚，態度彬彬有禮，羞怯猶疑，甚至懷抱歉意。他還帶有一種非常迷人的脆弱感，尤其吸引女性。哈維爾是一位可愛的人物，我也愛他。受到他以身作則的激勵，接下來幾年我花了許多時間投入吃力不討好的行政工作，與德國暨英國自由主義思想家達倫多夫、法國歷史學家福亥（François

Furet）及瑞典作家韋斯特貝里（Per Wästberg）合作推動一項計畫，支持中歐與東歐地區的獨立出版、地下出版，也包括捷克斯洛伐克的許多出版品。哈維爾對此相當感謝，因此當一九八九年十一月變革終於來到，他邀我親臨現場，進入天鵝絨革命的大本營神燈劇院。這對一位劇作家而言恰如其分。

—

然後，幾乎就只是一眨眼的工夫，哈維爾入主布拉格城堡，在一九八九年十二月就職總統。他身穿一套臨時趕工縫製的西裝，褲子顯然太短。在他擔任總統期間，我們多次會面。從倫敦或華盛頓的官方訪問，布拉格的北約峰會，拉尼（Lány）安靜的總統鄉間別墅，到波西米亞北部鄉間的旅遊。每一次會面，他都會帶來新的深刻見解或有趣故事。他詳細描述柯林頓總統座車有個巨大的黑色箱子，原本以為裡面裝的是核武啟動密碼，結果打開箱子後只見一罐罐的可口可樂，「各種口味的可口可樂！」哈維爾嗓音低沉渾厚，配上慣有的咯咯笑聲。

他告訴我他不再有時間寫評論或劇本，因此將演講視為「大作品」，這個說法帶有煉金術意味，借用自他在布拉格城堡的一位前任：作風古怪的十七世紀哈布斯堡王朝皇帝魯道夫二世。哈維爾認真經營自己的演講，辦公桌上經常堆滿了書籍，那些最精彩的演講篇章都出自他的手筆。

對於知識分子從政的議題，他透過幾次演講與我進行君子之爭的論辯。我認為（但絕非個人創見）

政治人物與知識分子的角色不但截然不同，而且會在創造力上形成緊張關係。知識分子的職責在於尋求真實，對掌權者說真話。政治人物則必須以另一種更為工具性的方式來運用語言，盡可能強調議題的特定面向，以促進政黨發展、推動政綱實現。政治人物不會尋求智識上的精確或完全誠實，而是以不斷重複來達到效果。簡而言之，知識分子必須盡可能活在真實之中，政治人物的工作則是虛實交錯。對於發展健全的自由民主體制，兩種角色都有其正當性與必要性，然而兩者有其差異，不應混為一談。我引述康德來為自己的觀點背書：「我們不應期待、也不應要求國王成為哲學家，或者哲學家成為國王，因為掌握權力無可避免地會敗壞理性的自由運作。」

哈維爾並不同意我的觀點，並且透過演講來闡釋原因（有時場合不可思議）。一九九二年四月，東京有樂町朝日會堂的觀眾一定會感到疑惑，為什麼哈維爾不斷要與「一位英國朋友」進行遠距離辯論？他告訴聽眾，應該要將「一種新的風潮、新的精神、新的靈性」注入今日政治的刻板形態之中，政治應該要「人性化，並且好好培養其知性與精神的層面」。「坐上部長位子的哲學家與詩人當然不可能全憑一己之力來拯救世界，但他們還是能夠在某些情況下為世界的救贖做出貢獻。」哈維爾最後說道：「我的英國朋友可能有先見之明，也可能是拘泥於人們應該固守本分的陳腐觀念。孰是孰非，將由被命運推上這個位子的我們來決定。」

哈維爾長期高居領導階層，先後出任捷克斯洛伐克與捷克共和國總統，二〇〇三年才退休，生涯同時彰顯了關於知識分子從政的兩派觀點。哈維爾的任何演講都比不上他最精彩的評論，只有一九九〇年一月一日那場演講例外。身為一位必須尋求連任的政治人物，他無法完全「活在真實之中」，必須做出妥協。儘管非常不以為然，他還是簽署了一項「除垢法案」，將前祕密警察成員與其勾結者列入黑名單，禁止從事多種公職（後來他將這部法律送上憲法法庭，促成一些內容調整）。他曾經被柴契爾主義者克勞斯（Václav Klaus）羞辱——此人的名字也是「溫徹拉斯」，但絕對不會在冰天雪地濟助挨餓的農民。*

哈維爾戀棧權位太久，這是政治人物的通病，他不應該在一九九八年競選連任總統。到最後，許多捷克人已厭倦了他戲劇化的表現方式與道德教誨。借用韋伯（Max Weber）的話來說，哈維爾經常在政治人物的「責任倫理」與知識分子的「良知倫理」之間進退維谷。他自己也說過，高層政治讓他發現了「掌權者的無力感」。如果他能夠堅守自己在天鵝絨革命落幕時許下的承諾，總統只做到一九九〇年代中期第一場民主選舉，他會不會能以無可置疑的道德權威留下更多精闢的評論？

然而但是，如果沒有哈維爾出來正音定調，新成立的捷克共和國又會變成什麼樣子？他過世之後，當布拉格歡迎達賴喇嘛來訪，當一位捷克參議員無視共產中國壓力向民主臺灣致敬，† 我們都見證了哈維爾的遺緒。二〇二〇年，我聆聽代表捷克的歐盟執委尤洛娃（Věra Jourová）熱忱倡議歐盟必須挺身捍衛波蘭與匈牙利的法治，「民主必須寫入我們的心靈。」這是純正的哈維爾精神。果不其然，她在布魯塞爾的辦公室懸掛了一幅哈維爾的巨幅照片。

哈維爾還有一個更全面的訊息要傳達給歐洲，而如果他只是一介作家而非國家元首，這個訊息或許無法廣泛散播。終其一生，哈維爾都大力支持歐洲一體化。年僅十六歲時，他寫信給朋友討論歐洲煤鋼共同體的成立：「一體化的歐洲已然誕生……」但他也在一九九〇年代的幾場演講中加入一項重要警告，他在一九九四年告訴歐洲議會，自己在閱讀《馬斯垂克條約》時彷彿「看到一部無比完美、極為精巧的現代機器是如何運作」。然而，儘管《馬斯垂克條約》「訴諸我的理性，卻沒有打動我的情感」，歐盟需要「一部專有憲章，清楚說明自身的基礎理念……致力發揚的價值」。一九九九年，他對法國參議院發表演講，讚許歐洲一體化的過程，與此同時也補充說道：

我始終有一種感覺，就是這一切就像是火車旅行，啟程於狀況與今日非常不同的早年，一路持續前進，卻沒有吸收新的能量與新的精神動力，不曾重新設定方向與旅程目的地。

哈維爾接著提出自己對憲章的構想，當時他稱之為「歐洲憲法」，而且是「每一個歐洲孩童在學校就能夠學習的憲法」。

他非常憂慮這種情感訴求與方向感的欠缺，於是和我及鋼琴家兼指揮家阿胥肯納吉（Vladimir

* 譯註：克勞斯是哈維爾擔任捷克共和國總統時期的第一位總理，後來繼哈維爾之後兩度當選總統。

† 譯註：二〇二〇年八月，捷克參議院議長韋德齊（Miloš Vystrčil）率領九十人代表團訪問臺灣。

Ashkenazy）合作，要為《歐洲之歌》填上新的歌詞，並準備在布拉格進行首演。我起草的歌詞如此開頭：「歐洲是諸國的核心／追求崇高的律法」，我自己覺得差強人意，接下來更是越寫越糟，至今仍被幾位朋友當作笑柄。最後我們放棄這項計畫。即便如此，今日的歐盟仍須正視哈維爾的警告，因為目前歐盟的理智訴求仍然多於情感訴求。

哈維爾的演講還有一個重點，就是要求歐洲必須扮演「行星文明」的捍衛者。他認同洛夫洛克（James Lovelock）的「蓋婭假說」，也就是將地球描述為單一巨大且能夠自我調節的體系，而當時許多人只覺得這是一個「哲人王」無傷大雅的突發奇想。但看看今日，氣候變遷已經形成生存威脅，人類活動讓生物多樣性大為降低，哈維爾顯得先知先覺。他以自己的方式為格蕾塔・童貝里（Greta Thunberg）做開路先鋒。

哈維爾還面對一項更迫切的議題，並因此驚駭莫名：另一個共產主義聯邦國家也快速解體，而且與前捷克斯洛伐克不同，南斯拉夫並非好聚好散。哈維爾大聲疾呼美國與歐盟進行干預，終結南斯拉夫聯邦的流血衝突，阻止一場種族滅絕。如果說哈維爾代表柏林圍牆倒塌後的歐洲初年最美好的一面，那麼前南斯拉夫聯邦就代表最惡劣的一面。

種族滅絕再起

一九九五年十月的某一天，我開車行經克羅埃西亞「族群清洗過後」的克拉伊納地區，在筆記本裡寫下這些文字：

很難描述，一英里路又一英里路、一個小時又一個小時累積下來的衝擊，房舍遭到摧毀焚燒，有價值的物品被劫掠一空。……窗戶被打破，瓶罐、被單、破損的家具、紙張散落在地板上……沒有曳引機或農業機具，沒有牛隻，沒有狗兒，只有**幾隻貓**，牠們是最強悍的生物。最重要的是，不見人影。房舍、道路、殘存的商店、農舍、細心照料的葡萄園。然而除了幾部克羅埃西亞警方巡邏車與聯合國車輛，完完全全不見人類蹤影。

我繼續寫道：「這番『清洗』相當耗費工夫。當天稍晚，我們遇見幾名年長的塞爾維亞裔女性農民，穿著黑色的傳統服裝，全都嚇壞了。來到幾近荒蕪的城鎮基斯坦耶（Kistanje），走進空蕩蕩的市集，我們發現幾本家庭相簿攤在一張桌子上：婚禮、洗禮、家庭宴會。一整個人生一去不回。」

一九九一年的塞爾維亞人（塞族）是始作俑者，南斯拉夫的解體過程以血腥展開。幾個月之內，這個山巒起伏的美麗邊境地帶、昔日奧匈帝國的「軍事邊區」，就此淪為暴力橫行、盜匪猖獗的「準國家」，自稱為「塞爾維亞克拉伊納共和國」（Republic of Serbian Krajina）。他們驅逐當地的克羅埃西亞人，大肆屠殺，劫掠民宅，焚毀天主教堂。四年之後的一九九五年八月，輪到克羅埃西亞人為暴行寫下完結篇，克羅埃西亞軍方發起解放克拉伊納的「風暴行動」，二十萬塞爾維亞人大舉逃亡，我們再一次印證奧登的詩句：「凡遭惡行侵害者／必以惡行回報。」劫掠者遭到劫掠，搶奪者遭到搶奪，這回換東正教教堂化為廢墟，施暴者則是來自另一個教會的虔誠基督徒。又過了幾年，塞爾維亞與克羅埃西亞兩邊都有人因為戰爭罪行而被定罪。

當夜幕低垂，留在克拉伊納的無辜塞爾維亞人就有可能被送往來生。風暴行動結束兩個月後，我造訪當地首府克寧（Knin），聯合國「保護部隊」*給我一份統計資料，記錄了大約一百樁謀殺事件。南斯拉夫在過去十年間分崩離析，相較於這十年間殺戮、性侵、肢體傷害與流離失所的統計數字，一百件只是一個可以四捨五入的誤差值。我來到一座被劫掠的房舍，在車道上撿起一張狄托元帥（Josip Broz Tito）的黑白照片，此人建立並維繫南斯拉夫社會主義聯邦共和國，直到一九八〇年過世。狄托臉上有一個明顯的泥巴腳印，是一隻巨大的靴子所留下。

午後陽光逐漸減弱，另一座毀於兵燹的農舍，我們在花園中發現一冊兒童詩集《強盜卡提亞與公主娜蒂雅》（*Bandit Katja and Princess Nadja*），一九八九年在塞拉耶佛出版。「噢，太好了，」在南斯拉夫長大的記者安娜・烏澤拉奇（Ana Uzelac）說道，「我小時候很喜歡這本書。」她翻開書頁，在暮色四集中唸誦：

演員
演戲，
歌手
唱歌，
法官
判案，
學生
學習，
廚師
煮菜，
警衛
看守，
我們南斯拉夫

＊譯註：聯合國保護部隊（UNPROFOR）成立於一九九二年二月，負責在克羅埃西亞與波士尼亞執行維和任務，兵力近三萬九千人。

就是如此壯大。

（寫作本章時我眼前就擺著這本書，封面泥土仍在。）

黃昏時分，我們已從山區荒原歸來，回到美麗的達爾馬提亞（Dalmatia）海岸度假勝地西貝尼克（Šibenik），穿梭在德國遊客之間。這裡有電力、自來水，一對情侶坐在摩托車上親吻，歐羅巴咖啡館（Café Europa）的濃縮咖啡無比香醇。啊，歐羅巴。

一個星期後，我前往波士尼亞城鎮土茲拉（Tuzla），訪談一位鎖匠出身的三十九歲軍人，他剛從三個月前的斯雷布雷尼察大屠殺生還。斯雷布雷尼察是理應受到聯合國保護的「安全區」，荷蘭外科醫師在當地為他受傷的腳動了手術，並且向他保證他會平安無事，結果波士尼亞塞族軍隊壓制了為數不多的荷蘭暨聯合國保護部隊，再將他擄走。他告訴我他看到那些荷蘭「保護者」與塞爾維亞人飲酒作樂。奇蹟發生，他活了下來，但腳部傷勢惡化，傷口爬滿了蟲，還被一名塞爾維亞營區指揮官蓄意踹踢。他的父親與兩名兄弟至今下落不明。

一九九五年七月發生的斯雷布雷尼察大屠殺，是歐洲自一九四五年之後最嚴重的戰爭罪行。設於荷蘭海牙專門審理前南斯拉夫罪行的國際法庭，*認定這場大屠殺是種族滅絕。殺害約八千名波士尼亞成年與未成年男性穆斯林並非易事，波士尼亞塞族部隊指揮官穆拉迪奇（Ratko Mladić）將軍沒有納粹的毒氣室，因此劊子手便將他們聲稱的「穆斯林」以卡車送往屠宰場，逐一朝頭部開槍處決。當下一輛卡車抵達屠宰場，車上的俘虜會看到一排排剛死亡的屍體。

劊子手之一的埃爾德莫維奇（Dražen Erdemović）回憶，屠宰場的氣味讓他想起小時候常去的一家肉品店。每一個死難者的反應不一樣，有些人會哀求，「求求你讓我活下去，我在斯雷布雷尼察搭救過塞爾維亞人，我有他們的電話號碼。」有些人會咒罵，有些人會掏錢，有些人會沉默面對死亡。有些死難者挨一槍之後還不死，劊子手必須補上一槍。埃爾德莫維奇盡量不看死難者的臉，但他永遠無法忘懷一個男孩的面容。男孩只有十五歲，甚至可能十五歲不到，他上身打赤膊，膚色在耀眼的陽光下顯得特別蒼白。男孩睜大了眼，看著一排排的屍體，他跪下去，等著被埃爾德莫維奇從後腦勺一槍斃命。男孩喃喃自語：「媽媽，媽媽。」

歐洲在一九四五年之後曾下定決心「永不再犯！」如今卻重蹈覆轍。歐洲部分地區再一次墜落人為打造的地獄：自相殘殺的戰爭、性侵、族群清洗、種族滅絕。我的前南斯拉夫筆記本有十四冊保存下來，其中一本寫道：「我剛從一九四五年回來。」這場悲劇發生時，不遠處的其他歐洲人繼續過日子，在咖啡廳喝咖啡，頌揚一個自由、和平與繁榮的勝利歐洲。我也是如此，在位於牛津的自家花園與朋友歡聚、慶祝自己四十歲生日。也就是在那一天，那個呼喊「媽媽」的男孩與其他波士尼亞人遭到冷酷處

＊　譯註：前南斯拉夫問題國際刑事法庭成立於一九九三年五月，二〇一七年十二月關閉，二十四年間共起訴一百六十一人，其中九十人遭定罪判刑。

決。我怎麼能夠如此？最糟糕的是，悲劇就發生在荷蘭、法國與其他歐洲國家部隊眼前，而那些被處決者正是他們奉聯合國之令要保護的對象。回到一九九三年一月，波士尼亞與赫塞哥維納共和國副總統圖拉伊利奇（Hakija Turajlić）被一名塞族戰士槍殺，當時他正坐在一部懸掛聯合國旗幟的法國裝甲運兵車之中。

我從土茲拉轉往塞拉耶佛，感受當地人們的怨恨與憤怒，他們被波士尼亞塞族部隊圍困了三年多，歐洲國家卻置之不理。塞拉耶佛人提到「歐洲」時總是尖酸鄙夷，彷彿那是一個髒字。他們說的「戰前」是指一九九二年之前，而不是一九三九年之前。「零年」即將再度出現。我抵達波士尼亞之前不久，教宗若望保祿二世在紐瓦克（Newark）與柯林頓總統舉行會談。教宗告訴柯林頓，二十世紀以塞拉耶佛的一場戰爭開始，*但不能讓這個世紀在塞拉耶佛的另一場戰爭中結束。波士尼亞戰爭最後是在美國介入之下結束，儘管各方在俄亥俄州的代頓（Dayton）簽署和平協定，但協定的基礎是大範圍的族群畫分，並且為未來埋下許多隱憂。

到頭來，二十世紀沒有結束於塞拉耶佛戰爭，而是結束於科索沃戰爭。這是繼斯洛維尼亞、克羅埃西亞與波士尼亞之後，第四場南斯拉夫繼承戰爭，最終導致一場由北約帶頭的占領行動，並在一九九九年夏天建立起一個受國際承認的保護地。對許多與我同時代的人而言，最關鍵的經驗是波士尼亞，但我個人涉入最深的卻是科索沃。早在一九七〇年代我的「文化禿鷹」時期，我就已發現這個在歐洲罕為人知的角落。當年我造訪並愛上佩奇（Peć）、格拉查尼察（Gračanica）與維索基德查尼（Visoki Dečani）

精緻的中世紀塞爾維亞東正教修道院。一九八三年我再度造訪科索沃，報導占人口多數、主要信奉伊斯蘭的阿爾巴尼亞裔與塞爾維亞（南斯拉夫）當局日益嚴重的衝突。我在《旁觀者》刊出的文章以「南斯拉夫的貝爾法斯特」為題，來自我在科索沃首府普里斯提納（Pristina）聽到的一則笑話：「你聽說了嗎？他們要將普里斯提納改名，從此改叫貝爾法斯特。」†

一九九〇年代晚期，我花了幾個星期時間漫遊前南斯拉夫各地，訪談對象包括科索沃的阿爾巴尼亞裔與塞爾維亞人，以及貝爾格勒（Belgrade）的各方人士，當時塞爾維亞正對科索沃發動強力蹂壓。科索沃阿爾巴尼亞裔組成了科索沃解放軍（KLA），發動武裝叛亂且規模自一九九八年起逐漸擴大。那是我有生以來第一次看到殺戮死難者僵硬的屍體，撐破臨時湊合的塑膠屍袋。來到德查尼修道院南邊的村莊普利勒普（Prilep），我看到兩名遇害塞族警察的鮮血染紅了雪地。哭泣的母親坐在已成廢墟的房屋旁邊，兒童睜大困惑的雙眼站立。後共產主義時期的塞爾維亞暨南斯拉夫剩餘部分領導人米洛塞維奇出動部隊，以更為殘暴的方式回應。

「但就算是米洛塞維奇，也不可能嘗試對一百八十萬阿爾巴尼亞裔進行族群清洗吧？」我對斯洛維尼亞總統庫昌（Milan Kučan）喊道，我們一九九八年秋天在他位於首都盧比安納（Ljubljana）的辦公室

---

* 譯註：意指一九一四年六月奧匈帝國皇儲斐迪南大公夫婦在塞拉耶佛遇刺身亡，引爆第一次世界大戰。

† 譯註：貝爾法斯特是北愛爾蘭首府，二十世紀下半期長期暴力衝突的中心。

對談。

他平靜回答：「你不瞭解米洛塞維奇。」

數十萬科索沃的阿爾巴尼亞裔逃亡求生，擔心一場規模更甚於波士尼亞的種族滅絕即將爆發。他們瞭解米洛塞維奇。鍥而不捨且堅守原則的新聞記者、政治人物，以及哈維爾與教宗這樣的道德權威，一再警告「另一個波士尼亞」即將出現，終於迫使美國與歐洲採取行動。一九九九年三月，北約開始轟炸塞爾維亞。七十八天的轟炸加上持續升高的外在壓力，讓塞爾維亞領導人同意國際社會介入科索沃。在實務上這意謂北約部隊在傑克遜將軍（帶著德意志國防軍那份精細地圖）率領之下進駐，被讚譽為阿爾巴尼亞裔的解放者。幾天之後我跟上部隊，開的是一部破舊的拉達吉普車。如果瑪琳・黛德麗（Marlene Dietrich）「在柏林還有一只手提箱」，*那麼我在史高比耶（Skopje）也留下四個大型油箱。由於科索沃解放區與占領區燃油供應不穩，我必須事先購買——當然是使用德國馬克現金。

在普里斯提納，我看到有塗鴉感謝英國首相「東尼・布勒爾」（Tony Bler），還宣示要「天佑女旺」（God Save the Quin）。我進入當地山區，訪問一位知名的科索沃解放軍指揮官哈拉迪納伊（Ramush Haradinaj）。他來自民風強悍的德雷尼察（Drenica）地區，兩個兄弟都死在塞爾維亞部隊手裡，自己前一年也在交火中負傷。但如今有可靠證據顯示，他的部隊也犯下戰爭罪行，包括殺害兩名塞族警察——我在上一個冬天看到受害者的血跡。因此，我以這樁罪行來與哈拉迪納伊對質。

「我希望死的不只是兩名警察，」他回答，「我非常樂於見到更多敵方軍警死亡。」國家會對他的戰功肅然起敬。

「我可不是德蕾莎修女，我是科索沃解放軍。」

接下來二十年裡，哈拉迪納伊兩度被送到海牙受審，兩度無罪開釋，法庭指出有明確證據顯示相關證人遭到恐嚇。哈拉迪納伊也兩度出任科索沃總理，在許多歐洲國家首都受到領導人等級的禮遇，然而我永遠無法忘懷我和他的山區對話。

在鄰近的德查尼修道院，留著鬍子的高大薩瓦神父（Father Sava）並沒有浪費唇舌怪罪哈拉迪納伊等阿爾巴尼亞裔，反而是指責米洛塞維奇「不僅丟掉了科索沃，更從實體與精神層面完全摧毀了他的人民」。德查尼修道院的僧侶撐過五百年的土耳其人統治、五十年的共產黨統治，然而米洛塞維奇對他們造成最大的傷害。「在這座修道院之中，」神父說道，「提到他的名字並不恰當」（神父用了一個宗教意味的老式字眼「meet」）。米洛塞維奇成了那個「不能說出名字的人」，宛如貝爾格勒的佛地魔。

當時是一九九九年十二月，我回到科索沃那奇特的國際保護地，遇見柯林．坎貝爾（Colin Campbell）警探，他來自維護北愛爾蘭治安的皇家阿爾斯特警隊，如今頭戴聯合國部隊的藍色貝雷帽，負責巡邏普里斯提納殘破的街道。他告訴我，當地情勢就像「我們的老家」，兩個族群彼此憎恨，設法

---

* 譯註：德國女伶瑪琳．黛德麗名曲《在柏林還有一只手提箱》（*Ich hab noch einen Koffer in Berlin*），雷根總統曾在西柏林的「拆毀這道牆」演講中引述。

讓兩者和平相處則是警察的苦差事。不過北愛爾蘭的情勢在前一年《耶穌受難日協議》締結之後已經轉趨平靜，因此坎貝爾決定到普里斯提納工作。貝爾法斯特真的來到了普里斯提納。

二十世紀就此畫下句點，然而前南斯拉夫的血腥裂解繼續進行。在鄰近科索沃的馬其頓，歐洲的二十一世紀就從第五次南斯拉夫繼承戰爭開端，對壘的一方是基督徒為主的斯拉夫族馬其頓人，另一方是穆斯林為主的阿爾巴尼亞裔馬其頓人，後者約占總人口四分之一。阿赫邁蒂（Ali Ahmeti）曾是科索沃解放軍的高階軍官，如今在馬其頓指揮名號響亮的「民族解放軍」。二〇〇一年六月，美國總統小布希簽署一份行政命令，將阿赫邁蒂列為從事「極端主義暴力」人士，「對美國的國家安全與外交政策形成非比尋常的威脅。」北約祕書長羅伯森也形容民族解放軍是「一批凶殘的惡棍」。

這也是為什麼我會在二〇〇一年十月之際（伊斯蘭主義恐怖分子才剛對美國發動九一一恐怖攻擊，引發舉世關注），冒險進入馬其頓接壤阿爾巴尼亞的崇山峻嶺，來到這名穆斯林恐怖分子的巢穴。眼前出現的人物語氣平靜，受過高等教育，年紀和我相仿，一九八一年時還是普里斯提納大學的抗議學生，後來幾年在瑞士與阿爾巴尼亞參加極左派民族主義革命政治活動。阿赫邁蒂見到我的第一個動作，就是遞上一杯他說「相當不錯」的威士忌，來自蘇格蘭艾雷島（Islay）的十五年波摩（Bowmore）。他自己也喝了一小口，顯然不是一個嚴守清規戒律的穆斯林。

我問阿赫邁蒂，如果有人說他「是一個恐怖分子」，他會如何反應？通譯翻譯我的問題時，他的隨扈顯得侷促不安，但他心平氣和地回答：

只要他佩戴軍人徽章，知道自己為何而戰，尊重日內瓦公約與海牙法庭，行事公開且有名有姓，為自己所做的每一件事負責，那他就不會是恐怖分子……這個人為國家追求良好改革與民主，追求法律之前人人平等。

不久之後，在北約祕書長羅伯森與歐盟執委會主席索拉納斡旋之下，各方簽署一份和平協定，阿赫邁蒂脫下軍服，穿上政治人物的西裝，成為如今改稱「北馬其頓」的阿爾巴尼亞裔政治領袖。他任職於聯合政府，與昔日的敵人共事，就如同北愛爾蘭的前愛爾蘭共和軍領導人亞當斯（Gerry Adams）與麥金尼斯（Martin McGuinness）。

結束與阿赫邁蒂這場非比尋常的對話之後，我帶著通譯急忙下山，但司機卻突然猛踩煞車，路上出現一道臨時設置的關卡，一名警察與馬其頓民兵從路邊跳出來攔下我們。他們咒罵我那嚇壞了的阿爾巴尼亞裔同伴，也對我大聲咆哮。我對這件事最鮮明的記憶，也是前南斯拉夫悲劇留給我的最後印象之一，就出現在這次膽戰心驚的緊急攔停時刻。我望向車窗外面，視線高度只看到一把槍與一個木質的十字架墜子，懸掛在某個馬其頓民兵那結實粗壯且穿著迷彩外套的胸膛上。我之所以記得，是因為當時我心裡浮現的第一個念頭是「十字架，壞兆頭」。我知道這些民兵無惡不作。

西方之所以犯下大錯，對南斯拉夫內戰長期無所作為，部分原因在於一套深植人心的刻板印象：這些戰爭都源自「古老的部落仇恨」——卡普蘭（Robert Kaplan）的《巴爾幹幽靈》（*Balkan Ghosts*）一書讓這項觀念大行其道。顯然南斯拉夫的人民數個世紀以來都在相互殺戮，我甚至聽過一位歐盟高層官員親口說：「人們如果**想要**自相殘殺，我們也愛莫能助。」

克拉伊納或科索沃確實比英國薩里（Surrey）或法國普羅旺斯等地區更容易爆發族群衝突，如果要說原因與歷史遺緒無關，那當然是愚不可及。克拉伊納在二戰時期就曾經歷激烈戰鬥，一方是克羅埃西亞法西斯主義游擊隊「烏斯塔沙」（Ustashe），另一方是塞爾維亞保皇派民族主義組織「切特尼克」（Chetniks）。一位克羅埃西亞老農民跟我描述一九九〇年代初期，他如何驚險逃出塞爾維亞克拉伊納共和國，毫不遲疑地用「切特尼克」來稱呼打家劫舍的塞爾維亞人。波士尼亞塞族部隊對波士尼亞克人（Bosniaks）不但稱之為「穆斯林」，* 也稱之為「土耳其人」。一九九五年七月十一日，穆拉迪奇將軍宣示：「繼反抗鄂圖曼土耳其統治者的起義之後，時候終於到了，我們要對這個地區的『土耳其人』進行復仇。」第二天，他的部隊就在斯雷布雷尼察發動種族滅絕。穆拉迪奇指的是一八〇四年塞爾維亞人反抗鄂圖曼土耳其帝國統治。一九九七年我在科索沃，請一位塞爾維亞高層官員說明當地的族群組成，心知肚明阿爾巴尼亞裔占絕大多數，結果他卻回答：「十二世紀時，科索沃的人口九成八是塞爾維亞人。」（資料來源大概是一一九二年的聯合國人口普查）。

就如同坎貝爾警探的觀察，這種歷史仇恨完全可以和北愛爾蘭相提並論。北愛爾蘭的新教徒每年七月十二日都會紀念波因河戰役（Battle of the Boyne），彷彿這場一六九〇年的戰役昨天才發生。當地有一則絕妙的笑話，說當你搭乘的飛機準備在貝爾法斯特降落，機長會做機艙廣播：「請各位繫好安全帶，貝爾法斯特今天天氣晴朗，現在時間是一六九〇。」

但我們也不可否認，如果你在一九八八年造訪貝爾格勒，你將發現它比當時的布拉格更為自由，在某些方面也更為現代化與西化。當時的波士尼亞比較落後一點，但氣氛和平而悠閒，很有南斯拉夫特色，東正教徒、天主教徒與穆斯林通婚稀鬆平常。在科索沃一九八一年爆發學生領導的抗議行動之後，阿爾巴尼亞裔與塞爾維亞人關係緊繃，但我還是遇見一位年輕女孩薇奧麗塔，她出生於一九八〇年代初，父親是阿爾巴尼亞裔，母親是塞爾維亞人。她該怎麼辦呢？把自己切成兩半？（比較可行的做法大概是移民。）

在前南斯拉夫的每一個地區，都需要大費周章的惡質政治宣傳、煽動與謊言，才能夠驅動人民走向暴力之路。一九九七年我來到貝爾格勒，和一位退役陸軍少校杜爾共坐一張沙發，他只看貝爾格勒廣播電視公司與幾家民族主義媒體的新聞。他告訴我，斯雷布雷尼察大屠殺其實是「穆斯林殺穆斯林」。

「為什麼？」我問。

「他們嚇壞了，所以自相殘殺。」

* 譯註：波士尼亞克人即波士尼亞的穆斯林，亦稱「波士尼亞回族」，他們是十五世紀中期之後、鄂圖曼土耳其帝國統治期間改宗伊斯蘭教的南斯拉夫族。

西歐與北美洲人士會說「這種事情不會發在我們這裡。」但在二〇二一年一月六日，堅信川普（Donald Trump）贏得總統大選的美國民眾攻占國會山莊之後，我們還能夠百分之百確定嗎？英國歷史學家馬康姆在其波士尼史尾聲引述塞爾維亞記者瓦西奇（Miloš Vasić），他告訴一位美國觀眾：如果美國的電視頻道全都被三K黨掌控，「你們五年之內也會爆發戰爭。」

一個可悲但普遍的真理是，一旦惡質政治、危險言論、殘暴心態發揮作用，總是會有人跟進犯下滔天罪行。而且不只是心理變態與意識形態極端分子，「普通人」也有可能這麼做——歷史學家布朗寧（Christopher Browning）的一部傑作就以《普通人》（*Ordinary Men*）為題，分析德國後備警察如何化身為一九四二年波蘭猶太人大屠殺的劊子手。埃爾德莫維奇也是一個「普通人」，他並非塞爾維亞極端分子，而且具有一半克羅埃西亞人血統，來自土茲拉附近一座小村莊，做一些投機買賣為生。一個人之所以隨波逐流，可能是出於個人野心或從眾心態、恐懼與軟弱，每個人都會面對這些因素。你順著那條路走向地獄，一步接著一步，直到有一天，你發現自己置身於一處屍臭彌漫的屠宰場，對著一名十五歲男孩後腦勺開槍，聽到他喃喃說著「媽媽，媽媽。」

南斯拉夫社會主義聯邦共和國解體之後留下了脆弱真空，而以惡質政治將它撕裂的關鍵人物正是米洛塞維奇。從德查尼修道院悲傷僧侶的話語可以體認，米洛塞維奇對塞爾維亞人的影響就如同希特勒對德國人的影響，讓同胞蒙上幾個世代都不會消失的汙名。更重要的是，我們必須指出兩件事：不是只有這名塞爾維亞領導人要背負罪責，而且有許多塞爾維亞人都曾盡一己之力來反抗他。

克羅埃西亞民族主義領導人圖季曼（Franjo Tudjman），就曾直接與米洛塞維奇共謀，以粗暴方式分割波士尼亞。那是一九九五年五月在倫敦一家餐廳，幾杯黃湯下肚之後，圖季曼在一張菜單背面畫下地圖，交給一位深度參與前南斯拉夫事務的英國自由派政治人物艾布鄧（Paddy Ashdown），地圖上以線條顯示塞爾維亞與克羅埃西亞將如何瓜分波士尼亞。艾布鄧在回憶錄中提到，當時他反問圖季曼：「那麼波士尼亞呢？」這名克羅埃西亞領導人回答：「沒有波士尼亞。」現在每當我看到克羅埃西亞被稱頌為一個美好健全的歐盟西方基督教成員國，都不禁會想到當年那氣氛詭異、「族群清洗過後」的克拉伊納地區，想到克羅埃西亞就像那句英語俗諺所說的，做壞事卻不必受罰。波士尼亞人淪為被害者的比例遠遠超過作為加害者，然而其中還是有一些惡棍與劊子手。我在科索沃更是親眼見證，及便是科索沃解放軍也曾犯下暴行。

塞爾維亞不是只有米洛塞維奇。雖然在整個一九九〇年代，塞爾維亞人確實一再以過半數選票讓米洛塞維奇連任。當時選舉當然談不上公平，但相對還算自由。但也就是在那十年之間，確實也有塞爾維亞人反對米洛塞維奇政權及其諸多罪行。一九九七年，我和貝爾格勒的學生一起走上街頭，他們連續幾個月每天示威抗議，要求當局承認地方政府選舉的真實結果。我們的標語牌寫著：「歐洲警察、歐洲民主、歐洲標準、歐洲法律、歐洲權威。」有幾位當年的示威學生至今仍會與我聯絡，他們還在持續努力打造一個屬於歐洲的民主塞爾維亞。

不僅如此，我們也不該忘記最後推翻米洛塞維奇的力量不是來自外界，不是費盡工夫的北約與歐盟，而是塞爾維亞人民——藉由二〇〇〇年十月一場大致上非暴力的公民反抗運動。塞爾維亞國會被示威者攻占的第二天，我來到貝爾格勒，正好見證神奇的一幕：佛地魔在電視上宣布承認敗選。說實話，相較於一九八九年哈維爾天鵝絨革命時期布拉格的天真愉悅，貝爾格勒的情況已不可同日而語。有些參與者的背景也很有爭議。我訪談了一位「德拉甘上尉」，他不久前才奉反對黨之命以武力拿下海關機構。一九九一年的時候，這位德拉甘（Dragan Vasiljković）曾經在克拉伊納地區擔任塞族民兵指揮官，受到民族主義宣傳吹捧，而他本人親自告訴我原因：「我解放了格力納（Glina）地區，你也可以說是占領。」*儘管如此，推翻米洛塞維奇仍然是人民力量貨真價實的勝利。

但在歐洲其他地區，那個持續擴大的西方世界，依舊坐視這趟長達十年的回歸地獄之旅。這十年原本應該是歐洲歷史上最滿懷希望的時期，如今卻蒙上可怕的汙點。敗筆之中的敗筆發生在十年前半。一九九〇年五月，時任盧森堡外長波斯（Jacques Poos）代表歐洲共同體發言：「這是歐洲的時刻……如果歐洲人還可以解決一個問題，那就是南斯拉夫問題。」空洞的笑聲響起。歐盟派往前南斯拉夫地區的觀察員穿著白襯衫、白毛衣、白長褲、白球鞋，荒謬可笑的制服換來一個綽號：「冰淇淋小販」。

斯雷布雷尼察大屠殺之後，歐洲與西方的反應總算有了長進。西方採取行動，防範科索沃爆發種族滅絕，避免重蹈自家在波士尼亞的覆轍。聯合國第一位科索沃事務特使庫希內（Bernard Kouchner）告訴我，他的當務之急是「防範奧斯威辛悲劇」。西方領導人在馬其頓談判協商，花了幾個月時間尋求解決方案。在歐盟及擴大後西方世界其他機構堅持之下，米洛塞維奇與波士尼亞塞族領導人卡拉季奇（Radovan Karadžić）最終被送進海牙國際法庭，為自身罪行負起責任。（卡拉季奇目前還在英國一座監獄服無期徒刑。）†

然而我們終究是讓悲劇發生。更糟的是，當隔壁房間的人遭到殺害與性侵，我們仍在快樂度日。也許這就是人性。朗茲曼（Claude Lanzmann）的紀錄片《浩劫》（*Shoah*）曾經試圖探討歐洲的猶太人大屠殺，片中一位波蘭老農民如此解釋：「如果你切斷你的手指，我不會感覺疼痛。」當科索沃在一九九八年戰火燎原，我來到波士尼亞造訪記者科博（Ozren Kebo），整個塞拉耶佛圍城戰期間他都待在城內，還寫下一本書《歡迎來到地獄》（*Welcome to Hell*）記錄歷史。他告訴我：「說老實話，當我在電視上看到科索沃的畫面，我會轉臺。我這樣的態度就和當年西歐對我們的態度大同小異。」事實如此，但這並不代表這種態度是對的。我們至少應該要做到一點，那就是當某個唱作俱佳的歐洲名流又在老生常談，聲稱數十年來歐洲如何「和平共處」，我們必須站起身來大聲回應：「並非如此！」

* 譯註：德拉甘二〇〇六年一月在奧地利被捕，引渡至克羅埃西亞，因格力納等地的戰爭罪行被判刑十五年。

† 譯註：米洛塞維奇在二〇〇一年六月被送往海牙受審，二〇〇六年三月心臟病發作死亡。

魚湯

南斯拉夫陷入戰爭與種族滅絕之際，後共產主義歐洲的其他地區正展開一場史無前例的實驗，或可稱之為「轉型」或「轉變」——前者因為南歐與拉丁美洲從威權獨裁到民主的「轉型」而廣為人知。然而對於這場實驗的具體規模，這兩個詞彙都無法完全體現。共產主義統治摧毀了資本主義與自由民主體制的所有關鍵要素：私有財產、法治、多黨政治、自由與公平的選舉、不受審查且多元化的媒體、學術獨立、多元主義、憲政制衡、以獨立於政府之外的私有經濟為基礎的健全公民社會。一切都被清算殆盡。圖書館裡的藏書只描述如何從資本主義過度到共產主義、從馬克思所謂的「資產階級」民主過度到一黨專政。沒有旅行指南會描述反方向的旅程，沒有人這樣走過，沒有人知道這樣走是否行得通。

一如既往，笑話最能夠反映真實：「我們知道你可以把水族箱變成一鍋魚湯，但你可以把一鍋魚湯變回水族箱嗎？」二十年之後答案出現：「可以，但會變成一個很奇怪的水族箱。」事實上，這些奇怪水族箱多到可以排成一整列。一九九〇年一月，包括蘇聯與南斯拉夫在內，歐洲東半部只有九個國家。到了二〇一〇年，國家數目增加到二十四個，包括喬治亞、亞美尼亞與亞塞拜然，以及從塞爾維亞獨立出來的蒙特內哥羅與科索沃。鐵板一塊的東歐從來不曾存在，儘管西歐的人們時常如此想像。但現在，「另外一半」的歐洲成了最道地的萬花筒織錦，每一個新國家都經歷了自家獨特的轉變。

法國大革命與俄羅斯革命標舉新穎的烏托邦政治理念，但一九八九年的天鵝絨革命不同，它是德國社會思想家哈伯瑪斯所謂的「迎頭趕上的革命」。幾個時機終於成熟的理念，都是歷史悠久且屢經試煉。波蘭前異議人士米奇尼克因此將一七八九年法國大革命的口號改成「自由、博愛、**正常**」。除了仍然抱持偉大帝國夢想的俄羅斯人之外，生活在鐵幕後方的人們只期盼自由、繁榮、文明生活與正常，向西德、法國、英國（當然還有加拿大與美國）等國家看齊。他們對西方的見聞來自難能可貴、記憶深刻的旅遊經驗（一九七九年我在布拉格認識的伊日，存錢存了七年，以一場短暫的巴黎之旅慶祝結婚週年），來自電影（我在克拉科夫的鋼鐵工人東道主，暢飲啤酒觀看波蘭電視播出的美國西部片），或者像大多數的東德人，日復一日地收看西德電視節目。來到一九八九年，西方世界的吸引力水漲船高，就像電影《當哈利碰上莎莉》（*When Harry Met Sally*）的一幕，一位中年婦女看著女主角梅格（Meg Ryan）在餐廳假裝高潮，就像東方看著西方，然後跟服務生點餐：「我要來一份和她一樣的。」

中歐領導人堂而皇之宣示，他們的目標是要「回歸歐洲」，然而這個「歐洲」必須包含西歐過去四十五年發展所達成的所有美好事物，而且他們是以樂觀心態來看待這些事物。就實質計畫而言，「迎頭趕上」可以概括為一九五〇年代西德基督教民主聯盟的選舉口號「不要實驗！」*但如果想要達到所謂的正常狀態，一場大型實驗必不可少。

* 譯註：一九五七年西德聯邦議院選舉，基民盟與艾德諾總理警告選民「不要實驗！」意謂在野黨一旦上臺會以種種「實驗」斷送西德戰後的發展成就。

如今回顧，人們會將一九九〇年代初描述為自由大獲全勝的時刻，也的確有一些道理，畢竟自由確實獲勝了。但對於那些突然之間必須扛起政府責任、推動國家進行史無前例轉型的領導人，歡樂和希望連同不確定和憂慮此起彼落。入主布拉格城堡之初，哈維爾總統告訴自己的團隊：「我們是以英雄姿態進駐，然而到最後，當人民知道我們的處境有多麼糟糕，而我們有多麼無能為力，他們會草草將我們定罪，施加懲罰羞辱，再把我們掃地出門。」當過政治犯的作家根茨（Árpád Göncz）在一九九〇年五月出任匈牙利總統，以自嘲的語氣告訴我：「四十年的共產主義我都撐過來了，但一年的資本主義我卻沒把握。」我和波蘭天主教知識分子馬佐維耶茨基相交多年，他臉上總是帶著一絲憂慮，一九八九年八月出任總理之後更是滿面愁容。畢竟，他對資本主義又懂得多少？

這些領導人一心要趕上西方、成為西方的一分子，因此他們關注憲法、媒體、教育與經濟等每一個領域，全面模仿西方。結果就是他們充分且徹底感受到西方發展的衝擊，這些發展從一九七〇年代以來日積月累。三十年過去，如果要一言以蔽之，此一歷程經常被界定為「新自由主義」。奧地利歷史學家泰爾（Philipp Ther）做了精闢闡釋：「一部新自由主義列車在英國與美國被送上鐵軌，在一九八九年橫越歐洲。」然而「新自由主義」這個字眼後來變得包山包海，我們必須拆解釐清，才能夠理解是怎樣複雜的歷程，催生出今日後共產主義歐洲的各國社會。

有幾位推動轉型的領導人非常仰慕海耶克（Friedrich Hayek）、傅利曼（Milton Friedman）等思想家的理論，他們也深刻影響了柴契爾夫人與雷根的經濟政策。捷克共和國經濟轉型推手克勞斯也是顯著的例子。天鵝絨革命期間，神燈劇院的走廊沸沸揚揚，但克勞斯還是空出時間為我講述自由市場的大道理。

然而，綜觀後共產主義歐洲新登場的政治領導人，大部分都不是像克勞斯這樣的新自由主義信徒。二十世紀稍早，人們不斷為共產主義與資本主義進行辯論，並且引經據典來合理化自身的政治行動。相較之下，「新自由主義」作為一種意識形態卻很少引發同等嚴肅的辯論。就國家的最終形態而言，馬佐維耶茨基、哈維爾與葛萊米克等政治人物當然會偏好西德的「社會市場經濟」或斯堪地那維亞的社會民主主義體制。但他們必須先行拆解中央計畫經濟、創造市場經濟，而經濟學者告訴他們：新自由主義是創造市場經濟的不二法門。葛萊米克用一個非常生動但很不科學的比喻對我解釋：中央計畫經濟就像一座巨大的混凝土碉堡，需要一部巨大的推土機才能夠將它剷平。

比海耶克或傅利曼的學院意識形態更重要的是「華盛頓共識」，一位英國經濟學家在一九八九年創造出這個詞。位於華盛頓的世界銀行與國際貨幣基金組織會要求陷入危機的開發中經濟體進行改革，所謂「華盛頓共識」指的就是這些改革方案的關鍵要素。波蘭、匈牙利等國家拜前任共產黨政權之賜，背負沉重的強勢貨幣債務，需要外國資本來建構資本主義，因此會有強烈誘因去接受華盛頓共識。這個詞的意義後來出現了改變，開始與「教條化的市場基本教義派」畫上等號。

不僅如此，資本主義的結構也在一九八〇年代發生變化。隨著貿易、投資與資本流通的障礙移除，資本主義變得更加全球化，同時也更加金融化。資本主義的重心不再是商品的工業化生產，而是服務，尤其是金融服務。天文數字的金融資本由銀行家、交易員與投資客操作，在世界各地的電腦螢幕上流竄，為操作者創造豐厚的利潤。經濟學家迪頓（Angus Deaton）描述這些人的生財之道不是「生產」，而是「攫取」。冷戰的終結為廣大的新地區打開門戶，迎接經濟自由化與全球化。

二〇〇八年金融危機期間，這種全球化、金融化的資本主義讓西方世界有如心臟病發。但回到一九九〇年代與二〇〇〇年代初期，這種資本主義似乎是高奏凱歌且所向無敵。西歐擁有社會、法律與體制的制衡力量，多多少少還可以管束這頭野獸，但後共產主義歐洲的制衡力量相當薄弱，結果就是以非常生硬粗糙的方式複製了這頭野獸。金錢似乎變得可以催生及衡量一切事物：社會地位、教育機會、名流身分、政治權力、自由效率，甚至還包括個人幸福與性愛滿足（如果你相信那些光鮮亮麗的電視廣告）。許多人覺得自己不只得到一套市場經濟，還得到一個市場社會。

這場轉變的核心現象是全世界有史以來最大規模的私有化。人們有時候會忘記，對馬克思而言，共產主義的對立面不是民主，而是資本主義。他將共產主義的主旨界定為廢除私有財產，而蘇聯集團的共產黨政權大致上也達成目標。少數幾個產業仍然保留私有財產，例如波蘭的農業與匈牙利的中小企業，但其他領域都是國有財產、集體財產或合作形式的財產，所有權往往不清不楚。柴契爾夫人的英國政府常被人認為是一面倒向市場經濟，十年之間將大約五十家國營企業私有化。相較之下，波蘭在經濟轉型初期就已有多達七千家國營企業被私有化。

一九九〇年二月，布拉格的老城區廣場，我聽著哈維爾站在陽臺上，以一句崇高的格言提醒群眾：「不要說謊，不要偷竊。」這句話出自捷克斯洛伐克第一位總統、堪稱「哲人王」的馬薩里克

（Tomáš Garrigue Masaryk）。然而接下來在整個後蘇聯地區，說謊與偷竊卻如同狂歡一般展開。另一位「溫徹拉斯」、捷克私有化計畫的柴契爾主義推手克勞斯也有一句格言：「速度比精確更重要。」當然，後共產主義國家的不同經驗有如分布寬廣的光譜，光譜一端是前東德地區的私有化：儘管有任人唯親的弊端而經常造成傷害，但絕對不至於無法無天、巧取豪奪。光譜另一端則是俄羅斯的私有化：堪稱一樁世紀搶劫案。國家資產遭到挪用，製造出鉅額財富，獲利者主要是前共產黨統治階層或與其關係密切者，也就是包括普丁及其親信在內的黨管幹部。俄羅斯從此淪入名副其實的「盜賊統治」(kleptocracy)。根據二〇一三年的一項估計，俄羅斯的一百一十名億萬富豪掌握了國家三成五的財富。

這些富豪有一個比較斯文的稱號：寡頭。一九八九年之前，我只會在歷史著作中看到這個字眼。如今在後共產主義歐洲各地，我跟人們對話時經常會聽見「他是我們當地的寡頭」這樣的說法。由於法律、公共行政、媒體與政治的結構相當脆弱，新興富裕階級很容易就能收買影響力。在烏克蘭，寡頭擁有御用政黨與媒體，還豢養了貪腐的官員與法官。就連中歐最西邊的地區，也可以見到強而有力的寡頭。一九八九年過去三十年之後，巴比斯（Andrej Babiš）出任捷克共和國的總理，此人在共產黨統治時期為情治機構通風報信，後來投入農業致富，並靠著撒錢收購媒體與創辦政黨躋身政壇。

說到從億萬富豪企業家化身為政治創業家，開風氣之先的人物首推義大利的貝魯斯柯尼（Silvio

Berlusconi）。*在西歐與美國，財閥統治（plutocracy）也成為一股強勁的趨勢。所謂財閥統治，也屬於寡頭統治（oligarchy）的一種。就連在自由民主體制最穩固的地區，富裕階層（全球化與金融化資本主義最直接的受益者）的政治影響力也不成比例地水漲船高。後共產主義歐洲就像設置哈哈鏡的遊樂場：看向一面鏡子，你會發現自己臃腫肥胖得不像話；看向另一面鏡子，你卻又瘦又高地可笑。但那個志得意滿笑看哈哈鏡的西方人，自己也是體重超標的高危險群，高血壓已經上身，心臟問題叢生。

自由與不滿

「歡樂，眾神的火花」，一群膚色白皙的女學童站在華沙皇家城堡前方高聲齊唱，「極樂世界的仙姬！」她們唱的是席勒（Friedrich Schiller）的《歡樂頌》，當年由貝多芬譜曲，後來成為《歐洲之歌》。女學童默記唱誦的是翻譯為波蘭文的歌詞，「我們心中熱情如火／來到你的聖殿！」聖殿就是歐盟，將會帶來自由、和平、繁榮與所有美好事物。這場在二〇〇三年五月十日舉行的「舒曼遊行」，†目的是要說服波蘭民眾在公民投票中支持加入歐盟。活動主辦人是不屈不撓的羅莎，二十五年前我在克拉科夫吃「納爾遜內臟」這道菜時認識年輕的她，如今她和我一樣都邁入中年，但她仍然擁有昔日感染力十足的咧嘴笑容。她那亮藍色斗篷與金黃色頭髮，正好突顯了歐盟的代表色。

氣球飄向天空，藍色與黃色代表歐盟，紅色與白色代表波蘭，一小群疑歐派鬧場者大喊：「支持波蘭，反對歐盟！」但我們高聲反制：「支持波蘭，**支持**歐盟！」波蘭共和國總統也呼籲眾人：投下贊成票。波蘭人氣鼎盛的運動員、跳臺滑雪選手馬維什（Adam Małysz）捎來訊息：「投贊成票。」波蘭經濟學「休克療法」策畫者巴塞羅維奇（Leszek Balcerowicz）解釋波蘭將如何加入歐洲共同貨幣。就在不久之前，鄰國德國及其他歐元區創始成員國已開始流通歐元的硬幣與紙鈔。另一群來自地方城鎮的學童拿著自製標語牌「歐元國度」，訊息簡單扼要。[‡]支持歐盟陣營請來多位演講者助陣，壓軸登場的是華沙市長列赫・卡欽斯基（Lech Kaczyński）。

太陽露臉後，我們前往克拉科夫郊區大街，當地之於華沙有如帕摩爾街之於倫敦。[§]馬佐維耶茨基當然在這裡，依然滿面愁容，葛萊米克也是如此。六十年前，距離這裡一英里多的地方，憔悴顫抖且年僅十歲的葛萊米克被偷運出華沙猶太區，歐洲淪入自己一手打造的地獄，他大部分家人都死於納粹大屠殺。後來波蘭進入長期獨裁統治與抗爭，現在則讓人難以置信地成為一個自由國家，走向繁榮及西化，在北約站穩一席之地，很快就會躋身為歐盟成員國。歡樂的確是眾神的火花。

但馬佐維耶茨基仍有理由擔憂。這場公投採取簡單多數決，投票率必須超過五成。從一九八九年六

* 譯註：貝魯斯柯尼從建築業起家，後來跨足媒體、金融、足球等行業，一九九四年至二〇一一年間多次擔任總理，貪腐醜聞纏身。

† 譯註：名稱取自法國政治家、世稱「歐盟之父」的舒曼（Robert Schuman）。

‡ 譯註：截至二〇二四年，波蘭尚未使用歐元，繼續使用傳統貨幣「茲羅提」（złoty）。

§ 譯註：帕摩爾街（Pall Mall）是倫敦中區一條街道，以多家上流社會「紳士俱樂部」著稱。

月四日波蘭史上第一場半自由選舉開始，選民棄權的陰影一直籠罩波蘭民主：超過三分之一選民在那場選舉缺席，儘管他們擁有終身難得一遇的機會可以用選票趕走共產黨。公投前波蘭最近一場選舉是在二〇〇一年，投票率也只有四成六。因此各方必須為公投大力催票。英國首相布萊爾也出了一份力，那年五月稍晚在華沙發表演講。然而我在筆記本寫道，最受期待的背書者是美國總統小布希與波蘭裔的教宗若望保祿二世。如果上帝能夠發表個人意見，當然也會很有幫助。

在許多鄉村地區，天主教會和波蘭社會其他保守勢力對於加入世俗化、多元文化、德國居主導地位的歐盟興趣缺缺（鬧場者有一張海報寫著希特勒說：「我是歐洲人。」另一張海報則抱怨歐盟「沒有上帝容身之所」）。二〇〇三年六月公民投票的最後結果，高達四分之三選民贊成加入歐盟，但投票率只有五成九。簡單計算一下就知道，五成九的四分之三只代表不到一半的全體選民，形同一記發給未來的警告。不過就當時而言，「贊成」過關的結果比較重要。

就像羅莎，就像葛萊米克，就像我每一位受過大學教育、住在城市、傾向歐洲與西方的波蘭朋友，我為自由波蘭的成功感到高興，大肆慶祝宣揚。就算從最批判性的角度來檢視，波蘭的成就也是非同小可。進入「第三共和」的波蘭並不僅只是一個獨立自由的國家。與二戰之前的「第二共和」不同，如今的波蘭與德國及其他西歐國家在相同的經濟、政治與安全共同體落地生根。波蘭在一個越來越「完整而自由」的歐洲儼然是中等強權，歸屬於擴大後的西方世界。二〇〇三年，各方討論在伊拉克畫設「波蘭占領區」，外長齊莫謝維奇（Włodzimierz Cimoszewicz）如此解釋：「我們必須教導伊拉克人什麼是民主！」他是波蘭共產黨員出身，很清楚這番話的諷刺意味。

歷史學家指出，你必須回溯波蘭歷史三百年，才有可能找到比現在更美好的時期。巴塞羅維奇的自由市場休克療法在一九九〇年代早期讓人民欲哭無淚，但走出谷底之後，波蘭的GDP持續顯著成長，從一九八九年到二〇一九年增加超過百分之八百。根據一項縝密的實質購買力估算，一九五五年波蘭的人均GDP約略與西班牙相當，一九九〇年一度只剩下西班牙的一半不到，但二〇一九年已回升至西班牙的九成。

來到今日華沙，感覺就跟里斯本或馬德里相去不遠，市中心越來越西化，有美麗的咖啡廳與餐廳，精心重建過的廣場。隨著歐盟資金大舉湧入，這些顯著的正向變化也擴散到較小的城鎮，我開始聽到人們談論「文明的躍進」。新的中產階級出現，他們擁有獨立洋房，車庫裡停著福斯或奧迪轎車，會到外國度假，甚至讓孩子上昂貴的私立學校。一九八〇年代我兒子在英格蘭出生時，他們過上好生活的機會遠遠優於我波蘭朋友的孩子。然而來到二〇一〇年代，兩者的人生前景已相當接近，歐盟帶來的移動自由是特別重要的因素。我教導過一整個世代的中歐與東歐學生，他們也是如此。馬頓、瑪塔、胡伯特、米哈爾、安娜與喬莎，人人都有機會。

但自由也會引發不滿，後共產主義轉型過程的苦難讓問題更為嚴重。有些不滿可以避免，有些勢所難免。首先，現實永遠無法追上夢想。法國第三共和在一八七〇年取代法蘭西第二帝國後，坊間盛傳一句話：「共和，在帝國時期看來是多麼美好。」波蘭的第三共和亦復如是。人們對於西方、歐洲與自由波蘭的生活會有一種理想化的期盼，但失望在所難免。

自由帶來挑戰、風險與不安定感。「自由**相當費工夫**。」前東德異議人士波佩（Ulrike Poppe）有一回笑著告訴我。在過去數十年共產主義統治期間，大部分人們的生活環境相對安定，沒有什麼挑戰。他與西方世界的人們相比，共產國家的人們缺錢，但時間很多。就像一句諺語所說：「我們假裝工作，他們假裝付錢。」但現在你為了保住工作，必須改以壓力大且不熟悉的新方式工作，僱主通常也不會善待你。對自由的鉗制從國家轉移到工作場所。一項發人深省的研究顯示，波蘭一家嬰兒食品工廠被美國密西根州的公司收購之後，員工蒙妮卡抱怨說自己被當成「乏味的物品」看待，只有回到家中或與朋友相聚，她才會覺得自己是真正的人類。二〇〇五年時，華勒沙對我如此概述：一九八九年之前，人們生活安定但渴望自由；如今，人們擁有自由但渴望安定。

休克療法的轉型初期相當痛苦。一九九〇年三月物價飛漲，如果漲勢持續一整年，那年的通貨膨脹率將會來到百分之一千三百九十五。改變還不只如此。工作方式、商店貨品、法規監管、學校課程、服裝、汽車、醫療、工作職稱、電視節目……一切都發生改變。我的朋友和我陷入追求成功的一頭熱，忽略了十九世紀作家瑪麗·雪萊（Mary Shelley）的警告：「最讓人類心靈感到痛苦的事，莫過於突如其來的重大變化。」

就日常生活而言，資本主義展現出比共產主義更深層的革命。它先是滿足人們的要求，接著促使人們要求更多。「你也可以擁有一幢別墅！」我在二〇〇三年記錄下的一則電視廣告如此承諾。另一則廣告則顯示兩位窈窕美女在一間健身俱樂部熱切說道：「棒極了，好會跑，好體貼，好強大！」結果她們談的不是白馬王子，而是一部新車。天主教教士、布拉格的天鵝絨革命代言人馬利（Václav Malý）對我解釋，這種鼓吹成功的商業宣傳讓許多人覺得自己是失敗者，因為他們沒有別墅、轎車、像樣的工作、快樂的子女或美好的性生活。

天主教會向來對資本主義不甚熱衷。教宗若望保祿二世經常以艱澀的哲學詞彙來包裝自己的思想，然而一九八七年在他的夏宮岡道爾夫堡（Castel Gandolfo），晚餐餐桌上發生了一場令人難忘的對話。我聽到他斬釘截鐵地說道：「資本主義與共產主義的問題在於，我厭惡前者的程度不下於厭惡後者。」後來教宗回故鄉進行訪問，斥責人們為了「擁有」而犧牲「存有」，痛批消費社會「為虛假膚淺的滿足感而編織的網絡」。

關於這場轉型歷程的「贏家」與「輸家」，相關論述已是老生常談，但光靠幾個簡單的經濟統計數據，並不足以讓我們釐清到底哪些人會覺得自己是「輸家」及背後原因。如果你認為擁有政治自由、言論自由、結社自由與旅行自由是好事，那麼所有人都已獲得。就算純粹從物質條件來看，大多數人也已更為富裕。二〇一九年一項調查顯示，每五個波蘭人之中就有四人認為自己的生活水準有所改善。雖然有經濟不平等的狀況且持續惡化，但還沒有惡化到美國或英國的地步。

然而不平等現象引發的不滿就是在此時變得特別強烈，原因在於哪些人變得富裕、哪些人仍然貧窮或更為貧窮。波蘭和後共產主義歐洲其他地區一樣，前共產黨統治階層最有可能攫取私有化帶來的機會與利益。在某種程度上，這種「黨管幹部的私有化」其實是一九八九年天鵝絨革命的暗盤交易：舊日的統治階層放棄政治權力，但保有或獲取經濟優勢。社會人類學家蓋爾納稱之為「天鵝絨的代價」。一九九三年一項研究發現，波蘭私有經濟產業的菁英有五成七出身自前朝的黨管幹部。

相較於大部分資本主義國家常見的不平等問題，後共產主義歐洲多了一層獨特的歷史不公不義感受。厄本（Jerzy Urban）曾經在賈魯塞斯基將軍戒嚴政權擔任發言人，形象惡劣，據說會在華沙的豪華別墅舉行狂歡派對。來到格但斯克，一位造船廠工人曾因為加入團結工聯而遭到報復，如今的境遇則是失業，生活難以為繼，棲身在破敗大樓的兩房公寓，無處可去。

對於共產主義過往未能進行適當的公開清算，形同為歷史不公不義引發的怨懟火上澆油。當時我與米奇尼克等幾位異議人士出身的朋友辯論，主張有必要用更為系統性、象徵性的方式來正面對待艱難過往，就如同東德及種族隔離終結之後的南非。但米奇尼克等人嚮往一九七〇年代西班牙的案例，也就是獨裁體制轉型伴隨著刻意為之的「大赦與遺忘」（但進入二〇一〇年代後，這一過往又回來糾纏西班牙了）。對過往的忽略開啟了一道門，讓民粹主義政治創業家藉由一套「對歷史的政治解釋」來吸引選票。他們說一九八九年發生的不是真正的革命，而只是共產黨人與前共產黨人不清不楚的交易，真正的反共革命仍然有待發生。

與經濟不滿、歷史不滿混合交織的是社會不滿及文化不滿。人們從一開始就知道，朝向市場經濟的轉型會相當痛苦，因此需要一個強化的社會安全網。在波蘭休克療法動盪不安的第一階段，異議人士出身、領袖魅力十足的庫龍出任勞工與社會政策事務部長，以同情心關切那些為轉型付出最高昂代價的人們。如果巴塞羅維奇是民主資本主義轉型歷程的右手，那麼庫龍就是左手。他說自己期待在資本主義體制中扮演左派，但先決條件是波蘭要能夠建立資本主義。庫龍在電視上藉由一系列溫暖體恤的「對話」，向波蘭民眾宣揚快速激進的市場化有其必要。後來當他看到許多波蘭人感覺遭到排斥、忽視與貶抑，非常後悔自己為資本主義扮演社會民主主義推銷員。儘管波蘭的社會福利支出仍然相當可觀，但庫龍之後再也沒有人像他那樣，用心關切那些貧窮與弱勢，以及遭到邊緣化的社會成員（小羅斯福總統所謂「被遺忘的人」）。

社會陰影在這裡轉變為文化陰影。在柏林圍牆倒塌後的數十年間，歐洲每一個社會都出現一道鴻溝，一邊的人們受過高等教育、居住在城市、抱持世俗化與自由主義價值觀，享有歐洲帶來的一切機會；另一邊的人們以上皆非。這樣的分界線在每一個國家都有獨特的輪廓。在波蘭，分界線的一邊是國家東部與東南部，經濟發展較為落後，鄉村與小鎮居多，奉行傳統與保守的天主教教義。他們覺得首都「華沙沙龍」都是趾高氣揚的知識階層，自覺遭到忽視或不被尊重。知識階層、勞工與農民曾經因為團結工聯而和衷共濟，但如今社會裂痕再度綻開，只是分界線與以往略有不同。示威者曾在過往的戒嚴時期高喊「沒有團結工聯就沒有自由」，到了二〇〇〇年代初，他們改成站在華沙的中央政府外面高喊：

「自由並沒有帶來團結。」

我們能在團結工聯的誕生地看到這些不滿的縮影，當地如今已改名「格但斯克造船廠」（一九八九年過後不久，列寧的雕像與造船廠古老大門上的「列寧」字樣，都在一場歡樂儀式中移除）。儘管各方努力挽救，造船廠還是在一九九六年破產。當年華勒沙任職時期員工人數超過一萬六千人，等到我在一九九八年與ＢＢＣ拍攝團隊舊地重遊時已只剩不到三千人。我與一位態度溫和、臉上疙疙瘩瘩的造船廠老技工普熱比什（Piotr Przybysz）攀談，他說自己當年想像的自由不是這樣。他原本以為「壓迫我們的人會被清算，」結果現在的日子還是很不好過。他嘆了一口氣後繼續說道，自己一直要辦貸款。他二十九歲的兒子羅蘭在一家私人印刷公司工作，月薪相當於三十五英鎊，比父親還要悲觀。「我覺得自己是個窩囊廢。」

華勒沙在一九九〇年至九五年間擔任波蘭總統，我們拍攝他與造船廠老同事的激烈對質。老同事滿懷怒火，而且毫不保留。其中一位快人快語，非常生動地總結了這股混合經濟、歷史與社會因素的不滿：「你說你留給共產黨人的只有襪子，但我們連襪子也沒有。」

二〇〇五年八月，我再度回到格但斯克造船廠，在紀念團結工聯成立二十五週年的活動上演講，那是一場盛大的聚會。造船廠如今的大股東是一家名叫「ＥＶＩＰ」的公司，廠區附近舉行沒完沒了的勝利彌撒。我漫遊來到古老的大門，通道旁邊有一部自動提款機。透過大門的垂直金屬條，我沉思眼前的荒原，破敗的建築、瓦礫堆與雜草。大門前方有一座大型木枷，看起來就像中世紀懲罰罪犯的刑具。

木枷的三個人孔塞了三個稻草人，黑西裝、白襯衫且以照片充當臉部，人孔下方標明：「羅曼（Marek Roman），EVIP董事長：小偷」、「史蘭塔（Janusz Szlanta），前任董事長：小偷」、「萊萬多夫斯基（Jerzy Lewandowski），現任董事長：騙子」。

幾個星期之後，波蘭舉行大選，投票率勉強跨過四成，獲得選民青睞的政黨名為「法律與公正黨」（Law and Justice），意在突顯波蘭一九八九年之後合法性與歷史公正性的缺憾。法律與公正黨領導人雅羅斯瓦夫．卡欽斯基（Jarosław Kaczyński）是一名手腕高明的政治創業家，對於波蘭十五年自由累積的各種不滿，他全面整合並善加利用。一個月之後，長相跟他幾乎一模一樣的雙胞胎兄弟、華沙前市長列赫．卡欽斯基當選總統。列赫的競選海報宣稱他要當「第四共和的總統」。二〇〇六年，雅羅斯瓦夫出任總理，因此波蘭實際上是由一對雙胞胎統治。這對兄弟的搭檔演出只持續到二〇〇七年，* 然而卻有如一則警訊，預示了接下來十年即將發生的事。

* 譯註：雅羅斯瓦夫在二〇〇七年十一月因選舉失利下臺，列赫擔任總統至二〇一〇年四月空難喪生。雅羅斯瓦夫在二〇二〇年之後兩度出任副總理，至今仍是法律與公正黨領導人。

至尊幣，馭眾幣

我家中一個抽屜裡有幾個破舊信封，裡面裝著不同國家的紙鈔與硬幣。一開始只是為了實際用途，為出國旅行儲備現金，後來這個抽屜成了歐洲已停止流通貨幣的博物館，停止流通的原因有時來自歐洲的解體，有時來自歐洲的整合，有時是兩個因素同時作用。

首先是幾張東德馬克小張紙鈔，圖案分別是一部聯合收割機與一位年輕女子，女子坐在一九七〇年代風格的工業控制檯前方，上面有各種旋鈕、操縱桿與儀表板。東德馬克一元硬幣的重量非常輕，一位大學朋友到東柏林找我時，把一枚硬幣丟進斯普雷河（River Spree）並高聲說道：「一定會浮！」（結果沒有）。一個髒兮兮的信封原本標明「SU盧布」（蘇聯盧布），後來「SU」那個字被我給畫掉。在今日的俄羅斯聯邦盧布旁邊，放著其他的前蘇聯貨幣，例如以宏偉建築為主題的白俄羅斯盧布，或是頌揚滿臉鬍鬚民族英雄的烏克蘭赫里夫尼亞幣（hryvnia）。

我收集的第納爾（dinar）紙鈔裝滿了好幾個信封：南斯拉夫社會主義聯邦共和國的第納爾，上面有笑容滿面的工人與手持葡萄的快活女農民。米洛塞維奇時期的南斯拉夫第納爾，背面是東正教修道院。還有人物形象比較哀傷睿智的塞爾維亞第納爾，標明的發行機構仍然是「南斯拉夫國家銀行」，令人感慨。我這座博物館的前南斯拉夫展區還典藏了洋溢民族自豪的克羅埃西亞庫納（Croatian kuna），裝飾圖案怪異的馬其頓第納爾，紙張纖薄的波士尼亞—赫塞哥維那第納爾——後者的圖案是美麗的摩斯塔（Mostar）石橋，建於十六世紀鄂圖曼土耳其帝國時期，波士尼亞戰爭時期毀於戰火，後來又被重建以彰顯反抗精神。最後是一張是波士尼亞－赫塞哥維那中央銀行發行的「一可兌換馬克」，德國馬克是一九九〇年代前南斯拉夫地區真正能夠通用的貨幣。

第二組已停止流通的貨幣，都是在歐洲整合而非解體的過程中壽終正寢。地位最重要的德國馬克曾經不可一世，優雅的一百馬克紙鈔圖案是一部平臺式鋼琴，還有作曲家克拉拉．舒曼（Clara Schumann）的肖像，以及德國聯邦銀行總裁蒂特邁爾（Hans Tietmeyer）的簽名。德國馬克的旁邊是法國法郎（上面有古斯塔夫．艾菲爾〔Gustave Eiffel〕與他的鐵塔）、有許多〇的義大利里拉（很適合練習心算）、比利時法郎、奧地利先令，還有讓人五味雜陳的希臘德拉克馬：一千元德拉克馬紙鈔的圖案是高深莫測的太陽神阿波羅。這些貨幣後來全都被歐元取代。

最有趣的是，有一些紙鈔與硬幣因為大國解體而出現，但很快又因為整合進歐元區而消失。我有斯洛維尼亞托勒（Slovenian tolar，tolar與美元dollar的字源都是神聖羅馬帝國與哈布斯堡王朝的塔勒〔thaler〕）。我還有一枚斯洛伐克克朗硬幣，背面圖案是耶穌被釘上十字架，以及一些愛沙尼亞克朗，一百克朗紙鈔的圖案是一位頭髮蓬鬆的女士：十九世紀詩人莉迪亞（Lydia Koidula）。斯洛維尼亞從二〇〇七年開始採用歐元，斯洛伐克二〇〇九年，愛沙尼亞二〇一一年，儘管當時歐元區已經陷入危機。

終於來到最後一個信封，使用過許多次，裝有從各種貨幣脫穎而出的歐元。歐元的圖案不使用歷史人物，無論神聖或世俗、有鬍子或沒鬍子一概不用，正面是一組平凡無奇的橋梁、拱門與窗戶，背面則是歐洲的地理輪廓，很有技巧地模糊處理眾說紛紜的東部疆界，大略從烏拉山的位置開始，變成一道神祕的文字牆；南方的土耳其與馬格里布也遭到貶抑，色調要比北方的大陸來得輕描淡寫，確實可以視為一種身分認同的宣示。

對歐洲整合而言，創造一種「歐洲貨幣」是最重大也最困難的一步：歐元區從一九九九年一月一日上路迄今超過二十年，持續引發各種嚴重問題。早在今日歐盟的前身創立之初，貨幣聯盟的理念就已出現。尚莫內的荷蘭籍幕僚康斯塔姆在晚年告訴記者馬柯（Geert Mak）：

> 我還記得一九五七年那年夏天，尚莫內突然找上我，表示我們必須開始推動貨幣聯盟計畫。四十年之後，關於推出歐元的決策正式定案，真是一條漫漫長路！

歐元計畫第一次以具體內容呈現是在一九七〇年，由時任盧森堡總理維爾納（Pierre Werner）主持的委員會提出報告。一九八〇年代晚期計畫重獲生機，當時歐洲正處於向上提升階段，歐盟執委會主席德洛爾主持由各國央行總裁組成的委員會，提出一套三階段計畫，目標是要推行單一貨幣來讓歐洲單一市場更為完備。

一九八九年初夏，歐洲領導人在馬德里舉行峰會，原則性同意這項計畫，但對於負責協商新條約的政府間會議，並沒有訂定明確的時間表。德國不願意放棄自家珍愛的德國馬克，柯爾總理援引歷史先例，堅持貨幣聯盟若要成功推行，先決條件是建立政治聯盟。這類主張有時被稱為「加冕理論」，意指單一貨幣會是歐洲經濟與政治聯盟的最後一道冠冕，就如同一般國家的統一過程。

接著柏林圍牆倒塌，柯爾順勢提出德國統一的「十點計畫」，只不過沒有事先諮詢「親愛的法蘭索瓦」密特朗，讓這位法國總統怒不可遏，對親信幕僚表示柯爾此舉形同「背叛」。密特朗告誡德國外長，歐洲可能會回到一九一三年，他還鼓動柴契爾夫人反對德國統一，危言聳聽地提及一九三〇年代的德國。密特朗堅持，若要他同意德國統一，德國必須先行證明自己對歐洲一體化的投入。

法國對德國要求的證明就是貨幣聯盟。這本來就是密特朗的目標，當時法郎對馬克一再貶值，讓法國遍體鱗傷。貨幣聯盟也正是深化西歐整合的主要計畫之一，當時已經攤開在談判桌上進行討論。在統一讓德國國力更上層樓之際，如果「必須採取某種行動」來更緊密結合德國與歐洲，這項「行動」就是貨幣聯盟。

這則故事有一個粗糙但頗具影響力的版本，聲稱「歐元是換取德國統一的代價」。當時就已流傳這樣的說法：「密特朗拿到打對折的德國馬克，柯爾拿到完整的德國！」歷史紀錄中的故事與此有些微妙差異，但依舊引人入勝。我們翻閱原始文獻、已出版日記與回憶錄，會看到為今日歐元奠定基礎的交易是在短短一個月之內完成：一九八九年十一月九日柏林圍牆倒塌，一九八九年十二月九日，讓柴契爾夫人大感不滿的歐洲共同體史特拉斯堡峰會進行第二天議程。德國做出關鍵讓步：柯爾支持為籌備貨幣聯盟的政府間會議訂出明確時間表，並同意貨幣聯盟不必以政治聯盟為先決條件，但希望前者能夠促成後者實現。因此，柏林圍牆倒塌讓德國統一前景豁然開朗，並不是成就歐洲貨幣聯盟的根本原因，而是一項重要的催化劑。

如此一來，貨幣聯盟即成為歐洲整合的核心**政治**計畫。尤其是對卡洛林歐洲而言，* 這是迄今最大的變局，其次才是東向擴張。至於巴爾幹半島的血腥殺戮則被視為是個麻煩的節外生枝，會讓敏感的人良心不安。柯爾在柏林圍牆倒塌之後同意放行的政府間會議，藉由艱難與密集的協商，最終在一九九二年締結《馬斯垂克條約》。這項條約有許多新特色，正式建立歐洲聯盟與所謂的「歐洲公民權」，以及外交與社會政策、司法與內政事務的新「支柱」。但條約的核心在於法國與德國關於貨幣聯盟的妥協。法國追求建立貨幣聯盟，德國則堅持要由獨立的中央銀行來監管新貨幣，對於維持新貨幣的穩定擔負法律責任（相當於一個歐洲版的德國聯邦銀行）。各方將訂定一套規則來達成經濟與財政的趨同，然而並不要求建立財政聯盟。條約也推行一些輔助性的政治措施，例如加強歐洲議會的權力，但還遠遠不足以讓「政治聯盟」名副其實。

《馬斯垂克條約》要付諸實行，必須得到歐洲共同體十二個成員國的國會與選民批准。† 在英國國會，條約的辯論成為一場混戰，一邊是首相梅傑，一邊是保守黨自家的疑歐派後排議員，梅傑對他們的形容「混帳東西」哄傳一時。丹麥進行兩輪公投，第一輪選民以五成一對四成九否決條約，第二輪公投之前，政府祭出不採用單一貨幣等「選擇退出權」，贊成票才總算過半。更值得注意的是，儘管貨幣聯盟是法國菁英階層力挺的計畫，但法國選民的投票結果卻是成員國公投中最接近的一個：五成一贊成，四成九反對。

意義最重大的反而是一場沒有舉行的公投。德意志聯邦共和國的創建者對納粹德國如何濫用公投謹記在心，因此在憲法中排除公投。對柯爾而言這是幸事，因為如果交由德國選民決定，他們很可能會否決條約。根據阿倫斯巴赫研究所（Allensbach Institute）的民調，對於德國在一九九〇年代前半期採用歐洲單一貨幣的計畫，反對選民明顯居於多數。德國馬克被視為德國戰後成功的象徵與基石，而與德國聯邦憲法法院比鄰的德國聯邦銀行則是國民最信賴的機構。比利時銀行家拉姆法盧西（Alexandre Lamfalussy）曾經私下對柯爾說：「我不知道你要如何讓德國人民放棄德國馬克。」這位總理回答：「一定做得到，德國人會接受強而有力的領導。」話雖如此，但德國人民也會記住他們並沒有受到徵詢。

整體來看，各國關於《馬斯垂克條約》的爭論應該會為歐洲菁英送出一記強而有力的警訊。德洛爾本人就以激進的語氣總結：「歐洲整合從一開始就是一項菁英計畫，人們相信只要說服決策者就已足夠。這種良性專制如今已走到盡頭。」但真的是如此嗎？

採用歐元（新貨幣在一九九五年正式定名）的準備工作在一九九〇年代持續進行，馬斯垂克趨同

---

* 譯註：指西歐與中歐地區，中世紀前期卡洛林帝國的疆域。

† 譯註：十二個國家的國會都必須批准，法國、丹麥與愛爾蘭還需進行全民公投。

標準透過《穩定暨成長協定》（Stability and Growth Pact）形成正式規則。隨著貨幣聯盟的實現越來越近，包括我在內的各方警告聲浪也日益高漲。一九九八年，一百五十五位經濟學家集體聲明「歐元計畫進行太快」，我在《外交事務》（*Foreign Affairs*）雜誌發表的文章開頭就摘述了這群經濟學家的憂慮。如果單一利率適合某些國家卻不適合其他國家該怎麼辦？有沒有補償性預算轉移機制，就像美國繁榮富裕的麻州與捉襟見肘的阿拉巴馬州之間採行的做法？歐洲各國夠團結嗎？我進一步指出歐洲已經本末倒置，歐盟有太多的政治與官僚能量被歐元計畫消耗，我一一列舉因此產生的弊端後寫道：「當我們忙著處理《馬斯垂克條約》，塞拉耶佛烽火連天。」歐元計畫旨在推動歐洲一體化，卻可能造成痛苦的分裂。

這些警告都來得太晚，歐元計畫已然是「規模大到不能倒」，於是這部歐元列車高速駛向終點站。一九九九年一月一日，貨幣聯盟以勝利者之姿降臨歐洲，批評者指出的各種設計缺陷一應俱全。歐洲從一個臨時湊合的中途之家（歐洲貨幣體系）轉移到另一個更密切整合的中途之家貨幣聯盟，但缺乏財政聯盟或金融聯盟輔助，更沒有政治聯盟。從成立之初，這個貨幣聯盟就包含有如彩虹一般的南歐與北歐各色經濟體，彼此狀況天差地遠，非常難以長期共存於單一貨幣區。最極端的案例是希臘，二〇〇一

年才靠著高盛（Goldman Sachs）幫忙動手腳的統計數據勉強擠進歐元區。在經濟上比較可行的做法，應該是先推行以北歐經濟體為主、彼此較為相容的「北方特區」。然而歐元計畫是政治掛帥，因此絕無可能排除義大利，更不可能排除法國。

照理說，歐元區的經濟趨同可藉由《穩定暨成長協定》的規則來確保。成員國的公共債務不得超過GDP六成，經常帳逆差則不得超過GDP百分之三。然而還沒有等到歐元上路，一項規則就被打破：義大利國債高達GDP百分之一百二十，比利時則是更駭人的百分之一百三十。另一項規則也很快就會被違反，而且違反者還是歐盟的核心強權：法國與德國都在二〇〇三年超過百分之三的經常帳逆差上限。借用二〇〇〇年代的象徵性說法，一個「以規則為基礎的體系」要能夠運作，有效的仲裁者與執法者都不可或缺，但歐元區兩者俱缺。

追根究柢，歐元計畫的基礎是一場豪賭：相信經濟整合將會催化政治整合。「歐洲是在危機之中打造出來，」這是尚莫內的名言，「這些危機的解決方案整體而言造就了歐洲。」我在一九九八年發表的文章中指出：「歐盟各成員國政府的普遍看法」是貨幣聯盟可能早在二〇〇一年或二〇〇二年就會面臨危機。我在其中一本筆記裡寫道，二〇〇一年時任歐盟執委會主席普羅迪（Romano Prodi）告訴我，歐元將會在「歷經**危機**之後」獲致成功。

如果預見危機是一種智慧，大部分歐洲人已經在前行之中遺忘。我們做出大難臨頭的預言之後，貨幣聯盟在第一個十年並沒有遭遇重大危機。但現在我們已經知道，危機當時已在暗中醞釀，就像維蘇威火山深處的岩漿。與資本主義世界其他地區一樣，過度膨脹的銀行與金融服務業形成重大問題。到二〇〇五年時，歐元區銀行業資產已攀升至歐元區成員國GDP總和的將近三倍。德國的經常帳餘額大增，原因有二：一是施若德總理推動的改革大幅降低了單位勞動成本，二是德國貿易受惠於歐元對其他貨幣貶值，而且歐元區內部形同匯率固定。德國擁有龐大儲蓄，經由做法不甚謹慎的北歐銀行流向不甚謹慎的南歐經濟體，後者的單位勞動成本與物價節節上升。

流動性熱錢的湧入助長了西班牙與愛爾蘭私營產業的房地產榮景，以及希臘與葡萄牙公部門的大手筆支出。希臘政府向外借貸的利率幾乎和德國政府一樣低，兩國政府公債之間的「利差」微不足道，一位頂尖歐元歷史專家形容為「金融市場嚴重價格錯估的案例」。*二〇〇〇年代，歐洲北部與南部的失衡持續惡化，失控的金融業更是火上澆油。因此當火山爆發，規模非同小可——如果早個幾年爆發，或許還不會如此嚴重。然而就算是專業的地震學家，似乎也未能預見這場爆發。

二〇〇八年六月，歐洲中央銀行慶祝成立十週年，時任總裁特里榭（Jean-Claude Trichet）的演講今日讀來仍讓人興味盎然。他先是大張旗鼓聲稱：「歐洲民主國家的意志促成了歐洲中央銀行的創建，」接著宣示：「歐元非常成功，我無意點名批判那些曾經預言歐洲不可能出現單一貨幣、推行單一貨幣必然失敗的人……」特里榭繼續闡述歐元的政治重要性：

> 單一貨幣是歐洲一體化最進步的特色，在許多方面都是歐洲一體化的象徵。我們要感謝歐盟創建者

的真知灼見，感謝許多領導人高瞻遠矚的堅定決心。

上臺答謝吧，尚莫內。特里榭隨後指出幾項技術性挑戰，例如「明確監控單位勞動成本等國家競爭力的相關指標」。他在演講尾聲提到德國總理梅克爾，她與法國總統薩科齊（Nicolas Sarkozy）都到法蘭克福參加慶典。他回憶那年稍早，梅克爾曾經引述艾德諾的名言：「今日歐洲是一個命運共同體。」最後特里榭還說，如今共享命運的人是歐元區內「我們的公民同胞，三億兩千萬人。」輪到貝多芬上場，演奏「歡樂，眾神的火花」。

銀行家應該更有見識才對。然而這種勝利精神是時代精神的一部分，我自己也受到感染。雖然我曾對單一貨幣的風險發出警訊，但如今歐元運作確實看似一帆風順。我又不是經濟學家，有什麼資格唱反調？我相當欣慰可以把那些髒兮兮的舊鈔票與舊硬幣推到抽屜後方，前往歐洲各地旅行時不必再兌換任何法郎、里拉、先令或托勒。我非常喜歡里斯本、雅典、都柏林等城市的樂觀氛圍，歐盟關於邊陲地區與核心地區經濟趨同的承諾似乎正在實現。希臘、葡萄牙與愛爾蘭年輕世代的生活機會似乎終於追上了德國與荷蘭，斯洛伐克、斯洛維尼亞與愛沙尼亞的年輕世代也是如此。那個時代充滿昂揚的希望，而歐元正是希望的象徵，從北歐的塔林（Tallinn）到南歐的特內里費島（Tenerife）

＊ 譯註：語出大衛・馬許（David Marsh）《歐元》（*The Euro*）一書。

都是如此。

歐洲的九一一與美國的九一一

二〇〇一年某個五月天，天氣晴朗，我們一小群歐洲專家陪同小布希總統站在白宮的杜魯門陽臺上，稍後將開會討論總統即將啟程的歐洲之行。我漫不經心地看著從鄰近的雷根國家機場起飛、直上雲霄的飛機，壓根兒沒想到它們可能會變成恐怖分子的大規模殺傷武器。在稍後的會議中，我們簡短討論了伊朗的核子計畫，完全沒有觸及伊斯蘭恐怖主義。小布希在那天指出，西方世界面對的最大挑戰是中國：「總有一天，我們都要與中國一爭高下。」

不到四個月之後，賓拉登（Osama bin Laden）麾下的恐怖分子劫持民航班機，撞擊紐約世貿中心雙塔與華府戒備森嚴的五角大廈。白宮或國會山莊原本是聯合航空九十三號班機的攻擊目標，但倖免於難，原因要感謝機上英勇乘客衝過狹窄的機艙走道，對抗劫持飛機的恐怖分子。這架飛機最後在劫機客「真主至大！」的喊聲中墜毀在賓夕法尼亞州的尚克斯維爾（Shanksville）田野。後來有人向小布希報告，如果被劫持的班機是從雷根國家機場起飛，大約四十五秒就能飛到白宮。

二〇〇一年九月十一日星期二，上午九點零三分，第二架飛機撞擊世界貿易中心，這個時刻立刻進入人類的集體記憶日誌，就如同阿姆斯壯登月與柏林圍牆倒塌。先月後日的美式寫法「9/11」與先日後月的歐式寫法「9/11」都是世界歷史的重大轉捩點。後者是一九八九年十一月九日，柏林圍牆倒塌那一天。歐洲的九一一滿懷希望，美國的九一一驚心動魄。

自從一八一四年英國軍隊火燒白宮之後，這是美國本土心臟地帶首度遭到攻擊，巨大創傷讓美國從內政到外交都脫胎換骨。對小布希而言，中國與俄羅斯搖身一變成為美國的夥伴，共同進行重要性凌駕一切的「反恐戰爭」。接下來十年，中國默默繼續「和平崛起」，美國則耗費數兆美元經費，數十億小時的政治、官僚與軍事行動，還有鉅額的外交與道德資本，千方百計要擊敗伊斯蘭主義敵人。

二〇〇二年十二月，小布希政府為入侵伊拉克進行準備期間，我與副總統錢尼（Dick Cheney）做了一場背景對談，地點在華府戒備森嚴、位於美國海軍天文臺的副總統官邸。

我問：「這場戰爭會如何結束？」

錢尼回答：「恐怖分子被徹底殲滅。」

我感到震驚，但原因不是錢尼的回答有多強硬，而是有多愚蠢。解決掉名單上第兩百六十七個恐怖分子後，戰爭就會結束嗎？此話當真？

錢尼繼續解釋，自從幾個月前我們與總統在白宮開會之後，美國政府對於「國家建構」（nation-building）的立場已然轉變——錢尼當時也參加了那場會議，但悶不吭聲。現在他卻告訴我，美國政府準備推動國家建構，希望伊拉克「能夠成為一座燈塔」。

錢尼的談吐讓我感受到超級強權的傲慢自大，彷彿覺得自家一方面獨霸全球，一方面遭遇大膽反抗，正如同十九世紀末波耳戰爭時期的大英帝國。*美國政府「沉醉於權力的景象」，這正是英國詩人吉卜林詩作〈退堂〉（Recessional）對同胞發出的警告，寫作時間點就在大英帝國遭遇波耳人挑戰之前。美國的帝國傲慢也藉由「新羅馬」、「單極世界」、「解放的普羅米修斯」等自吹自擂的說法展露無遺。

「反恐戰爭」改變了美國對歐洲的觀感及歐洲對美國的觀感。當時我在史丹佛大學有個臨時性工作，每年夏天來往於歐洲與美國之間，因此可以像縮時攝影一樣，年復一年記錄相關變化。歐洲幾乎從美國報紙的前幾個版消失，甚至連國際新聞版也不見蹤影。中東地區、阿富汗成了重中之重，外加些許的中國與俄羅斯，歐洲只能在生活版引領風騷。對某些美國人而言，今日歐洲人是一群怯懦的姑息主義者。布萊爾的英國可算是部分例外，法國人則是「愛吃乳酪且只會投降的猴子」——這是卡通《辛普森家庭》（*The Simpsons*）的臺詞，擅長搧風點火的記者戈德堡（Jonah Goldberg）對我引述，還告訴我：「是的，我是反歐洲人士。」副總統錢尼和我對話時也堅稱：「歐洲人是一群討厭鬼。」

對於這些「恭維」，歐洲人加倍奉還。九一一事件剛發生時，跨大西洋團結情操湧現。法國《世界報》（*Le Monde*）以頭版社論宣稱「我們都是美國人」，柏林的布蘭登堡大門懸掛橫幅布條「我們同感哀傷——致上最深的悼念」。在倫敦的聖堡羅大教堂，女王與眾人齊唱《共和國戰歌》，英國媒體說她眼眶泛淚。史上頭一遭，北約引用《北大西洋公約》第五條：對任何一個成員國的武裝攻擊視同對全體成員國的武裝攻擊。儘管美國並沒有接受提議，讓此一事件正式成為北約的回應，大西洋同盟的歐洲成員仍然支持美軍入侵阿富汗、徹底鏟除蓋達組織。然而，當小布希政府的攻擊目標從阿富汗轉向伊拉克，跨大西洋團結的情操便開始褪去，代之以激烈爭執。

二〇〇三年二月十五日星期六，數百萬歐洲人走上倫敦、馬德里、羅馬與其他歐洲國家首都的街頭，反對美國入侵伊拉克。後來美國對伊拉克的占領變成一場災難，美軍官兵在阿布格萊布（Abu Ghraib）監獄凌虐伊拉克囚犯的照片流出，美國的軍事、政治與道德威信遭到自作自受的重創。然而二〇〇四年十一月，美國人民讓小布希連任總統。當時我人在華府，聆聽落敗的凱瑞（John Kerry）發表很有風度的敗選演說，他以哽咽的聲音強調：「事實就是美國不但偉大，而且良善。」但在歐洲，懷抱這種信念的人日益稀少。

大西洋兩岸漸行漸遠，並不單純只是美國九一一的結果，也與歐洲九一一關係密切。我成長年代的冷戰西方，是在與蘇聯這個共同敵人對抗的過程中形成。當時蘇聯在歐洲的心臟地帶部署軍隊與核武。等到這個共同敵人消失，美國與歐洲的利益與優先考量產生分歧的可能性從此揮之不去。

歐美分歧的態勢在一九九〇年代隱而不顯，原因是柯林頓總統及其部屬抱持的歐洲主義，他們花了許多時間處理柏林圍牆倒塌後的俄羅斯、德國、北約東擴與前南斯拉夫議題。在個人層面，他們也受到歐洲經驗影響，柯林頓的國務卿歐布萊特就是一位在布拉格出生的歐洲人。美國外交官郝爾布魯克（Richard Holbrooke）有一本書寫到自己如何強勢推動波士尼亞和談，最後一個章節的標題是「美國仍然

---

* 譯註：南非英國殖民者與荷蘭裔殖民者（波耳人）在一八九九年十月開戰，一九〇二年五月簽訂和約，荷蘭裔勢力落敗。

是歐洲強權」。柯林頓本人曾在牛津大學深造，室友塔爾博特（Strobe Talbott）後來成為其政府的首席俄羅斯專家，當時柯林頓會利用假期旅行歐洲各地，盡情汲取各種印象與理念。柯林頓甚至在當上總統之後如此表白：「歐洲既是一個地區也是一個理念，因此美國也是歐洲的一部分。」

情勢遲早會發生變化，結果就是在小布希時期出現劇烈改變。二〇〇一年夏天小布希總統對歐洲進行官方訪問，我們幾位專家幫他進行準備工作。他在自我介紹時以自嘲展現魅力，形容自己是個「坦白直率的德州佬」。那場官方訪問之前，他生平只到過歐洲旅遊幾天。那天小布希拋出一個問題：「我們希望歐盟成功嗎？」《金融時報》總編輯巴伯和我回答時極力強調不僅我們希望歐盟成功，他也應該如此，小布希這才改口表示：「我是明知故問。」從一九四〇年代後期到一九六〇年代，華盛頓一直在歐洲整合進程上發揮關鍵作用，一開始的馬歇爾計畫便要求參與的歐洲國家必須彼此合作，才能夠拿到美國的經濟援助。然而，之後歷任美國總統（包括小布希的父親老布希）往往對崛起中的「布魯塞爾當局」態度猶疑，尤其當後者立場帶有戴高樂主義色彩及反美色彩的時候。然而在整個冷戰時期，歐美面對共同敵人，戰略層面的結論永遠是歐洲一體化符合美國利益。如今，這個結論被打上了問號。

歐美分歧的深層根源可以追溯至歐洲九一一，美國九一一則導致情勢更加惡化。部分歐洲人對分歧樂觀其成。對於二〇〇三年歐洲各地反對美國對伊拉克開戰的示威行動，法國社會黨政治人物卡恩（Dominique Strauss-Kahn）在《世界報》宣稱：「二月十五日星期六，一個新國家在街頭誕生，這個新國家就是『歐洲國』。」

哈伯瑪斯與法國哲學家德希達（Jacques Derrida）發表了一份宣言，提出類似的「非美國的歐洲」願景，希望歐洲藉由與美國的差異來界定自身、團結凝聚。歐洲對於華盛頓單方面軍事冒進的厭惡，後來擴大為對於美國社會與經濟模式的批判。二〇〇二年德國大選期間，時任總理施若德在漢堡告訴群眾，德國絕不會參與「戰爭與軍事干預的遊戲」：

看看美國目前的狀況，破產問題嚴重，小老百姓遭到剝削，擔憂自己年老之後無人照顧。我要告訴各位，這不會是我們為德國人民安排的道路。

可以預見的是，這樣的基礎不會催生出歐洲一體化。伊拉克戰爭對歐洲造成的分裂，不下於對跨大西洋聯盟。英國的布萊爾、西班牙的阿茲納爾（José María Aznar）、義大利的貝魯斯柯尼、葡萄牙的巴羅佐都與美國政府同一陣線，一批中歐與東歐領導人也是如此。法國總統席哈克（Jacques Chirac）盛怒之下，斥責中歐人與東歐人「出身背景欠佳」，最好乖乖閉嘴。美國國防部長倫斯斐（Donald Rumsfeld）火上澆油，表示樂見他所謂的「新歐洲」抗衡法國與德國領導的「舊歐洲」。

我寫了一本書來回應這場危機，指出歐洲戴高樂主義者期望歐洲團結起來對抗美國，但那其實是強人所難。我們這些歐洲的大西洋主義者（指支持美歐合作）應該擴大合作對象，除了美國之外，還要涵蓋在這個越來越「後西方」的世界中，所有的自由主義民主國家。我說的不是「**自由世界**」，這個冷戰詞彙如今已很少使用，就算使用也多半帶有諷刺意味。我們應該設定更廣大的目標，不再侷限於跨大西洋密切合作的自由國家，更要主動接納那些生活在不自由國家但渴望呼吸自由的人們。我的書名《自由世界》（*Free World*）援引人們熟知的字眼，只是刻意省略定冠詞「The」，表示這樣的世界並非限定。這本書實在太過樂觀，但基本論點如今看來比當年更為切中時弊。

二〇〇一年過去二十年之後，一位名叫拜登（Joe Biden）的新任美國總統宣布美軍終於要離開阿富汗，時限是二〇二一年九月十一日，九一一恐怖攻擊二十週年紀念日。美國急就章的撤退行動演變成一場混亂的潰敗，神學士（Taliban，又譯塔利班）游擊隊一鼓作氣攻占首都喀布爾。這是美國歷史上最漫長的一場戰爭，很少人會將它偽裝為成功事蹟。除了歷史課之外，人們已不再談論「反恐戰爭」，這也不會是二十一世紀最重要的地緣政治鬥爭。

對白宮新主人拜登而言，地緣政治的中心挑戰重新回到二十年前，小布希在九一一事件前不久與一群歐洲專家開會時認定的目標：中國。我曾經想過，中國共產黨應該在賓拉登死後頒贈他最高勳章，感謝他將美國推上一條戰略歧路，一去就是十多年。中國在這段期間升格為超級強權，為了回應中國、俄羅斯與其他威權國家的挑戰，拜登總統提出大膽的願景：建構更為廣大的群體，除了向來密切合作的跨大西洋自由國家，也終於包括那些生活在不自由國家卻渴望自由的人們。

歐洲穆斯林

艾塔（Mohamed Atta）是一名恐怖分子，二〇一一年九月十一日，他駕駛第一架遭到劫持的民航機撞擊紐約世界貿易中心。他出生於埃及，卻是在留學德國漢堡時變得激進。蓋達恐怖組織「漢堡小組」的其他成員也有類似背景，這個陰謀團體由賓拉登從阿富汗領導。在漢堡的聖城清真寺，艾塔與戰友們受到待過阿富汗的伊斯蘭主義教士鼓勵，立志發動暴力聖戰。因此，這場伊斯蘭主義恐怖攻擊雖然是在美國發生，卻有一部分要追溯到歐洲。

西歐的穆斯林移民與移民後裔超過一千五百萬人，九一一恐怖攻擊像一枚在夜空中爆炸的信號彈，揭示了其中一小撮人的激進化歷程。歐洲還有其他的穆斯林，至少七百萬人自古以來就定居巴爾幹半島各地，大部分信奉相當寬鬆的伊斯蘭教義。俄羅斯聯邦的穆斯林據估計約一千四百萬人，有一些也從高加索或中亞地區前往歐洲各地，定居五光十色的都市。土耳其是穆斯林占多數的國家，近年人口快速增加至六千五百萬人，已經取得歐盟成員國的候選資格。

來到西歐的移民也不全然是穆斯林，遠遠不是。人口流動剛開始相當緩慢，移民來自前海外殖民地，就像我在牛津東區的加勒比海鄰居羅利與珍妮特，此外還有來自地中海周邊地區的「客工」。如今在幾個西歐國家，外國出生的居民占人口比例已經超過百分之五。移民的比例在幾個城市特別高：一九九九年的阿姆斯特丹有將近半數人口源自外國，緊鄰巴黎的行政區塞納聖丹尼（Seine-Saint-Denis）

則有超過半數居民源自外國。

二〇〇〇年代，相關數字持續成長。部分原因在於更多移民入境，有合法也有非法。另一個原因是移民（包括各種宗教信仰與無信仰）的生育率通常高於後基督教與後一九六八世代的歐洲人。因此，歐洲的穆斯林有越來越高的比例是在歐洲本土出生。依據德國官僚體系笨拙但精確的說法，這些人是「具有移民背景的人們」。

大部分移民第二代都經由學校與工作場所的社會化，接受歐洲的生活方式，也能夠流利運用所在國家的語言。然而這並不意味他們對歐洲一定會有「家」的感覺。人類遷徙的歷史常會呈現類似的模式，第一代移民努力設法融入，但他們的子女有時會期望重新發現祖先的遺產且引以為傲。「父輩遺忘的事，子女牢記在心。」這些第二代往往生活在老舊住宅區，從事低薪工作，甚至找不到工作。對於自己經常因為膚色與外國名字而遭遇歧視，他們也是滿腹怨恨。

另一方面，平價的空中旅行、網際網路與行動電話，讓具有移民背景的族群很容易與祖國保持密切連結，遠勝於二十世紀初年移民美國的愛爾蘭或義大利年輕人，後兩者遠渡大西洋追尋新生活，很難得有機會回「老家」探視。今日的移民背景族群因此擁有豐富且多面向的身分認同。但對某些人而言，這種連結也會引發某種文化精神分裂，導致他們懸宕在兩個世界之間，無法全然安住在任何一個世界。審視那些青年恐怖分子的人生故事，經常會發現一種模式：他們先是嘗試比父母更為西化也更世俗化的生活方式，後來卻一百八十度大轉彎，轉向一種激進到連自家傳統穆斯林親戚都感覺陌生的伊斯蘭教義。

他們與阿爾及利亞、巴基斯坦、阿富汗或伊拉克等地區的強硬極端分子接觸，開始變得更加激進。

九一一事件之前，這種危險的異化過程已在歐洲出現，但「反恐戰爭」讓情況更加惡化。一位摩洛哥裔荷蘭女性如此解釋：二〇〇一年九月十一日之前，「我只是諾拉，突然之間，我成了穆斯林。」無論是多麼複雜的身分認同（土耳其人或庫德族、阿拉伯人或柏柏人、喀什米爾人或孟加拉人、遜尼派或什葉派、蘇非派或薩拉菲派），如今都被簡化為「穆斯林」，甚至有八卦媒體將「穆斯林」與暴力極端分子畫上等號。早該推行的主動整合政策如今被視為一種「反激進化」政策，有時更被粗糙地理解為「我們如何阻止他們變成恐怖分子」。惶惶不安的民眾打電話報警，原因只是街坊鄰里好像有人說阿拉伯語。

與此同時，美國入侵伊拉克與隨之而來的踐踏人權惡行（例如阿布格萊布監獄美軍虐囚事件）更是強化了一種行之有年的伊斯蘭敘事：西方世界羞辱阿拉伯人。歐洲對於波士尼亞穆斯林命運漠不關心，也為這份罪行紀錄再添一筆（極端主義鼓吹者顯然不會特別提及西方曾以干預行動保護科索沃的穆斯林）。以色列立國引發的長期衝突雪上加霜，其疆域被許多阿拉伯人認定屬於巴勒斯坦——這個因素因為以色列的國家暴行而更加突顯，有時也帶有明目張膽的反猶太主義色彩。再看看美國對伊拉克的占領，根本沒有遏阻恐怖攻擊的源頭，反而為伊斯蘭恐怖主義招募成員大開方便之門。巴勒斯坦、波士尼亞、車臣、阿富汗加上如今的伊拉克，全都被揉合為穆斯林受害的敘事，與為自身信仰進行武裝鬥爭並壯烈成仁的觀念一樣，都讓歐洲的年輕穆斯林產生強大共鳴。

這些問題早在九一一事件與美國入侵伊拉克之前，就已經有跡象在歐洲出現。我們不會知道歐洲本土是否本來就會因此發生恐怖攻擊，只能知道這兩件大事發生之後，歐洲確實開始遭遇一連串恐怖攻擊。接下來幾年裡，一個國家經歷了自家版本的九一一。二〇〇四年三月十一日，伊斯蘭主義恐怖分子以炸彈攻擊駛向馬德里的地鐵列車，將近兩百人罹難，西班牙人稱之為「三一一事件」。那年十一月，荷蘭電影製片人西奧．梵谷（Theo van Gogh）在阿姆斯特丹一條僻靜的街道上遭到殘暴殺害，凶手布耶里（Mohammed Bouyeri）是荷蘭摩洛哥移民第二代。二〇〇五年七月七日，這回輪到倫敦大難臨頭，許多通勤者慘死在地鐵列車與倫敦著名的紅色雙層巴士上，英國人稱之為「七七事件」。

同樣是在二〇〇五年，丹麥《日德蘭郵報》（*Jyllands-Posten*）刊出的伊斯蘭先知穆罕默德漫畫讓創作者遭到死亡威脅，世稱「丹麥漫畫事件」。美國九一一事件過後十年的二〇一一年七月，伊斯蘭恐怖主義的極右派版本化身為挪威殺人魔布雷維克（Anders Behring Breivik），他踏上一座度假小島，在一處營地對無辜青少年大開殺戒，實現他那被網際網路激化的病態狂想，對異教徒發起一場新的「十字軍東征」。布雷維克在網路上發布宣言，呼籲將歐洲的穆斯林全部驅逐。惡性循環持續進行，向下沉淪，一個極端增強了另一個極端。

這不是我的研究主題，不是我的世界，但我必須處理。因此我大量閱讀，與專家對談，親身經歷見證。我從塞納聖丹尼開始，巴黎周遭有一些像它這樣的貧窮住宅區，通稱為「郊區」。我來到塞納聖丹尼的中世紀大教堂，在查理．馬特的墓前沉思，這位國王在西元七三二年圖爾戰役擊敗新近皈依伊斯蘭的阿拉伯人，因此被後世尊稱為「鐵錘」。我走過雨果廣場，熙來攘往的人群正是出身被「鐵錘」擊敗的阿拉伯國度，許多女性裹著頭巾。老法蘭西與新法蘭西，由對抗塑造的老歐洲與多元文化的新歐洲——比利時歷史學者畢倫（Henri Pirenne）認為那場查理．馬特與伊斯蘭的戰爭有助於塑造歐洲，「沒有穆罕默德就沒有歐洲」。

我在塞納聖丹尼親身體驗到「郊區」的憤怒。法國是一個「偽善的國家」，年輕的烏賽因（Oussine）告訴我。他的名字使他在找工作上格外困難。身在法國，他永遠是個外來移民；回到摩洛哥，他永遠是個移居國外者。伊斯蘭主義運動者賈烏哈里（Abdelaziz El Jaouhari）也說過幾乎一模一樣的話，他在法國出生，父母親是來自摩洛哥的柏柏人。他抱怨法蘭西共和國對於「平等」總是說一套做一套：如果你叫尚丹尼（Jean-Daniel）且金髮碧眼，你會諸事順心；但如果你長得像他一樣，名字叫做「阿卜杜勒阿齊茲」，那就是完全另一回事。

「我們擁有什麼樣的平等？什麼樣的自由？什麼樣的博愛？」

他批評薩科齊總統任內實施的頭巾禁令是種族歧視，「頭巾不行，巴黎的猶太人卻可以繼續戴小圓帽。」但賈烏哈里有訊息要傳達給總統大人，他用法文說道：「現在我也是法國人。」

來到克利希蘇布瓦（Clichy-sous-Bois），幾個月前還有暴動者焚燒車輛，十七歲的穆罕默德（「叫我穆罕默德就好」）告訴我，那些暴動是一種「讓聲音被人聽到的方式」。十六歲的蘇妲說阿爾及利亞美不勝收，她和家人每年都會回去與祖父母相聚。當地人都好和善，她也不會因為戴頭巾而惹上麻煩。

另一位穆罕默德說，如果阿爾及利亞與法國比賽足球，他和朋友們一定支持阿爾及利亞，「馬格里布大團結！」他高喊，一群青少年開懷大笑。

「如果是席丹呢？」我問，這位代表法國國家隊出征的偉大中場球員，父母親正是來自阿爾及利亞的柏柏人。

「他是法國人，」梅赫迪插話，「但如果他燒車子，就會突然變成外國人。」梅赫迪進一步指出，法國還沒有好好面對自身的殖民過往。

博斯凱住宅區（Les Bosquets）在一九六〇年代是曾經得獎的現代建築典範，如今破敗已極。一群女性社區運動者為我描述當地生活的現況：失業率高達四成，沒有警察局，沒有購物中心，想要前往有工作機會的地方，得先克服去哪裡都很困難的惡劣交通。她們解釋，當地居民靠社會救濟金過活，如果救濟金晚到幾天，許多家庭就得借錢或挨餓。這幾位運動者能言善道，意志堅定，以三個簡單扼要的字眼總結當地的需求：工作、交通、尊重。「尊重」這個字眼不斷出現。

祖麗卡（Zoulikha Jerrardi）來自摩洛哥，戴著頭巾。她微笑著告訴我，以前她並不會戴頭巾，但九一一事件之後「頭巾」被汙名化，穆斯林成了恐怖分子的同義詞，於是她決定非戴不可。與她打交道的政府官員大感驚訝，然而沒有多說什麼。

她說：「這完全阻止不了我，我是一個已經解放的女性。」

在西班牙，我造訪馬德里的拉瓦皮耶斯區（Lavapiés），當時美國九一一事件發生還不到兩個星期，可以感受到人們的困惑與憤怒。一位來自丹吉爾的年輕男子告訴我，九一一事件是「對伊斯蘭的攻擊」——意思是指他信奉的溫和派伊斯蘭教義。他接著又說，他在摩洛哥的親戚認為猶太人對這場攻擊也有份。儘管他是合法移民，證件一應俱全，但他告訴我他已經放棄尋找工作，全靠小額偷竊為生，「就像一匹狼。」

二〇〇五年，我站在已經被釘上木板封閉的「新世紀電話中心」前，移民背景的人們會利用這裡的網路連線或者長途電話，聯絡遠在老家的親友。二〇〇四年三月十一日，駛進馬德里阿托查（Atocha）車站的通勤列車發生爆炸，丹吉爾出生的恐怖分子祖蓋姆（Jamal Zougam）就是在這座電話中心準備用來引爆炸彈的手機。「新世紀」名副其實。祖蓋姆後來被判處四萬兩千九百二十二年徒刑。

我和附近一名十六歲少年攀談，他說西班牙總理阿茲納爾才是馬德里恐攻的罪魁禍首，因為他的政府支持伊拉克戰爭。十九歲的薩依德（Muhammad Saïd）告訴我，阿托查車站爆炸案「非常糟糕」，但西班牙警察對待像他這樣的摩洛哥裔也非常惡劣。就在三天之前才有警察將他痛打一頓，還拿走他的手機。

「為什麼？」

「只因為我的手機上有這張照片！」

他讓我看他的手機螢幕，那是一張賓拉登的照片。

不久之後，我開始認真處理歐洲穆斯林人口與日俱增的複雜議題，也犯下自己從事政治寫作以來最嚴重的錯誤。我為《紐約書評》（*New York Review of Books*）寫了一篇評論，評論對象是索馬利亞出生的荷蘭作家暨社會運動者阿亞安（Ayaan Hirsi Ali）及其作品。我首先對她的「勇氣、誠摯與明晰」表達「極度尊敬」，接下來寫道：儘管「她在青年時期曾經受到伊斯蘭原教旨主義的誘惑，」但如今已成為一位「勇敢、直言不諱、稍嫌過度簡化的啟蒙運動原教旨主義者。」最後那個說法來自布魯瑪的《阿姆斯特丹謀殺案》（*Murder in Amsterdam*），也是我要評論的作品之一。*

如果我能夠讓自己寫過的東西完全消失，那麼我會選擇我評論阿亞安的那段話。我原本只是想指出，她對伊斯蘭那無神論取向的直接批判，並不是鼓勵歐洲穆斯林接納自由歐洲社會價值的最佳方法。我進一步解釋：

> 期望數以百萬計的穆斯林突然間棄絕父母親奉行的信仰，這樣的政策一點也不實際。如果我們告訴這些穆斯林，想當歐洲人就得棄絕自身宗教，那麼他們只會選擇拒絕成為歐洲人。

我至今仍認為這套想法很具說服力，但我錯在提到哪一類穆斯林改革者能讓移民背景的人們相信，伊斯蘭在自由主義、後啟蒙運動的歐洲有一席之地。我當時的例子是頗具爭議的伊斯蘭思想家拉馬丹（Tariq Ramadan）。這個選擇糟糕透頂，因為拉馬丹後來成為一個口是心非、變化無常、可厭可憎的人

物。†

朋友認為我不應該使用「啟蒙運動原教旨主義者」這樣的字眼，我也很快就明白自己的錯誤所在。阿亞安是一位面對伊斯蘭主義恐怖分子死亡威脅、極為勇敢的女性，我卻將她的立場比擬為一種「原教旨主義」——那些恐怖分子正是以原教旨主義來合理化自身暴行。這種比擬就算只是暗示，也逾越了文學挑釁手法的合理範圍。我捫心自問，我不也是啟蒙運動基本理念的信奉者？關鍵問題在於，我們要追求啟蒙運動的哪一種遺緒？是讓公共場域得以自由**擺脫**宗教的伏爾泰傳統，還是在公共場域能自由**奉行**宗教的洛克（John Locke）傳統（在今日也包括拒絕宗教信仰）？

我後來直言希望能收回措辭不當的那段話，場合是倫敦的一場公開活動，阿亞安本人也在場。但覆水難收，多年以來，我和布魯瑪持續因為那段話而遭到抨擊，還有人為相關爭議著書立說，就好像我過去十年除了那篇書評的兩段文字，只寫了一本大部頭的《啟蒙運動原教旨主義原理》。法國作家卜律克內（Pascal Bruckner）甚至譴責我是「多元文化主義的使徒」。

不過這些批評也驅使我更加認真思考及深入發掘。我決定依據個人認知，聚焦在世俗化、自由主義的歐洲所面對的核心挑戰：在開放社會日益多元化之際，如何捍衛與增進其各種自由？時至今日，歐洲

* 譯註：《阿姆斯特丹謀殺案》是布魯瑪對西奧．梵谷謀殺案的調查報導。

† 譯註：拉馬丹曾經任教歐洲多所知名學府，包括作者所屬的牛津大學；思想爭議之外，他近年陷入多起性侵與性騷擾醜聞及訴訟。

仍在設法因應這項挑戰。放眼未來，歐洲能否維持自由也取決於此。對於這項挑戰，我越來越關注它最尖銳的一面：言論自由。

言論自由與許多穆斯林關於伊斯蘭的絕對禁忌這兩者之間，具有一定的緊張關係，且早在一九八九年就出現先例。那年英國穆斯林焚燒魯西迪（Salman Rushdie）的小說《魔鬼詩篇》（*The Satanic Verses*），後來伊朗對魯西迪發出誅殺教令，迫使他銷聲匿跡，接受警方全天候保護。那年稍晚我和魯西迪見面時，他以苦澀語氣談起自己的一九八九年經驗，與我在華沙和布拉格感受到的解放歡慶氣氛截然不同。有一段時間，緊張關係似乎有緩和的趨勢，然而二〇〇五年「丹麥漫畫」的刊布讓情勢再度惡化。十年之後的二〇一五年，緊張關係引發更強烈的怒火，燒向另一本雜誌刊物：《查理週刊》（*Charlie Hebdo*）。

酷不列顛

二〇一二年七月二十七日，全世界約十億人觀看了一場活潑、幽默、詩意、暖心、頌揚當代英國的慶典。感謝YouTube網站上的倫敦奧運開幕典禮影片，現在我隨時可以重溫當時的經驗。我們先是欣賞泰晤士河谷的自然美景，隨即轉換到莎士比亞《暴風雨》（*Tempest*）角色卡利班的臺詞：「不要害怕，這島上充滿了各種聲音與美好旋律，帶來愉悅，不會傷人。」巨大的工廠煙囪從體育場地面升起，象徵資本主義第一次工業革命生猛強大的能量。與其相抗衡的福利國家社會民主主義精神，則表現為對國民健保服務（National Health Service, NHS）的禮讚：一群兒童在雪白的床鋪跳上跳下，來自大奧蒙德街兒童醫院的護理師與醫師歡欣舞蹈。

在體育場的大螢幕上，我們看到由演員丹尼爾・克雷格（Daniel Craig）飾演的詹姆士・龐德（James Bond），乘座一輛黑色計程車來到白金漢宮。伊莉莎白二世女王陛下的柯基犬在紅地毯上側滾翻，然後女王陛下本人（不是演員）身穿一襲華麗的桃色的洋裝，絲綢、蕾絲、串珠、羽毛一應俱全，她從書桌轉身說道：「晚安，龐德先生。」從影片中可以聽到，體育場掌聲如雷。

女王與情報員並肩走出王宮花園，踏進一部閃閃發亮的白色直昇機，飛越倫敦市區，最後來到奧林匹克體育場上空盤旋。龐德打開直昇機艙門，他會跳傘嗎？懸念持續了好一會兒，直昇機的白色機腹輝映夜空，結果是**女王**一躍而下，桃色洋裝在風中鼓起，露出她的膝蓋，她乘著米字旗降落傘向體育場俯衝，全球十億人忍不住驚呼。她後方是龐德，女王陛下那不怎麼祕密的〇〇七情報員，本日任務是娛樂眾人。當女王陛下成功降落（後來發現其實是替身特技演員，不是史恩的蓋瑞・康納萊〔Gary Connery〕），現場響起了〇〇七電影那驚心動魄且耳熟能詳的主題曲「噹—滴—噹—噹」，讓全世界觀眾以一百種語言擊節嘆賞：這就是出了名的英國式幽默。

體育場的揚聲器以法文（奧運會場廣播仍以雙語進行）請每一位觀眾起立，恭迎這位獨一無二的女王進場，她仍然身穿影片中的桃色洋裝。女王君臨英國已經六十年，剛舉行過鑽禧紀念活動，依然可說是全世界最著名的女性。

女王治下的每一個「國家」[*]都有參與演出，由電影導演鮑伊（Danny Boyle）精心策畫：一位英格蘭兒童合唱團員清唱愛國頌歌《耶路撒冷》，橄欖球員威爾金森（Jonny Wilkinson）透過紀錄片現身踢進一球。北愛爾蘭兒童獻唱《丹尼男孩》，北愛爾蘭橄欖球員達陣。蘇格蘭兒童獻唱橄欖球隊歌《蘇格蘭之花》，蘇格蘭橄欖球員達陣。威爾斯兒童獻唱《至大上帝，願祢導我》，威爾斯橄欖球員達陣。這四個「本土國家」的橄欖球對決賽事被稱為「本土國際賽」，倫敦奧運對英國來說也正是如此。典禮仔細揉合舊英國與新英國，二戰之後非洲與加勒比海移民的代表接著出場，緊跟在後的是倫敦赤爾夕（Chelsea）臉頰紅潤的退休族。

我是在二〇二一年一個風大且潮濕的早晨，重溫二〇一二年這場開幕式，看得我熱淚盈眶。眼淚代表摯愛也代表悲傷，前者來自激盪人心且包容廣納的現代英國，後者來自於我們如何失去這樣的英國（經由英國脫歐，以及脫歐過程之中與之後的分裂）。回顧二〇一二年，我們許多人都相信英國的願景：對自身及自身在世界的地位如魚得水，為島嶼歷史及移民帶來的多元性自豪，對歐洲與整個英語世界開放門戶，創意十足、包容展現、經濟蓬勃發展、洋溢社會關懷，更具備狄更斯式的暖心特質與幽默——這可能是英國最重要的自然資源，從溫和的諷刺到巨蟒劇團（Monty Python）肆無忌憚的瘋狂。這幅願景難道只是戲劇或童話？亦或是一則神話？就算是神話，只要被夠多人分享也有機會成為現實，而這正是締造一個國家的基礎。

鮑伊這場開幕式展現的英國自我形象，是許多人親手塑造的成果，其中當然包含邱吉爾與柴契爾夫人。保守黨卡麥隆與自由民主黨克萊格（Nick Clegg）的聯合政府持續打磨擦亮這個形象，兩人在二〇一〇年上臺，奧運舉行時仍是執政者。然而這種結合英國眾多歧異面向的嘗試，最主要是反映布萊爾政府的精神，他在一九九七年至二〇〇七年執政期間爭取到奧運主辦權。布萊爾政府執政初期刻意推行新舊融合，稱之為「酷不列顛」（Cool Britannia）。當時年僅二十三歲且在布魯塞爾長大的青年才俊里歐納德（Mark Leonard），返鄉倡議「不列顛改頭換面」。其中確實有作秀成分，布萊爾執政時期大抵如此，但也不乏實質內容。

蓬勃發展的經濟，彈性的勞動市場，對移民開放門戶，這些因素共同吸引數以百萬計的歐洲人來到英國。文化軟實力也發揮關鍵作用，當時的不列顛確實夠「酷」。大約三十萬法國人以英國為家，倫敦是他們的最愛，定居英國的德國人也差不多是這個數目。英國境內的波蘭人數量最多時接近一百萬人，來自其他中歐與東歐國家的人更遠遠超過這個數字。（我和妻子過去在酒館或餐廳會以「祕密語言」對其他人品頭論足，後來卻再也無法這麼做，因為到任何地方都會遇到聽得懂波蘭語的人。）

從內政到外交，布萊爾政府都試圖扮演跨越大西洋的橋梁，結合美國與歐洲兩地最卓越的做法。布萊爾政府深受柯林頓總統在美國施政的影響，充分利用柴契爾夫人奠定的自由市場基礎。他希望結合柴

＊ 譯註：nation，指英國的四個「構成國」：英格蘭、北愛爾蘭、蘇格蘭、威爾斯。

契爾主義市場經濟的動力，以及二戰之後工黨政府建立的福利國家社會保護。左派不但要接納資本主義，而且要接納全球化與金融化的資本主義，其象徵是倫敦金融城的「小黃瓜」、「碎片塔」等新興摩天大樓。工黨也從此改頭換面，成為「新工黨」。

歐陸上有許多中間偏左人士對「新工黨」情有獨鍾：義大利人以欣羨的語氣談論「布萊爾政府」，德國社會民主黨領導人施若德在選戰中也主打「新中間派」理念，與布萊爾共同提出〈歐洲社會民主義者的前途〉這份文件。對於公平與平等，施若德一九九九年在社民黨年會上指出：

> 布萊爾說得對，我們並不追求收入平等，而是追求真正的平等——有平等的機會實現自我，有平等的路徑取得知識，有平等的機會開創美好生活。

一開始的時候，社會民主黨內的左派積極封殺這種違反社會主義的異端理念。但隨著德國經濟在二〇〇〇年代初陷入困境，施若德總理開始大力推動「二〇一〇議程」，展開社會福利與勞動市場改革。他後來還在回憶錄中坦承，這項議程的理念來自他與布萊爾擬定的報告。對於德國在歐元區締造的經濟成就，二〇一〇議程帶動的改革不可或缺：單位勞動成本在德國得以降低（只不過在歐元區的南歐成員國卻大幅攀升）。

如果英國曾經對自家的歐盟成員國身分如魚得水，那應該也是在二〇〇〇年代初。布萊爾對於

「領導地位」懷抱一種後帝國時期英國特有的狂熱執著，近乎於調侃戲弄。前西德總理布蘭特回憶在一九六七年時，工黨政治人物喬治・布朗（George Brown）要求他協助讓英國加入歐洲共同體：「布蘭特，你必須把我們送進去，好讓我們領導！」隨著布萊爾執政，這位工黨新任領導人在一場國際會議上告訴兩名親信：「英國必須扮演更重要的角色！」

然而，法國與德國並無意放棄自家的領導地位，因為兩國都把這視為查理曼認可的歷史性神聖權利。整整十年時間，戴高樂將「盎格魯薩克遜人」排除在歐洲共同體之外，一九六三年與一九六七年兩度阻擋英國加入。法國與西德在一九六三年簽定歷史性的《艾麗榭條約》（Élysée Treaty），這對「伴侶國家」的關係持續發展，已經習慣擔任歐洲整合最重要的推手。差不多就在布萊爾上臺時，法國和已經統一的德國已準備好再次邁出決定性一步，推動一九九〇年代歐洲的核心政治計畫：貨幣聯盟。英國在一九九八年首度擔任歐盟輪值主席國時，布萊爾必須仲裁法、德之間一項激烈爭執：誰來出任歐洲中央銀行總裁。加入歐元一事，就此成為新工黨對於這項名叫「歐洲」的計畫有多認真的測試。只不過布萊爾自家的財政大臣戈登・布朗（Gordon Brown）卻與疑歐派媒體沆瀣一氣，確保英國不可能在短期內加入歐元體系。

歐洲很快就因為伊拉克戰爭嚴重內鬨，布萊爾在歐洲的名聲從此一蹶不振。儘管如此，當時布萊爾仍然是歐盟的重要人物，協助推動歐盟向東擴張、一九九九年土耳其成為候選成員國、跨英吉利海峽軍事合作、理論上可圈可點的「里斯本議程」等經濟改革。布萊爾執政末期的英國駐歐盟大使達洛克（Kim

Darroch）認為，這個時期是英國在歐盟內部影響力的高峰。

二〇二一年一個狂風大作的夏日，我到布萊爾家裡拜訪，坐在花園邊上一間小屋內，與他談起這段歷史。布萊爾堅稱，儘管他與施若德、席哈克的關係因為伊拉克而受到傷害，但傷害並非無法補救。無論如何，梅克爾與薩科齊讓他有了重新開始的機會。他也認為伊拉克戰爭並沒有讓他與其他重要成員國的關係付出任何代價，事實上正好相反。他的親美立場與英國對歐盟東擴的強烈支持，讓他在波蘭與中歐各地頗受歡迎。他的兩位親密戰友西班牙總理阿茲納爾、義大利總理貝魯斯柯尼也是如此（不得不說這兩人並非左派）。布萊爾還告訴我，他是如何為倫敦爭取到二〇一二年夏季奧運的主辦權。二〇〇四年夏天，國際奧林匹克委員會即將投票，巴黎與馬德里似乎領先倫敦，因此布萊爾決定接受貝魯斯柯尼的邀請，前往這個億萬富豪位於薩丁尼亞島的歡樂殿堂。布萊爾風趣地說：「我是第一個帶著老婆去那裡的男人。」

貝魯斯柯尼現身時頭上裹著白色頭巾，顯然是要遮掩植髮手術的傷疤。兩位領導人的辦公室事前協議，不要公開宣揚這場會議，但貝魯斯柯尼依舊興致高昂地說道：「搭我的船。」突然之間，碼頭邊出現一群狗仔隊，*他們拍照捕捉膚色曬黑而勉強微笑的布萊爾，以及裹著頭巾且造型奇特的貝魯斯柯尼，這些照片傳遍世界各地，至今仍讓人津津樂道，尤其是貝魯斯柯尼的白色頭巾。

布萊爾終於提出要求：義大利能不能支持倫敦爭取奧運主辦權？

貝魯斯柯尼回答：「你是我朋友，我不能承諾任何事，但會看看能幫上什麼忙。」

國際奧林匹克委員會的四位義大利籍委員當然都是獨立行使職權，品格高尚、立場堅定、無可質疑。不過其中一位委員佩斯坎特（Mario Pescante）不巧身兼貝魯斯柯尼政府次長，而且四位委員不知為何後來都投票支持倫敦，讓倫敦以四票之差擊敗巴黎——四張義大利票。至少在這件事情上，倫敦奧運可說是布萊爾最後也最漂亮的一次演出。

「英國必須克服自身對於歐洲的曖昧心態。」布萊爾一九九九年在德國城市亞琛如此宣示。當時英國駐德國大使看到講稿中這段話後喃喃說道：「祝你好運！」從今天的觀點來看，人們會發現布萊爾年代其實是在為後來的英國脫歐鋪路。對於二〇〇四年加入歐盟的中歐與東歐國家，布萊爾決定對其人民敞開國門，而且沒有設定大部分歐盟成員國都採行的過度期。時任英格蘭銀行總裁也表示，英國經濟需要更多勞動力。英國政府原本估計，會藉機移居英國的中歐與東歐人應該不會超過五萬人，結果十年間卻湧入超過兩百萬人——而這還是官方統計，實際數字恐怕更高。與來自歐盟之外地區的移民相較，中

* 譯註：狗仔隊（paparazzi）一詞來自義大利導演費里尼（Federico Fellini）電影《生活的甜蜜》（La Dolce Vita）中的義大利攝影記者Paparazzo。

歐、東歐移民才是許多英國人投票贊成脫歐的主要理由。這也是我二〇一六年公投期間為英國續留歐盟拉票時，經常在人們家門口聽到的理由。

布萊爾的都市化、國際化、左派自由主義風格，非常適合生活在大都市的年輕世代大學畢業生，卻不怎麼吸引英格蘭北部後工業化城鎮、傳統上支持工黨的工人階級，當然也不怎麼討好像我父母親那種傳統上支持保守黨的中產階級。對文化問題雪上加霜的是，當時工黨與倫敦金融城的銀行、對沖基金、創投公司關係密切。布萊爾的死黨曼德森（Peter Mandelson）曾說自己「完全能夠接受人們成為暴發戶」。在二〇〇八年四月結束的會計年度，倫敦銀行家拿到的獎金高達一百六十億英鎊，相當於英國國防預算的四成以上。我大學時期的朋友如果是在倫敦當局一九八六年鬆綁監管的「金融大爆炸」*之前進入金融業，就算才智不如成為外科醫師、音樂家或外交官的同輩，收入也會遠遠超過對方。我們學生年代傳唱的阿巴合唱團（ABBA）歌曲《錢、錢、錢》（Money, Money, Money）可謂未卜先知，副歌歌詞耳提面命：這是一個有錢人的世界。

二〇〇八年金融危機爆發前夕，蘇格蘭皇家銀行號稱是全世界最大的銀行，資產高達兩兆兩千億英鎊，是英國年度GDP的一點五倍有餘。時任首相戈登．布朗誇稱英國已達成一種「不再陷入景氣循環的穩定性」。後來英國金融界的景氣確實欣欣向榮了一陣子，接著泡沫旋即破滅。蘇格蘭皇家銀行市值蒸發近三分之一，全英國的納稅人被迫拿出四百五十億英鎊為它紓困，等於是不分男女老幼每人上繳逾七百英鎊。銀行家獎金照拿，老百姓卻得承受經濟衰退與財政撙節的苦果。整個民主資本主義世界都出現這種可恥現象，但英國尤其極端，而且最惡劣的狀況就發生在新工黨執政時期。

二〇一六年脫歐公投之所以發生，布萊爾年代另外兩項特質是更直接的因素：一來他害怕得罪疑歐派媒體，因此未能在英國國內為歐洲做更強力的辯護。二來是布萊爾政府正當化公投理念的方式過於離地。當布萊爾在二〇〇五年告訴歐洲議會「我是一個熱忱的親歐洲派」時，他是在史特拉斯堡如此表白，不是在英國。當時我幫他準備幾場歐洲演講，包括兩場在華沙舉行的演講，因此多年後我們兩人會面時，我明明白白地批評他：雖然你曾在波蘭華沙為歐洲據理力爭，卻不曾在英國華沙爾（Walsall）†這麼做。二〇一六年公投時，華沙爾的選民高達六成八贊成脫歐。

布萊爾對此並不否認，但辯稱那是務實的政治判斷。當時他認為沒有必要為了歐洲「攻擊國人」或刻意挑釁敵手。同時他也堅稱：「我在歐洲時確實是親歐洲派。」這種說法無意間透露了一種心態，顯示布萊爾就像許多英國人一樣，直覺上把歐洲視為另一個地方。

歐洲在英國的首要「敵手」是疑歐派媒體，包括大亨梅鐸（Rupert Murdoch）旗下的報紙、《每日郵報》（*Daily Mail*）與其疑歐派急先鋒總編輯戴克爾（Paul Dacre），以及《電訊報》集團與《快報》（*Express*）集團——《快報》老闆戴斯蒙德（Richard Desmond）曾以輕蔑諷刺的語氣告訴布萊爾，他的讀者是「一

---

* 譯註：柴契爾夫人政府的大規模金融改革，推動金融服務業自由化與對外開放。

† 譯註：英格蘭中部工業城鎮。

群又老又悲哀的人」。二〇〇三年英國的日報讀者將近三千一百萬人，其中逾兩千兩百萬人看的報紙都是疑歐派。這些媒體的相關報導咄咄逼人、手法粗暴，經常做假捏造。一九九〇年代《每日電訊報》派駐布魯塞爾的一名年輕特派員，為散播歐盟假新聞開風氣之先，那人名叫鮑里斯．強森，他「報導」的假新聞包括歐盟官員建議禁售彎曲香蕉與鮮蝦雞尾酒口味的洋芋片。強森式虛構的傳統被《週日快報》（*Sunday Express*）發揚光大，該報在二〇〇三年刊登英國政府接受《歐盟憲法條約》的「新聞」時，下的標題居然是「女王說：布萊爾準備要將我砍頭嗎？」

《太陽報》曾在一九八八年柴契爾夫人布魯日演說的第二天，以著名新聞標題「去你的德洛爾」興風作浪並以引以為傲。該報對於《歐盟憲法條約》的頭版標題則是「救救我們的國家」。在一張飄揚的米字旗照片底下，該報還宣稱「一五八八年擊退西班牙無敵艦隊」（附上伊莉莎白一世的肖像），「一八〇五年擊退法國人」（附上特拉法加海戰勝利者海軍提督納爾遜的肖像），「一九四〇年擊退德國人」（附上邱吉爾的肖像），以及「二〇〇三年布萊爾將英國葬送給歐洲」（附上布萊爾很不體面的照片）。

「我們當時將疑歐派媒體視為某種必須**設法處理**的對象。」布萊爾的新聞祕書坎伯（Alastair Campbell）在多年之後告訴我。布萊爾一幫人曾努力爭取梅鐸的支持。一九九五年，接任工黨領導人不久的布萊爾遠赴澳洲的海曼島（Hayman Island），對新聞集團的高階主管發表演講。坎伯回憶當時的對話，梅鐸毫不掩飾自己的反歐洲觀點，一言以蔽之就是「你永遠不能信賴那些歐洲人」。一九九七年選戰過程中的關鍵時刻，工黨策士認為保守黨針對「歐洲」的攻擊會讓工黨處於劣勢。根據布萊爾另一位重要顧問的記述：「我們於是讓《太陽報》在第二天刊出布萊爾執筆的一篇文章，承諾他會『斬殺歐元這條惡龍』。」這一「處理」方式確實積極。後來當布萊爾與布朗鉤心鬥角、針鋒相對時，布朗試圖以歐元批判者的身分拉攏這些八卦報紙，他的新聞祕書甚至建議《太陽報》下這樣的標題：「布朗拯救了英鎊。」

布萊爾在英國發表的親歐洲演說少之又少，二〇〇六年有一場還是被我說服之後才進行。當時我敦促他正面迎戰疑歐派媒體，而他的反應是：

> 英國部分媒體的狂熱態度確實沒什麼幫助。在某些領域，我已經放棄針對歐洲議題進行嚴肅辯論，但一味怪罪媒體也是一項偷懶的做法。

事實上，布萊爾覺得對付媒體太過困難。一年之後，他總算譴責這些媒體有如「野獸」，然而那時他即將卸任首相，而繼任者將會有樣學樣，繼續餵食那些野獸。

如今回顧，布萊爾告訴我，當年他們對疑歐派媒體做出的實質政策讓步，其實就只有「歐元與公投」。然而這兩件事都至關重要。當然，英國早在一九七五年就舉行過一場「歐洲」公投。從一九九〇年代開始，包括我在《旁觀者》老同事在內的右派紛紛施加壓力要求再次舉行公投。依據總編輯摩爾所寫的柴契爾夫人傳記，她在一九九〇年遭到罷黜之後，隨即將注意力轉移到公投。一九九二年柴契爾寫信給一位疑歐派國會議員：

> 我一直覺得我們能得到的最理想答案，就是一個自由貿易、秉持不干涉主義、置身歐洲之外的「新加坡」，尋求與世界各個經濟成長地區相互接觸與理解。然而我也覺得這個構想太過革命性，恐怕連我在下議院的疑歐派同僚都難以接受。

柴契爾夫人後來支持億萬富豪戈德史密斯（James Goldsmith）創立的公投黨。來到生命尾聲，她私底下告訴朋友，她贊成英國脫離歐盟。

工黨政府則是將公投的理念正當化，先後舉行多達五次的公投。議題從蘇格蘭與威爾斯權力下放到英格蘭東北部成立地區議會不一而足，甚至還包括曼徹斯特開徵塞車費。如果連是否開徵塞車費都需要公投，那麼攸關國家未來的大事又怎麼可能不經公投？工黨一九九七年的競選政綱已經承諾，會針對是否加入歐元進行公投。立場親歐且振振有辭的《衛報》專欄作家楊格（Hugo Young），就有一本書專門討論英國與歐洲關係。該書的一九九九年版最後寫道：「人民發言之前，好戲不會落幕。」

隨著《歐盟憲法條約》登場，布萊爾面臨負面報導的猛烈攻擊（包括《太陽報》的「葬送」指控），於是再一次承諾會舉行公投。「非這麼做不可。」他告訴我。如果不經公投，他不可能讓上議院通過《歐盟憲法條約》。如此一來，英國最不具民主代表性的兩個團體，非民選的貴族與非民選的媒體大亨，便主導了這場直接民主的運作。法國總統席哈克怒不可遏，當初他深恐法國選民會以公投否決《歐盟憲法條約》，因此私底下建議包括布萊爾在內的其他歐洲領導人締結某種「不公投」協定。席哈克的擔憂合情合理，不講信用的英國佬開第一槍之後，席哈克也被迫在法國舉行公投，結果輸得毫無懸念：五成五對四成五。二〇〇五年夏天，荷蘭也舉行公投，反對憲法條約的選民比例更高：六成一對三成九。

這一結果反而為布萊爾解除了必須舉辦公投的困境。當時他告訴外相庫克（Robin Cook）他期待一場公投決戰，庫克回答：「那麼你比我想像的還要愚蠢。」事後回顧，布萊爾認為庫克當時說對了，「我們逃過一劫。」親歐洲壓力團體「英國在歐洲」當時的民調顯示，如果歐盟其他二十四個成員國全都批准《歐盟憲法條約》，那麼英國選民或許會因為害怕遭到孤立而以些微差距通過該約，但希望仍然不大。這還只是歐洲各方面形勢都相對樂觀的時期。

等到那時，再次針對「歐洲」進行公投的構想，已經深植在英國政治人物心中：遲早要再次徵詢英國人民。二〇〇五年大選，三個主要政黨都承諾對《歐盟憲法條約》進行公投。二〇一〇年大選過後，保守黨與自由民主黨聯合政府透過立法設置「公投鎖」，承諾日後對於任何涉及將主權移交給歐盟的議題，都要進行公投。二〇一二年夏天，還沐浴在倫敦奧運榮光的保守黨首相卡麥隆決定更進一步。二〇一三年一月，他在倫敦的彭博公司總部發表演講，承諾對英國的歐盟成員國地位協商出「新方案」之後，舉行一場決定性公投。當時的我對此表示歡迎，現在想想真傻，以為如此一來或許能夠一勞永逸地解決難題，克服英國對歐洲那種癱瘓式的曖昧心態。

回到布萊爾應我之邀發表的那場演講稿，帶著苦笑讀著他的結論：

英國沒有別的路可走，英國不會脫離歐洲，沒有任何一個政府會如此倡議。儘管經常有人如此預言，但追根究柢，大多數英國人民不會投票支持脫離歐洲。

歷史大笑。

傲慢

二〇〇九年五月一日，我為亦師亦友的拉爾夫·達倫多夫舉辦一場慶生會，這位兼有德國與英國國籍的自由主義思想家要過八十大壽。我們都知道他不久於人世，他一生曾經歷自由在歐洲瀕臨滅絕，但也見證了自由最偉大的進展。

一九四四年耶誕節，十五歲少年達倫多夫在一座蓋世太保集中營度過，他和學校朋友因為散發反納粹傳單而遭囚禁。他親眼看著一位囚犯如何被吊在冰天雪地中，緩慢而痛苦地死去。但他也見證了德國社民黨員與共產黨員的勇氣，他們對著監獄的耶誕節特餐高唱勞工運動洋溢反抗精神的進行曲。多年之後，達倫多夫重返那座蓋世太保集中營，撿到一小塊藍白色的煙燻玻璃，後來一直放在他書桌上。他過世之後，他的遺孀把這件玻璃轉送給我。

一九四六年，達倫多夫與父母親被迫逃亡，從被蘇聯占領的柏林逃往漢堡，當時漢堡屬於較為安全的英國占領區。他的父親古斯塔夫．達倫多夫（Gustav Dahrendorf）是社民黨政治人物，反對蘇聯占領區（不久之後成為東德）的社民黨與共產黨合併，因此面臨被蘇聯安全單位逮捕的風險，而且可能會禍及家人。一九九〇年代早期，我對東德共產黨的檔案進行研究，發現了一張手寫紙條：「達倫多夫家的孩子……今年十六歲，由內務人民委員部（NKVD）負責。」當局顯然計畫由蘇聯祕密警察出手，迫使小達倫多夫刺探自己的父親。達倫多夫記得當年自己一個人在家時，某天有兩名神祕俄羅斯人登門造訪，對他父母的事問東問西。可見達倫多夫還不到十七歲時，就以非常直接且個人化的方式經歷兩大極權獨裁政體：在二十世紀前半重創歐洲的納粹與蘇聯。

在智識上，達倫多夫就像剃刀一般鋒利，但在為人處世上卻是內斂含蓄，甚至有點拘謹生硬。他不是馬丁．路德那類型的知識分子：「這就是我的立場，我沒有別的話可說。」他形容自己是一個伊拉斯莫斯自由主義者，一個重視對話、包容與調和的人。來到生命終點，達倫多夫已是英國建制派的中流砥柱。作為上議院議員，他能夠與家世源遠流長的世襲貴族議員把手言歡——他們會親暱地叫他「拉伊夫」(Raif)，那是英國貴族對「拉爾夫」(Ralf) 的發音。他終身致力於增進個人自由，堅定不移、滿懷熱情。這是除了他的卓越才智與和善性情之外，我最欣賞他的地方。

回顧一九四四年，十五歲的達倫多夫被蓋世太堡逮捕時，全歐洲的主要國家只有英國、瑞士、瑞典與愛爾蘭等四個可以界定為自由國家，而且這幾個國家自己也是朝不保夕。一九七四年一月，美國智庫「自由之家」（Freedom House）列出歐洲有十七個自由國家，全世界也不過是四十一個。到了二〇〇四年，歐洲的自由國家已來到史無前例的三十五個，全世界則有八十九個。那年年底，我在基輔獨立廣場攝氏零下十度的冰天雪地中發抖，與幾位烏克蘭橙色革命的示威者攀談。當時我深信，我們能夠大步邁向一個目標，也就是我在那年出版的同名著作：自由世界。

四年之後的二〇〇八年，自由之家觀察到全世界已有三十億人生活在自由國家，只是這些國家內有數億人並不覺得自己享有自由，而且他們確實有充分的理由。畢竟自由之家只衡量政治權利與公民自由，並不涉及社會條件與經濟條件，但如果這些條件不能達到最低要求，人類永遠無法真正自由。達倫多夫把這些條件稱為醫療、住宅、教育與機會的「共同地板」。如果沒有這個「共同地板」，人類將不可能擁有平等的生活機會，也就不可能發展出成熟且現代化的自由主義。

二〇〇九年夏天，當達倫多夫冷靜堅毅地面對生命終結，自由主義也陷入一場瀕死經驗，原因之一正是長期忽視「共同地板」這項要素，導火線則是二〇〇八年的金融危機。當我們集會祝賀達倫多夫的八十大壽，經濟評論家沃夫（Martin Wolf）卻憂心忡忡地指出，與一九三〇年代讓歐洲驚心動魄的金融危機相較，二〇〇八年這場危機更為嚴重。因此那天我們圍繞一張桌子坐下來，對自己提出一個問題，一個自由主義知識分子年復一年都要捫心自問的問題：到底哪裡出了差錯？

如果要我對這個問題的答案一言以蔽之，我會說答案就是「傲慢」，即人類過度自信的悲劇性缺點。

是這份傲慢讓美國以「新羅馬」之姿進軍伊拉克，也是這份傲慢使英國化身為「酷不列顛」，使我的波蘭朋友以為魚湯可以變回水族箱，使人們相信美國領導的西方可以持續向東歐擴張而不會面臨俄羅斯的強烈報復。傲慢充斥歐元區，特里榭二〇〇八年那場志得意滿的演說便已表露無遺。傲慢讓歐盟在二〇〇七年《羅馬條約》五十週年時自認為是舉世景仰與仿效的模式。倡議「不列顛改頭換面」的里歐納德不久之前出了一本書：《歐洲如何打造21世紀？》（*Why Europe Will Run the 21st Century*）。當時還有幾本書也洋溢同樣的樂觀精神，作者多半是對歐洲滿懷仰慕的美國人。

傲慢也化身為全球化、金融化的資本主義，誇稱景氣循環將會從此終結，自由市場就是解決所有問題的萬靈丹。像我這樣的自由主義者也心懷傲慢，相信自己能夠從自由歐洲更上層樓，打造一個自由世界。這個目標正大光明，我至今仍深信不疑，然而對於如何抵達、多快抵達目標，我們顯然大錯特錯。我們將傳播個人自由的夢想，與特定模式的資本主義做了太過緊密的連結。全球化、金融化的資本主義確實曾經帶來重大成果：不僅讓中歐的後共產主義經濟體突飛猛進、嘉惠眾人，也讓中國到印度的數億人口脫離貧困生活。然而發展過熱且難以為繼的金融業，卻將自由民主的資本主義西方經濟整個推入危機深淵。這套經濟模式也導致西方世界的不平等現象惡化，程度百年難得一見。

我們這些「自由派國際主義者」（liberal internationalists）非常關切世界的另外一半，的確也應該如此，但我們卻忽略了自家社會的另外一半。不平等現象不只發生在經濟與社會領域，它也是一種文化現象：關切與尊重的不平等。二〇一〇年代的民粹主義反撲，促使大批記者前往美國的鐵鏽帶與英格蘭北部後工業化城鎮尋找新聞。但在那之前，自由派都會區報紙如《紐約時報》、《衛報》的讀者有多少機會看到這類窮困地區白人勞工階層生活艱難的同理式採訪報導？自由如果要名副其實，平等不可或缺，而且不僅是權利與機會的平等，還包括法律哲學家德沃金（Ronald Dworkin）所謂對於社會全體成員「平等的尊重與關切」。

全球化、金融化資本主義的傲慢，最露骨的顯示在世界經濟論壇年會。會場位於瑞士滑雪勝地達沃斯（Davos），湯瑪斯曼「魔山」的高處。*年會先進行幾天的實質討論，然後在星期六夜間舉行名為「晚會」的奢華盛宴，通常是由特定國家主辦。粗獷主義的混凝土會議中心化身為歡樂宮殿，宛如一七八八年的凡爾賽宮或俄羅斯革命前的聖彼得堡。有一年晚會由俄羅斯主辦，達沃斯的游泳池被覆蓋起來，上演一部東正教洋蔥形圓頂教堂、哥薩克帽、伏特加和魚子醬的奇幻輕歌劇。在這座虛有其表的波坦金歡樂宮殿周遭，企業執行長、銀行家、對沖基金大亨、創投家四處遊走，年輕貌美的妻子隨侍在側，身上的珠光寶氣相當於某個非洲小國的全國收入。我曾在晚會遇到以色列貿易部長夏蘭斯基，也就是前蘇聯異議人士夏蘭斯基，他記憶中的俄羅斯是另一幅光景。金融危機爆發之後，達沃斯的奢華晚會成為絕響，對外說法是「並不恰當」。

二〇〇九年達沃斯年會，我在筆記本寫下投資銀行美林（Merrill Lynch）的廣告詞：「我們以老派方式賺錢——靠真本事。」我如今已很難想到近年有哪句口號比這句話更言不由衷、更加荒謬可笑。當時美林銀行才剛因為輕率投資次級房貸而轉銷呆帳四百二十億美元，這家公司之所以還能夠存活，得要感謝美國銀行併購。這種肆無忌憚的冒險投機危及整個西方世界的經濟，與銀行家的鉅額獎金也有直接的因果關係。發展經濟學家柯利爾（Paul Collier）建議制訂一項新罪名：「過失金融」（bankslaughter）。如同英國法律中的「過失致死」（manslaughter），犯罪意圖並非構成要件，輕率鹵莽便已足以定罪。事實是金融危機一旦爆發，大部分銀行家都能夠全身而退，還會帶走大筆不義之財。

不管我們是否喜歡，我們這些參與達沃斯的學者與記者也都成了這場好戲的演出者。儘管許多人以「魔山」*的旁觀者自居，但在外界看來，我們都是全球自由主義建制派的一員，和那些銀行家、對沖基金經理人沒什麼兩樣。近年自由主義最惡劣的遭遇就是，它已經被視為有錢有勢者的意識形態。右派天主教論戰家丹尼恩（Patrick Deneen）為此創造了一個適合用來挑起爭議的政治詞彙：「自由主義者統治」（liberalocracy）。

一九八九年之後大約二十年間，法蘭西斯・福山（Francis Fukuyama）等人抱持充分理由主張，沒有任何一個足夠分量的全球性意識形態，能夠與自由民主的資本主義相抗衡。伊斯蘭原教旨主義吸引了歐洲在內許多國家的穆斯林，但它不像二十世紀的共產主義與法西斯主義，無法吸引跨文化或跨洲的追隨者。然而這樣的歷史觀察，後來卻演變成一種預測及處方。

「二十世紀自由與極權主義的偉大抗爭已告結束，自由的力量獲勝，締造出一種可長可久的獨特國

* 譯註：湯瑪斯曼的小說代表作《魔山》（*Der Zauberberg*），背景是一座位於達沃斯的肺結核療養院。

家成功模式：自由、民主、自由市場。」二〇〇二年美國《國家安全策略報告》如此宣稱。綜觀歷史，只要有人提到「可長可久的獨特模式」，我們就應該敲響警鐘。柴契爾夫人著名的「TINA」（別無選擇，There Is No Alternative）理論正是如此。這樣的思維持續到二〇一〇年代，梅克爾也會說「alternativlos」（別無選擇）。然而，從彌爾（John Stuart Mill）到達倫多夫的自由主義中心觀念，正是我們的理念主張必須與各種選擇對照驗證。這就是自由主義的核心悖論：自由主義若要蓬勃發展，就永遠不能獨一無二。自由民主的資本主義之所以在二十世紀下半期表現卓越，原因正是與法西斯主義及共產主義進行激烈的意識形態競爭。從這場競爭脫穎而出之後，自由主義開始變得怠惰懶散、自我放縱也過度自信。後來意識形態競爭再度出現，而且是來自一九八九年沒有人會預期到的方向，那就是中國。中國對列寧主義與資本主義的結合史無前例，創造出一種很能吸引開發中國家的模式，特別是在西方資本主義危機對照之下。

我們這些自由主義國際主義者並不盲目，也看到許多問題與不滿日益惡化，從伊斯蘭恐怖主義、伊拉克災難、金融資本主義過熱到歐盟憲法計畫引發的公民反撲。我二〇〇六年的筆記留下一則簡單扼要的記事：「歐洲——完整，自由，不快樂。」回到當年的時空背景，將近四分之一世紀的歷史出人意料地符合我們的構想，而且成果輝煌，因此我們總覺得那些問題與不滿只是一時的挫折，只是康莊大道上的暫時阻礙，對歷史發展進程頂多造成耽擱，而不致於反轉。換句話說，我們打從心底認為（更確切地說是**感覺**）自己仍然掌握歷史的走向。這是一個錯誤，歷史學者最不該犯的那種錯誤。

第五章

蹣跚

（二〇〇八年至二〇二二年）

褚威格與向下沉淪

隨著我們進入二十一世紀第二個十年，人們開始談論一本書：奧地利作家褚威格（Stefan Zweig）的《昨日世界》（*The World of Yesterday*），副書名是「一個歐洲人的回憶」。褚威格寫作時適逢二戰，過著流亡生活，他寫出一部輓歌，悲嘆歐洲這座「我心之所嚮的家園」已一去不復返。全書最後一章的引言出自莎士比亞《凱撒大帝》（*Julius Caesar*）：「羅馬的太陽西沉，我們的白日逝去。」褚威格最後寫到英國向納粹德國宣戰，但他以華麗文風歌頌的歐洲黃金時代不是一九三九年之前，而是一九一四年之前。對他而言，那是傾頹之前的歐洲。

> 回想第一次世界大戰之前的幾年，我從未**如此**熱愛這塊古老的土地，從未**如此**對歐洲統一抱持希望，從未**如此**對歐洲的未來滿懷信心。當時我們以為自己看到了新生的黎明，但其實那是火光，一場世界大戰即將爆發。

為什麼二〇一〇年代的人們要回頭讀褚威格的作品？難道只是因為此書英文新譯本在二〇〇九年出版？或是人們在他悲傷的回憶錄中察覺徵兆，預示世界再度瀕臨一場浩劫？奧地利與德國籍小說家凱曼（Daniel Kehlmann）如此反思《昨日世界》大受歡迎的原因：「在我們這個時代，我們經常有一種恐懼與感受，好像某些事情即將終結，無法挽回。」

褚威格在一九四一至四二年間寫作這本回憶錄，先是流亡美國，後來前往巴西。當時他十分確定，某些事情已然終結。他曾向此書的西班牙文譯者提議一個書名：《無法挽回的歲月》。儘管才剛滿六十歲，這位身兼猶太裔與奧地利裔的歐洲人滿懷悲劇性的宿命論思想。當他來到流亡旅程的最後一站，在林蔭濃密的巴西城市佩特羅波利斯（Petrópolis）琢磨潤飾這本書的手稿，我們不確定他是否已有自殺念頭。我們只知道，褚威格與妻子洛特在寄出此書打字稿幾天之後，就在一九四二年二月二十二日雙雙服毒自盡。這樣的背景確實會讓閱讀此書有如參加一場葬禮。

在讀者重新翻閱褚威格回憶錄的時候，歐洲也正如俄羅斯人所說的進入一段「艱難時期」，或者某些觀察家指稱的「多重危機」。歐洲的向上提升從一九八五年前後開始，一九八八年之後加速進行；向下沉淪則是從二〇〇五年前後開始，二〇〇八年之後加速進行。這兩段歷程的共同點，就是都包含許多殊異的要素。法國與荷蘭選民在二〇〇五年否決《歐盟憲法條約》。二〇〇八年的全球金融危機後來轉變為歐元區的第一波危機。俄羅斯在二〇〇八年占領喬治亞部分領土，二〇一四年併吞克里米亞。二〇一五年歐洲爆發難民危機與《查理週刊》事件。二〇一六年匈牙利與波蘭民粹主義高漲，英國經由公投脫離歐盟。二〇一七年川普入主白宮。二〇二〇年新冠肺炎大流行疫情席捲歐洲。二〇二二年二月普丁對烏克蘭發動再殖民戰爭。每一項要素都有其獨特成因，但今日的向下沉淪就如同往昔的向上提升，不同要素會相互增強。

回顧一九八〇年代，戈巴契夫、雷根、柴契爾夫人與柯爾皆有各自的政策與人格特質，但最終能夠彼此互補。德洛爾從布魯塞爾帶頭推動的西歐單一市場，強化了「歐洲」對於鐵幕後方民眾的磁吸效果。中歐與東歐的解放及兩德的統一，則為西歐整合帶來更強勁的動力。

二〇一〇年代，歐元區危機為德國催生出一個疑歐的民粹政黨：「德國另類選擇黨」（Alternative for Germany），它在二〇一五年藉由反對難民湧入而擴大支持度。後九一一時期的伊斯蘭恐怖攻擊，尤其是二〇一五年初法國諷刺雜誌《查理週刊》記者遇害所引發的後續反應，讓穆斯林的負面刻板形象在歐洲大行其道，德國另類選擇黨更是加以充分利用。普丁支持反移民的西歐民粹主義人士，後者之中有些人也對普丁景仰有加。英國脫歐公投期間，鼓吹「脫歐」的人士雙管齊下強調歐元區的艱困形勢與難民危機，來說明英國為什麼必須揚棄搖搖欲墜的歐盟。川普讚揚英國脫歐，脫歐陣營讚揚川普。烏克蘭戰爭引發能源與糧食價格飆漲，為先前新冠疫情造成的經濟困境雪上加霜。歐洲禍不單行，各種負面發展互相強化。

核武在手的俄羅斯獨裁政權二〇二二年入侵烏克蘭，讓世人回想起褚威格生命終章的末日黑暗。事實上，二〇二〇年代初期讓我對舒勒姆．艾許（開篇曾提及有人誤以為他是我在中歐的先人）心有戚戚焉，他在一九三〇年代晚期寫信給好友褚威格：「我們似乎進入一個必須殺身成仁的時期……當命定的結局來到，我們必須坦然接受。」然而這並不是我寫作本書時懷抱的精神。

本書最後一部的標題是「蹣跚」（Faltering）而非「跌落」（Falling），許多章節的結尾都留下問號。

對於歐洲近年的下滑頹勢，我們無法確知會持續或反轉，甚至全面復甦、更上層樓。我們能夠確知的是，最終結果將由我們這些今日的歐洲人共同決定。因此我們需要的不是褚威格的消沉放棄，而是同時代其他作家的堅決反抗。他們振筆疾書、大聲疾呼、持續戰鬥，他們努力實現自身信念，在最黑暗的夜裡仍然追求黎明。

畢竟，如果褚威格再多堅持三年，就能看到祖國奧地利獲得解放。再過十二年，七十五歲的他將會目睹自己摯愛的維也納在一九五五年的《奧地利國家條約》簽定後成為國家首都，奧地利就此化身為一個民主、和平的獨立共和國，而它所屬的歐洲很快就會踏上旅程，將那部老電影《羅馬》以更新穎的手法與更自由的精神重新翻拍。

歐元危機

二〇一〇年五月十日星期一，我人在布魯塞爾，看著顯然睡眠不足的巴羅佐（昔日的葡萄牙學生運動領袖，今日的歐盟執委會主席）與比利時籍的歐盟高峰會主席暨俳句詩人范龍佩（Herman van Rompuy）發表談話，試圖向一群企業界領導人保證歐元已經得救。巴羅佐表示：「任何企圖破壞歐元穩定的做法都將失敗。」接下來幾年裡，這個場景反覆上演，有如將驚險躲過的歐元區末日拍成電影《今天暫時停止》（*Groundhog Day*）。

巴羅佐與范龍佩拍胸脯保證之前，歐洲發生了所謂的「兆元週末」。一連串火燒眉毛的緊急會議登場，高潮是星期一當天凌晨兩點剛過，七千五百億歐元的搶救希臘（其實也就是搶救整個歐元區）計畫出爐。芬蘭籍的歐盟經濟與貨幣事務執委雷恩（Olli Rehn）平常冷靜沉著，那天也不得不出言強調：「我們必須捍衛歐元，不惜一切代價。」為什麼會有「兆元週末」之說？為了讓英語世界及美元本位的金融市場留下深刻印象。為什麼會在凌晨兩點宣布計畫？因為必須趕在亞洲市場開市之前有所行動。

前一年秋天，新當選的希臘政府表明預算赤字遠比前任政府公布的情況嚴重。在希臘試圖解決問題的同時，希臘與德國兩國政府公債的「利差」持續擴大，也就是投資人在借貸給兩國政府時要求利率的高低差距越來越可觀。這就有可能導致惡性循環：瀕臨破產的銀行需要債臺高築的政府伸手救援，但政府必須削減公共支出或增稅來支應國債飆升的利息負擔，於是反過來惡化銀行業面臨的問題。如此一來，無力償債的各方相互拖累，直到外國投資人認定它們必然會違約，可怕的公債利差越來越大，套在國家脖子上的繩圈則越收越緊。

二〇一〇年四月，希臘政府宣布其預算赤字已超過GDP的一成三，國債的GDP比例更高達百分之一百二十（馬斯垂克趨同標準各為百分之三 百分之六十）。一個新詞彙「Grexit」因此誕生，意思是「希臘脫離歐元區」。然而希臘脫離歐元區恐怕會引發骨牌效應，讓市場轉而對歐元區下一個最脆弱的成員國發難。一位德國高層官員表示，這樣的歐元區將有如一部「地獄機器」。*

因此在五月那個漫長週末，危機處理會議登場，法國總統薩科齊臉色蒼白有如裹屍布，指示「身為法國公民」的歐洲央行總裁特里榭盡一切所能應對危機。然而《馬斯垂克條約》賦予歐洲央行絕對的獨立性來確保貨幣穩定，一如德國聯邦銀行。條約中還有一條「不得紓困條款」，規定歐元區成員國政府不得承擔任何成員國的債務。二〇一〇年五月九日星期天，梅克爾面臨重要的北萊茵西發里亞邦地方選舉，德國輿論強烈反對「送錢到希臘」，就連親歐洲的自由派《時代週報》（*Die Zeit*）也質疑：「我們的錢會如何花掉？」

最後的結果是一項大規模紓困計畫，但做了一番包裝掩飾。為了安撫德國與其他北歐的債權國家，這項計畫對希臘要求苛刻條件。條件列在希臘人所謂的「備忘錄」之中，由歐盟執委會、歐洲央行、國際貨幣基金組織這「三駕馬車」負責執行。希臘必須實施嚴苛的財政撙節與改革計畫，大幅削減醫療、教育、退休年金等公共支出。與此同時，大部分的「紓困」資金其實是用來償付外國債權人，包括那些在「蝗蟲年代」草率借貸給希臘的德國、法國與其他國家的銀行。「不要向人借錢，也別借錢給別人。」莎士比亞筆下的波洛紐斯（Polonius）如此告誡。†然而，這番調適舉措造成的痛苦，幾乎完全由不負責任的南方借貸者承擔，不負責任的北方放貸者幾乎完全置身事外。有史以來第一次（但不是最後一次），歐洲的放貸者集結起來異口同聲：歐元得救，一勞永逸。梅克爾則是宣稱：「如果歐元失敗，歐洲也將

* 譯註：意謂一部設計不良、造成傷害卻又無法關閉停止的機器。

† 譯註：語出莎士比亞《哈姆雷特》第一幕第三景。

失敗。」因此歐元不能失敗。

歐元區是一套尚未成熟又過度擴張的貨幣聯盟，專家老早就預言會有許多問題，如今也一一應驗，更出現一些預期之外的災難。歐元區就像一個體重過重、心臟無力的銀行經理，在外科手術室與急診室之間踉蹌來回。危機急性發作的第一階段在二〇一二年七月告終，繼特里榭之後接掌歐洲央行的德拉吉（Mario Draghi）做出著名的宣示：歐洲央行將「不惜一切代價」捍衛歐元。病人活了下來，但狀況很糟。二〇一五年，希臘再度被送進急診室。這場歹戲拖棚的危機（或一連串危機），一方面驚心動魄，一方面百無聊賴。

一如我們的擔憂，原本旨在強化與團結歐洲的貨幣聯盟，實際作用卻是削弱與分裂歐洲。北歐與南歐在二〇〇〇年代初期看似漸趨一致，如今卻漸行漸遠。希臘經濟萎縮約四分之一。二〇一三年德國的青年失業率約只有百分之八，但西班牙與希臘卻遠超過五成。德國經濟在歐元區欣欣向榮，年輕人有合理的信心可以找到像樣工作，但西班牙、葡萄牙與希臘的年輕人卻只能到倫敦或柏林當侍應生。

這種情況不僅傷害青年世代的生活機會，更會危及生命。二〇一二年初，希臘每三人就有一人生活在貧窮線以下。從二〇一〇年到一三年，自殺率上升了三分之一，醫療照護的品質直線下降。雅典希望醫院院長吉亞諾斯（Theodoros Giannos）每天要工作二十個小時，儘管各種物資缺乏，仍要設法拯救病人。但二〇一五年夏季某一天，他卻接到噩耗：二十六歲的兒子派屈克在地鐵列車前方跳下，自殺身亡。「兒子的人生前景一片空虛，」吉亞諾斯啜泣著告訴記者，「他們奪走了我們的未來，只留下空虛。」

這場歐元區危機揭露與強化了一組緊張關係，在歐洲體系內部長期累積。來到全球化、金融化資本主義的年代，歐盟與各個成員國政府面對「市場」如履薄冰。美國政治專家卡維爾（James Carville）曾經開玩笑說，如果有來生，他要當債券市場：「你可以嚇唬任何人。」但美國財政部與聯邦準備理事會（美國的中央銀行）就連債券市場也能收服，只要藉由其「震撼與威懾」舉措。如果歐元區能擁有一個共同的財政部、一個權力更廣泛的中央銀行，那麼它也可以做到。然而歐元區有如一個尷尬的中途之家，只有共同貨幣，沒有共同的財政部。

如此一來，交易員可以打壓歐元區最脆弱成員國的政府公債，擴大它們與德國公債的利差。義大利債券市場遭到攻擊期間，我巧遇前任義大利總理、時任歐盟執委會主席普羅迪，並問他有何感想。二〇〇一年時，普羅迪曾告訴我歐元雖然會「歷經危機」但會繼續前進，結果如今他卻張開雙臂嘆道：「現在看來，我國是由利差統治。」

市場對民主體制發號施令之後，非民選的國際組織官員也對民選政府發號施令，這是技術官僚自由主義的缺陷，更是歐洲體制的缺陷。受過高等教育的人們往往會認為，最理想的政府形態應該是知識菁英統治。歐盟執委會前任主席尚雷伊（Jean Rey）在一九七四年完美傳達了這種心態，當時英國打算對自家的成員國身分進行公投，群情嘩然。雷伊則表示：

我感到相當遺憾，這個偉大國家的政策竟然要交由家庭主婦決定。國家政策的決定者應該是受過訓練、見多識廣的人。

如今，布魯塞爾（歐盟執委會）、法蘭克福（歐洲央行）與華盛頓（國際貨幣基金組織）「三駕馬車」的非民選官員發送電子郵件，指示希臘政府削減退休年金與醫療支出。二〇一〇年五月我出席一場會議，范龍佩表示雅典當局必須「改變希臘的文化甚至社會」。這是極高難度的要求，但真正問題在於范龍佩有什麼資格要求經由民主方式選出的希臘政府改變本國的文化與社會？第二年，歐洲與幾個國際金融機構迫使希臘與義大利罷黜自家總理，分別由一位歐洲央行前任副總裁、一位歐盟執委會前執委取而代之。*

這一切舉動都是以執行「規則」為名，一種德國色彩鮮明的經濟做法，歐元區在設計時就已納入。然而政策制定者往往會扭曲這些規則，還裝成若無其事。如何審慎重新詮釋規則是一門藝術，德拉吉是這方面的大師，而且重新詮釋也有其必要。如果歐元區堅守相關條約的白紙黑字，希臘國債將會違約，危機將會像傳染病一樣散播到其他國家。然而偷偷摸摸改變規則只會讓每一方都怨聲載道：負債的南方國家抱怨被迫接受嚴苛條件，放債的北方國家抱怨規則遭到扭曲。無論如何，這些規則從來不曾公平施行。從二〇〇一年到二〇〇三年，德國連續三年預算赤字超過GDP的百分之三，但只受到微不足道的處分。憤怒的希臘人當然會因此認定，弱者與強者適用於不同規則，就如同西元前四一五年的時候，強大的雅典人對上衰弱的米洛斯人，只不過這回的雅典人角色是由德國人扮演。

俾斯麥曾在一八七八年告訴德國國會，統一還沒多久的德國面對歐洲，應該要作為「誠實的中間人」而不是「學校教師」。二〇一〇年代，統一還沒多久的德國開始扮演俾斯麥警告過的角色：歐洲的學校教師，或者應該說是「學校女教師」，因為代表人物是梅克爾。這位傑出女性在二〇〇五年至二〇二一年間擔任德國總理，長達十六年的任期超越艾德諾，只比俾斯麥少了三年。梅克爾一次又一次使用學校教師的比喻：歐元區的每一個國家都必須「好好做功課」。

莫大的諷刺在於德國與法國的關係。為了因應柏林圍牆倒塌後的情勢，密特朗當年大力推動歐洲貨幣聯盟計畫，以確保法國能夠維持自身的政治實力。然而貨幣正是德國的強項，因此貨幣聯盟的效應適得其反，法國根本無法留在駕駛座上，只能拱手讓給德國當家作主。德國在整個歐盟算不上霸權，但在歐洲貨幣聯盟內倒是算得上霸權。普羅迪的觀察相當敏銳：「夫人（也就是梅克爾）做成決策，然後法國總統召開記者會解釋決策。」有一回在柏林的一場晚宴上，兩位德國官員告訴我，他們每天早上醒來

---

* 譯註：二〇一一年十一月，希臘總理巴本德里歐（George Papandreou）在經濟危機中辭職，歐洲央行前任副總裁帕帕季莫斯（Lucas Papademos）繼任。同年同月，義大利總理貝魯斯柯尼在經濟危機中辭職，歐盟執委會前執委蒙蒂（Mario Monti）繼任。

都要苦心設想：如何才能夠讓法國**覺得**自己仍然與德國平起平坐。

莫大的苦難則在於德國與希臘的關係。德國與希臘關係大受衝擊，情勢更為惡劣。我一九七四年遊學巴伐利亞時期的室友喬格斯告訴我，他那當過共產黨游擊隊的叔叔永遠無法原諒德國在二戰占領希臘之後犯下的暴行。不過喬格斯本人對於德國的印象比較正面，他在巴伐利亞迪斯可舞廳和當地女孩的愉快經驗顯然很有幫助。當希臘學生與勞工湧向北方，德國投資人與遊客湧向南方。德意志聯邦共和國證明自己是一個穩定的民主體制，同時也是南歐民主體制的好朋友。此時希臘與德國在歐盟內平起平坐，兩國對待彼此的心態觀感也逐步好轉。

然後，歐元危機爆發，幾乎是在一夜之間，最惡劣的刻板形象重回兩個國家。在希臘人的海報上，梅克爾及她的強硬派財政部長蕭伯樂（Wolfgang Schäuble）與納粹卐字符號並列；德國人則痛斥希臘人是一無是處的騙徒。「破產的希臘佬，賣掉你們的小島，」德國讀者最多的《畫報》(*Bild*) 激動寫道，「雅典衛城也順便處理掉。」

就算德國與其他北歐債權國家能夠為希臘經濟開出最好的藥方，情勢仍然嚴重。更不用說希臘拿到的藥方其實是嚴苛的財政撙節，弊多於利，反而讓經濟復甦更加困難。我非常景仰蕭伯樂的勇氣*與他對歐洲事務的奉獻，我也曾在二〇一二年秋天主持一場與他對談的研討會，來賓有希臘中央銀行副總裁伊蕾妮（Eleni Louri-Dendrinou）。伊蕾妮指出，經濟學家的專業判斷認為極端撙節措施只會讓希臘經濟萬劫不復，於是請教蕭伯樂有何看法。結果蕭伯樂表示他不認為經濟學有多重要，他重視的是誠信、法律與政治意志。

除了個別德國領導人問題叢生的經濟判斷，我們還面臨更深一層的問題：國與國之間的民主體制出現結構性衝突。我希望蕭伯樂採取更務實也更符合經濟學的做法，我也希望梅克爾從一開始就宣示德國將「不惜一切代價」挽救歐元，而不是坐視「南歐寄生蟲」與「北歐勤儉立國」成為德國輿論的老生常談。如果梅克爾提早宣示，「不惜一切代價」的代價會小得多，因為市場將認清是誰在當家作主。如果當時德國總理還是柯爾，我確信他就會這麼做。二〇一〇年五月布魯塞爾峰會之前幾天，年高八十歲且乘坐輪椅的柯爾批評梅克爾做法錯誤。但問題在於，梅克爾也是在遵循自家國民的意志。這項意志透過北萊茵西發里亞邦等選舉、國會投票與民意調查顯現，並且因為德國兩個最受尊重的機構（聯邦銀行與聯邦憲法法院）的介入而得到強化。

「今天德國聯邦議院將決定希臘的命運。」德國社會學家貝克（Ulrich Beck）在二〇一二年聽到一家德國電臺的播報員如此宣稱。一個民主國家的命運將由另一個民主國家的國會來決定？癥結點在於政策與政治的脫鉤：政策已是歐洲的政策，政治卻仍然是各個國家的政治。合理的解決方式顯而易見，那就是讓政治也必須是歐洲的政治。范龍佩在二〇一〇年指出：「我們擁有貨幣聯盟，但缺少某種形式的經濟與政治聯盟，這種做法顯然行不通。」但在十年之後，歐洲對於真正的經濟聯盟也只有些微進展，完

---

* 譯註：一九九〇年十月，時年四十八歲的蕭伯樂出席一場競選活動時被槍擊成重傷，從此下半身癱瘓，必須靠輪椅行動。

整的政治聯盟更是遙遙無期。大多數歐洲人並不贊成這樣的聯盟，一個以不民主方式創建的「民主歐洲」將會陷入自相矛盾。就連在柏林圍牆倒塌之後那群情激昂的幾個月裡，歐洲民眾也並不樂見一個「歐洲合眾國」(United States of Europe）誕生。一旦貨幣聯盟在缺乏經濟或政治聯盟的前提下成立，民眾對於「歐洲合眾國」的意願就更形低落。

從二〇一九年回顧過去，蕭伯樂如此省思：

> 對於歐洲整合，我們應該更早一點採取更大規模行動。事到如今，我們已無法說服成員國採取這類行動，因此相關做法也已此路不通。

拯救歐元區的想法不僅將成員國推向銀行聯盟，也將它們推向財政聯盟，並且進入賦稅與公共支出的政治深水區。對柯爾而言，貨幣聯盟一直是締結政治聯盟的手段。如今為了保持貨幣聯盟穩定，推動政治聯盟一事也有了合理性。當年在馬斯垂克的人們將馬車置於馬兒之前，如今馬車正將馬兒拖向一條牠並不情願走的道路。

二〇一〇年代進入尾聲時，我們幾乎可以確定兩件事：一、歐元區不會崩潰。二、但它也不會以《馬斯垂克條約》希望的方式向全面式的政治經濟聯盟前進。就如同古老的神聖羅馬帝國，歐元區的存在必須接受「妥協與含糊」。歐元已經成為一種強勢且穩定的全球儲備貨幣，地位超越日元與英鎊。這是一項了不起的成就，只不過代價非常高昂。

帝國衝突

一九九四年三月某天，聖彼得堡一場會議上，我在半夢半醒之間被一位矮小結實且有點獐頭鼠目的男子一語驚醒。這位男子顯然是市長的人馬，他表示人們必須謹記在心，在今日俄羅斯聯邦國界之外，有一些領土「在歷史上永遠歸屬於俄羅斯」，並且特別點名克里米亞。既然有兩千五百萬名俄羅斯人被畫歸在祖國之外，因此照顧他們是俄羅斯的職責。國際社會必須認清這是俄羅斯作為一個國家、「俄羅斯人作為一個偉大民族」的正當利益。

二十四年之後的二〇一四年三月，這名男子站在歡天喜地的克里姆林宮群眾前方，慶祝俄羅斯以武力從主權國家烏克蘭奪走克里米亞。「在人們的情感與理智中，」普丁宣示，「克里米亞永遠是俄羅斯不可分割的一部分。」直到一九五四年突然被赫魯雪夫（Nikita Khrushchev）送給烏克蘭，因此克里米亞當地人民在蘇聯崩潰解體時就與無數人一樣，

昨晚上床時還在這一個國家，今天醒來時已是另一個國家，一夕之間變成某個前蘇聯共和國的少數民族。俄羅斯人成為全世界最大一支被國界分割的民族。

普丁會在多年之後宣稱，說克里米亞居民「在一九九一年時像一袋馬鈴薯一樣被交出去，我很難反駁這種說法」。

藉由武力奪取克里米亞，普丁的俄羅斯違反了戰後歐洲自由主義秩序最重要的原則：國家之間的疆界只能以和平的方式、在各方同意之下進行改變。普丁早在二〇〇八年八月就率先打破禁忌，派兵攻打喬治亞領土南奧塞提亞（South Ossetia）與阿布哈茲（Abkhazia），然而他在克里米亞的重施故技規模更大，也更為嚴重，代表歐洲開始回到一九四五年代以前的權力政治。二〇一四年的行動讓人回想起一九一四年的世界。

普丁說克里米亞「始終」屬於俄羅斯，但事實上該地是在一七八三年才成為俄羅斯的一部分，當時這塊原本屬於韃靼人的領土被俄羅斯凱薩琳大帝併吞，直到一九一七年布爾什維克革命。俄羅斯內戰結束之後很長一段時間，克里米亞都是一個「蘇維埃社會主義自治共和國」，直到一九五四年被赫魯雪夫送給烏克蘭蘇維埃社會主義共和國。如果歷史可以正當化克里米亞從烏克蘭「回歸」俄羅斯，那麼歷史也可以正當化西利西亞（大部分地區在一七四二年至一九四五年間是由德國統治）從今日波蘭手中「回歸」德國。

我在一九九四年見到普丁時，他的後帝國主義渴望已經呼之欲出，時間點遠早於一九九九年納入波蘭、捷克共和國與匈牙利的北約東擴。要等到許多事情發生之後，普丁才會累積足夠的意志、手段與機會來併吞克里米亞。首先，這名看似無足輕重的四十一歲聖彼得堡副市長必須一路挺進，在一九九九年夏天當上葉爾欽總統的總理，然後被葉爾欽圈選為總統接班人並在隔年上任。當時葉爾欽考慮過幾個人選，包括後來成為普丁政敵並因此遭到暗殺的涅姆佐夫（Boris Nemtsov）。* 然而在一九九八年俄羅斯經濟崩潰之後，葉爾欽相中出身情治機構的普丁，後者也願意賦予他司法豁免權。俄羅斯之所以與西方對抗衝突，當然有深層的力量在作用，但如果當年重病在身且行事乖張的葉爾欽選擇涅姆佐夫接班，二十一世紀初的歐洲歷史將會是另一番面貌。先是戈巴契夫，然後是普丁，俄羅斯在我們這個時代兩度彰顯了個人之於歷史的重要性。

一九九九年十二月，普丁將他的意識形態計謀鋪陳為一篇五千字的宣言，世人稱之為《千禧年訊息》（*Millennium Message*）。他說個人自由之類的普世價值很好，但俄羅斯必須回歸自身的核心歷史價值：愛國情操、集體主義、團結精神、強大國家，這就是所謂的「俄羅斯理念」。俄羅斯命中注定要成為一個強權，並且代表所有俄羅斯人。上任總統初年，普丁與西方保持良好關係，美國總統小布希歡迎他成為「反恐戰爭的堅定盟友」——普丁對反恐戰爭的理念欣然接納，他當初快速崛起掌權就是憑藉殘暴的車臣戰爭。這位俄羅斯新領導人當時對內忙著鞏固權力，對外努力擺脫積欠國際貨幣基金組織與西方銀

* 譯註：涅姆佐夫曾在擔任葉爾欽的副總理，普丁上臺後成為俄羅斯反對派領導人，嚴厲批判普丁威權、貪腐、侵略烏克蘭，二〇一五年二月二十七日在莫斯科遭槍殺身亡，時年五十五歲。

行的債務。他很高興俄羅斯能與另外七個國家組成「八國集團」，然而他對西方的憤怒持續醞釀積聚。

普丁對於北約轟炸貝爾格勒、西方從塞爾維亞手中奪走科索沃大感不滿。二〇〇三年美國入侵伊拉克，在他看來證明了華府正肆無忌憚推動政權更迭。二〇〇四年北約展開第二輪東擴，納入波羅的海國家愛沙尼亞、拉脫維亞與立陶宛。一九八〇年代普丁還只是一名KGB派駐德勒斯登官員的時候，這三個國家都是蘇聯的一部分。他在二〇〇五年對俄羅斯聯邦會議發表演講，聲稱蘇聯崩潰是「二十世紀最大的地緣政治災難」。

對普丁而言，二〇〇四年冬天的烏克蘭「橙色革命」是最後一根稻草。革命的開端是民眾抗議總統選舉舞弊，親俄羅斯候選人亞努科維奇（Viktor Yanukovych）因此當選。普丁抱持KGB官員的陰謀心態，深信任何民眾示威抗議都是西方強權暗中指使。他也認為喬治亞前一年發生的玫瑰革命是美國祕密策動，因為西方藉由鼓動這種「顏色革命」，步步進逼俄羅斯的前院。普丁堅稱烏克蘭是一個「有名無實的國家」，永遠屬於俄羅斯，屬於「俄羅斯世界」。

二〇〇四年十二月五日星期天，我來到基輔，筆記本第一頁寫下很不一樣的觀點：

將近二十五年，另一個東歐國家的首都，另一場革命，另一場五旬節運動。這一回不再是「中歐」，輪到真正的**東歐**登場。

二十五年是從一九八〇年起算，那一年波蘭大罷工催生出團結工聯。對我而言，烏克蘭進一步示範了一場和平進行且自我克制的革命，這種革命在一九八〇年初試啼聲，一九八九年高奏凱歌。我將橙色革命定位在一場持續發展的敘事之中，是對於一個完整且自由歐洲的追求，一道通往一個更自由世界的橋梁。我當時相信，歷史仍然按照我們的心意運作。

基輔獨立廣場出現一座廣大的「帳篷城」，我在零下十度低溫中與搭帳篷的人們攀談。一位名叫沃瓦的工人告訴我，他上個月聽說了總統選舉舞弊引發抗議的事，立刻上路前往基輔。

誰叫他來的？

「國家召喚我。」

還有呢？

「我的良知。」

然後他舉起一雙大手掌，比出代表勝利的V字手勢。

我發現有幾位學生領袖受過特別訓練，指導他們的人是先前東歐公民反抗運動的成員，特別是塞爾維亞的「抵抗」（Otpor）運動，二〇〇〇年曾經參與推翻米洛塞維奇。然而當我在白雪覆蓋的獨立廣場聆聽人們談話（包括在車諾比核災場址監控輻射劑量的工程師、鄉下小鎮的美容院老闆、喀爾巴阡山區的旅行社員工），我非常確定這是一場道道地地的人民抗議行動，目標是烏克蘭自一九九一年獲得脆弱的獨立以來，危害國家的貪腐歪風、侍從主義與黑幫猖獗。

提摩希・史奈德曾經是我指導的博士生，後來成為同輩之中最傑出的東歐專家，我和他一起檢視這場運動兩個陣營受到的外來影響。某些「橙色革命分子」確實接受了美國在內的西方國家及索羅斯等行動派慈善家提供的大筆資金與建議，然而規模遠遠不如俄羅斯對親莫斯科候選人亞努科維奇提供的資金與建議。外在影響來自四面八方，但橙色革命依舊是烏克蘭土生土長。

——

從二〇〇五年開始，普丁的俄羅斯與西方的正面衝突日益惡化。對照東歐各國邊地長年紛爭不斷的歷史，我們可以把這個現象形容成「帝國衝突」再起，只是捲入衝突的帝國與以往不同，彼此也有差異。「西方」並不是連貫的單一地緣政治行為者。二〇〇八年的布加勒斯特（Bucharest）北約領導人峰會上，小布希政府推動讓烏克蘭與喬治亞進入「北約成員國行動計畫」，*卻遭到法國與德國的強烈反對。後來各方做出影響重大的妥協，峰會公報雖然寫明「兩個國家將會成為北約成員國」，但對於如何實現這項目標卻沒有任何具體說明。這堪稱最糟糕的做法：既加深了普丁的受威脅感，也無法保障烏克蘭的安全。

歐盟是歷史上最心不甘情不願的帝國。許多歐洲人根本拒絕將歐盟視為「帝國」，這個字眼會讓人聯想到脅迫性的殖民統治。但如果「帝國」是一套超越國家的法律、權威與權力的體制，那麼歐盟的帝國特質不在神聖羅馬帝國之下。情勢有時候是當局者迷、旁觀者清。先後擔任烏克蘭駐歐盟大使、歐洲事務主管、外交部長的庫列巴（Dmytro Kuleba）形容，歐盟是「人類建立自由主義帝國的第一次嘗試」，與普丁以武力重建俄羅斯殖民帝國的嘗試形成鮮明對比。庫列巴解釋：

> 我知道人們不喜歡「帝國」這個字，然而歷史就是藉由帝國來書寫。你必須證明同等規模的不同事物可以奠基於不同的原則來建立，例如自由主義、民主、對人權的尊重，同時還能揚棄將自身意志強加在別人身上的原則。

歐盟在二〇〇四年、二〇〇七年兩度東擴之後，布魯塞爾當局開始與烏克蘭、喬治亞、白俄羅斯與摩爾多瓦等國發展出所謂的「東部夥伴關係」。以瑞典、波蘭與波羅的海國家為首的歐洲人認為，這項夥伴關係有如墊腳石，有助於東歐國家晉升為歐盟成員國。那些和我一起站在天寒地凍的獨立廣場、揮舞歐盟旗幟的烏克蘭人，顯然也是如此期望。他們支持的總統候選人尤申科（Viktor Yushchenko）被人毒殺未遂，臉上留下可怕疤痕。當尤申科宣稱：「我確信全世界會認可烏克蘭是一個文明的歐洲國家。」

---

* 譯註：加入北約的必經之路，由北約對參與國家提供建議、協助與實質支援，截至二〇二四年只有波士尼亞與赫塞哥維納參與這項計畫。

廣場上的人們大聲叫好回應。

然而，在許多西歐與南歐國家領導人看來，「東部夥伴關係」其實是歐盟成員國身分的長期頂替品。或者頂多像法國總統密特朗當年提出「歐洲邦聯」計畫時，為波蘭、匈牙利等國準備的「豪華會客室」。我曾經敦促歐盟執委會主席巴羅佐公開宣示，歐盟期待烏克蘭有朝一日成為歐盟成員國，結果他卻回答：「如果我這麼做，立刻就會被兩大成員國（指法國與德國）狠狠教訓。」

相較之下，當時的俄羅斯已經成為一個修正主義強權，期盼再度宰制昔日帝國及「俄羅斯世界」的疆域，而且會為了達成目的而不擇手段。面對烏克蘭的橙色革命，普丁設立了專責政府部門在「近鄰國家」提升俄羅斯影響力。這個部門在「政治技術專家」（俄羅斯版本的政治化妝師）領導之下，運用一整套讓西方政治宣傳有如小巫見大巫的技術。如果要指責西方支持烏克蘭的NGO，那麼莫斯科也建立了自家的NGO，批評者巧妙地稱之為「GONGOS」：政府設立的非政府組織。從妙語警句、媒體敘事、黨同伐異的廣播電臺與電視臺、「另類事實」、祕密金援到社會運動，任何西方能做的事，俄羅斯都可以變本加厲。

二〇〇七年二月慕尼黑安全會議登場，俄羅斯總統明確宣示他與西方世界的衝突，譴責由美國宰制世局的「單極模式」。第二年，普丁展開行動。如果西方可以在未經聯合國明確授權的情況下，從塞爾維亞奪走科索沃並入侵伊拉克，那麼普丁也可以從喬治亞奪走南奧塞提亞與阿布哈茲，而且他的行動沒有受到任何懲罰。希爾（Fiona Hill）是一位兼具英美國籍的俄羅斯專家，俄羅斯官員後來告訴她，普丁考慮在二〇〇八年八月占領南奧塞提亞與阿布哈茲時，他們擔心北約會以軍事行動回應，結果什麼事都沒發生。法國總統薩科齊調停雙方停火，將一部分責任歸咎於喬治亞總統過於躁進及輕啟戰端。西方沒有做出決斷，甚至不曾對俄羅斯領導人與官員施加經濟制裁。北約與俄羅斯委員會暫時喊停，但這對普丁而言不痛不癢。沒過多久，歐巴馬政府便倡議「重新設定」俄美關係。

接下來的五年間，我們可以從普丁的行為察覺到日益高漲的威脅與投機，他對西方的心態夾雜著恐懼及鄙夷。二〇一一至一二年間，普丁見證了阿拉伯之春及俄羅斯各大城市的反對派示威，擔心西方主導的「顏色革命」會重創自己的聲勢。當時西方正在金融危機的衝擊中掙扎，中國等威權主義國家欣欣向榮，全球的「實力對比」似乎對俄羅斯有利，也許歷史進程會讓普丁稱心如意。當敘利亞陷入一場恐怖內戰，美國與歐洲都無力阻止，普丁卻出兵遠征，幫助阿塞德（Bashar al-Assad）總統扭轉頹勢，因此成為日後相關談判不可或缺的角色。普丁一路狂轟濫炸，坐上和平談判桌的大位。

然而歐盟還在，這個令人惱怒的後現代帝國。「東部夥伴關係」是一項語焉不詳的政治授權，歐盟為了以布魯塞爾當局的方式在官僚體系、法規監管層面落實，於二〇一三年向烏克蘭提出一份《聯合協定》，其中包括可觀的經濟與投資利益。當時布魯塞爾沒有什麼人認真考量這份協定的地緣政治意涵，更別提為俄羅斯的強烈反應做好準備。如果說莫斯科先前還能將北約與歐盟分別看待，前者是美國領導的軍事同盟，後者是比較軟性的非軍事組織，那麼現在普丁對兩者同樣排斥。烏克蘭必須在歐盟與普丁的歐亞經濟聯盟（Eurasian Economic Union）之間做抉擇，ＥＵ或者ＥＥＵ。烏克蘭橙色革命英雄尤申科的政府陷入貪腐混亂之後，亞努科維奇二〇一〇年在一場還算自由公平的選舉中上臺執政，他承諾會與歐盟簽署《聯合協定》，最後關頭卻在莫斯科巨大的威脅利誘之下背棄承諾。

接下來發生的事非比尋常。烏克蘭民眾再度走上獨立廣場，堅持要求國家留在歐洲的軌道上，這回他們將自家的大規模示威命名為「歐洲廣場革命」(Euromaidan)。二〇〇四年橙色革命十年之後，這是烏克蘭人第二度嘗試推動一場和平革命，支持者稱之為「尊嚴革命」。

普丁原本期望透過亞努科維奇，保持對整個烏克蘭的影響力，這是他的A計畫。俄羅斯奪取克里米亞的祕密情報與軍事工作已經準備就緒，然而依照普丁的說法，他一直要到二〇一四年二月二十三日亞努科維奇逃離基輔之後，才下定決心採取這項B計畫。* 在俄羅斯國內，併吞克里米亞讓普丁的人望直線上升，也幫助他在二〇一八年第四度贏得總統大選。

與二〇〇八年喬治亞情勢不同的是，克里米亞事件引發西方強烈的反應。俄羅斯被逐出八國集團，這個組織恢復為七個工業化民主國家的七國集團。北約在波蘭與波羅的海國家以輪流方式部署多國部隊組成的小規模戰鬥群，閃爍其詞聲稱此舉並不違反《北約與俄羅斯基礎協定》不得「大幅增加長期駐紮戰鬥部隊」的規定，同時也務實地指出俄羅斯的行為已完全改變歐洲安全態勢。歐盟與美國對普丁政權施加經濟制裁，但非常倚賴俄羅斯能源的德國則兀自推動「北溪二號」天然氣管線興建計畫，繞過烏克蘭與波蘭，直接將俄羅斯天然氣輸往德國。北溪二號公司的董事會主席是德國前總理施若德，如今已是普丁密友，執行長則是一名前東德史塔西官員沃寧格（Matthias Warnig）。†

與此同時，普丁從克里米亞轉進到烏克蘭南部與東部更廣大的地區，稱之為「新俄羅斯」（Novorossiya）——這項說法可以回溯到十八世紀凱薩琳大帝的殖民行動。烏克蘭頓巴斯地區的分離主義武裝分子不僅接受俄羅斯的裝備與武器，而且是由俄羅斯特種部隊與鋌而走險的準軍事單位指揮。後來烏克蘭政府軍發動反攻並略有斬獲，普丁於是直接派兵參戰，擊退烏軍。我在二〇一五年造訪基輔，看到志工拿著白鐵罐為軍方與一百多萬國內流離失所者募款。這是一個爆發戰爭的國家。烏克蘭東部的低強度武裝衝突持續了八年，到二〇二一年底已奪走一萬四千多條性命，然而歐洲領導人還在高談闊論「歐洲七十年的和平」。

普丁的俄羅斯不僅威脅接壤的鄰國，也危及歐洲與北美所有的民主國家。二〇一四年七月十七日星期天，一群夏季度假旅客在阿姆斯特丹國際機場登上馬來西亞航空公司ＭＨ-17班機，準備飛往吉

---

* 譯註：二〇一四年二月二十七日，普丁下令特種部隊攻占克里米亞戰略要地與議會，建立傀儡政權，舉行不被國際社會承認的「獨立公投」，讓克里米亞以「獨立國家」身分申請加入俄羅斯聯邦。同年三月十八日，俄羅斯正式併吞克里米亞。

† 譯註：北溪二號後來成為美國與德國之間的重大爭議，雖然完工但從未正式啟用。二〇一一年啟用的北溪一號也在二〇二二年八月停擺。二〇二二年九月，兩條管線發生爆炸，遭到嚴重破壞。

隆坡，他們絲毫不擔心此行要飛越幾個東歐國家。然而烏克蘭東部由俄羅斯人領導的叛軍可能誤以為是敵機臨空，遂以俄羅斯的白楊發射器發射一枚地對空飛彈，將MH-17班機炸成碎片，無辜的乘客與機組員全數罹難。二〇一八年，俄羅斯特務在英國以教堂出名的城鎮索茲斯柏立（Salisbury），試圖以神經毒劑「諾維喬克」（Novichok）毒害一位前俄羅斯間諜與他的女兒，*卻導致一位英國女性史特吉斯（Dawn Sturgess）與一位警員貝利（Nick Bailey）無意間接觸到這種毒劑，前者不幸身亡，後者健康遭到重創。由此可見東歐國家距離英國其實並不遙遠。

西歐人原本可以將貪腐混亂的烏克蘭政治看成某種東歐異國風情，直到後來發現莫斯科當局積極支持西歐各國的極右派民粹政黨，並且透過「今日俄羅斯」（Russia Today，簡稱RT）等媒體與社群平臺的假帳號散播造假資訊。儘管普丁的地緣政治取向通常被形容為「歐亞主義」，但他的支持者卻從不諱言指出普丁代表著更美好的歐洲：愛國、基督教、軍事化、肉食、異性戀、多子多孫且對抗歐盟的歐洲，後者奉行腐化、後民族、多元文化、討好LGBTQ、接納穆斯林、素食且綏靖主義。俄羅斯網站「Tsargrad.tv」一篇評論寫道：「越來越多西歐人體認到，歐盟是今日歐洲的頭號敵人。」從匈牙利的奧班到法國的瑪琳．勒龐（Marine Le Pen），這些民族主義或民粹主義者都對普丁式的歐洲願景心悅誠服。義大利民粹主義者薩爾維尼（Matteo Salvini）曾經讚美普丁，還穿上一件印有他肖像的T恤。

美國人也許會覺得這些都是歐洲人的事，然而俄羅斯在二〇一六年美國總統大選暗中為川普助選，手法包括影響力代理人、社群媒體大規模造假資訊、從民主黨競選總部駭取電郵等。二〇二一年初夏，

美國東岸的汽車駕駛人在加油站前大排長龍，原因是美國的輸油道管系統遭到網路攻擊，犯案者幾乎可確定是來自俄羅斯。†

從二〇〇八年以來，我們一而再、再而三接到警告，二〇一四年後的警告內容更是越來越暴力。但直到普丁在二〇二二年二月全面入侵烏克蘭，歐洲與整個跨大西洋西方世界才猛然驚醒，察覺到他所帶來的威脅。

《查理週刊》

在《衛報》進行的辯論耗了一整天，那天是二〇一五年一月八日星期四。前一天上午，法國《查理週刊》多名記者遭到伊斯蘭極端分子殺害。凶手聲稱要報復該雜誌刊行嘲諷穆罕默德的漫畫，他們離開鮮血淋漓的編輯部時高喊：「我們為先知穆罕默德復仇！」《衛報》身為英國最重要的左派與自由派報紙，編輯、記者與主筆必須決定一件事：是否要轉載一部分引發爭議的漫畫。

我主張應該轉載。這些漫畫的確非常冒犯人，但無論你喜愛或討厭，現在它們都是頭條新聞，讀者

* 譯註：斯克里帕（Sergei Skripal）和女兒尤莉雅（Yulia）重病住院數週，但最後逃過死劫。三名俄羅斯特務涉案，行凶後逃離英國。

† 譯註：二〇二一年五月，美國最大燃油管道公司「殖民管道」遭到駭客以勒索軟體攻擊，全面停擺，六天後才恢復運作。

應該要有機會自行做出判斷。除此之外，透過轉載的象徵性動作，《衛報》能夠表明對於遇害法國記者與其倖存同仁的支持。最重要的是，我們將藉此突顯暴力恐嚇不會得逞。自從一九八九年魯西迪被伊朗下達追殺令以來，我們始終在面對我在研究言論自由時提出的「殺手的否決權」。所謂「殺手的否決權」，就是「如果你說出、畫出、寫出或發布某件事情，就會被殺害。」我們因此必須昭告世人，「殺手的否決權」不會是最後贏家。

藉由這些論點，我發起一項名為「團結週」的線上行動，呼籲報紙、電視臺與部落格一起轉載《查理週刊》的漫畫——不只是穆罕默德漫畫，還包括那些以猶太教徒與基督教徒為題材且聳人聽聞的漫畫。我請大家附上一篇導讀，解釋此時此刻轉載的理由。數量可以帶來安全，如果只有一兩家報紙印行爭議漫畫，有可能會成為暴力攻擊的目標。從西班牙《國家報》（*El País*）、義大利《共和報》（*La Repubblica*）、波蘭《選舉日報》（*Gazeta Wyborcza*）到印度《印度教徒報》（*The Hindu*），多家報紙發布了我的呼籲，但這起行動整體而言卻是失敗收場。各家媒體的總編輯為了是否轉載而苦惱不已，《紐約時報》總編輯巴奎（Dean Baquet）說他花了「半天時間」反覆思索，最終各家媒體都依照自家的時程採取行動，有的轉載，有的婉拒。

新聞業是個競爭激烈的行業，我應該可以做得更好，但我關於集體行動必要性的想法並沒有錯。《獨立報》總編輯的解釋很能夠說明問題所在：他在第一時間認為應該轉載，後來卻沒有這麼做，原因是「我覺得如果我們是英國唯一轉載的報社，那樣風險太高」。德國《漢堡晨郵報》（*Hamburger*

Morgenpost）單獨轉載幾則爭議漫畫，結果第二天就遭到燃燒彈攻擊。

《衛報》後來決定不轉載引發事件的漫畫。久在其位的總編輯羅斯布里傑（Alan Rusbridger）認為同業「團結」固然重要，然而不應該迫使媒體背離自家關於品味與合宜性的編輯標準。這項決定形同讓「殺手的否決權」獲得勝利。曾在二〇〇五年刊行世稱「丹麥漫畫」的《日德蘭郵報》就是最突出的案例。儘管有幾家丹麥報紙轉載《查理週刊》的漫畫，然而《日德蘭郵報》並沒有這麼做，它聲稱自家「狀況獨特」，擔心危及員工人身安全。二〇〇五年刊行「丹麥漫畫」的該報總編輯羅斯（Flemming Rose）對BBC表示：「我們屈服……暴力得逞……因為有些時候，劍比筆更有力。」

與此同時，推特（Twitter）標籤「#我是查理」（#JeSuisCharlie）開始在全世界的社群媒體風行，我也立刻開始使用。事發之後的那個星期天，巴黎出現成千上萬宣示「#我是查理」的自製旗幟與海報，一場盛大的示威遊行從「共和廣場」這個極有象徵意義的地點起步，顯示法蘭西共和國的價值正遭受威脅。德國總理梅克爾、英國首相卡麥隆、以色列總理納坦亞胡（Benjamin Netanyahu）紛紛加入法國領導人的行列，走在遊行群眾前端。約旦國王阿布杜拉二世（Abdullah II）也共襄盛舉。

事發之後一週，《查理週刊》封面刊出一幅漫畫，顯示哭泣的穆罕默德拿著一張告示牌「我是查理」，頭頂上方有一行字「一切皆被寬恕」（*Tout Est Pardonné*）。在一場感人的記者會上，漫畫繪製者呂濟耶（Renald Luzier）表示他自己畫完之後也哭了——他是《查理週刊》少數倖存的漫畫家。「終於，」他解釋，「我們做出這該死的封面，這不是恐怖分子要我們做的，因為上面並沒有恐怖分子，只有一個哭泣的人，他名叫穆罕默德。」

《衛報》倒是在網站上轉載了這幅漫畫，附上警語：某些讀者可能會受到冒犯。與此同時，一個惱人的針對性標籤「#我不是查理」(#JeNeSuisPasCharlie）也開始在社群媒體出現。短短幾年內，相關論述汗牛充棟，試圖解釋與爭論這兩個看似簡單的句子：我是查理，我不是查理。

《查理週刊》慘案並不僅是一起極端案例，也不是單一事件。《查理週刊》曾在二〇〇六年曾經轉載丹麥漫畫，二〇一一年辦公室遭到燃燒彈攻擊，二〇一二年刊行它歷來最具爭議性的穆罕默德漫畫，對於這位被所有穆斯林視為神聖不可侵犯的人物，其中一幅漫畫從背後呈現他匍匐在地，全身赤裸，睪丸陰莖晃盪，肛門處畫上一顆星星，圖說則是「一顆星星誕生了！」當殺手在二〇一五年闖進編輯會議時，新年第一期的雜誌隨處散放，封面是一名背著AK-47步槍的蓄鬍聖戰士，圖說則是「法國尚未遭到攻擊」，堪稱諷刺中的諷刺。

五年之後的二〇二〇年，幾名犯下《查理週刊》慘案與另一起相關猶太超市攻擊案的嫌犯受審，引發新一輪的暴力。一位學校教師帕提（Samuel Paty）遭到殺手斬首，原因只是他在上課時讓學生看了幾幅《查理週刊》的穆罕默德漫畫，藉此引發關於表達自由合理限制的討論。展示漫畫之前，帕提告訴學生如果覺得受到冒犯，可以轉頭不看或離開教室。法國總統馬克宏（Emmanuel Macron）在巴黎大學為帕提舉行紀念儀式，站在他的靈柩之前堅定宣示：

我們將捍衛你諄諄善誘的自由，驕傲地宣揚世俗主義的價值。就算其他人都畏縮退卻，我們也不會棄絕漫畫與繪畫。我們將為青年提供共和國應該提供的所有機會，不帶任何歧視。

《查理週刊》最顯著的效應就是突顯暴力問題。在美國，小布希的「反恐戰爭」已宛如古代歷史，伊斯蘭主義恐怖分子發動的攻擊已是少之又少，但這類恐怖攻擊卻在歐洲持續肆虐。柏林的耶誕節市集、布魯塞爾的地鐵與機場、倫敦的西敏橋、曼徹斯特競技場的演唱會、斯德哥爾摩、聖彼得堡、巴塞隆納。法國也是一再遭到攻擊。《查理週刊》之後遇襲的是巴黎巴塔克蘭劇院、尼斯海濱步道、南部小鎮特雷布（Trèbes）、諾曼第一位高齡八十五歲的神父，然後就是學校教師帕提。法國人的日常生活伴隨著恐怖攻擊的威脅，就像一九七〇與八〇年代的英國，愛爾蘭共和軍的炸彈攻擊此起彼落。

這些暴行的犯案者幾乎都是年輕男性，在歐洲度過大半生，多半也是在歐洲土生土長。就如同美國的九一一事件，歐洲人也開始在西班牙的三一一事件與英國的七七事件後自問：他們為什麼要這麼做？有些分析家指出社會因素，許多年輕男性恐怖分子出身弱勢社區。有些人選擇一概而論、不加區分地怪罪「伊斯蘭」，引發研究移民第二代激進化現象的學者回應：**哪一派**伊斯蘭？蘇非派還是薩拉菲派？瓦哈比派（Wahabi）還是巴雷爾維派（Barelvi）？歐洲鼓勵「客工」世代的移民到歐洲工作，卻對他們漫不經心，讓許多人淪落巴黎郊區塞納聖丹尼之類的貧困地區，靠社會福利救濟餬口。

歐洲也以同樣的漫不經心態度，坐視許多新設立的清真寺由土耳其、沙烏地阿拉伯等國家訓練的伊瑪目領導，讓他們宣揚非常保守或好戰的激進伊斯蘭教義。更糟糕的是一些自吹自擂的冒牌伊瑪目，雖然沒有正式職位，卻對許多歐洲伊斯蘭恐怖分子產生深遠影響。當一名已經激進化的青年因為初犯而被送進監獄，監獄會有如一座激進化進修學校，由強悍的伊斯蘭主義極端分子囚犯傳道授業。伊拉克、巴勒斯坦、阿富汗、阿爾及利亞、葉門、利比亞等廣大中東地區則是充斥著聖戰論述，替新召募且剛出獄的極端分子提供恐怖主義訓練營地。

看看《查理週刊》恐攻案嫌犯謝里夫與柯瓦希（Chérif and Saïd Kouachi）兄弟的人生故事，上述每一項因素一應俱全。他們的父母親是來自阿爾及利亞的移民，童年生活窮困混亂，父親在他們小時候死於癌症，母親陷溺於酒精與毒品，最後死因可能是自殺，因此這對少年孤兒被社福機構收養。美國入侵伊拉克之後，兄弟倆開始關注伊斯蘭，被一名冒牌伊瑪目帶上激進化之路。弟弟謝里夫在此人影響下計畫飛往敘利亞，還沒有成行就遭逮捕，被送進一間惡名昭彰的法國監獄羈押一年八個月。在他理應受到國家保護的監獄中，一名蓋達組織召募員開始培養他成為恐怖分子。柯瓦希與謝里夫都進入一處位於葉門的伊斯蘭主義營地，接受武器訓練。兄弟倆殺害《查理週刊》的記者之後自稱出身「葉門的蓋達組織」。反猶太主義也是一個熟悉的要素，謝里夫曾如此表示：「都是因為猶太人。」

一年之後，法國智庫蒙田研究所的研究顯示，絕大多數法國穆斯林都認為法國是自己的家園，絕不會支持激進的伊斯蘭主義觀點，更不可能持槍犯案。這項研究的受試者約有三成表示自己從來不上清真寺，另有三成只會在宗教節日等特別場合上清真寺。然而少數暴力分子的行為，主導了一場關於歐洲身分認同且方興未艾的辯論。

當土耳其總統艾爾多安（Recep Tayyip Erdoğan）積極推動歐盟接納土耳其時，他敦促歐盟證明自身並非一個「基督教徒俱樂部」。然而，一千多年來無數歐洲人對照自家文明與伊斯蘭時，正是以「基督教徒俱樂部」自居。歐洲是基督教世界的家園，必須對抗「異教徒」、「土耳其人」或「摩爾人」。當人們爭辯土耳其是否可以加入歐盟時，這種古老的歐洲身分認同一再迴響，哪怕當代歐洲人對於是否要在歐盟憲法序言中提及「基督教」無法達成共識。諸如挪威的布雷維克等反穆斯林的極右派恐怖分子，則是大肆引用「十字軍東征」的語彙。

然而這並不是《查理週刊》的意義。《查理週刊》對於不同人有著不同意義，只有少之又少的人會認為它代表基督教對抗伊斯蘭。對於那些舉著「我是查理」旗幟的遊行者，包括約旦國王阿布杜拉二世在內，《查理週刊》代表一個基本理念：我們不能因為人們說了什麼或寫了什麼就痛下殺手。對於絕大部分的歐洲人，《查理週刊》捍衛了啟蒙運動的價值，包括言論自由、包容精神與世俗主義。對於許多法國人，《查理週刊》代表一種法國特有的世俗主義，也就是馬克宏總統誓言要捍衛的「世俗性」（*laïcité*）。一九〇五年，在天主教會與法國大革命反教會思想傳人激烈衝突一個多世紀之後，法國將「世俗性」寫入法律，但它的要求不僅是政教分離，還包括將宗教嚴格排除在公眾生活的所有層面之外。

《查理週刊》還有更特別的意義。對漫畫家而言，「我是查理」是為法國特有的傳統進行辯護，那就是荒謬誇張的嘲諷漫畫，至少可以上溯到路易・菲利普國王（King Louis Philippe）被描繪成一顆梨子或一名醜陋噁心的巨人，十九世紀的漫畫家如杜米埃（Honoré Daumie）等人還曾因此入獄。對於《查理週刊》大部分的記者與同時代人，該雜誌也傳承了一九六八年的遺緒：除了世俗主義，還包括無神論、廣義的表達自由、性生活與其他生活方式的自由。簡而言之，《查理週刊》宛如一九六八世代的啟蒙運動。

布魯瑪在《阿姆斯特丹謀殺案》一書具體呈現了荷蘭一九六八世代獨特的警覺：他們年輕時好不容易才擺脫窒息荷蘭人生活的基督教會，結果卻見識到一種更不寬容的宗教從後門進來。這些一九六八世代與後一九六八世代無神論、縱情享樂、自由主義的生活方式，引發某些第二代歐洲穆斯林（他們是一個夾在中間的族群）極其嚴重的文化精神分裂。相較之下，重視傳統、社會議題立場保守、宗教活動頻繁的基督徒，對歐洲穆斯林來說不是太大問題，只不過這類基督徒如今在美國比在西歐更常見。正是那種激進、無神論、社會議題立場自由派色彩更為鮮明的「#我是查理」，讓某些歐洲穆斯林透過「#我不是查理」標籤加以拒斥。

我在推特上轉推「#我是查理」義無反顧，但當我們深入挖掘「#我是查理」的多面向意義，其實就是在探究身處二十一世紀，身為歐洲人到底有何意義。

「入侵者」

《查理週刊》慘案的震撼還沒平息，歐洲很快就感受到另一波震撼：難民危機，二〇一五年夏天大幅升高，一路延續到二〇一六年。根據歐盟邊界管理機構「歐洲邊界與海岸警衛署」統計，這兩年歐洲的「非正規」入境者約有一百四十萬人，但實際數字可能接近兩百萬人。有些人認為應該稱之為「移民危機」，指出入境者除了難民之外還有經濟移民。然而其中確實有許多人是典型難民：來自敘利亞、利比亞與阿富汗等國，試圖逃離戰亂與迫害。

敘利亞陷入恐怖內戰並不是歐洲的責任。敘利亞人民原本和平進行的「阿拉伯之春」革命並未能推翻阿塞德政權，普丁千里馳援自己的獨裁者同夥。然而當時歐盟及其成員國正全力應付歐元區金融危機，對中東地區缺乏一套連貫政策，對防範敘利亞戰禍幾乎無所作為，對其嚴重後果也是毫無準備。在利比亞，法國與英國帶頭進行軍事干預行動，推翻獨裁者格達費（Muammar Gaddafi），結果是留下一個失敗國家，很快就淪為人口走私販子的樂園：他們將大批移民與難民從非洲轉運到鄰近的義大利蘭佩杜沙島（Lampedusa）。

就在《查理週刊》慘案與歐洲各地爆發恐怖攻擊之後，難民危機接踵而至，進一步讓小報記者長期灌輸的公式更加深入人心：移民等於穆斯林等於恐怖分子。這當然是嚴重誤導，許多來到歐洲的移民並非穆斯林，大部分歐洲穆斯林並非移民，絕大部分穆斯林並非恐怖分子。然而這則誤導人卻很有情緒感染力的粗糙公式，加速推升了歐洲政壇一股新勢力，通常被簡稱為「民粹主義」。民粹主義具有多種形態，右翼民粹民族主義的敘事基礎是透過蠱惑人心、繪聲繪影的手法，將移民威脅與伊斯蘭威脅混為一談。

敘事的力量有時會超越真實，匈牙利與波蘭的領導人就做過精彩示範，充分利用對穆斯林移民的恐懼，哪怕這兩個國家根本沒有多少穆斯林。根據皮尤研究中心（Pew Research Centre）的估計，二〇一六年奧地利的人口有百分之六點九是穆斯林，但鄰國匈牙利只有百分之零點四，波蘭更只有百分之零點一，遠低於德國的百分之六點一。儘管如此，對穆斯林移民最怵目驚心的批判有部分正是來自匈牙利總理奧班與波蘭前總理列赫・卡欽斯基。奧班指稱穆斯林移民是「入侵者」，卡欽斯基則說他們是帶來危險的「寄生蟲與微生物」，兩人的政府都拒絕接納最低限度配額的難民。奧班在匈牙利與塞爾維亞邊界設置帶刺鐵絲網，用來阻擋異教「入侵者」，讓美國總統川普讚譽有加。在沒有見識過大規模移民與不熟悉伊斯蘭的保守社會，「伊斯蘭恐懼症」不需要穆斯林也能打動人心。

但就算是那些擁有許多穆斯林與大量移民的西歐國家，民族主義與民粹主義同樣大行其道。二〇一六年的德國擁有近五百萬穆斯林，逾一成二人口是在國外出生，抗議型政黨「德國另類選擇黨」的重心很快就從反歐元轉移到反移民。難民與移民大量湧入，情勢看似失控，恐懼油然而生，讓極右翼、仇外的德國另類選擇黨在全國性選舉大有斬獲。二〇一七年大選過後，另類選擇黨成為聯邦議院最大反對黨。德國主流政黨拒絕將該黨視為民主政治的合作夥伴，堅持該黨的存在不能「常態化」，然而事與願違。[*]

二〇一六年的義大利也有近三百萬穆斯林、一成外國出生人口，相關議題與歐元區危機造成的痛苦疊加，後來將反移民的強硬民粹主義者薩爾維尼送入執政團隊超過一年。[†]法國的穆斯林約有六百萬人，一成二人口是在外國出生，移民、伊斯蘭與恐怖主義的議題互相搧風點火，再加上《邊緣法國》（*La France périphérique*）一書所指出的社會及經濟不滿情緒，協助國民陣線（National Front）領導人勒龐在二〇一七年總統大選第二輪對決馬克宏時囊括超過三分之一選票。開票之後歐洲自由派如釋重負，因為這名極右派候選人「只」得到一千零六十萬法國選民的支持。

在民粹主義論述與媒體搧風點火報導的影響之下，歐洲各地的人們皆嚴重高估自己國家穆斯林少數族裔的規模。二〇一六年末法國一項民調顯示，民眾相信每一百個法國人之中就有三十一人是穆斯林，但真實狀況是這個數字的四分之一。義大利、德國、比利時、荷蘭、丹麥與西班牙民眾做出的估計則是實際數字的三到六倍。二〇一六年六月英國脫歐公投之後不久，對反移民論述記憶猶新的英國民眾估計，每一百個英國人之中就有十五位穆斯林，實際數字是不到五人。

面對難民危機的強烈衝擊，歐洲領導人的結論是歐洲必須加把勁「管理」（其實也就是限制）移民遷徙。前任波蘭總理、時任歐盟執委會主席圖斯克（Donald Tusk）強力主張，歐洲不能一方面刻意開放內部邊界，一方面漫不經心地開放外部邊界：歐洲必須為外部邊界把關。結果就是進入二〇二〇年代，一

---

* 譯註：德國另類選擇黨在二〇一七年大選以百分之十二點六高得票率首度進軍聯邦議院；二〇二一年大選聲勢小挫，但得票率仍有百分之十點四；二〇二四年歐洲議會選舉更躍升為德國得票率、席次第二高的政黨。截至二〇二四年，德國另類選擇黨在德國十六個邦議會中的十四個擁有席次。

† 譯註：薩爾維尼自二〇一八年起多次入閣，至二〇二四年時仍是副總理兼基礎設施與運輸部長。

道嶄新的「鐵幕」出現，這回不是從歐洲中間穿過，而是沿著歐洲邊界建立。

歐洲的政治動盪伴隨著文化悲觀主義風潮，幾乎可說是歷史學家斯特恩所形容的「文化絕望的政治」。在德國，大量相關著作應運而生，例如聯邦銀行前任董事薩拉辛（Thilo Sarrazin）的《德國自取滅亡》（*Germany Abolishes Itself*），以及作家西弗勒（Rolf Peter Sieferle）的《德意志末日》（*Finis Germania*，書名的拉丁文法錯誤）。這些書籍的特別之處不在於知識深度，而在於銷售量。《德國自取滅亡》是兩德統一之後最暢銷的政治類書籍：不到九個月就賣出一百二十萬本。《德意志末日》進入《明鏡週刊》的暢銷書榜單，直到《明鏡週刊》的編輯認定這麼糟糕的作品不應該入榜，不動聲色地將它剔除。

法國的文化悲觀主義與德國不相上下。記者澤穆爾（Éric Zemmour）在暢銷書《法國的自殺》（*The French Suicide*）中宣稱「法國已死」。加繆（Renaud Camus）在其多次修訂的《大取代》（*The Great Replacement*）一書中指出，「移民已經成為一場侵略，」歐洲的原生人口正在刻意安排之下，被外來的穆斯林人口取而代之，也就是說歐洲正面臨「人群轉移的人口殖民」。「恐怖分子」已成往事，現在只有「一個占領者，不時處決幾名人質，也就是我們，而占領者永遠有人質可以處決。」

著名法國作家韋勒貝克（Michel Houellebecq）在小說《屈服》（*Submission*）中，捕捉到了這種文明的驚慌感，還帶有黑暗的巧合：《屈服》在二〇一五年一月七日出版，也就是《查理週刊》遇襲當天。韋勒貝克書中的主角是一位巴黎大學的中年學者，察覺變化與衰微無所不在，從「文學，西方文明最主要的藝術形式，如今我們眼睜睜看著它終結」到「垂死的社會福利國家的最後遺跡」。在逢場作戲的性愛之間，主角省思「我死之後，哪管洪水滔天」*這句話長期以來都是他的心態寫照，「但現在他頭一回出現一個困擾人的念頭：如果洪水是在我死前滔天，又該怎麼辦？」

洪水果真滔天。韋勒貝克以諷刺筆調描述一場虛構的二〇二二年總統大選，巧妙安插法國政界與文化界的真實人物：社會黨及幾個中間偏右政黨與（虛構的）穆斯林兄弟會候選人阿貝斯達成協議，試圖在第二輪決選擋下勒龐。於是巴黎大學變成一所伊斯蘭學府，法國女性開始穿寬鬆的罩袍，結果是「連欣賞女性臀部這種夢幻的微小慰藉都歸於幻滅」。到最後，我們的主角「屈服於」伊斯蘭，拿回教職，薪水大幅調升，任教的巴黎大學如今由沙烏地阿拉伯出資贊助，一想到可以坐擁三名嬌妻就讓他沾沾自喜。

韋勒貝克讓讀者難以猜透，他下筆時到底有多認真？然而隨著真正的二〇二二年總統大選即將來到，又一樁恐怖攻擊爆發，二十名法國退役將領鄭重其事寫了封公開信投書一家右派雜誌，聲稱法國正在分崩離析，一切都要歸咎「伊斯蘭主義與郊區的狐群狗黨」正在「將國家大卸八塊，要讓裂解後的地區臣服於違背我們憲法的教條」。這群將領警告如果政府無所作為，那麼「爆炸案將再度發生，我們在軍中的現役戰友將挺身而出，冒險犯難，捍衛我們的文明價值與同胞安全」。勒龐在雜誌社的網站回應，邀請將軍們「加入我們的行動，投入這場已然開打的戰役，我們當然是為政治而戰，為和平而戰，

* 譯註：據傳為法國國王路易十五（Louis XV）的名言，代表一種人死一了百了、凡事不必過慮的心態。

更是為法國而戰」。二〇二二年總統大選，勒龐再度闖進第二輪投票對決馬克宏，得票率超過四成一，與二〇一七年相比顯著成長。這一結果確實沒有韋勒貝克的諷刺情節那麼戲劇化，但已經敲響警鐘。

根據皮尤研究中心估計，就算可能性微乎其微的狀況發生，也就是歐洲不再有移民入境，那麼到二〇五〇年時法國穆斯林占總人口的比例仍然會逼近一成三，比利時、英國、荷蘭與德國的穆斯林比例也將達到十分之一。這些只是預測值，誤差範圍很大，但基本的人口組成依舊清楚。澤穆爾之流的極端分子會將自創政黨取名為「光復黨」(*Reconquête*)，以中世紀西班牙基督徒對穆斯林領土的「收復失地運動」(*Reconquista*)自比，提出大規模遣送移民的黑暗妄想。除非歐洲淪入徹頭徹尾的法西斯主義，否則妄想終歸是妄想。更有甚者，當陣容龐大的嬰兒潮世代進入退休階段，「零移民」將無法提供足夠的工作年齡人口來支撐他們的退休年金，或是維持當代歐洲福利國家應有的社會照護。歐洲只會需要更多移民，需要數以百萬計擁有移民背景、已經踏上歐洲的男女老幼。

前方的可行之道只有一條。歐洲必須真誠守護自家的根本自由與價值，同時讓擁有移民背景的人們（包括穆斯林）感覺賓至如歸。歐洲必須在多樣性之中維繫自由，而這無疑是半個世紀以來，歐洲為自家帶來的最大挑戰之一。我不得不回想起半個世紀前的某天深夜，一列駛往柏林的夜班火車，年輕的我與一位日記中形容為「精神不太穩定的土耳其人」坐在一起，聽他大發議論痛批帝國主義。

英國脫歐

二〇一六年六月二十三日，我的英國同胞們投票決定脫離歐盟。接下來幾天，歐陸的朋友不斷真心誠意地安慰我，就好像我剛失去了一位摯愛的親友。確實是有這種感覺。對一個一生都與歐洲密不可分的人而言，英國脫歐公投是一場挫敗，對我帶來非常切身的影響。當人們被強行剝奪公民權，原因通常是受害於某個惡形惡狀的政權，或者犯下嚴重的罪行。但我和許多親歐洲的英國人如今將被剝奪歐洲公民權，原因卻是自家人民舉行了一場民主的投票。

「失敗者的歷史／可以驚嘆但無力回天也無可寬恕」，詩人奧登曾如此書寫西班牙內戰，那場戰爭的結局是他支持的共和派落敗。對於脫歐公投，我本人不消說是個熱忱的「留歐派」（Remainer）——這個字眼原本並不存在，直到二〇一六年公投選票上的問題選用了「remain」一詞。等到二〇二〇年一月三十一日英國正式脫離歐盟之後，「留歐派」也只剩下歷史學與傳記的意義。來到二〇二〇年代，我們這些「留歐派」沒有必要像華特・史考特（Walter Scott）小說裡老邁的雅各賓黨人，坐在一起喝葡萄酒與威士忌生悶氣，抱怨對手的陰謀詭計與自己犯下的錯誤。英吉利海峽兩岸與大西洋兩岸的人們應該改變心態，好好理解到底發生了什麼事，探討英國脫歐對於歐洲其他地區帶來的歷史教訓。

「英國人在歐洲，從來不曾有賓至如歸的感覺。」「英國人遲早要離開。」這些說法如今耳熟能詳，卻包含兩項謬誤：英國脫歐無可避免，而且原因是英國獨有。迄今關於英國脫歐的歷史著述，也徹底呈現了法國哲學家柏格森（Henri Bergson）所謂的「回顧性宿命論的幻覺」：那是一種難以抗拒的誘惑，認定已經發生的事無論如何必定會發生。

事實並非如此。英國這場公投的結果相當接近：不到五成二的選民支持脫歐，超過四成八的選民支持留歐，這意謂只需六十五萬張票就足以改變公投結果。如果保守黨兌現二〇一五年政綱、讓僑居國外超過十五年的英國公民投票，結果會如何？許多居住在西班牙、葡萄牙與法國的英國公民必然支持留歐。如果長住英國的歐盟公民也能夠投票，又會是如何？如果比照二〇一四年的蘇格蘭公投，將投票年齡降低到十六歲，結果會改變嗎？年紀越輕的選民越有可能支持留歐，當時英國十六歲到十八歲的潛在選民約有一百二十萬人。

如果當時為留歐派助陣的工黨領導人另有其人呢？疑歐派的社會主義者柯賓（Jeremy Corbyn，時任工黨領導人）始終無法彰顯留歐陣營的信念。如果鼓舌如簧的保守黨辯論家戈夫為效忠卡麥隆首相而割捨疑歐派信念，會發生什麼事呢？如果騎牆派的鮑里斯・強森最後選擇留歐，歷史會不會改寫？強森本人說過自己當時也猶豫不決，「像超市購物車一樣繞來繞去」，直到最後一刻才下定決心。我們現在甚至可以看到他當時為留歐主張事先準備的報紙專欄：「想想歐盟的其他部分，想想未來。」其實強森想的是自己的前途。*

對於調查資料的縝密分析足以證明，「鮑里斯效應」（Boris effect）是一個具統計意義的現象。強森的豪賭最後將他送進唐寧街十號，在二〇一九年七月繼承梅伊（Theresa May）的保守黨領導人大位，也因此成為英國首相。當時強森和顧問康明斯（Dominic Cummings）做了正確盤算，他可以呼應脫歐公投的四音節口號「奪回掌控」（Take Back Control），運用同樣讓人琅琅上口的四音節口號「搞定脫歐」（Get Brexit Done），贏得同年十二月的大選。那時，也唯有到了那時，英國脫歐才成為無可避免，而且走向「硬脫歐」。†

如果前述這些人物或團體當初改變立場，今日的歷史學家將會寫出言之有物的長篇大論，解釋為何務實的英國人（據說拿破崙曾形容我們是「小店鋪老闆的國家」）會將切身的經濟利益置於移民問題、身分認同及國家主權之上。

另一個同等錯誤的觀念在於，認定英國脫歐的原因是英國獨有。某些因素的確很有英國特質（Britishness），或者該說英格蘭特質（Englishness）。保守黨內的資深疑歐派始終在意歐洲法院的法律與判決位階高於英國法院。英國這種對司法主權的執著可以追溯到一五三二年亨利八世的《羅馬上訴限制法》，宣稱「英格蘭疆域是一個帝國」——注意此處「帝國」的意義不在於君臨其他地區，而在於自家疆域擁有完整的司法權威。對於大英帝國這個人們更加熟悉的「帝國」的記憶，也助長了英國在世界各地前途無量的觀念，以及相信英國能夠獨善其身的自信。「我們曾經締造人類歷史上最龐大的帝國，」強

---

* 譯註：強森在二〇一六年二月為《每日電訊報》準備了兩篇專欄文章，一篇支持留歐，一篇支持脫歐，最後決定發表脫歐專欄。

† 譯註：英國脫歐後來分歧為「硬脫歐」與「軟脫歐」，前者主張徹底脫離歐盟與歐洲單一市場，依照ＷＴＯ準則與歐盟成員國貿易，後者則試圖留在歐洲單一市場，並為此做出某些妥協。

森在二〇一六年初寫道，「當時我們本土的人口遠少於今日，文官體系也相對單薄，難道今日我們真的沒有能力自己進行貿易？」

由於英國直到一九七〇年代初才加入歐洲共同體，當時法國與德國已經設定了共同體的運作規則，執迷於「領導地位」的英國政治菁英階層一直無法坦然接受由他人當家作主。與其他成員國相比較，英國與「歐洲」的關係比較像一場冷靜操作的交易，其他成員國則涉及歐洲的歷史與神祕色彩。柴契爾夫人對兩個世代的保守黨政治人物、新聞記者、智庫成員與學者產生極為深遠的影響。柴契爾主義催生出了一整個世界，也就是《旁觀者》的世界。英國的疑歐派媒體在歐洲各國獨一無二，它們鍥而不捨地對布魯塞爾當局進行負面報導，結合成一套強而有力的宏大敘事：勇氣十足、熱愛自由的英國人如何飽受官僚嘴臉的比利時人、法國人與德國人欺凌。

更近期的問題出在決定舉行脫歐公投的首相卡麥隆，他犯了幾項致命錯誤。他將公投與英國的歐盟成員國權利義務談判掛鉤，做法愚不可及，因為這類談判往往不會有多少收穫。與前幾任首相比較，卡麥隆更無法捍衛留歐立場，早在公投登場之前就已無能為力。「你不能拖到要賣豬的那一天才把豬養肥。」他的選舉軍師克羅斯比（Lynton Crosby）如是說。他在回憶錄中也悔不當初，承認應該更著重於「談論歐盟的紮實成就，沖淡對於歐盟的批評」。卡麥隆本人也是個疑歐派，當布魯塞爾呼籲「更多的歐洲」時，他對幕僚大喊「我要**更少**的歐洲」，同時也不斷向保守黨內更為激進的疑歐派靠攏。因此他在最後關頭對英國民眾提出的論點，就只有「放棄歐盟成員國身分對英國不利」這短短一句。

這些英國特有的因素雖然重要，但促使逾一千七百萬名英國人投票要求脫離歐盟的不滿情緒，有許多也出現在其他歐洲國家。二〇一六年上半的一項調查顯示，希臘、法國、西班牙各有七成一、六成一及四成九的受訪者對歐盟不抱好感，比例都高於英國的四成八。如果把問題改成「你是否同意你的國家脫離歐盟之後會有更美好的未來」這類陳述，表示同意的英國民眾比例（公投前最後一次調查是四成七）只低於賽普勒斯（五成五），然而奧地利與斯洛伐克的比例也超過四成五。綜觀整個歐盟地區，每三人就有一人對此表示同意，顯示英國的反歐情緒並不特別突出。

小說家穆齊爾（Robert Musil）曾寫道，二十世紀初期的奧地利只是「現代世界一個特別清晰的案例」，或許我們也可以這麼說：英國是當代歐洲一個特別清晰的案例。荷蘭記者馬柯曾經追隨歐威爾的足跡來到威干（Wigan），* 聆聽民眾描述他們如何被遙遠的都市地區菁英忽視與鄙視，他因此省思：「我不是曾在整個西歐地區都看到類似情形嗎？」我本人也是如此，不僅是在西歐，還包括德國東部與波蘭東南部。人們因認定自己被降格為二等公民而大聲抗議：「我再也認不得自己的國家。」

「重點在於民主。」父親向我解釋他對歐盟的反感時總是這麼說。儘管歐盟的歐洲議會是直接民選，布魯塞爾任何重大決策都必須經過成員國的民選代表，但許多歐洲人仍然認為這種形態並不等於民主自

---

* 譯註：威干鄰近曼徹斯特，歐威爾一九三七年出版《通往威干碼頭之路》（*The Road to Wigan Pier*），前半部記錄英格蘭北部勞工階層惡劣的生活狀況，後半部論述自己的社會主義信念。

治。「我知道這裡面有錯覺的成分，」一位瑞士學生曾經私下告訴我他為何反對瑞士加入歐盟，「但我喜歡自己治理自己的**感覺**。」許多英國人想要重溫那種感覺。

脫歐公投前夕，英國選舉研究計畫詢問受訪者代表一個開放式問題：「當你們在歐盟公投中投票時，最重要的考量因素為何？」該計畫將受訪者的回答整理成文字雲，發現留歐支持者最常用的字眼依序是「經濟」、「權利」、「貿易」與「安全」，脫歐支持者則是「移民」、「主權」、「國家」與「掌控」。

卡麥隆與其親信幾乎完全聚焦於經濟論點，相信二〇一四年之所以能在蘇格蘭獨立公投中擊敗蘇格蘭民族主義者，靠的就是經濟策略。他們試圖迴避移民議題，然而二〇〇八年的金融危機與隨之而來的經濟大衰退都顯示，現有的資本主義讓許多人掙扎度日，受害者對其怨聲載道。經濟危機也動搖了人們對於都會地區專家的信心，這些學者對經濟事務的論點不食人間煙火。當政治學家梅農（Anand Menon）在英格蘭北部城市紐卡斯爾（Newcastle）對一群聽眾解釋，經濟模型推估顯示英國脫歐的效應會導致GDP衰退，一位女士當場怒嗆：「那是你們該死的GDP，不是我的。」

歐元區危機接二連三，讓英吉利海峽兩岸的經濟形勢對比與一九七五年公投時大不相同。當年那場公投確認了英國的歐洲共同體成員國地位，而當時西歐主要經濟體很長一段時期表現優於英國，公投也是在這段時期舉行。二〇一六年的西歐經濟就沒有那麼樂觀。公投前夕《每日郵報》的一篇社論寫道：

至於那十九個陷入單一貨幣災難的國家，即便身處歐洲強化政治與經濟聯盟夢想的最高點，只需問一問希臘、西班牙或法國的失業年輕人：歐元是否讓他們的生活過得更好？

英國頂尖的調查結果分析師柯蒂斯（John Curtice）指出，經濟論點對於留歐派的幫助遠低於唐寧街十號的期望。在柯蒂斯看來，脫歐派能過關要感謝三個因素：對於歐盟成員國身分代表的全球化經濟的懷疑、對於歐盟破壞英國人身分認同的恐懼，以及對於脫歐能夠減少移民數量的期望。

在這個脈絡下，移民既是人們生活中的現實，也是藉由它編織出來的民粹主義敘事。與波蘭或匈牙利不同，移民現象對英國而言規模浩大，來自歐盟內外的移民及他們造成的衝擊在英國日積月累。二〇一六年的英國約有一成三人口是在外國出生。自從歐盟在二〇〇四年大舉東擴，數以百萬計的中歐與東歐人利用歐盟的遷徙自由來到英國。歐元區危機爆發之後，南歐人也前往英國尋找工作。二〇〇四年定居英國的（非英國籍）歐盟公民約有一百萬人，到二〇一六年更激增至三百五十萬人。脫歐公投之前不到一個月，官方公布二〇一五年英國的淨遷徙人口數，結果數字是移入三十三萬三千人，讓卡麥隆首相「減少到一年十萬人以下」的政治承諾淪為笑柄。

無論精確數字為何，我在牛津東區為留歐派助陣時遇到的亞裔英國籍店主與白人勞工階層居民，都從日常生活經驗體會到大量的「東歐人」已對學校、醫院、社福與住宅體系形成壓力，也拿走一部分低薪工作。大致上，他們是真心覺得移民來得太多、來得太快，讓英國的福利國家制度左支右絀。

在這些真實的經驗與真誠的感受之上，還堆疊了一種完全談不上真實或真誠的政治敘事。其他歐洲國家的民粹主義劇本曾經運用的主題，脫歐派在宣傳造勢時照單全收：國家對抗歐盟、民主對抗自由主義、「人民」對抗菁英——此處的「人民」是根據族群與民族來界定，與來自其他地區的人們截然二分。脫歐派也鄙視專業知識，領導人戈夫就曾說過：「我想英國人民已經受夠了專家。」柯蒂斯點出的三個主題（全球化的歐洲經濟、身分認同、移民）被編織成單一敘事，再提煉出一句效果卓越的口號：「奪回掌控。」

強森與戈夫搭乘紅色的脫歐宣傳巴士，巡迴全國各地，車身外側大剌剌地宣稱：英國不再分攤歐盟預算之後，國民健保服務（NHS）可以額外拿到「一星期三億五千萬英鎊」的經費。脫歐派還有更加似是而非的說法：土耳其與幾個巴爾幹半島西部國家即將加入歐盟，屆時又會有數百萬人湧入英國，消耗英國的福利國家制度。英國獨立黨領導人法拉吉的「脫歐行動」發了一則推文：「卡麥隆要讓七千五百萬土耳其人享有你的#NHS！」位居主流的「投票脫歐」組織也同樣混淆視聽，其共同主席、工黨國會議員斯圖亞特（Gisela Stuart）如此宣稱：

與其讓額外的八千八百萬人（超過全英國人口）享有NHS，我相信更安全的做法會是奪回掌控。我們應該把每星期交給歐盟的三億五千萬英鎊拿來支援陷入困境的NHS。

二〇一六年英國分攤的歐盟預算，扣除它以各種方式從布魯塞爾拿回的款項，數目是每星期一億八千五百萬英鎊。至於八千八百萬土耳其人與東南歐人會突如其來享有國民健保服務的說法根本純屬荒謬無稽。

英國也和歐洲其他地區一樣，移民議題連結了伊斯蘭與恐怖主義。因此惡形惡狀的戈夫便在公投前兩週表示：

我們面臨的恐怖主義威脅日益高漲，因此在確保英國安全利益的前提下，很難理解我們為什麼要對七千七百萬土耳其公民開放免簽證旅行，讓伊拉克人、伊朗人、敘利亞人自由跨越英吉利海峽。更難以理解的是，為什麼這種做法竟然會被視為明智之舉——世界各地的極端分子將因此認定，西方會為了討好一個伊斯蘭主義政府而開放邊界。

這些訊息被疑歐派當家的英國媒體發揚光大。公投之前幾天，《每日郵報》頭版出現一大張照片，標題是「又一批移民抵達英國，聲稱『我們來自歐洲，讓我們進去』」，第二天在第二版刊登一則不起眼的更正啟事：那張照片上的移民來自伊拉克與科威特。在社群媒體上，瘋傳的錯誤資訊與俄羅斯的造假資訊也幫忙拉警報。最離譜的是，一名支持脫歐的政府要員莫當特（Penny Mordaunt）完全違背事實，聲稱英國無法否決土耳其加入歐盟。卡麥隆在回憶錄中憤怒指摘：「脫歐陣營說謊。」*雖然他以君子風度應戰，有如一個維多利亞晚期衣冠楚楚的仕紳，想進行一場昆斯伯里侯爵規則（Marquess of Queensberry's rules）的拳擊賽，†但對手卻是狠狠踹他的胯下。

有一件事必須明白指出，那就是許多投票支持英國脫歐的選民其實很清楚自己做了什麼選擇，其中包括與我相交最久的朋友珀特威（Richard Pertwee），當然還包括我父親，要說他們搞不清楚狀況就未免太侮辱人。然而我們可以認定，脫歐陣營不擇手段的宣傳造勢最後打動了一群選民，改變了公投結果。公投過後大約六個月，「投票脫歐」活動策畫者康明斯在部落格寫道：

如果鮑里斯（強森）、（麥可）戈夫與吉斯拉（斯圖亞特）不曾支持我們、拿起寫著「土耳其／NHS／三億五千萬英鎊」的棒球棒，在公投前五週採取行動，我們恐怕會失去那六十五萬張選票。

確實是棒球棒。然而對於脫歐陣營的成功，同樣關鍵的是一樁事實：揮動這根棒球棒的人是一群紳士派頭的板球球員，他們老練世故、文質彬彬、能言善道，吸引了那些不想支持法拉吉與粗暴脫歐派的選民，他們的民粹主義帶有牛津口音。

當我們提到「英國脫歐」，不僅指涉實際的投票工作，還包括之後三年半白熱化的政治爭議。英國的民粹主義雖然帶有伊頓公學與牛津大學的光彩，但其實與二〇一〇年代其他的民粹主義一樣，威脅自由民主體制倚賴的慣習與體制平衡，只是沒有匈牙利、波蘭或美國那麼嚴重。二〇二一年一月六日美國暴民攻占華府國會山莊，英國不曾發生類似事件。英國最嚴重的爭議可能是二〇一九年秋天，脫歐決策的關鍵時刻，強森政府試圖讓國會休會五個星期，結果被英國最高法院以明快有力且一致通過的判決打了回票。判決引述一六一一年的判例（「國王的權力完全來自法律的授予」），指出強森政府提出的休會建議「對於我們的民主體制將產生極為嚴重的影響」，接著乾淨俐落地做出精彩的結論：

本院已判定首相對女王陛下提出的休會建議違反法律、無法律效力，這意謂以此為根據的樞密院令也是違反法律、無法律效力，應予撤銷。這意謂當皇家委員會委員走進上議院時，手上只會有白紙一張。國會休會同樣是違反法律、無法律效力。國會並未休會。

強森政府立刻接受這項判決，民主制度恢復運作。

* 譯註：公然說謊的莫當特後來官運亨通，歷任國際發展大臣、國防大臣、下議院領袖、樞密院議長。

† 譯註：這項規則禁止選手攻擊對方腰帶以下的部位。

我的歐陸朋友不可置信地嘲笑英國國會的古老做法，其中某些做法確實可笑。然而每一個成熟的民主體制都有其怪異之處與弱點。二〇一七年時，德國花了六個月時間才組成聯合政府，比利時更曾經費時超過一年。英國國會儘管作風老派、問題叢生，但仍然是道地的議會民主政治運作。我曾經坐在下議院議事廳來賓席鬆垮垮的綠色皮椅，觀看幾回激烈的辯論，包括二〇一九年一月十五日梅伊首相提交她與歐盟締結的脫歐協議，表決結果是現代英國國會史上最慘烈的一場敗仗。二〇一九年春天，下議院投票表決拿回議事時程掌控權，不再任憑政府安排。然後下議院舉行一連串「指示性投票」，試探脫歐協議的進程有無可能得到多數支持，其中「確認性公眾投票」只差十二票就能過關。

「確認性公眾投票」其實就是第二回合脫歐公投，重新包裝為「人民投票」。我曾經參加幾次呼籲進行人民投票的遊行，規模最大的一次在倫敦市中心登場，聚集了大約一百萬人。這些示威抗議後來都一無所獲，就如同先前反對英國參與伊拉克戰爭的倫敦百萬人大遊行，但至少顯示了人們對於歐盟有一種切身的認同感，而且相當強烈。

二十一世紀前二十年，我在歐洲各地見證的親歐洲示威遊行之中，規模最大的幾場不在巴黎、柏林或羅馬，而在基輔與倫敦，這個現象很有意義。基輔的群眾期望加入歐盟，倫敦的群眾拒絕離開歐盟。如今英國的示威者展現出我在布拉格、基輔、貝爾格勒與東柏林見識過的自發性創意，手寫的標語牌呼籲：「不要怪罪保加利亞人或羅馬尼亞人，要怪就怪伊頓人」、「我的祖父為歐盟犧牲性命」、「自由，我拒絕放棄歐盟」，還有人在T恤上大書：「我是歐洲公民。」海德公園角的威靈頓公爵宅邸被插滿了歐洲旗。

這一連串示威遊行很有中產階級色彩，至少在倫敦是如此。「我在維特羅斯（Waitrose）超市都能拿到更划算的交易」，一張標語牌如此消遣梅伊與歐盟談成的脫歐協議。我在這些場合最常聽到的話是「對不起」，人們設法避免踩到彼此的腳趾。我也聽到不少法語、義大利語和德語，顯示定居英國的數百萬歐洲人也大舉出動，與我們這些親歐洲的英國人攜手同行。二〇二一年底時，在脫歐之後的英國，擁有永久居留權的歐洲公民超過五百萬人。無論英國是否留在歐洲，歐洲都留在英國。

我的一些朋友譴責第二回合脫歐公投嚴重違反民主原則，就像是比賽的輸家要求重新比賽。這樣的批判有其力量，我不會視而不見。為了反駁這項說法，我們可以強調脫歐的決定事關重大，對英國與對歐洲都是如此，因此必須三思而後行。脫歐陣營之所以贏得公投，靠的是突顯身為歐盟成員國的所有負面因素，對於脫歐之後何去何從卻只提供模糊的願景。結果就是對於英國到底要以何種方式脫歐，國會無法達成共識。因此對於英國與歐盟談判的協議進行「確認性公眾投票」不是很合理嗎？英國憲政傳統的核心在於議會主權，也正是脫歐陣營企圖恢復的往日榮光。因此，如果我們的主權議會決定要針對脫歐協議進行確認性的第二回合公投，這在憲法上完全站得住腳。

如果第二回合公投推翻第一回合公投結果，這對英國的形象會有什麼影響嗎？二〇一六年公投之前，大部分脫歐陣營領導人都預期結果會是留歐過關，但如果第二回合公投真的是留歐陣營勝出，這樣的結果會遭遇廣泛的質疑，英國可能陷入比二〇二〇年代初期更嚴重的分裂。深刻的傷口確實難以癒合，但英國並不是美國或波蘭那種高度兩極化的國家，被兩股水火不容的政治勢力撕裂，兩者各自認定一套現實。英國各個陣營的代表仍然會上ＢＢＣ節目，進行熱烈但文明的辯論，以共同認定的事實做為依據。在對抗新冠肺炎的戰役中，我們就曾不分留歐派與脫歐派，團結一致捍衛國民健保服務這項現代英國最接近「國教」的體制。

脫歐引發的政治鬥爭讓英國付出沉重代價，從國外到國內都是如此。由於我的政壇人脈主要是在歐陸而非英國，因此我也將工作重心放在歐陸。我前往布魯塞爾，與時任歐洲理事會主席圖斯克會談；我也前往柏林，與德國政界領袖長談。我投書報紙，懇求歐洲的朋友們再給我們一點時間，讓我們能夠做出正確決定。今天我重讀這些一個比一個更焦急的懇求，心中只覺得悲傷又諷刺。數十年來，我懷著同情與些許的興致，看著波蘭、捷克，波士尼亞與烏克蘭的朋友們如何向歐洲的掌權者（當時還包括英國人）請願。請願者會解釋：我們國家的危機攸關歐洲未來，我們堅持歐洲價值，幫助我們符合**歐洲自身的**利益。如今我自己成了退居歐洲邊陲的請願者，運用同樣的論點，試圖說服柏林、巴黎與布魯塞爾的掌權者。由於先前中歐國家的請願已達到目的，我還必須說服華沙與布拉格當局。

一開始的時候，人們對我表示同情與悲傷，透過溫暖慰藉的擁抱傳達。然而隨著週復一週變成月復一月，月復一月變成年復一年，英國人始終無法對自家要求達成共識，同情與悲傷也轉化成惱怒與鄙夷。下議院議長伯考（John Bercow）大呼小叫的鬧劇或許頗具娛樂效果——波蘭前總統克瓦希涅夫斯基（Aleksander Kwaśniewski）形容為「比Netflix上的任何節目都好看」，但英國確實是在浪費大家時間，讓歐洲無法專心應付其他重大挑戰。法國《世界報》總主筆考夫曼（Sylvie Kauffmann）在二〇一九年寫道：「我們開始擔心英國的老朋友們如今深陷脫歐爭議，幾乎完全無法討論其他事情。」一位德國專欄作家更表示，英國已讓自己淪為笑柄。

二〇一九年春天，BBC播出一部紀實紀錄片，敘述歐洲議會的脫歐事務指導小組如何追蹤英吉利海峽兩岸了無止境且令人惱怒的談判，片中兩位來自指導小組主席暨比利時前總理伏思達（Guy Verhofstadt）公室的助理開玩笑地歡呼：「我們擺脫他們了！我們趕走他們了！我們終於把英國變成殖民地了！」波蘭籍歐洲議會議員、歐盟執委會前執委修布納（Danuta Huebner）則以比較理智的口吻說道：「我們有一個共同目標：在二〇一九年三月擺脫他們。」擺脫他們！從一九七九年到二〇〇四年波蘭加入歐盟的二十五年間，我在歐洲各國首都大聲疾呼：波蘭不是「他們」，不應該被排除在外，波蘭是「我們」，其歐洲特質與我們英國人、法國人與德國人不相上下。如今卻有一位我的波蘭朋友公開表明：我們英國人不再是「我們」，我們成了「他們」，成了要被擺脫的包袱。

——

由於英國脫歐茲事體大，在二〇二〇年代的開端顯然還難以論定它到底會造成哪些影響。後來脫歐風波未平，新冠疫情又起，而且當英國走出兩場同時進行的衝擊時，兩者已經糾葛難分，我們甚至不知道這個正式國號為「大不列顛暨北愛爾蘭聯合王國」的國家能否以現有形態繼續立國。蘇格蘭會不會脫離英國、重新加入歐盟？如果這件事情真的發生，「大不列顛」將畫下句點。北愛爾蘭的選民會不會投票加入愛爾蘭？若是如此，「聯合王國」也將成為歷史。

所有還在世的英國前首相都指出，英國一旦離開歐盟，將會更為貧窮、更為衰弱、影響力大打折扣，英國大部分友邦也同意這項觀點。民調顯示，絕大多數英國年輕人都認為離開歐盟是錯誤之舉。脫歐在某些層面也許會產生正面效益，例如有助於無大學學歷者就業。但脫歐對英國經濟的衝擊會讓追求「地方升級」*的目標在財源上更加吃緊，而且就如同其他資本主義民主國家，「地方升級」政策正是當前英國社會所需。至少在這個層面上，脫歐選民中有一個重要群體的聲音被忽略了。

我在英國的脫歐反對者之中獨樹一格，因為我雖然憂心脫歐對英國的衝擊，但我更關切脫歐會如何傷害歐洲。許多歐陸人士持反面觀點，聲稱英國脫歐可以讓歐盟得以擺脫麻煩的英國人，因此獲得更長足的進步。我在二〇二〇年代初造訪歐陸各地時相當訝異，因為人們已經很少提及英國。

但我們還是得想想英國脫歐為歐洲帶來的負面效應。數十年來，歐洲發展計畫的力量泉源之一在於一種認知：它代表未來，代表歷史進行的方向，帶有一種不可逆轉的氛圍。當歐盟失去一個重要成員國，至少會讓那股氛圍失去一些光彩。導致英國脫歐的因素，大約半數也出現在歐洲其他國家，而且有許多到了二〇二〇年代初仍未消失。無論是對於移民、伊斯蘭、恐怖主義、主權與掌控的擔憂複雜糾葛，這些擔憂交織成一種民粹主義的疑歐敘事。

戴安娜王妃談及自身婚姻時有一句名言：「我們之間有第三者」，因此「有一點擁擠」。歐盟也曾經是法國、德國與英國的三人行，只是一點也不嫌擁擠。這種三角關係幫助歐盟運作，為其他成員國提供各種「平衡補償」的機制。如果你對法國與德國提出的方案並不滿意，你可以指望英國；如果你對英國與德國制定的政策有所保留，你可以求助於法國。如今歐盟大家庭的主臥室只剩法國與德國，是否能維持幸福恐怕還有待觀察。也許義大利或西班牙能夠取代英國的地位？不證自明的是，歐盟失去一個軍事、外交與情報強國之後，外交政策的力量勢必會被削弱。一個案例就是廣受宣揚的澳英美三方安全夥伴關係（AUKUS）最終犧牲了澳洲與法國既有的協議，由此可見未來還會出現更多緊張情勢。†

英國與歐盟已經出現一種競爭關係。脫歐支持者聲稱英國要全力證明「離開會更好」，與此同時法國總統馬克宏等領導人堅持歐盟必須讓英國日子難過，而且要人盡皆知。相互競爭的客觀思維邏輯之上，疊加了主觀的「他者化」過程。過去四十多年甘苦與共（哪怕中間有些吵吵鬧鬧）的「我們」，正以驚人的速度轉變為「我們對抗他們」。對於像我這樣親歐洲的英國人，這種分歧造成痛苦的兩難處境。我不可能期望自己的國家過苦日子，但如果英國在脫歐之後的發展優於歐盟，也只會強化歐盟解體的趨勢。我能想到最好的解方，就是期望英國表現卓越，但歐盟更勝一籌。儘管如此，我仍然感覺自己像個

---

* 譯註：二〇一九年保守黨提出「地方升級」政策，主旨是降低英國各地區發展不均衡的現象，同時做到整體層面的提升。

† 譯註：AUKUS 在二〇二一年九月成立，美國與英國協助澳洲海軍興建八艘核動力潛艦，澳洲因此作廢原先與法國合作興建柴油動力潛艦的協議。

騎牆派。

短期而言，英國脫歐會抑制歐陸的民粹民族主義者鼓動法國、義大利、荷蘭、匈牙利或波蘭脫歐，但這種抑制效應能夠維持多久呢？英國脫歐公投之前進行的最後一次「歐洲晴雨表」民調顯示，歐盟民眾有三成四認為脫離歐盟對自己的國家有利。二〇二一年沒有英國的歐盟再次進行民調，結果顯示這一比例仍然高達二成八。如果英國撐過亂局，建立另一套可行的運作模式，歐洲其他地區的民族主義者將蠢蠢欲動，遲早會有樣學樣。任何一個歐陸國家踏上脫歐之路的機率即便很小，也沒有辦法忽略。

「他們為什麼不有樣學樣？」我的老朋友支理查可能會問，他當年投票支持脫歐。一座自由貿易、和平合作、主權獨立、實行民主的歐陸有什麼不好？這個問題必須要有答案，而我的答案如下：歐洲可以是瑞士、挪威與今日英國等幾個若即若離的成熟民主國家，圍繞著一個結構緊密的國家聯合體（commonwealth），也可能是歐盟在歷經痛苦的解體後，所有的成員國都揚長而去。這兩者的差異不可同日而語。只有最天真的歷史樂觀主義者才會指望，每一個國家都能在這個過程中保持自由民主，彼此繼續和平合作。

就算這些歐洲國家沒有真的像一九四五年之前或今日烏克蘭那樣爆發衝突，它們仍然會彼此激烈競爭，就像現在英國與歐盟的競爭。歐洲將因此變得更為脆弱與分歧。今日世界已與十九世紀大不相同，歐洲不再是最強盛的大陸。美國正忙著處理自家的內政問題，還得對付亞洲出現的新挑戰，如果二十一世紀的歐洲無法團結，就只會任憑中國等外在勢力分化宰制，就像歐洲當年在非洲與亞洲的所作所為。

一個國家脫離，歐盟或許還能生存。但如果是接二連三，歐盟就將走入歷史。

拆毀民主

英國仍然是一個民主國家，但不再是歐盟的成員國。與此同時，匈牙利仍然是歐盟的成員國，但不再是一個民主國家，而波蘭的民粹主義政府則試圖仿效匈牙利。中歐地區的解放與轉型是我一生政治經驗的中心，因此波蘭與匈牙利的民主倒退為我帶來的感受，幾乎和英國脫歐同等強烈。

二〇二一年九月，我收到一封匈牙利總理奧班寄來的信，開頭寫道：「我最近看到你接受歐洲新聞臺（Euronews）的專訪，指稱我的反自由主義且『毫無疑問對歐盟形成真正的威脅』。」他的回應是送上一份最近的演講稿，「有一部分是受到你的思想啟發」。與此同時，奧班在網站上發布這封信篇幅較長的公開版本，是一系列文章中的一篇，他將這個系列荒謬地稱之為「薩米茲達特」（Samizdat）。* 奧班的《第十二號薩米茲達特》聲稱他的演講試圖「依據我們的觀察，在西方聽眾熟悉的領域，闡述今日歐洲論辯的知識精華」。

* 地下自助出版品，是哈維爾等蘇聯集團國家異議人士觸及公眾的唯一管道，他們也因此冒著入獄的風險；相較之下，奧班控制匈牙利大部分大眾傳播媒體，就連少數仍然反對他的媒體也會引述他的言論。

我初識奧班是在一九八八年六月的布達佩斯，當時他才二十五歲，是一位血氣方剛的學生運動領袖，帶領一個剛成立的青年運動組織，反抗快速腐化的匈牙利共產黨政權。我在筆記本寫下那個組織的名字「Fidesz」，意思是「青年民主主義者聯盟」（簡稱青民盟）。奧班和他的學生戰友興奮地向我解釋，他們奮鬥的目標包括「法治與人權、新憲法、集會自由、新聞自由」。一年之後的一九八九年六月，布達佩斯的英雄廣場上舉辦了一九五六年匈牙利革命領導人納吉的遷葬典禮，當時我看著這個身材矮小、幹勁十足、頭髮烏黑的年輕人發表振奮人心的演講。那年秋天，奧班靠著獎學金來到牛津，出資者是匈牙利裔億萬富豪慈善家索羅斯。他並沒有在牛津待多久，但我還記得他站在我面前的模樣，瘦削、目光炯炯、活力十足，向我解釋他和朋友計畫要在多瑙河畔建立一個正常的西方自由主義民主政體。

三十年之後，政治人物奧班證明了一個國家可以在摧毀自由主義民主體制的同時，繼續作為歐盟的成員國。他也不再假裝匈牙利是一個自由主義的國家。二〇一四年，他在羅馬尼亞對當地的匈牙利裔民眾發表演講：「我並不認為匈牙利的歐盟成員國身分，會阻礙我們以民族為基礎建立一個反自由主義的新國家。」他的青民盟在創立時規定成員年齡不得超過三十五歲，如今則是一個由中年反民主主義者組成的執政黨。奧班被權力與金錢腐化，臉上滿是痕跡。稱他為獨裁者或許不大精確，但他的確有一副獨裁者的嘴臉。

就像英國脫歐，匈牙利民主遭到摧毀的導火線是由深層因素、偶發事件與個別人物扮演角色結合而成。深層因素包括匈牙利二戰前的歷史，以及一戰前領土在一九二〇年簽署《特里亞農條約》時割讓三分之二的創傷。如果你造訪今日的布達佩斯，在壯麗的十九世紀國會大廈前方，你會看到一座由奧班政權建立的巨大特里亞農紀念堂，低於地面的石牆上鐫刻著「失土」城鎮與村莊的匈牙利文地名。另一方面，近年發生的全球金融危機重創了匈牙利。奧班在二〇一四年宣示轉向反自由主義的演說中指稱，這場金融危機顯示「自由主義民主國家無法保持全球競爭力」。

偶發事件則包括二〇〇二年至二〇一〇年間，匈牙利社會黨與自由民主主義者聯盟聯合政府留下的爛攤子。社會黨總理曾在一場黨內會議承認：「我們每天早晨、中午、晚上都在撒謊。」青民盟一有機會就播放這則洩密影片。匈牙利選舉制度特殊，因此二〇一〇年舉行大選時，青民盟以五成三得票率拿下超過三分之二的國會席次。一九八九年，匈牙利修訂一九四九年的共產黨憲法，讓擁有三分之二國會席次的政黨可以推動修憲。奧班頗有逞兇鬥狠的本能，於是把握機會出擊。

奧班將二〇一〇年大選的意外結果形容為「一場投票所的革命」，聲稱它代表匈牙利國民的深層意志。新憲法很快出爐，新的政治體制被當局定名為「國民合作系統」。青民盟逐一拆解匈牙利的自由民主制衡機制：司法單位、檢察官辦公室、稅務機關、審計機關、選舉委員會及公共媒體。青民盟推動不公正的選區畫分，獨厚鄉村地區與小型城鎮，因為這些地區是青民盟一九九〇年代大幅向右轉之後的票倉。青民盟還給予羅馬尼亞、斯洛伐克等鄰國近五十萬匈牙利裔民眾公民權，允許這些青民盟的鐵桿支持者以郵寄方式投票。相較之下，居住在西方國家、政治立場通常較為自由派的匈牙利僑民，選舉時必須親自前往領事館投票。這就是匈牙利版本的「平等選舉權」。

奧班收編了公共媒體之後還不滿足，進而透過關係友好的寡頭媒體大亨，逐步掌控匈牙利大部分的商業媒體，而寡頭大亨的其他事業也能因此拿到政府合約。政府大幅加碼廣告預算，流向特定媒體。當選舉季節來到，許多政府機構都全力為青民盟助選。在布達佩斯以外的地方，想要當上公務員或拿到公部門合約，「效忠執政黨」這項條件越來越重要。公民社會的團體遭到騷擾，有些被迫停止運作。

憑藉著這些手法與其他「檯面下」的手法，奧班接下來又於二〇一四年、二〇一八年及二〇二二年三度贏得絕對多數的國會議席。他把握二〇一五年難民危機爆發的良機，化身為歐洲各地反移民民粹主義右派勢力的啦啦隊，在匈牙利與塞爾維亞邊界樹立一道帶刺鐵絲網，拒絕接受梅克爾與歐盟關於接納移民的要求——德國與瑞典等國家大開善門，但匈牙利連少量的配額都不肯接受。

二〇一八年大選期間，奧班樹立了兩個假想敵：布魯塞爾與當年牛津大學獎學金的資助者索羅斯。青民盟提出荒謬可笑的指控，聲稱有一項「索羅斯計畫」準備以穆斯林為主力的「入侵者」來取代歐洲本土出生的基督徒人口。這比加繆的「大取代理論」更勝一籌：找來一位猶太裔億萬富豪充當陰謀論首腦。奧班樂見川普當選美國總統，川普也邀請他到白宮作客並聲稱：「我們兩個就像雙胞胎。」奧班的另一項舉動既像是個人恩怨，也涉及政治盤算：將索羅斯出資的中歐地區最頂尖高等學府中歐大學逐出布達佩斯。「阻止索羅斯！」青民盟的選舉海報大聲疾呼，「阻止布魯塞爾！」

照理說，歐盟成員國不可能出現這種民主的倒退。一九七〇年代之後，從走出獨裁政體的西班牙、葡萄牙與希臘開始，加入歐洲共同體被視為能夠確保一個國家的民主轉型成果。在中歐與南歐，這種連結更為強大，建立新民主政體與加入歐盟的準備工作相伴相生，關係密不可分；既是成員國建構，也是民族國家建構。歐盟的入會條件是依據所謂的「哥本哈根標準」，要求申請國家鞏固民主、媒體自由、法治、對弱勢群體的尊重。包括我在內，許多人都相信鞏固的效應會持續作用，結果我們大錯特錯。儘管《歐洲聯盟條約》的開篇條款堂而皇之，但對於捍衛成員國的民主體制，歐盟實在缺乏有效的機制。

在俄羅斯，普丁的批評者會鋃鐺入獄或者遭到毒害。在匈牙利沒有那麼嚴重，這有一部分是歐盟的功勞。然而歐盟既對奧班政權綁手綁腳，變相支撐這個政權的存續。青民盟豢養了一群學有專長的律師，專長就是建立這樣的法律架構：看似符合歐盟法律，與某些歐洲國家架構雷同，實則完全是另一回事。匈牙利成了一個「波坦金國家」。* 多虧了歐洲單一市場的保障，德國汽車工業將一大部分的製造工作轉移到匈牙利這個相對鄰近，且具有高技術水準及相對低工資的國家，還能拿到大筆政府補助。德國汽車與零件占匈牙利工業出口產值的比例，一度逼近三分之一。

另一方面，歐盟的核心特色「自由移動」，則為匈牙利帶來一項無心插柳的結果：不滿奧班反自由主義政權的匈牙利人，可以自由前往另一個歐洲國家定居。保加利亞政治作家克雷斯戴（Ivan Krastev）就觀察到，改換一個國家生活要比改變自己國家容易。從二〇一〇年到二〇一八年間，旅居其他歐盟成

---

* 譯註：作者此處借用俄羅斯俗諺的「波坦金村莊」概念，指稱「用來騙人的假村莊」，類似於日後共產政權時期的「面子工程」。只不過奧班不僅是假造了一座村，而是一整個國家。

員國的匈牙利人增加了將近兩倍。一位匈牙利朋友以理所當然的口吻解釋：「你也知道，他們不想生活在一個法西斯國家。」

整個二〇一〇年代，歐盟各國中間偏右政黨結盟組成的「歐洲人民黨」都讓青民盟保留成員身分，儘管有充分證據顯示該黨違反了歐洲人民黨引以為傲的民主原則。青民盟的選票讓歐洲人民黨保住歐洲議會最大政治組織的地位，也讓奧班在歐盟的影響力居高不下。德國的基督教民主聯盟（尤其是巴伐利亞基督教社會聯盟）則是奧班最重要的靠山。跨歐洲政黨的體制性賦權初衷原是要讓歐盟更為民主，結果卻是導致成員國的民主倒退。*

奧班政權得到的最大幫助，其實是來自歐盟直接提撥的經費，而且金額相當可觀：二〇一七年相當於匈牙利國民所得毛額的百分之三點五，與同一年度經濟成長率百分之四點一相去不遠。這些經費幾乎都是直接挹注中央政府，供青民盟建立大規模的恩庇體系。歐盟經費讓支持青民盟的城鎮村莊得以翻修道路、建築與各項設施，也為地方企業、官員與聽話的媒體老闆帶來豐厚收益。根據一項分析，匈牙利有九成五的公共投資包含歐盟經費。歐盟慷慨解囊，但其中一大部分恐怕都進了奧班親友的荷包。

奧班感謝施惠者的方式是予以譴責。二〇二一年十月二十三日星期六，一九五六年匈牙利革命爆發六十五週年紀念日，我站在布達佩斯安德拉什大街（Andrássy Avenue）人山人海的群眾之中，一個據說是全國知名的搖滾樂團全身黑衣登臺，演唱的歌曲描述一九二〇年《特里亞農條約》簽署之後流落在外的「五百萬匈牙利人」，副歌高唱「我們流著同樣的血！」緊接著奧班登臺，如此解讀歷史：

正如同一八四九年、一九二〇年、一九四五年與一九五六年，歐洲的權貴們再一次試圖踩在我們頭上，決定我們的命運，根本不在乎我們同意與否。他們要逼迫我們成為歐洲人，淪為敏感的自由派，甚至會讓我們因此滅亡。今天布魯塞爾針對我們與波蘭人的言詞與行為，就好像針對敵人。這種感覺似曾相識：布里茲涅夫主義†正在歐洲各地迴響。

奧班將歐盟與蘇聯畫上等號後，又針對匈牙利的反對派祭出陰謀論，聲稱反對黨領導人：

爭先恐後想得到布魯塞爾與索羅斯的支持來統治匈牙利人，充當他們的匈牙利總督，宛如布達（Buda）的帕夏（pasha，鄂圖曼土耳其帝國的總督）……他們公然表示為了奪回政權，不惜與魔鬼合作。他們的目標是將匈牙利從聖母馬利亞手中奪走，讓它匍匐在布魯塞爾腳邊。

英國前首相強森總喜歡自我誇耀能夠「既保有蛋糕又吃掉它」，但奧班更是身體力行強森只會空談

---

* 譯註：歐洲人民黨在二〇一九年三月將青民盟停權，兩年後，青民盟自行退出歐洲人民黨。

† 譯註：蘇聯領導人布里茲涅夫一九六八年鎮壓布拉格之春後提出，表明一旦蘇聯集團成員國的社會主義統治遭遇威脅，蘇聯必然進行干預。不過鎮壓一九五六年匈牙利革命的蘇聯領導人是赫魯雪夫。

的「蛋糕主義」。奧班政權接受歐盟資助，奧班連任成功是靠攻訐歐盟，而歐盟繼續任憑他忘恩負義。

這名匈牙利領導人不僅是放話批評，他還進一步鼓吹另一種歐洲願景：反自由主義、社會立場保守、出生主義、明確支持基督教、族群民族主義。二〇二二年七月，奧班在羅馬尼亞對一群匈牙利裔民眾表示，匈牙利不想加入「混種」的西歐世界，因為那個世界的「歐洲人與來自歐洲以外地區的人混合」。奧班因此傳承了一項由來已久的歐洲反動願景。以英國法西斯主義者莫斯利為例，莫斯利在二戰之後推動他所謂的「做為一個國家的歐洲」，他妻子黛安娜長期主編一本名為《歐洲人》（*The European*）的雜誌。今日的奧班雖然只是一介中歐小國的總理，卻成為當前反自由主義歐洲願景最具影響力的鼓吹者之一。「我們過去總以為歐洲是我們的未來，」他說，「如今我們知道我們才是歐洲的未來。」

奧班寄給我的演講稿就鋪陳了這樣的歐洲願景。演講地點是布達佩斯的馬提亞斯・科維努斯學院（Mathias Corvinus Collegium），一家得到政府慷慨資助的教育機構。奧班對一群學生指出，美國已經淪入「新馬克思主義，在那裡稱之為『覺醒』（woke）」，而歐洲的領導人也不遑多讓：

> 引進了一批穆斯林人口，一場政治與經濟的洪水，因此在法國、義大利、荷蘭、比利時、德國與奧地利創造出新的情勢。這對歐洲而言是史無前例，穆斯林設法闖入西班牙以北的歐洲。

「他們」是「入侵者」。與此同時，「開放社會的觀念讓歐洲對自身價值與歷史使命喪失信心」，今日的西方世界「富裕但衰弱」。以中歐代言人自居的奧班，認為中歐的使命就是讓西方世界抬頭挺胸。歐洲應該是一個以基督教為主、崇尚民族且以自家傳統為傲的地方。特別是匈牙利人，一千年來的國族使命就是「將喀爾巴阡盆地的人民組織起來」（奧班顯然假設盆地上的斯洛伐克人、羅馬尼亞人與塞爾維亞人都會欣然接受匈牙利人的「組織」）。對於這場歐洲文化的保衛戰，馬提亞斯．科維努斯學院的青年男女要當知識的先鋒。奧班甚至引述使徒聖馬太：「你們要去使萬國萬民都作我的門徒。」

本於這種傳播福音的精神，奧班在布達佩斯熱忱款待澤穆爾與瑪琳．勒龐。美國福斯新聞網的名嘴卡爾森（Tucker Carlson）也遠赴匈牙利取經，對奧班讚不絕口並告訴自家觀眾：「布達佩斯不會有『黑人的命也是命』（Black Lives Matter）運動縱火燒掉整個街區。」而當歐洲人民黨終於鼓起勇氣表明青民盟已背離歐洲中間偏右陣營之後，奧班登高一呼，夥同十六個極右翼疑歐派政黨組成一個鬆散的新聯盟，成員包括法國勒龐的國民聯盟（原名「國民陣線」）、義大利薩爾維尼的聯盟黨與後法西斯主義的義大利兄弟黨、西班牙的民聲黨、奧地利自由黨。不過與奧班合作最密切的盟友，還是波蘭的法律與公正黨。

波蘭的民主體制拆毀工程比匈牙利晚了五年開始。二〇一五年五月總統大選，法律與公正黨候選人杜達（Andrzej Duda）以五成二對四成八的些微差距勝出，這類結果在柏林圍牆倒塌後的歐洲屢見不鮮。

同一年秋天的國會選舉，法律與公正黨斬獲絕對多數席次，但得票率只有百分之三十七點五，而且波蘭選舉投票率向來偏低，法律與公正黨其實僅僅獲得一成八合格選民的支持。儘管如此，法律與公正黨政治人物的口吻卻像是他們代表波蘭全體國民的意志。

法律與公正黨領導人與首席策略家雅羅斯瓦夫・卡欽斯基開始採行匈牙利戰術。與奧班不同的是，卡欽斯基並未擁有推動修憲所需的絕對多數，因此波蘭的去民主化過程較為緩慢，但進行方向與諸多做法仍然相同。波蘭新近建立且仍然脆弱的自由民主制衡機制，一個接著一個遭到攻擊。儘管歐盟表示抗議，但波蘭司法系統的獨立性卻已遭破壞殆盡。

波蘭電視臺照理說是公共電視，卻淪為執政黨法律與公正黨咄咄逼人的宣傳機構。我很難以文字說明它的報導是如何的粗糙、誤導、偏執。波蘭與德國所有的歷史恩怨都被翻出來炒作，就像是匈牙利炒作《特里亞農條約》一樣。光只是「說德語」這件事，都會被渲染為背叛國家。歐盟高峰會前主席圖斯克在二〇二一年重返波蘭政壇，擔任反對黨領導人，於是波蘭電視臺反覆播放一段影片，只顯示他在鏡頭前說了兩個德文字眼「für Deutschland」（為了德國）。歐盟試圖維繫波蘭的法治，法律與公正黨政府百般抗拒，波蘭電視臺為此打出「波蘭憲法損上德國霸權」的口號。其他口號還包括「布魯塞爾禁止食用肉類？」「反對黨要將波蘭伊斯蘭化？」還有更厲害的「波蘭人不是沒有靈魂」。波蘭電視臺最惡劣的行徑是訴諸波蘭社會殘存的反猶太主義。二〇二〇年總統選舉戰況激烈，反對黨候選人恰斯科夫斯基看似勝券在握，於是波蘭電視臺發布一則新聞：

專家相信現在從國家預算挹注波蘭家庭的經費，會在恰斯科夫斯基贏得總統選舉之後斷絕，因為他要優先滿足猶太人的要求。*

與此同時，批判法律與公正黨的波蘭媒體不僅拿不到政府的廣告經費，還要疲於奔命應付各種官司。一家地方報社集團被國營能源公司收購，後者的老闆與法律與公正黨關係密切。獨立媒體的經營者如果是外國籍，會被千方百計趕走，美其名為「再波蘭化」。最危險的做法是法律與公正黨制定了一項法律，鎖定擁有廣大收視群的獨立新聞電視臺TVN，因為其經營者是美國企業。但美國不像歐盟那樣一籌莫展，而是果斷採取行動干預，阻止波蘭政府對媒體自由痛下殺手，讓這個國家未來仍有可能舉行公平與自由的選舉。政府與國營企業基金會提供的補助，自由派與獨立的NGO及媒體只能分到殘羹剩飯，支持法律與公正黨的文化與教育機構卻是吃飽喝足。

二〇一〇年時任波蘭總統列赫．卡欽斯基（雅羅斯瓦夫．卡欽斯基的雙胞胎兄弟）率團前往俄羅斯，紀念蘇聯屠殺波蘭軍官的卡廷事件七十週年，結果在斯摩倫斯克（Smolensk）的俄羅斯軍用機場發生空難，不幸罹難，因此引發的陰謀論正足以說明政治學家霍夫士達特（Richard Hofstadter）所謂的「政

* 譯註：結果恰斯科夫斯基以百分之二點零六的差距敗給尋求連任的杜達。

治偏執」。法律與公正黨從每一道陣線出擊，宣揚一種過度簡化與單一面向的敘事：波蘭是為對抗外國強權而犧牲的烈士，是捍衛歐洲自由的英雄。數十年來歷史學家以縝密研究揭露二十世紀波蘭黑暗面的工作（哪個歐洲國家沒有這樣的黑暗面？），如今卻被譴責為「灌輸恥辱的教育」。在小村落普希謝欽與鄰近城鎮瓦格羅威次，學校老師對我談起歷史與公民必修課的新課綱，憂心他們再也無法以自由批判的方式探討歷史真相。

波蘭左派自亂陣腳，二〇〇七年至二〇一五年由圖斯克及其繼任者領導的自由派政府政績欠佳，都讓法律與公正黨漁翁得利。對於波蘭後共產主義時期國家轉型及二十五年的自由化、歐洲化與全球化歷程引發的不滿，法律與公正黨皆以巧妙手法全盤利用。正如同我在憑弔格但斯克造船廠遺跡時的所見所聞，經濟不平等引發深刻的怨憤，對歷史發展感到不公不義更是雪上加霜。許多人覺得國家轉型只對大城市居民有利，波蘭其他地區不但無福消受，還被都會區自由派菁英鄙視。資本主義為波蘭社會帶來的革命比共產主義更為深刻，因此不少人期盼恢復往昔崇尚家庭、教會與國家的確定感。

法律與公正黨政府受惠於經濟成長與歐盟的大筆資金挹注，確實對波蘭社會較貧窮的另一半提供了實質的支持。它的一項旗艦政策是對每一名兒童每個月補助五百茲羅提，推行時冠上一個響亮名號「五百＋」，此外還有「第十三個月」的額外年金給付。普希謝欽的前任村長告訴我：「法律與公正黨確實為弱勢民眾做了一些事。」他身材結實、臉色紅潤、為人正派，他的孫兒拿到「五百＋」，全家境遇因此大為改善。二〇二〇年以些微差距落敗的反對黨總統候選人恰斯科夫斯基回憶，他在波蘭東南部遇到一位選民，這位年輕媽媽說她很討厭卡欽斯基、他的政黨與他的意識形態，但還是會投票給法律與公正黨候選人杜達，「因為他們給我兒子人生中第一個度假機會。」華沙一位學生對我強調，這不僅是財富的重分配，還關係到尊嚴。波蘭民粹主義奉行右派的論述與文化政策，但與通常屬於左派的經濟與社會措施結合。

如果法律與公正黨不曾破壞自由主義民主體制的基礎，這些政治路徑的變化都可以被視為正當運作。人們大可以反對執政黨的政策，全世界任何一個地方的人都有可能如此，但人們也可以透過下一屆選舉設法改變現況。就如同奧班在寄給我的信中所說，波蘭的民粹主義領導人也會很樂意針對西方文明的未來，與自由派人士進一場高深的知識辯論。但重點不在這裡，重點在於他們改變了遊戲規則，確保下一屆選舉無法做到自由及公平。

波蘭的做法不像匈牙利那麼過火，而且仍然擁有大型的獨立媒體與反對黨、能夠動員大規模群眾示威的活躍公民社會，還有強大的地方政府，包括由反對黨主政的大城市。波蘭反對黨依舊占多數席次的參議院，波蘭也還有依憲法設置且獨立運作的監察使（ombudsman）。但波蘭民主倒退的狀況依然嚴重。如果我們對民主的理想狀態仍然有合理但積極的期待，那麼「反自由主義的民主體制」就會是一個自相矛盾的詞。但我們仍然可以用這個詞來描述岌岌可危、日漸衰微的自由主義民主體制。在這個意義上，波蘭是一個反自由主義的民主體制。

這樣的發展讓人非常沮喪，畢竟波蘭與匈牙利都曾在一九八九年帶頭走出共產主義。二〇〇九年天鵝絨革命二十週年之際，這兩個中歐國家似乎仍是開路先鋒，是兩個已經站穩腳跟的後共產主義民主體制。然而到了一九八九年的三十週年紀念時，波蘭與匈牙利卻帶頭走出民主體制，其他中歐國家也呈現類似的趨勢。捷克共和國有寡頭出身的總理巴比斯，斯洛伐克有總理菲佐（Robert Fico）長期領導的民粹主義執政黨，斯洛維尼亞有右翼民粹主義總理揚沙（Janez Janša）。這些領導人都是同樣現象但較為溫和的版本。就連奧地利也不例外，一表人才的年輕總理庫爾茲（Sebastian Kurz）對投機的民粹主義並不陌生，與加入奧班極右派政黨網絡的自由黨結盟執政。

一九八九年之前幾年，我們經常談到蘇聯集團國家的「民主反對運動」，但意義與民主國家的反對黨（像是英國反對保守黨的工黨、德國反對社會民主黨的基督教民主聯盟）並不相同。所謂「民主反對運動」，指的是一種在國會之外運作、以建立民主體制為職志的反對運動。我過去一直支持這種「民主反對運動」，如今卻發現自己支持的對象換成試圖恢復民主的人士。幸運的是，這些人士為數不少，成功的可能性也遠高於一九八九年之前的民主反對運動。

二〇一九年六月，斯洛伐克選出新總統查普托娃（Zuzana Čaputová），她是一位律師與環境運動人士，隸屬於新興政黨「進步斯洛伐克黨」。查普托娃全力支持民主、人權與歐盟，換言之，她很樂意被視為哈維爾傳統的繼承者。[*]她當選兩天之後，我來到布拉格的萊特納公園（Letná Park），見證一九八九年十一月天鵝絨革命之後最大規模的一場群眾集會。一位活動主辦人是年方二十四歲的神學院學生羅爾（Benjamin Roll），他告訴我他父親是一九八九年大會的音響工程師。會場中到處可見哈維爾的影子，一面巨大的橫幅看板書寫著他的警語：「真實與愛必須勝過謊言與仇恨！」羅爾對群眾表示，他們並不是要發起一場新革命，而是要挽救現有的民主體制：

> 我們要對國家在巴比斯總理與澤曼（Miloš Zeman）總統領導之下改變方向發出警訊，我們要對司法體系與媒體被馴化、少數寡頭篡奪權力發出警訊，我們要對民主遭到暗中竊取發出警訊。

兩年之後，捷克共和國的兩個反對黨聯盟攜手合作，在國會選舉中險勝巴比斯，對整個中歐地區發出重要訊號。[†]

匈牙利的反對黨也團結起來，奪回布達佩斯市政府掌控權，並且成立一個六黨聯盟，共推一位總理候選人，在二〇二二年四月的國會選舉出馬挑戰奧班。彼得．馬基札伊（Péter Márki-Zay）是一位保守

* 譯註：查普托娃也是斯洛伐克第一位女性總統，但上任後與總理菲佐水火不容，二〇二四年放棄競選連任。

† 譯註：巴比斯後來投入二〇二三年總統大選，但在第二輪決選中落敗。

派的基督徒市長，我曾在布達佩斯英雄廣場（也正是一九八九年奧班發表革命演說的地方）邊上，聽他對著揮舞歐洲旗的熱情群眾發表演說，呼籲恢復匈牙利的民主。只可惜匈牙利反對黨的團結程度還是不夠。二〇二二年那場選舉大致自由，但絕對談不上公平。奧班利用政府出錢的廣告看板、公共電視與臉書廣告，對匈牙利人聲稱他會讓國家對烏克蘭戰爭置身事外，讓廉價的俄羅斯天然氣供應源源不絕（他已經到莫斯科與普丁談妥此事）。至少匈牙利的反對黨還存在，烏克蘭戰爭也讓奧班與他的波蘭盟友產生嫌隙。*

來到波蘭，我的一些老朋友再度回到捍衛民主的防禦工事，只是這回擔任領導者的偶爾會是我們的子女輩。成千上萬的波蘭女性身穿黑衣、湧入街頭與廣場，抗議墮胎選擇權遭遇歐洲最嚴重的修法緊縮。回顧一九九〇年代，波蘭人沒有經過多少辯論就接受新的憲法、新的自由主義民主體制。波蘭人當年認為一個「正常」國家就是必須採行這些體制，才能夠「回歸歐洲」，達到哥本哈根標準並加入歐盟。波蘭人如今必須為司法獨立、權力分立而奮鬥，讓民主制度真正成為波蘭人的制度。

長久以來頭一回（有人會說自一七九一年五月三日波蘭施行第一部現代憲法以來），波蘭人愛國主義的目標是捍衛憲法。二〇一八年時，華勒沙前往華府參加前總統老布希的葬禮，裝扮卻讓人們大惑不解：身材發福的他在樸實的西裝裡面穿了一件T恤，上面寫了一些難解的文字。這位老戰士難道是忘了穿襯衫打領帶？不是的，T恤上寫的是波蘭文「konstytucja」（憲法），其中的「ty」與「ja」（意思分別是「你」、「我」）以紅字標示，好像是在告訴人們「憲法就是你與我」。波蘭民主的奠基者為國家的憲法挺身而出，美國人應該比誰都更能夠瞭解他的用心。

就連動作慢半拍的歐盟也終於覺醒，體認到匈牙利與波蘭的民主倒退問題，以及這種現象對於自家法律與政治秩序的威脅。單一市場的整體架構有賴於歐盟法律的優位原則，但波蘭受到政治擺布的憲法法院對此提出挑戰。普丁入侵烏克蘭之後，歐盟的一體性飽受威脅，因為歐盟最高決策機構、必須一致贊成才能夠做成決議的歐盟高峰會，有一位反自由主義且親普丁的匈牙利總理。*

因此到了二〇二〇年代初，懸在中歐地區前途上方的問號，就和歐洲其他地區一樣巨大。我對這個議題無法做到不偏不倚，因為我知道自己對這個地區有什麼樣的期望，而且是全心全意期望。我也知道我會支持哪些人，透過文字與聲音。但對於事態將如何發展，我的預測能力沒有勝過其他人。一種可能是二〇二九年天鵝絨革命四十週年時，中歐將深陷於威權主義、民族主義、貪腐與衝突。另一種可能則是，中歐會回歸自由民主的道路，更加理解如何才能夠讓兩者可長可久。†

---

* 譯註：二〇二二年國會選舉結果，奧班的青民盟再度大勝，以百分之五十二點五二選票拿到超過三分之二席次。在俄烏戰爭議題上，奧班是歐盟最親俄羅斯的領導人，波蘭則全力支持烏克蘭。

† 譯註：波蘭二〇二三年十月舉行國會選舉，法律與公正黨雖然蟬聯眾議院最大黨，但席次大幅縮減，丟掉政權；四個反對黨組成聯合政府，圖斯克回鍋擔任總理。

新鐵幕

我佇立在一座邊界管制站，一邊是摩洛哥，一邊是休達——位於非洲最北端的西班牙飛地，與歐洲大陸隔著直布羅陀海峽遙遙相望。我的兩側都有金屬大門，西班牙一側新近漆成藍色，摩洛哥一側比較破舊。在我背後，一道高大的圍籬矗立在厚實的混凝土基座上，一路沿伸到地中海的淺水區。向內陸望去，一道更雄偉的現代化雙重圍籬蜿蜒穿越山巒起伏的鄉間，面對摩洛哥的一側高達六公尺，頂端設置圓筒狀的強化工事，讓人們更加難以翻越。更下方是一道非常寬闊、不可能跳過的沙地，而第二道圍籬則架設了攝影機與感測警報器。這裡是歐洲的新鐵幕。

西班牙國民警衛隊司令告訴我，幾乎每一天都有來自撒哈拉沙漠以南的非洲年輕男性試圖攀爬這道雙重圍籬，利用鉤子等工具穿越鐵絲網。沿著邊界有一條專用道路，西班牙警衛隊員會趕過來抓人，但還是有一些攀爬者逃之夭夭。那些幸運兒消失在城市外圍密集的住宅區，有的人會依循法規申請政治庇護，有的人會嘗試非法度過海峽，前往歐洲的應許之地。

二〇二一年冬季的某一天，強風吹襲，我來到休達，巡禮它周遭的防禦工事，無法不想起四十多年前西柏林周遭的景觀。柏林圍牆的頂端設有同一類型的圓柱體障礙。將歐洲與歐洲隔離的鐵幕大致上也是一道雙重圍籬。當然，兩者有一個本質上的差異：鐵幕是由蘇聯集團的獨裁政權建立，阻止自家的人民離開；休達的圍籬是由歐盟的民主政權建立，阻止其他國家的人民進來。

然而我有一種相同的感覺，感覺自己佇立在分隔兩個世界的邊界。如果西柏林是西方在東方一處壁壘森嚴的飛地，那休達就是歐洲在非洲一處壁壘森嚴的飛地。前者是地理西方與地理東方的分界線，後者是全球北方與全球南方的分界線。夜晚時分，從直昇機俯瞰，休達圍籬的一邊燈火輝煌，另一邊幾近漆黑。蘇萊卡（Suleika Ahmed）幫助我瞭解當地狀況，她是一位年輕的摩洛哥裔西班牙女性，成長於休達較窮困的街區，就在圍籬附近。她告訴我：「如果我是在幾公尺之外的地方出生，我的人生將會完全不同。」

歐洲昔日的邪惡圍牆（把人們關在裡面）與今日的新建圍牆（把人們擋在外面）之間到底有何差別，也不是歐洲人想像得那麼一清二楚。二〇二〇年代初，歐盟為了阻擋移民湧入，越來越倚賴鄰近地區的威權國家，後者因此掌握所謂的「大規模移民武器」。二〇二一年五月十七日星期一，摩洛哥國王因為不滿西班牙為波利薩里歐陣線（Polisario，摩洛哥在西撒哈拉衝突中的死對頭）領導人提供醫療照護，決定祭出大規模移民武器。摩洛哥鎖定的目標正是休達這塊飛地，它也是非洲本土歷史最悠久的歐洲殖民地，一四一五年被葡萄牙征服，十六世紀晚期之後歸屬西班牙。

接下來的二十四小時，大批男女老少走過摩洛哥一側的海灘，逼近只向地中海沿伸一小段的邊界圍籬。海水處於低潮，他們跨越阻礙；海水開始漲潮，他們涉水或者游泳，抱著稚齡孩童，甚至把嬰兒舉在頭上。摩洛哥邊界警衛站在一旁無所做為，西班牙邊界警衛則是無力阻擋。

摩洛哥當局顯然鼓勵人們越界。一位當天執勤的西班牙警官告訴我，他看到邊界管制站外面有巴士大排長龍。摩洛哥的學童被告知他們會大開眼界，到休達看足球巨星梅西（Lionel Messi），有些學童背著書包就去了。消息透過手機飛快散播，據估計那天從早到晚有一萬兩千人越過邊界，「相當於本市人口的一成五，」休達市長告訴我：「那天晚上，我哭了。」如果是在倫敦，人口的一成五會是一百三十萬人，想像一百三十萬名移民在一天之中湧入倫敦。休達事件有一張照片傳遍全球，顯示群眾逼近沙灘上的圍籬，具體呈現了移民遷徙引發的恐懼。歐洲政治已被這股恐懼糾纏長達十年。

第二天，西班牙部隊與裝甲運兵車在海灘上列陣，保衛圍籬。與此同時，西班牙政府派代表與摩洛哥當局接洽，歐盟也提供協助。短短幾天之內，摩洛哥邊界警衛再度扮演歐洲憲兵的角色。大多數的越界者逐漸回流摩洛哥，有些人卻繼續前往西班牙本土，也就是休達人所說的「半島」。當我在「大進軍」（*entrada masiva*，大部分休達人的說法）事發之後六個月造訪當地時，數百名沒有成年人陪伴的未成年人仍然滯留當地。

在一家名為「希望」（Esperanza）的青年旅館，我和一群滯留的摩洛哥青少年坐下來對談。亞希亞是個聰明高瘦的十六歲男孩，穿著紅色的保暖夾克與球鞋，對我談起他的遭遇。那天早晨他醒來時，原本以為只是一個正常的上學日，然後就聽到不可思議的消息：邊界開放了！他立刻搭上一部計程車，前

往四十公里外的休達，希望有機會穿越圍籬。

這麼做形同拋下家庭、朋友與祖國，不會因此而猶豫嗎？

「不會，我沒有任何疑慮。我動身前都想清楚了。」

你為什麼要離開？

為了到歐洲過好日子，摩洛哥的情況毫無希望。

這些年輕人對自己在摩洛哥拋下的人生都有類似的描述：沒有工作、沒有前途、一窮二白、家庭陷入絕望、老師根本無心教書。

亞希亞說他原本想當足球員，但現在的目標是當作家，他已經用阿拉伯文寫了一些作品發表在臉書。

對你們而言，歐洲代表了什麼？

「在那裡，人們把你當人看。」十五歲的伊里亞斯說道，他想當飛行員。

那麼到歐洲之後最糟糕的狀況會是什麼呢？大家沉默了半晌，直到艾曼出聲：「被遣返摩洛哥。」大家都笑了，但這的確是他們最擔心的事。當休達當局遣返五十五名沒有成年人陪伴的青少年，幾名和我談過話的孩子立刻離開青年旅館，露宿街頭。他們承認這樣做很惡劣，但還是勝過於遭到遣返。其中一個孩子手臂包著繃帶，我得知他是在企圖搭船偷渡歐洲時受傷。

當我聆聽亞希亞、伊利亞斯與艾曼的談話時，我開始體認到二〇二一年五月十七日之於他們，就像一九八九年十一月九日之於一個東德青年。「邊界開放了！」不可思議，逃離獨裁政權的機會，過好日子的希望。

但對休達的民聲黨（西班牙的民粹主義政黨）領袖瑞當多（Juan Sergio Redondo）而言，那一天的意義大不相同。那可不只是什麼「大進軍」，更是一場「大入侵」。

我在第二天與瑞當多會面，「沒錯，那是摩洛哥政府策動的一場入侵行動。」這名伶牙利齒的政治人物暨兼課歷史老師告訴我。他的政黨在休達很有分量：西班牙國會的休達選區議員就是民聲黨籍。

面對這樣的「入侵」，西班牙該如何因應？

「應該完全封閉邊界，直到摩洛哥無條件承認西班牙對休達的主權，還應該把邊界圍籬改建成真正的圍牆。」

「我們要一道真正的圍牆，堅實的圍牆。」

因此對亞希亞而言，五月十七日就像柏林圍牆的倒塌。但對瑞當多而言，那天促使他要求修築一道新的柏林圍牆。

瑞當多繼續說道，歐盟應該接受築牆的建議，「就像波蘭政府在白俄羅斯邊界做的事。」他提到的是當時另一起移民風暴，白俄羅斯獨裁者盧卡申科利用無辜移民的苦難，做法比摩洛哥國王更為險惡無情，目的在於顛覆鄰近的歐洲國家，進一步顛覆整個歐盟。

摩洛哥國王穆罕默德六世（Mohammed VI）只是容許子民越過邊界，前往一座許多摩洛哥人早已熟悉的城市。相較之下，白俄羅斯總統盧卡申科則是主動鼓勵遙遠國家如敘利亞、伊拉克的人們飛往明斯克，一座他們很可能聽都沒聽過的城市，目的則是進入歐盟國家。每一名旅客都要支付大筆費用，對象是與盧卡申科政權關係密切的白俄羅斯旅行社。抵達明斯克之後，他們會被送往波蘭邊界，在白俄羅斯邊界警衛教唆之下非法越界。兩國位於鄉間的邊界原本並未設防，後來波蘭部隊緊急設置刮刀鐵絲網，但白俄羅斯警衛有時候會幫忙剪開。盧卡申科曾經親自來到邊界地區，告訴一群移民，如果他們想要前往西方：「決定權在你們手上，過去，快去。」

當時波蘭的執政黨法律與公正黨（西班牙民聲黨的合作夥伴，民聲黨隸屬於奧班十六個極右派政黨聯盟）想盡辦法封鎖與白俄羅斯的邊界，誓言不讓任何移民越界。法律與公正黨儘管口口聲聲宣揚基督宗教理念，但長期阻止最起碼的人道救援進入邊界地區，幫助挨餓受凍、虛弱不堪的移民，他們在比亞沃維札（Białowieża）的古老橡樹林與松樹林（歐洲少數僅存的大型原始森林）之中憔悴等候。至少二十人凍死、餓死、渴死、病死。我們是基督徒，不是什麼好撒瑪利亞人。後來法律與公正黨火速通過法案，授權波蘭軍隊將移民趕回白俄羅斯，公然違反歐盟法律與國際法。「警衛踹踢人們就像在踢足球。」阿斯加里（Dzhavad Asgari）如此形容，這位三十二歲的律師從阿富汗首都喀布爾逃出，同行者還有已經懷孕的妻子與年僅五歲的兒子。

歐盟其他國家也聲援波蘭，譴責盧卡申科遂行「混合攻擊」，並協助波蘭與同樣接壤白俄羅斯的立陶宛鞏固歐盟的東部疆界。整起事件的確是一場混合攻擊，目的在於傷害歐盟，但同時也是一場真實的人道危機，而且歐盟與美國都在無意之間推波助瀾。阿斯加里之所以會來到白俄羅斯與波蘭邊界，完全是因為西方國家在二〇二一年稍早倉促撤離阿富汗，讓神學士游擊隊重返喀布爾掌權。邊界上的其他人群還包括逃離敘利亞內戰的庫德族難民，以及來自伊拉克的難民——伊拉克會陷入內戰而四分五裂，正是拜西方國家軍事占領之賜，包括波蘭在內的歐洲國家也曾參與。阿卡是一位庫德族青年，一語道盡他和族人為何要在冰冷黑暗的歐洲邊地原始森林甘冒生命危險：「不去歐洲，死路一條。」

冷戰時期的鐵幕是陸上疆界，將歐洲人與歐洲人分隔開來，但新鐵幕走陸路也走海路。地中海曾經是連結希臘羅馬世界的「我們的海」，如今則是將歐洲與中東、全球南方隔離開來。人們從土耳其前往希臘列斯伏斯島（Lesvos）與科斯島（Kos），或者從利比亞前往義大利的蘭佩杜沙島，旅程都是艱難險阻，死亡不是來自森林酷寒或從高牆摔下，而是來自溺水。根據國際移民組織統計，從二〇一四年到二〇二一年，超過兩萬一千人在嘗試渡過地中海時滅頂。當移民乘坐的簡陋船隻逐漸沉沒，絕望的他們會打這樣的求救電話：

十二時三十九分：船要沉了，千真萬確，現在船艙水深兩公尺……我叫賈摩（Mohammad Jamo），幫我們聯絡醫生。

十三時四十八分：我們快死了，三百個人快死了……我手機的通話額度快用完了，如果電話斷線，你有我的號碼，拜託請打給我。

賈摩是一位敘利亞醫生，他和兩個兒子一起溺斃。

英國脫歐的核心訴求之一，就在於脫歐之後可以控管移民。然而到了二〇二一年，甘冒生命危險搭乘簡陋船隻橫渡英吉利海峽的移民人數卻創下歷史紀錄。許多人偷渡成功，但二〇二一年十一月二十四日清晨時分，一艘窄小且不適合航海的橡皮艇在冰冷海水中沉沒，至少二十七名男女與兒童溺斃。這起悲劇唯二的生還者之一是二十一歲的建築工人謝卡（Mohammed Sheka），他來自伊朗的庫德族地區，為了尋找工作機會而與家人遷居伊拉克的庫德斯坦。在人口販子幫助之下，他的遷徙之旅從伊拉克出發，行經敘利亞來到白俄羅斯，越過邊界前往波蘭，再從開放邊界進入德國，接著轉往法國，到英吉利海峽賭一賭運氣。儘管歷盡艱辛，但他生還後卻告訴自己的兄弟：「我還會再試一次。」

「我們是『歐洲堡壘』的表率。」一位西班牙記者告訴我，我們坐在休達市中心優雅的行人徒步區、一家美麗酒吧外面。邊界圍籬感覺非常遙遠，幾乎就像當年西柏林時髦酒吧的酒客對柏林圍牆的感覺。對於我們這個時代的歐洲，柏林圍牆倒塌象徵最崇高的希望。年輕一輩的歐洲人會認為，移動自由是

柏林圍牆倒塌後歐洲最關鍵的成就。然而三十年之後，歐洲忙著在邊界建立新的圍牆。對歐洲的民眾而言，歐洲代表開放與自由；對歐洲之外的民眾而言，歐洲代表申請簽證的排隊人龍、高聳的金屬圍籬及殘酷大海上的死亡。

歐洲的對內開放推動了它的對外封閉。雖然實質意義的「移動自由」（前往另一個歐盟成員國工作、讀書與生活的自由）被寫入歐盟條約，但在歐洲各地旅遊、不受邊界管制影響的自由，其實得要到「申根區」（Schengenland）成立才得以實現。申根區肇始於一九八五年，歐洲共同體五個創始成員國（德國、法國、荷蘭、比利時與盧森堡）簽署協議，到一九九〇年代中期才開始全面運作。申根區後來又吸引了許多南歐、北歐與東歐國家加入，以及瑞士與挪威等非歐盟國家。隨著申根區開放邊界，歐洲的外部壁壘也開始樹立，初期的重大建設就是休達與美利雅（Melilla，美利雅是西班牙位於北非的另一座飛地）周邊的金屬圍籬。在那之前，休達周邊設有邊界檢查站，但並沒有實體壁壘。二〇〇五年，當局開始修築令人望而生畏的現代化圍籬，主要是因應來自撒哈拉沙漠以南日益增加的非洲移民。

歐洲自家修築新圍牆的風潮來得較晚，從二〇一五年的移民危機開始。一九八九年，匈牙利開風氣之先拆毀舊鐵幕，匈牙利與奧地利兩國外長拿著碩大剪線鉗，象徵性地剪破邊界上的帶刺鐵絲網。時至今日，奧班的匈牙利再度開風氣之先樹立新鐵幕，其他國家也紛紛效法，我稱這種現象為「反轉一九八九」。二〇一八年匈牙利大選期間，一家支持奧班的八卦報甚至將那把著名剪線鉗照片與索羅斯及反對黨領導人的影像疊合。曾經象徵偉大解放的剪線鉗，如今卻被用以傳達虛構的威脅：猶太人策動的穆斯林入侵。

二〇二一年危機過後，波蘭與立陶宛都表明要在白俄羅斯邊界修築實體壁壘，為「新鐵幕」增添七百公里。然而這些陸地上的壁壘只是故事的一部分。歐盟的二十七個成員國（至少在英國脫歐與歐盟下一步擴張之前是這個數字）外部陸地邊界總長超過一萬三千公里，但包括希臘、義大利等國島嶼的海岸線卻超過五萬三千公里，其中逾三萬一千公里位於地中海。無論是地中海或英吉利海峽，歐洲都無法修築圍牆隔離。

歐洲會怎麼做？答案揭曉於二〇一六年三月歐盟高峰會登場前夕，當時出現了一個重要的先例：梅克爾與荷蘭總理呂特（Mark Rutte）同意土耳其總理達烏特奧盧（Ahmet Davutoglu）的方案，讓歐盟未來六年給付土耳其六十億歐元，協助土耳其照顧已收容的數百萬難民，同時土耳其政府將遏止難民跨界前往希臘島嶼。梅克爾這項土耳其協議，加上巴爾幹半島陸上遷徙路線的邊界封鎖，確實讓歐洲難民危機最急迫的時期畫下句點。然而歐盟支付土耳其巨額保護費的做法卻讓其他周邊國家大受誘惑，試圖利用移民來進行勒索，我們在休達與白俄羅斯的邊界都已看到實例。

大多數歐洲國家政府都非常擔心，如果非法移民問題急遽惡化，民聲黨等民粹主義政黨會更受支持，畢竟難民危機已經讓這些政黨蓬勃發展。（我曾問政治嗅覺敏銳的民聲黨人士瑞當多：「如果休達的邊界開放，不是更符合你們的政治利益嗎？」他露出一抹不懷好意的微笑回答：「當然如此！」）諷刺的是，今日歐洲領導人之所以憂心忡忡，源頭正是他們數十年來努力耕耘的成果：歐洲的吸引力及軟實力。然而他們也希望歐洲保持法治精神，尊重人權，恪守人道主義。

到了二〇二〇年代初，歐洲領導人似乎已得出結論，組合出一套彼此矛盾的做法。他們強烈建議難民與移民透過合法管道申請政治庇護，只是這些管道通常並不容易使用，有時甚至完全無法取得。各國領導人積極展開情報工作與警治行動來打擊人口走私販子，加強建設對外陸地邊界的壁壘。歐盟「歐洲邊界與海岸警衛署」的編制預計擴張到一萬人，成為歐盟最龐大的機構。歐洲領導人還試圖說服歐洲周邊國家或鄰近敘利亞等陷入嚴重危機的國家，提供訓練、誘因或者直接補助，要這些國家把難民與移民留在自家境內。英國首相強森甚至宣布一項政策，要將尋求政治庇護者遣送到東非國家盧安達，聲稱這麼做可以嚇阻人口走私販子。*

這些做法導致歐洲陷入道德困境。國際難民法的基本原則之一即是所謂的「禁止遣返」，簡而言之就是不能把人們送回讓他們遭遇危險的地方。然而消息一再傳出，希臘等國的海岸防衛隊將一船船的難民趕回到他們出發的地方，做法正如同波蘭邊界警衛將白俄羅斯邊界的移民趕回冰冷的森林。歐盟也為利比亞海岸防衛隊提供經費，要他們逮捕那些準備橫渡地中海、航向歐洲的大批偷渡客。然而利比亞大部分地區就是在歐洲帶頭軍事干預推翻格達費之後，才會陷入無政府狀態，盜匪一般的軍閥與民兵橫行。許多試圖偷渡者與許多根本還沒出海的人，都被囚禁在不人道的拘留營，境況一如二戰時期歐洲的集中營。聯合國觀察員的實證報告指出，拘留營充斥著過度擁擠、疾病、營養不良、毆打與性侵等問題。教宗方濟各也形容利比亞拘留營是「凌虐與奴役的可恥世界」。人們被送回危險之地，而歐洲正是此一罪行的共犯。

歐洲人為了挽救自身的良知，將所有惡行罪責都推給人口走私販子，聲稱歐洲永遠歡迎「真正的難民」，只是不歡迎「經濟移民」。這些說詞的理由並不充分，而且真假參半。歐洲確實應該加強合作來逮捕及懲罰人口走私販子，因為這些人口販子對每一名偷渡客收取數千歐元，卻將許多偷渡客送進死亡深淵。然而，只要合法管道無法因應移民需求，非法管道就會源源不絕。這一持續的移民需求起源於整個中東地區的實際狀況：西方的軍事干預和阿拉伯之春讓情勢每況愈下，但撒哈拉沙漠以南非洲的生存困境也是因素之一。糟糕的政府治理、內戰、新冠疫情、人口快速增加與氣候變遷，都讓這個地區的困境雪上加霜。

就算邊界執法者沒有以實際行動驅趕移民，光只是讓他們在大海上自生自滅，就足以造成死亡。二〇二一年十一月英吉利海峽慘劇倖存者謝卡就告訴庫德族新聞網站，當時船上有人打電話向法國警方求救，說明船隻位置，卻聽到對方回答：「你們在英國海域。」另一個人打電話給英國當局後也被告知：「請打電話給法國。」結果是船上大部分乘客都溺斃，屍體浮現之地很接近法國與英國無形的海上邊界。二〇一三年秋天，一艘移民船在蘭佩杜沙島外海沉沒，至少奪走三百三十九人的性命，義大利政府震驚

＊　譯註：英國與盧安達在二〇二二年四月簽署協議，但二〇二三年十一月英國最高法院判決協議違法。二〇二四年七月，英國工黨新政府作廢這項協議。

之餘發起一場高效率的大規模搜救行動，恰如其分地取名為「我們的海行動」。短短一年之內，這項行動讓超過十五萬名移民安全靠岸。二〇一四年「我們的海行動」結束，歐盟改以規模較小的「海螺行動」與「索菲亞行動」取而代之，無可避免的結果就是更多人在海上滅頂，更多人被利比亞海岸防衛隊逮捕及送進恐怖的拘留營。二〇一九年，在義大利民粹主義政客薩爾維尼的壓力之下，歐盟喊停地中海中部海域所有的海上巡邏行動。

每隔一段時間，死者屍體就會被沖上歐洲海岸。二〇一五年九月，年僅三歲的庫德族小男孩庫爾迪（Alan Kurdi）被沖上土耳其波德倫（Bodrum）附近的海灘，小小身體臉朝下趴在淺水中。相關照片促成德國等國寬大為懷處理難民危機，至少一開始如此。十五年之前，西班牙《先鋒報》（*La Vanguardia*）曾發布一張照片，更能夠說明歐洲的道德困境：一對穿著泳裝與比基尼的年輕情侶坐在一頂花團錦簇的大陽傘底下，旁邊放著飲料保冷箱，海灘上陽光普照。那是安達魯西亞（Andalusian）濱海城鎮塔里法（Tarifa），與摩洛哥隔著直布羅陀海峽相望，距離只有十三公里。這對情侶看著一名身穿牛仔褲與黃色T恤的男子，對方動也不動地躺在不遠處的海灘上。也許就是在這張照片拍攝的當下，這對日光浴情侶才發現男子並不是某個睏倦的日光浴旅客，而是一具被沖上歐洲烏托邦海岸的移民屍體。

黃色T恤男子是「經濟移民」還是「真正的難民」，這問題重要嗎？二〇二一年德國幾個政黨組成聯合政府，協議中最顯眼的一句話簡單扼要：「不讓人溺斃是文明責任也是法律責任。」

二〇一六年五月，距離英國脫歐公投不到一個月，《每日郵報》刊出一則標題如雷貫耳的新聞：「悲慘但無情的事實是，他們不是真正的難民！數千名經濟移民無視於溺水悲劇，仍然試圖進入歐洲。」事實上，許多「他們」確實是難民，根據在於一九五一年《日內瓦公約》的標準定義，所謂難民是指「有正當理由因為種族、宗教、國籍、屬於特定社會團體或具有某種政治見解而產生畏懼的群體」。平均而言，英國在二〇一〇年代晚期核准大約五成的政治庇護申請案。二〇一八年至二〇二〇年間搭乘小船渡過英吉利海峽的人們，大部分來自伊朗、伊拉克、敘利亞與阿富汗，這些國家的民眾申請政治庇護成功的比例更高。二〇二二年烏克蘭戰爭爆發，數百萬人逃往其他國家，沒有人懷疑他們是真正的難民。

「經濟移民」與「真正的難民」二分法誕生自一九四五年之後的歐洲情勢，還能夠維持多久？當年的區分似乎一清二楚：逃離納粹德國的共產黨人、逃離蘇聯的中產階級基督徒是「難民」，而來自西西里或愛爾蘭的貧窮農民之子則是「經濟移民」。但現在呢？我們必須認知在撒哈拉沙漠以南的非洲地區，當地人所遭遇的赤貧、疾病與文盲對個人自由的束縛，就跟宗教或政治迫害一樣扭曲生命。難民與移民是一道光譜，界線並非一清二楚。無論兩者如何界定，歐洲人口正在快速老化，大部分地區都需要更多移民來支撐其福利國家制度。以二〇二〇年代開端的德國為例，其經濟一年需要大約四十萬移民。

歐洲對於移民或難民的反應，顯然受到對方膚色、宗教與文化的影響。波蘭與匈牙利就是如此。兩國在難民危機時期連數千名中東難民都拒絕接納，但在普丁發動恐怖的烏克蘭戰爭之後，兩國卻對數百萬白種歐洲人難民敞開大門。就算是毫無偏見的歐洲人也會被一種感受撼動：移民問題已然失控。大批難民（或者移民）從巴爾幹半島沿著鐵軌走向德國、大批摩洛哥人奔向休達海灘圍籬的照片，之所以能夠激發極端反應，迅速轉換為民粹主義者的選票，或者是英國脫歐口號「奪回掌控」之所以能夠產生巨大影響，都是因為這種失控的感受。

———

休達有兩座巨大的海克力斯雕像，各自矗立在兩根石柱之間，指涉「海克力斯之柱」的希臘神話：海克力斯推開卡爾佩與阿比拉兩座岩石山峰，為地中海打開西邊的出口，通向未知的世界。卡爾佩通常被認定為直布羅陀巨岩，而休達人則相信阿比拉是指當地的雅科山，只不過鄰近的摩洛哥穆撒山也可能擁有這個古老頭銜。兩座海克力斯雕像出自休達藝術家帕甘（Ginés Serrán-Pagán）之手，各有特色，引人深思。第一座雕像位於面海的市區，巨大的海克力斯將兩根石柱推開。第二座雕像位於海港入口，反轉傳統形象，讓海克力斯將兩根石柱合攏。

兩座雕像淋漓盡致地呈現了今日歐洲面臨著兩項宛如海克力斯等級的艱鉅工作。一方面，歐洲必須鞏固自家外部邊界，與世界其他地區分隔開來。理論上，人們可以主張一個自由開放的社會必須保持邊界開放，但在實務上，這種做法在大部分自由開放的社會都將導致自由主義快速消亡，尤其是在生活水準較高且福利國家制度優渥的社會。看看這個例子：二〇一五年至一六年間，歐洲尚未排程的入境者約有兩百萬人，相較於歐盟（英國脫歐之前）的五億人口只占百分之零點四，但光是這樣的人數就已能為排外民粹主義者帶來史無前例的政治優勢，更讓歐洲國家兄弟鬩牆。既然歐洲無法做到同時拆除內部與外部的壁壘，那麼在不過度違反人道的前提下，確保逾一萬三千公里陸上邊界與五萬三千公里海上邊界安全無虞，本身就是一項海克力斯等級的艱鉅工作。

與此同時，歐洲也必須將石柱合攏起來。為了自身利益著想，也為了履行自身宣示的價值，歐洲必須為難民及亟需救助的移民提供安全合法的管道，讓他們有機會尋求新生活。這一過程無論是在何處進行，都必須做到公平迅速。對於那些沒有正當入境理由的人，可以遣送到不會傷害他們的國家。對於那些得到接納的人，則必須給予全部機會與積極協助，讓他們融入歐洲社會、成為歐洲公民。

有隙可乘的邊界助長了民粹主義者關於「入侵者」的危言聳聽，這些論述會讓有移民背景的人（特別是穆斯林）更難以融入歐洲社會。這會導致惡性循環。但我們希望能出現良性循環，地理位置得天獨厚的加拿大就做了示範：控管式移民與積極整合兩種做法可以相得益彰。梅克爾曾說：「我們做得到。」試圖傳達類似歐巴馬的樂觀精神。無論是智識層面或商業層面，歐洲與北美洲的歷史在在顯示逃離困境的難民能夠為自由社會帶來卓越的貢獻。坐在休達那座名為「希望」的難民中心，亞希亞、艾曼與伊里亞斯那明亮的年輕雙眸讓我看到了這樣的可能性。然而我也看到了憤怒，如果歐洲人愚不可及、無法讓新抵達者感覺受到接納，這樣的憤怒恐怕終將爆發。

除此之外，帕甘讓海克力斯將石柱合攏起來的英雄形象，也提醒我們一項更為重大的工作。如果全球北方與全球南方的鴻溝因為氣候變遷、人口成長與惡劣治理而持續擴大，再怎麼強大的防禦工事也無濟於事。無論邊界圍籬有多高聳，只會有越來越多人攀爬圍籬；無論海象有多險惡，只會有越來越多人會向大海出發。他們大喊：「不去歐洲，死路一條。」到時候歐洲又該怎麼辦？修築更高聳的圍牆？在牆邊加上一道「死亡走廊」？坐視人們溺死？歐洲基於自身的利益與價值，必須努力縮小全球北方與全球南方的巨大差距，而這將是一項連海克力斯都覺得吃重的艱困任務。

烏克蘭戰爭

我曾經在本書早期的草稿中提出一個問題：「我們是否注定要走上歷史回頭路？」但出乎我意料之外的是，在完成本書最後一章之前，這個問題已經有了答案。二〇二二年二月二十四日星期四，普丁的大軍入侵烏克蘭，歐洲走上歷史回頭路。一九四一年到一九四四年之間，德意志國防軍與納粹親衛隊在烏克蘭進行恐怖戰爭，如今換成俄羅斯軍隊登場，在同一個地方進行恐怖戰爭：對城市狂轟濫炸，酷刑凌虐、性侵及處決平民。同樣的城市、小鎮、村莊再度遭到蹂躪，這一切都發生在同一個國家，有時甚至是發生在同一群人身上。

羅曼琴科（Boris Romanchenko）是一位九十六歲的烏克蘭老人，從布亨瓦德（Buchenwald）、貝爾根─貝爾森等地的納粹集中營倖存，結果卻在家鄉哈爾基夫（Kharkiv）被一枚俄軍砲彈活活炸死。還有一枚俄軍飛彈擊中娘子谷（Babyn Yar）附近，當地是惡名昭彰的納粹屠殺猶太人遺址。* 烏克蘭記者也報導，基輔周遭村落的老人家都說入侵的俄軍是「nimtsi」，意思是「德國佬」。

再一次，數以百萬計的男女老幼「只帶三個行李箱」就逃離家園。在基輔的中央車站，焦急的母親與尖叫的孩童試圖登上火車。藝術史學者諾夫哥羅德斯卡亞（Tanya Novgorodskaya）與十五歲的女兒也來到車站，她告訴《衛報》記者沃克（Shaun Walker）：「看看我們周遭的臉孔，與二戰老照片一模一樣。」將近八百萬烏克蘭人在國內流離失所，超過六百萬人淪為國外難民。其中包括不少猶太裔，他們在如今已大不相同的德國找到棲身之處。半毀的村莊，道路兩旁停放著燒焦的戰車與裝甲運兵車，這也是D日之後諾曼第的景象。俄軍企圖連結從克里米亞通往頓巴斯的「陸橋」，因此鎖定亞速海港市馬立波（Mariupol）密集轟炸，當地今日的市容有如一九四五年的華沙，一座廢墟之城。†

俄軍從基輔郊區布查（Bucha）撤離之後，死難的當地居民遺體趴在街道上，雙手背後反綁，頭顱留下彈孔。非常可能犯下暴行的俄羅斯陸軍第六十四獨立近衛摩托化步兵旅被普丁表揚為「履行軍人職責、勇氣、奉獻與專業的楷模」。俄軍涉嫌性侵與性暴力的報導層出不窮。國際特赦組織的報告記錄了基輔東邊村莊一位女性的證詞：「兩名俄羅斯軍人進入她家，殺害她丈夫，她在槍口下反覆遭到性侵，年幼的兒子就躲在鄰近的鍋爐間。」

---

* 譯註：娘子谷鄰近基輔，一九四一年九月底，納粹德國在這裡屠殺了十萬至十五萬人，絕大部分是烏克蘭的猶太人。

† 譯註：馬立波被俄軍圍困近三個月，二〇二二年五月二十日陷落。

透過黑白濾鏡觀看這些場景的彩色照片，你就會從二〇二二年回到一九四二年。但如果你更仔細觀看一張來自伊爾平（Irpin，另一個曾被俄羅斯占領的基輔郊區）的照片，就會看到街道上躺著一名烏克蘭女性屍體，她身旁有一個鑰匙圈，上面的圖案是什麼？復原照片的色彩之後就會清楚呈現：藍底黃星的歐洲旗。

一九四五年之後的七十七年間，人們曾經將各式各樣的歐洲惡人類比成希特勒。過去七十七年間，這種類比都是離譜的誇大其辭。就連前南斯拉夫的種族滅絕戰爭罪行，雖然殘暴程度看齊納粹，但規模與地緣政治影響仍遠遠不如。如今「希特勒類比」似乎終於有了恰當案例。這一回沒有死亡集中營的毒氣室，（還）沒有席捲各國的世界大戰，但我們歐洲人曾經宣示：「永不再犯！」結果我們卻在二〇二二年烏克蘭目睹永遠不該再度發生的事。

一九七八年時，我曾與英國的老法西斯主義者莫斯利共進午餐，地點在他位於巴黎附近的宅邸「榮耀聖殿」。當時我相信法西斯主義已經畫下句點，只是特定年代的現象且不會再死灰復燃。但來到二〇二二年，人們可以振振有辭地指稱，普丁政權確實是法西斯：崇拜單一領袖，美化軍事暴行與英勇犧牲，培養歷史怨恨，對青年進行洗腦，殘酷迫害異議少數，擁抱一個**民族**主宰其他民族的意識形態，將敵人妖魔化。普丁在二〇二一年夏天發表一篇長文，重申作為獨立國家的烏克蘭並不存在，烏克蘭人就是俄羅斯人的一支，外部勢力正試圖將烏克蘭變成一個「反莫斯科的俄羅斯」。

普丁政權當然有一些新成分，也並未具備一九三〇年代法西斯主義的所有特質。但這是歷史現象重演時的通則：從民族主義、沙文主義到烏托邦主義，歷史重演時本來就不會一成不變。普丁政權的版本是後蘇聯時期、網際網路年代的法西斯主義，烏克蘭人稱之為「俄西斯主義」（ruscism）。前東德政治歌手比爾曼（Wolf Biermann）諷刺地說：「普丁說的是實話，烏克蘭確實充斥著法西斯，因為他的占領大軍就是一群貨真價實的法西斯。」

無論是德國法西斯主義還是蘇聯共產主義，兩者皆有共同的核心：彌天大謊。普丁的彌天大謊是把他的敵人打成法西斯分子，聲稱烏克蘭執政者是新納粹，他發動這場戰爭是為了「將烏克蘭去納粹化」。對此，烏克蘭的猶太裔總統澤倫斯基（Volodymyr Zelensky）回應：「我怎麼可能是納粹？看看我祖父，整個二戰期間他都在蘇聯紅軍服役。」在克里姆林宮的語彙中，「納粹」指的是反對俄羅斯入侵的烏克蘭人，或者死於俄羅斯飛彈轟炸的烏克蘭人。俄羅斯某次空襲行動擊中烏克蘭中部城市文尼察（Vinnytsia）一座音樂廳，造成平民慘重傷亡，克里姆林宮出資的新聞頻道「今日俄羅斯」總編輯瑪格麗塔（Margarita Simonyan）引述俄羅斯國防部的說法，聲稱那座音樂廳「被納粹分子臨時徵用」。換言之，「納粹」的定義就是死在俄羅斯手裡的人。烏克蘭的「法西斯」則任由俄羅斯的法西斯隨意指定。這就是當代的「歐威爾主義」。

二月二十四日之前，烏克蘭之外的人士幾乎一致認為，普丁一旦全面入侵，軍事勝利唾手可得，儘管俄羅斯在占領烏克蘭之後的統治工作將是難上加難。結果烏克蘭持續進行軍事與民間抵抗，表現卓越，證明絕大多數人都低估了烏克蘭的抵抗意志。入侵行動第一天，俄羅斯先頭部隊企圖直搗基輔的烏克蘭總統府。據媒體報導，美國表示願意協助澤倫斯基總統撤離，但他回應：「我需要彈藥，而不是逃跑。」這一決定激勵了國內外的人心。一位烏克蘭前線軍人告訴英國記者琳賽（Lindsey Hilsum）：「我們的總統留守基輔，就像一座燈塔……他仍然在此。拜登總統表示美國願意帶他離開烏克蘭，但他還是留下來，和我們一起保家衛國……賦予我們力量。」

面對烏克蘭一小支部隊駐守黑海兵家必爭的彈丸之地蛇島，俄羅斯黑海艦隊旗艦「莫斯科號」要求島上守軍投降，守軍於是回應：「去死吧！俄羅斯軍艦。」烏克蘭各地的路標與告示牌很快就寫上「去死吧！」*船堅砲利的莫斯科號則被烏克蘭的岸基飛彈擊沉。烏克蘭農民用曳引機將受創的俄羅斯戰車拖走，政府的反貪腐機構發布戲謔公報，表示民眾擄獲的俄羅斯戰車不必財產申報。

烏克蘭正規軍久經戰陣，並且得到全民支持，他們從二〇一四年開始就在東部與俄羅斯及俄羅斯撐腰的分離主義勢力交鋒。以農業城鎮沃茲內森斯克（Voznesensk）為例，當地軍民激戰兩天兩夜，阻止俄羅斯部隊奪取南布赫河（Southern Buh River）對岸一座橋頭堡，否則俄軍將向西長驅直入敖得薩（Odesa）。烏克蘭正規軍炸毀兩座橋梁，發射英國製的反戰車飛彈摧毀俄羅斯戰車與裝甲車。當地建築工人封堵街區，將俄軍導向烏軍的射擊線。每個人都盡心盡力。當地一位商店老闆亞歷山大說：「我們使用獵槍，對俄軍投擲磚塊與瓶子，老太太們裝填沉重的沙袋。」

一位烏克蘭國會議員解釋：「他們強大，但我們勇敢。」他如今穿上烏克蘭國土防衛軍的制服。俄羅斯大軍泰山壓頂，但烏克蘭軍力橫向運作。烏克蘭人可以汲取社會合作與隨機應變的傳統，效法十七世紀在馬背上爭取自治權的哥薩克人。如果真有所謂的「人民戰爭」，烏克蘭戰爭就是一場人民戰爭。

烏克蘭戰爭看似一場二十世紀中期的戰爭：戰車、重型火砲、化為廢墟的城市。但這也是一場二十一世紀的戰爭：無人機、衛星圖像、資訊戰工具。俄羅斯擁有核子武器，普丁威脅西方，說他會帶來「你們在歷史上從未見識過的嚴重後果」，因此美國與其他西方大國在為烏克蘭提供軍備時，必須一併考量如何避免態勢升高為核子戰爭。烏克蘭在一九九四年放棄核武，換取俄羅斯、英國與美國的安全保證，結果換得一場空。世界各國很有理由得出結論：「如果你擁有核武，不要放棄；如果你沒有核武，設法取得。」

俄烏戰爭除了是一場武器、科技與士氣之戰，也是一場敘事之戰。對於歐洲與北美洲的閱聽人，烏克蘭在這方面的勝利得來全不費工夫。澤倫斯基從政之前是一位成功的演員與電視製作人，他與他的製作團隊都是說故事高手。澤倫斯基身上穿的不是三軍最高統帥氣派威嚴的戎裝，而是一般官兵的橄欖綠T恤、長褲與球鞋，恰如其分地代表人民自衛的力量。澤倫斯基說話簡潔有力、熱情洋溢，透過視訊連結傳送到世界各國國會與國際會議。一次又一次，他向歐洲領導人要求三件事：更多武器、加強制裁俄羅斯、加入歐盟。烏克蘭要加入歐洲的自由主義帝國，而不是俄羅斯的反自由主義帝國，這對澤倫斯基及其同胞而言無比重要。他告誡歐洲議會議員：「各位要證明自己是真正的歐洲人。」

＊ 譯註：蛇島在二〇二二年二月二十四日遭到俄軍攻占，島上守軍被俘，後來獲釋。同年六月三十日，烏克蘭部隊收復蛇島。

西方世界之外，另有一套敘事盛行。除了習近平的中國這一新興超級強權，還有其他國家與普丁站在同一陣線。在所謂的「金磚國家」，除了中國之外，其他巴西、南非與印度等國若非騎牆觀望，就是實質支持俄羅斯。普丁的戰爭阻斷了烏克蘭與俄羅斯的穀物出口，然而當中東與非洲國家糧食價格飆漲，它們卻怪罪西方延長戰事、施加制裁。俄羅斯外交部長拉夫羅夫（Sergey Lavrov）在幾個非洲國家受到熱烈歡迎。西方世界可能會慶幸北約的跨大西洋團結終於恢復，瑞典與芬蘭也因為普丁的侵門踏戶而加入北約，但全球均勢仍然對西方世界相當不利。

我在本書試圖探索「戰後歐洲」、「柏林圍牆倒塌後的歐洲」這兩個互相重疊的時期，可以說兩個時期都驚人地在二〇二二年隨著俄烏戰爭爆發而結束。

首先是柏林圍牆倒塌後的時期。回顧冷戰的最終章，從一九八九年春天到十一月柏林圍牆倒塌、一九九一年底蘇聯崩潰的整個過程，我們始終擔憂威權主義中心會因為帝國淪亡而訴諸暴力。暴力確實發生在一九九一年八月，蘇聯保守勢力對戈巴契夫發動政變，一旦成功恐將使柏林圍牆倒塌後的歐洲變得截然不同。結果這場失敗的政變反而加速了蘇聯終結。歐洲最後一個大型帝國似乎是以溫和卻突兀的方式消失。我們在潛移默化中產生一種虛假的安全感，以為世界的新常態會是一種後帝國主義甚至後民族主義、各國和平合作的政治形態，與全球化的經濟相互依存。

然而，各個國家與帝國窮盡各種手段追求自身目標的「舊常態」從來不曾消失——顯然不曾從普丁的心頭消失。普丁渴望實現俄羅斯民族偉大復興，並且轉化為軍事行動，首先是車臣，然後是二〇〇八年的喬治亞，再來是二〇一四年迄今的烏克蘭：從併吞克里米亞（西方世界未能扭轉局面的轉捩點）開始，一路發展為頓巴斯戰爭。部分要歸咎西方**未能**扭轉局面，一九八九年至九一年間奇蹟般並未發生的事，二〇二二年卻發生了：帝國傾盡全力，發動反擊。對照一九八九年共產主義「不可思議地和平」終結，比爾曼指出：「三十年後的現在，算總帳的時候到了。」在這層意義上，我們可以說烏克蘭戰爭是柏林圍牆倒塌後的歐洲及其幻象的終結。

戰後歐洲的故事比較複雜一點。對歐洲的國家體系而言，戰後時期的終結要等到一九九〇年至九一年間，冷戰在多項條約締結之後才正式畫下句點。然而接下來發生的事並不是建立一套全新體制，而是西方世界的擴張：後一九四五年代的體制向東方延伸。今日許多最重要的機構諸如北約、歐洲經濟共同體（後來成為歐盟）、世界銀行與國際貨幣基金組織，更不用說聯合國，都起源於二戰的餘波蕩漾。就這個意義而言，我們至今仍然生活在戰後世界，儘管那些西方體制正遭遇中國、俄羅斯與印度等大國越來越強勁的挑戰。

無論如何，戰後歐洲的時間框架，也與柏林圍牆倒塌後的時間框架一樣，在二〇二二年畫下句點，意義深遠。當東尼・賈德將他開創性的後一九四五年代歐洲史著作取名為《戰後歐洲六十年》，他其實指涉了兩層意義，一層顯而易見，一層較為模糊。顯而易見的是「二戰之後」，較為模糊的則是「戰爭之後」，也就是今日高喊「絕不再犯！」的歐洲要與自家數千年來的武裝衝突史畫清界線，一心一意維繫和平。在戰後時期的政壇，反戰的一九六八世代與後一九六八世代位居要津，比一九三九世代與後一九三九世代更執著於護持歐洲和平。

這個對戰爭深惡痛絕的戰後歐洲，會讓世界許多地區感到驚訝。從越南、肯亞、安哥拉到阿爾及利亞，歐洲國家持續為了保住殖民地而發動殘暴戰爭。一九五六年遭到蘇聯入侵的匈牙利人、一九六八年遭逢同樣命運的捷克人與斯洛伐克人、一九九〇年代前南斯拉夫地區的人們，恐怕也會覺得這樣的歐洲聞所未聞。但至少到了二〇〇〇年代初，真的有許多歐洲人相信康德的夢想已然實現，歐洲獲致永久的和平。

大部分歐洲國家都在冷戰結束之後拿到一筆豐厚的「和平紅利」，將國防預算刪減到北約要求的GDP百分之二標準之下，縮減武器與彈藥供應，針對「非國家行為者」的威脅來調整建軍計畫。畢竟，歐洲已經沒有人會挑起國家與國家的大型戰爭了，不是嗎？歐洲許多地區（尤其是作為中流砥柱的德國）極度倚賴俄羅斯的天然氣與石油供應。畢竟，相互依存只會鞏固和平局勢，不是嗎？當時很少人會想起一句古老的俄羅斯諺語：「永久的和平只會持續到下一場戰爭爆發。」

如今戰爭再度爆發，德國總理蕭茲（Olaf Scholz）形容二〇二二年二月二十四日是「時代的轉折」（*Zeitenwende*），一個分水嶺時刻。他同時宣布德國軍事預算將大幅增加：如果德國變成一個軍事強權，對歐洲歷史而言可是頭等大事。

本書在二〇二二年十二月付梓之前，我前往烏克蘭西部城市利維夫（Lviv），對奮戰捍衛自由的人們表示支持。我在烏克蘭天主教大學發表演講，親眼見證一切。以下是我在筆記本留下的印象。

利維夫儘管遠離前線，仍然是一個戰爭中的城市。我參訪的第一站是座防空洞。普丁的飛彈已經摧毀烏克蘭大約一半能源基礎設施，因此停電成了家常便飯。如今城市裡最典型的聲音來自許多商店外面的人行道，小型發電機那一陣陣的轟隆作響。

我看到一群女性志工製作石蠟蠟燭，準備寄送給前線戰壕中的官兵。她們利用空的金屬食物罐，剪下一片雙層瓦楞紙板塞進去，用兩小塊紙板當成燭芯，從袋子裡舀出一些白色石蠟粉，放在燉鍋裡用電爐加熱，熔化後小心倒進金屬罐，做好的蠟燭會寄送給東部的子弟們。艾麗娜的正職是一位鞋店銷售助理，以快速靈巧的手法製作戰壕蠟燭，為前線官兵帶來光與熱。她用手機讓我看一段影片，是一位心存感激的士兵傳來，顯示燭光在戰壕中搖曳。利維夫市長薩多維（Andriy Sadovy）告訴我：「烏克蘭軍隊有四千兩百萬人。」那是烏克蘭全國人口總數。

我的窗口俯瞰著聖伯多祿與聖保祿駐軍教堂，教堂每一天都會舉行軍人葬禮，我參加過其中一場。

三具靈柩前頭，幾名面容蒼白疲憊的年輕士兵立正站好，擔任儀隊。一具靈柩旁邊是哭泣的母親，頭上緊緊裹著黑布，身旁站著年輕女孩，臉上滿是失落與驚恐。教堂側邊的走道陳列了一些照片，悲傷的孩童寫下他們對陣亡父親的思念。今年六歲的札卡爾寫道：「我的夢想是建設一條電車路線，通往爸爸居住的雲端。」

利維夫的軍人公墓名為「戰神之地」，我走上一道平緩的山坡，行經幾座新墳，每一座都有鮮花、國旗與陣亡官兵的照片。山坡頂端還有幾座墓地已經開挖，凍結的土壤等待下一位陣亡者。一位死者迪米德（Artemiy Dymyd）是烏克蘭天主教大學校長的兒子，YouTube上有一段影片，是他在聖伯多祿與聖保祿駐軍教堂的葬禮，他母親在靈柩旁邊唱了一首搖籃曲：

楓木搖籃　　我唱著搖籃曲
嘎吱嘎吱，　　安安靜靜
小小嬰兒　　唱著楓木搖籃
哭哭啼啼　　我的小小嬰兒。
……

那幾天與人們對話，經常會有熱淚盈眶的時刻。淚流不止的雅德琳是來自新卡荷夫卡（Nova

Kakhovka）的藝術學生，家鄉被俄軍占領，隔著聶伯河對岸就是新近解放的城市赫爾松（Kherson）。她在我手機上使用Google Maps搜尋，「我家就在這！」她邊哭邊說，指著地圖上的街道，就在一家OK咖啡廳附近。雅德琳希望能夠回到新卡荷夫卡，開設一家畫廊，但如果俄軍炸毀聶伯河上一座大型水壩，她的家園將化為水鄉澤國。*淚流不止的泰蒂亞娜（Tetiana）是難民，來自已經化為齏粉的馬立波，她告訴我她最要好的朋友露妲（Luda）和軍人兒子一起遇難，一枚俄羅斯飛彈擊中他們居住的公寓九樓，「他們的慘叫聲持續了幾個小時，但誰都幫不上忙。」

除了眼淚，我也看到嚴肅的決心、幽默感與非凡的勇氣。一名來自頓巴斯城市克拉馬托斯克（Kramatorsk）的家庭驕傲地向我展示照片，笑著說他們家現在成為烏克蘭部隊的營房，雞舍則充當彈藥庫。

葉夫亨是一位兩度受傷的烏克蘭軍人，正在利維夫一家軍醫院休養，告訴我他在幾座坑洞裡待了六個月，坑洞是他自己挖掘。他透過Google Maps告訴我他的部隊向赫爾松挺進時行經的戰場，一座田野又一座田野，一道壕溝又一道壕溝，一棵樹又一棵樹。一場攻勢之後，他的連上兄弟有三分之二負傷。葉夫亨高大英俊，說話帶有一種理所當然的語氣，感覺卻有點怪異，就好像他的情感已經燃燒殆盡。第一次負傷復原之後，他主動請纓重返前線，如今再次因傷住院，同樣希望復原之後再次回到前線。他也

* 譯註：二〇二三年六月六日，卡荷夫卡大壩（Kakhovka Dam）遭到炸毀，周邊地區數萬人受災。

知道自己有可能喪命，但他的同袍需要像他這樣的沙場老兵。

還有一位學生叫泰蒂亞娜，家鄉鄰近白俄羅斯邊界，如今兼職當刺青師傅。她告訴我現在最受歡迎的圖案之一是一個字眼「volya」，意思是「意志」，例如生存的意志，也可以解釋為「自由」。她過去出國時，外國人「總把烏克蘭當成俄羅斯的一部分」，但現在「全世界終於真正認識了烏克蘭」。

烏克蘭在一九九一年正式獨立的時候，這個幅員廣大的國家仍然深受蘇聯影響，人民的國家認同感相對薄弱。烏克蘭歷史學家荷里扎克（Yaroslav Hrytsak）指出，烏克蘭是在前兩個考驗最艱鉅的時刻，也就是二〇〇四年的橙色革命與二〇一四年的歐洲廣場革命，擺脫了七十年蘇聯化的遺緒。直到烏克蘭東部戰爭的八年期間，乃至於俄羅斯全面入侵之後，數個世紀的俄羅斯帝國遺緒終於消失，一種強大的認同感得以鞏固：烏克蘭是一個團結一心的歐洲國家。

以「俄羅斯世界」捍衛者自居的普丁其實摧毀了俄羅斯世界。二〇一三年一項民調顯示，大約八成烏克蘭人對俄羅斯抱持正面觀感；二〇二二年五月的民調則顯示，這樣的烏克蘭人只剩下百分之二。雅德琳說：「我使用俄語只到今年二月二十四日。俄羅斯人無法接管我們的文化，因此決定將它摧毀。」家在馬立波的難民泰蒂亞娜，說起俄語遠比烏克蘭語流利，她母親與她公婆都來自俄羅斯。我問她想對普丁傳達什麼訊息，她哭著說她想要殺掉普丁，「我們把俄羅斯人當成親兄弟，如今他們卻要殺害我們的孩子。」

二〇二二年結束時，沒有人能夠準確預測烏克蘭在歷經這樣恐怖漫長的戰爭之後，在經濟、政治、領土及人口上最終會呈現什麼樣態。但至少我們清楚知道，烏克蘭人民正在為歐洲歷史書寫新的篇章，而且是大書特書。今日的烏克蘭，世人已經認識。

德爾斐神諭

妻子妲努塔有一張照片讓我特別珍愛，那是二〇一八年一個晴朗的日子，她站在帕爾納索斯山（Mount Parnassus）的斜坡上，對著一座古老石雕的耳朵竊竊私語，提出一個關於存在的問題。她請益的對象是德爾斐（Delphi）的神諭。那座巨大的長方型石塊有一半挖出三個洞，排列成三角形；另一半有個更大的洞直接挖穿。導遊告訴我們，為神諭發聲的女子皮媞亞會坐在一具三腳凳上，沉醉在石雕大洞冒出的蒸汽之中，化身為太陽神阿波羅的代言人侃侃而談。另一位祭司坐在旁邊，將皮媞亞狂熱的話語記錄下來並加以詮釋。德爾斐的祭司由於經驗豐富，長期接受整個地中海地區民眾與政府的請益，因此他們在詮釋神諭時，必然會加入個人在塵世歷練的智慧。

進一步探究之後發現，讓妲努塔低聲傾訴問題的石雕孔洞與溝槽，恐怕是相當晚近才出現，而且用途其實是榨取橄欖油。不過故事的其他部分大抵真實，只是信而有徵的三角凳與水霧噴孔從未被發現。近年研究顯示，當地的基岩有許多縫隙，讓地下氣體容易發散出來，而這些氣體帶有些微的乙烯成分，會引發類似昏睡的狀態。換言之女祭司皮媞亞可能只是吸多了乙烯。

一千多年來，人們會到這裡請示神諭，在山坡邊上的聖地留下珍貴的禮物：祭壇、雕像、祭器、小型神廟，沿著曲折蜿蜒的「聖道」擺放，一路直上阿波羅神殿，也就是皮媞亞口述神諭、祭司負責詮釋的地方。看著今日仍然壯觀的遺跡，映襯著帕爾納索斯山翠綠與灰白相間的壯麗背景，你只需添加一點想像力，就能夠重現遠古時期德爾斐的光景。

舉例而言，富甲一方的呂底亞（Lydia）*國王克羅索斯就曾在西元前五八〇年來到德爾斐，獻上豐厚奢華的祭品，包括雄偉的黃金獅子雕像、黃金女子雕像及金銀鑲嵌的祭器。請示神諭的問題通常迂迴婉轉，但克羅索斯卻開門見山：如果我對波斯國王居魯士開戰，我會打勝仗嗎？神諭回答：「克羅索斯渡過哈里斯河（Halys）†之後，將消滅一個偉大的帝國。」克羅索斯認為這是一個肯定的答案，於是率軍渡過哈里斯河，也果真消滅一個偉大的帝國——他自己的帝國。克羅索斯後來送了幾副鎖鏈到德爾斐，象徵他淪為居魯士的奴隸，也抱怨神諭做出錯誤指示。根據希羅多德記載，神諭不留情面地駁斥克羅索斯，說他「無法理解神諭的內容，也沒有進一步探問究竟，事到如今只能怪罪自己」。

基督教在西元四世紀成為羅馬帝國國教之後，聖地德爾斐神諭繼續運作，直到七世紀之後才逐漸廢棄。當地後來發生山崩，掩埋了一部分歷史遺跡，後來原址出現一座不起眼的農村卡斯特里（Castri），使用一些遠古石塊當作建材。一千多年時間裡，神諭沉睡地底。一直要到十九世紀末，村子遷移到鄰近地區，發掘工作得以展開，才讓這個歐洲「萬花筒織錦」的奇妙角落重見天日。

然而人們對於預知未來的渴望從未止息。富豪權貴會藉由犧牲動物的內臟、人類手掌的掌紋、樹葉、占卜年曆與星象來預知吉凶，或是向占星師、大祭司、神祕主義者、薩滿與經濟學家請益。第十四世達賴喇嘛一九五九年便是在乃瓊護法（神諭）的建議之下逃離西藏。當代歐洲人往往自詡為啟蒙運動的理性傳人，但一項調查卻顯示，法國、德國與英國有超過半數受訪者認真看待占星術。諾貝爾獎在一九六九年增設經濟學獎，經濟學家儼然成為可與物理學家、化學家相提並論的科學家。除了經濟學家，歷史學家也受到邀請，嘗試預測未來。

因此我和妲努塔才會在二〇一八年來到德爾斐，參加德爾斐經濟論壇。這是一個希臘版與迷你版的達沃斯經濟論壇，邀集經濟學家、政治學家等專家學者協助政治人物與企業領袖放眼未來，做出明智決斷。就我記憶所及，當時沒有人預言（連德爾斐式的預言也沒有）全世界即將陷入一場瘟疫大流行，更別提歐洲將在四年之內爆發一場大規模戰爭。

人類對於預知未來的深沉渴望，既是愚昧也有其智慧。愚昧在於我們竟然想像自己可以掌握明天會發生什麼事，甚至是更遙遠的未來。智慧在於我們對於可能降臨的挑戰，嘗試做出最有憑有據且最明智的推測，以便做好準備。康德描述先見之明的能力「比任何事情都值得關注，因為它涉及人類如何運用自身力量的所有可能。」政治學家、經濟學家、風險分析師、評論家與歷史學家都可以為這份先見之明

* 譯註：位於小亞細亞中西部的王國。

† 哈里斯河流經土耳其中部，今日名為克孜勒河（Kizilirmak River）。

做出貢獻，只不過前提是體認自身能力有其侷限。

在物理學與天氣預報等領域的預測準確性日益提升，但在更大範圍的人類活動領域，預測未來卻日益困難。我們這個連結程度超高的全球化世界無比複雜，意謂多樣性史無前例的因素與事件可以快速跨越半個地球，產生巨大的衝擊——包括那些看似無足輕重的因素。舉例而言，一種新病毒在中國出現，大流行疫情隨即爆發，迫使歐洲大部分地區實施封鎖。

新冠肺炎大流行在二〇二〇年席捲歐洲，被界定為一種「灰天鵝事件」——專家早已示警，但發生時仍然有如晴天霹靂。二〇〇四年美國國家情報委員會一份報告研判：「傳染病大流行遲早會再度爆發，就像一九一八至一九年間在全球殺死兩千萬人的流感病毒」，一旦爆發將會「長時間癱瘓全球旅遊與貿易」。其他專家也曾發布類似的警訊。這類警訊帶來的智慧並不是要我們嘗試（其實也不可能）預測特定事件的確切性質、發生時間與發生地點，而是要我們擬訂更妥善的應變計畫。

原本在二〇二〇年之前，「歐洲人」的註冊商標之一就是在各國之間自由移動，每一個歐盟成員國發出的暗紅色護照都帶有這項承諾。然而隨著新冠肺炎來襲，自由移動的權利一夕消失。我在一九七三年滿十八歲之後，每一年都會到歐洲大陸旅行，然而疫情卻讓我整整一年半無法踏上其他歐洲家園。等到終於能夠成行之際，新冠疫情加上英國脫歐讓這趟旅程有如一九六九年那回一般壓力沉重，不再是二〇一九年的愉快自在。入境多所限制，出具新冠病毒篩檢證明，填寫一份又一份表格，我重新使用的深藍色英國護照蓋滿了邊界管制戳章。

我和無數人一樣在家工作，新冠封城讓我可以好好經營寫作這本書。家裡一間客房成為書房，地板上高高堆疊著其他以歐洲為主題的書籍。但那些境況較差的歐洲人將會有很不一樣的經歷。死亡、喪親之痛、長新冠後遺症伴隨著破產、失業與失學。有朝一日人口學家可能會界定出一個「C世代」——人生因為新冠肺炎大流行而永遠改觀。

我們必須走一大段回頭路，甚至得上溯到一九四五年，才能夠找到與新冠大流行類似的事件，讓如此眾多歐洲人同時親身經歷。就連柏林圍牆也難以比擬，畢竟這道牆對大多數歐洲人而言並非親身經歷。而在這樁涉及全歐的重大事件中，歐洲人的第一反應仍是求助於自己國家的政府。各國做法各有千秋，國家之間再度畫出楚河漢界。二〇二〇年三月十五日，德國片面宣布從第二天凌晨開始，封鎖它與法國、奧地利、瑞士、丹麥、盧森堡的邊界，一家義大利報紙為此宣稱：「再會了，申根。」疫情初期，歐盟幾乎毫無作用。歐盟執委會第一次招標採購個人防護裝備時，沒有任何一家廠商投標。與此同時，中國已開始為義大利、塞爾維亞等幾個歐洲國家支援口罩。

四個月後，歐洲回來了，達成一項總金額七千五百億歐元的協議，協助歐盟成員國復甦遭到疫情重創的經濟。德國與其他北歐債權國家一口氣打破兩項歐元區長久以來的禁忌：同意大約半數的金額採取補助款而非貸款，並以發行共同債券的方式在貨幣市場募集資金。此一突破最重大的意義在於它對南歐經濟體做出的承諾，這些壓力沉重的經濟體在歐元區過去一直是慘澹度日。

最受矚目的人物則是義大利總理德拉吉，這位十年前的歐元救星如今拿到兩千億歐元，要讓義大利經濟既復甦且提高生產力，同時對環境更為友善。然而二〇二二年秋天，義大利右翼民粹主義者上臺掌權，原本可望脫胎換骨的經濟復甦被打上問號。就整個歐陸而言，我很希望義大利這個歐盟創始成員國、歐盟第三大經濟體暨「永恆之城」羅馬所在地能夠體認到，留在歐盟才能維持堅實的經濟與政治前途。但前途總是難料，如今這一切都在未定之天。

德國歷史學家科塞雷克（Reinhart Koselleck）曾有一篇文章〈未知的未來與預測的藝術〉指出，我們以歷史為依據的預測越能夠汲取**反覆發生**的經驗，準確度就會越高。因此「你將會死亡」這項預測百分之百正確，因為龐大的歷史資料集完全找不到反證。科塞雷克也認為，諺語是人類累積智慧的寶庫，不可等閒視之。以「驕兵必敗」為例，這句諺語很好地形容歐洲及整個西方：它們對於自身在二〇〇〇年代初締造的金融化及全球化資本主義，抱持著克羅索斯式的傲慢。

其他反覆發生的現象包括戰爭、革命、帝國，甚至瘟疫大流行，歷史上不乏大量實例供我們參考，進而察覺出典型模式，或是對可能性做出更審慎的陳述。好比說，如果我們將一九八〇年代的蘇聯視為一個帝國，而不是某種全新事物，就會看到一個走下坡的帝國，而我們知道走下坡的帝國終究會崩潰。我們無法預測蘇聯何時崩潰，但能夠看出它的發展方向。

這種以歷史資訊為根據、縝密研究反覆出現經驗之後做出的推測，如果經過分享、省思與熱烈辯論，將會事半功倍。古典學者史考特（Michael Scott）認為，德爾斐神諭就是以這種方式來幫助遠古世界的決策者。當你一路爬上帕爾納索斯山的山坡，和其他同樣陷入兩難抉擇的人一起等候，再向皮媞亞請益，這一過程提供省思的機會。神諭內容往往模稜兩可，讓請益者帶回西元前五世紀的雅典之類的城邦，促使人們進行辯論，進行真正的審議式民主。經歷過這樣的程序，行動方針才得以定案。有智慧的決策者會在過程中調整政策，監控成效，考量各種新出現的狀況。

古老智慧在今日仍有參考價值。一九九一年蘇聯崩潰之後，西方尋求與俄羅斯建立戰略夥伴關係，致力於協助俄羅斯現代化，讓俄羅斯加入七大先進工業國家的行列，或是嘗試透過歐洲安全暨合作組織及北約與俄羅斯委員會等泛歐組織來強化歐洲安全，這些做法都沒有錯。然而，帝國與後帝國行為一再表現出的歷史模式應該讓我們有所警覺，預見到當擁有數百年歷史的帝國在短短三年之內就宣告崩潰，且幾乎未發一槍一彈，這樣一個前殖民強權遲早會做出反彈。當激烈反彈出現，我們就應該在俄羅斯二〇〇八年入侵喬治亞、二〇一四年併吞克里米亞並引發烏克蘭東部戰亂時強力應對，降低對俄羅斯的能源倚賴，為更惡劣的局勢做好準備。我們無法精確預測普丁會採取何種行動、何時行動，他自己可能也不知道，但若能從帝國史記取教訓，我們對於他在二〇二二年入侵烏克蘭將會有更充分的準備。

那麼，我們今天應該預期什麼樣的情勢並做好準備？二〇〇八年迄今，歐洲陷入接二連三的危機。在我寫作本書時，沒有人知道這樣的趨勢是否會持續下去。至少，我們是從高處向下墜落。戰後歐洲的成就，以及柏林圍牆倒塌後歐洲的成就，有許多都還是經得起時間考驗。如果你是一位歐盟公民，能夠負擔長途旅行，你依舊可以在某個禮拜五的早晨醒來，決定搭乘平價航空班機，飛到歐陸的另一端，不需要簽證，不需要護照，不需要兌換貨幣。如果你愛上那個地方，或者愛上你邂逅的某個人，你可以選擇待在當地，生活、工作或是求學。從赫爾辛基到雅典、從塔林到里斯本，你會發現自己置身於歐洲歷史上範圍最廣大的自由、繁榮與安全。這還不是一個「完整而自由的歐洲」，但趨近程度已經是史無前例。我們只要能夠好好捍衛並延續這樣的成就，再維持幾十年時間，就可算是表現優異。

儘管如此，來自歐洲內部與周遭地區的挑戰仍然嚴峻。我剛剛提到的歐洲美好自由，在歐盟境內仍有數以百萬計的人民並無法享有，他們面對的是貧窮與社會排斥，或者本身是遭到壓迫的少數族群。在幾個成員國之中，幫助具移民背景民眾融入社會的工作並不順利。新冠肺炎大流行重創全球經濟，烏克蘭戰爭又雪上加霜。通貨膨脹再度惡化，而且來勢洶洶。政府與民間債臺高築，經濟衰退陰影籠罩，歐元區有可能再度遭遇試煉。如此艱難的局勢卻是民粹主義者的良機，如今匈牙利不再是一個民主國家，波蘭的民主正飽受威脅。

我們還沒討論到歐盟之外的歐洲大片地區。若根據我在本書開篇提出的廣義「歐洲」定義，歐盟之外的歐洲擁有四億人口，歐盟自身也有四億五千萬。脫歐之後的英國期望與歐盟締結建設性的新關係，而目前距離這一目標仍然相當遙遠。科索沃、波士尼亞與塞爾維亞的人們仍然不知道歐盟是否願意接納他們。烏克蘭陷入戰火，摩爾多瓦與喬治亞受到威脅，白俄羅斯前景黯淡，普丁的俄羅斯已然是一個法西斯獨裁政體，土耳其則是威權當道：就連做法和平、立場溫和的公民社會運動者也會被判處重刑。

歐洲的疆域並沒有明確的楚河漢界，其邊境逐漸消失在地中海、歐亞大陸與大西洋之上，後者的意義尤其重要（否則加拿大非常適合成為歐盟成員國）。未來數十年間，歐洲對自家周邊地區的所作所為，就與歐洲在核心地區的舉措一樣重要。在中東地區，阿拉伯之春許下的承諾早已被捲土重來的威權統治取代。就連阿拉伯之春最後倖存的花朵突尼西亞，似乎也已開始凋零。摩洛哥的年輕人如何看待今日的局勢，我也已在休達得知。*

歐洲與我們困難重重的鄰近地區，如今正面臨幾股強大力量的進逼，包括人口、氣候與科技，以及新舊強權。五十多年前我剛開始遊歷歐洲時，全世界人口還不到四十億，如今已超過八十億。據估計，非洲人口到二〇五〇年時會再度倍增，新添十二億人。對於幫助地球上的男女老幼營造更為永續、更有尊嚴的生活方式，我們歐洲人能夠做出什麼貢獻？或者我們只打算以一道新鐵幕將歐洲包圍起來、安心於每年提供不到GDP百分之一的經費充當發展援助，同時將歐洲變成一座特權階級堡壘？今日的歐洲正是往這個方向前進，但我認為在道德上無法接受，在政治上也並不可行。

超越國家疆界的，還有氣候變遷。過去五十年來，地球的平均溫度上升攝氏零點五度，幅度超過從上一次冰河時期結束到西元一九〇〇年的一萬一千年間。對年輕的後一九八九世代而言，氣候危機是一

＊ 譯註：二〇二四年十二月，殘酷鎮壓阿拉伯之春、引爆長期內戰的敘利亞阿塞德政權垮臺，為中東情勢投下新的變數。

個重大政治議題。我這世代最大的敗筆就在於，未能在全球暖化相對還算容易處理時做出應對。對此，今日的民主國家能夠推動徹底、快速的必要變革嗎？二〇二〇年一項調查顯示，五成三的歐洲年輕人認為威權國家要比民主國家更能夠處理氣候危機。

那麼科技會扮演人類的救星嗎？同樣是在過去五十年裡，我們見識到歷史上最了不起的科技大躍進。如果你把一九七〇年代的某個人直接空降到今日世界，再把一套我們稱之為「手機」的神奇裝置放在他手裡，示範各種功能，他只會認為自己進入科幻小說。然而科技進展往往是一把雙刃劍，網際網路讓我們以前所未有的方式取用全世界的知識，卻也催生出一種讓造假資訊與部落主義大行其道的惡質政治。人工智慧有機會締造卓越，但一些專家擔心它將威脅人類生存。人工智慧也可能會升高戰爭的危險性，發展出一系列武器系統，其運作方式連操控者都無法完全理解，更別說他們的對手。從美國看中國或從中國看美國都是如此。

這幾股強大力量的運作背景，是一個強權激烈競爭的世界。二〇〇〇年代初，歐洲人（及部分美國人）相信二十世紀晚期的歐洲預示了世界的未來：後民族主義、經濟相互依存、互相合作、遵守法律、和平共處。但到了二〇二〇年代，這世界似乎越來越像十九世紀晚期的歐洲：充斥著疑慮重重、相互對抗的強權，將戰爭視為政治的延伸，而且非西方強權的決定權正在水漲船高。

本書闡述的歐洲故事之所以發生，美國在一九四五年後做出的貢獻是一大關鍵。但今日美國在國內外表現出來的傲慢，正在對這個「自由國度」造成可怕的傷害。二〇二一年一月六日美國國會山莊遭到攻占，使我們看到人們企圖以暴力推翻自由公平的選舉結果。歐洲人當然希望美國能夠恢復元氣，就像它當年挺過水門案醜聞及越戰。然而，與戰後歐洲、柏林圍牆倒塌後的歐洲這兩段時期相比，我們未來恐怕不能太過倚賴美國。

只要普丁仍然坐鎮克里姆林宮，我們就必須面對一個侵略成性、冷酷無情的俄羅斯。從戰略層面來看，更大的挑戰在於中國。我們也許並不欣賞它的發展型威權主義模式，以及前所未見的列寧式資本主義，但有許多全球南方國家對此興致勃勃。中國已經深入歐洲內部，將自家財富轉化為影響力。與此同時，習近平對臺灣虎視眈眈，就如同當初普丁對克里米亞。許多嚴肅的分析家都認為，未來五年之內，美國與中國很有可能為了臺灣而爆發軍事衝突。

我在二〇〇四年展望當時的自由世界，一度對幾個非西方的民主國家寄予厚望，拜登總統至今也仍有部分同感。那麼這些國家今日的狀況如何？我們還能指望全球最大的民主國家印度，還有巴西與南非嗎？但在烏克蘭戰爭爆發之後，這三個國家都或多或少支持俄羅斯，顯示我們並不能假定民主國家必然會與西方同一陣線。這類國家支持俄羅斯各有特殊理由，但主要的共同因素在於歷史記憶，以及對於西方宰制的不滿。歷經了六百年的歐洲殖民（例如休達是在一四一五年首度被占領）及約莫兩個世紀的西方君臨全球局勢，見證過霸權從英國傳承給美國。如今，是時候回敬西方了。

面對二〇二〇年代如此嚴峻的世局，我們要記取德爾斐神諭的兩則教訓。首先，我們不會知道今天下午將發生什麼事，更不用說幾年後的事。其次，我們需要有歷史依據的睿智預測，來為可能降臨的挑戰做好準備。各位讀者讀到這裡時，想必某些出乎意料之事已然發生。數十年的光陰會讓最深謀遠慮的智者看起來像個傻瓜。一九七三年慎重其事的預測，到了二〇二三年都將有如笑話一則。（還記得當年有人說蘇聯即將超越美國嗎？）我們現在進行的任何預測，到了二〇七三年也將遭逢同樣的命運。五十年之後的讀者會嘲笑我自不量力，試圖以細如鉛筆的手電筒探照黑暗的未來。他們可能會躲藏在核子掩體或沙漠洞穴中感嘆我「怎麼會如此樂觀」，或者置身於神奇科技構築的「馬斯克城」或「祖克柏館」詬病我「怎麼會如此悲觀」。與此同時，二〇七三年時的二十多歲年輕人會批判老邁的後一九八九世代，認定他們當家時錯失或搞砸了某些重大問題，就像今天後一九八九世代對我這個世代的批判。

從美國與中國為了臺灣開戰，到全球暖化導致地球均溫較工業革命前上升攝氏二度以上，這些最壞的情況只要有一個發生，二〇二〇年代會出現一個新的褚威格，寫下新一部輓歌，哀嘆一個永遠失落的《昨日世界》。但我要在此重申與強調，褚威格式的宿命論並不是我們今日應該抱持的精神。

借用那句出自法國作家羅曼·羅蘭（Romain Rolland），且因為義大利馬克思思想家葛蘭西（Antonio Gramsci）而廣為人知的精闢格言，我們需要的是「心智上的悲觀，意志上的樂觀」。心智上的悲觀可以帶來正面效應，畢竟支撐歐盟最堅實的論證並非什麼潘格羅士式的天真樂觀，*而是基於建設性的悲觀。正因為我們深知歐洲積習難改，極有可能重蹈覆轍，我們才特別珍惜歐洲的每一項法律、合作與和平解決衝突的框架。一九七〇年代的心智悲觀為一九八〇年代後期的向上提升奠定基礎，進而開啟歐洲歷史上最滿懷希望的時期。相較之下，二〇〇〇年代早期基礎薄弱的心智樂觀，則引發了那個年代後半的向下沉淪。

羅曼・羅蘭格言的智慧不僅指涉知識與政治，也觸及心理層面。葛蘭西在一九二九年身陷法西斯監獄時曾寫信給弟弟卡羅：

我自身的心態融合了這兩種感受，並且加以超越：我的心智悲觀，但我的意志樂觀。無論處於何種情境，我都會想像最最可怕的結果，來鼓動自己全部的意志力，克服每一道障礙。既然我從來不曾營造幻想，因此我也很少失望。

簡而言之，這是一種心靈力量的鍛鍊。預期最壞的結果，追求最好的結果。

當哈維爾在一九八〇年代從共產黨監獄獲釋之後，也曾表達過類似的想法：「抱持希望並不是一種預測，而是精神取向，心靈取向。」抱持希望是「一種能力，做一件事的起心動念在於為所當為，而不是因為有機會成功……抱持希望並不是一種信念，以為事情一定會有好的結果，而是確信一件事有其道

＊　譯註：潘格羅士（Pangloss）是伏爾泰小說《憨第德》（*Candide*）中的人物，衍生義則為「天真的笨蛋」。

理，不會因為結果好壞而改變」。

今日的歐洲儘管有各式各樣的過錯、侷限與偽善，儘管近年遭逢種種挫敗，仍然遠勝於我在一九七〇年代早期出發探索的歐洲，更不用說是我父親在年輕時經歷的地獄歐洲。當前歐洲比前幾個世紀更好，包括一九一四年之前那個被褚威格理想化的歐洲。事實上，我們可以借用邱吉爾評論民主的名言來評論今日歐洲：這是最糟糕的歐洲，除了我們一再試驗過的歐洲之外。捍衛、提升及擴展一個自由的歐洲有其道理，也是一份值得我們抱持希望的志業。

尾聲

諾曼第海灘

我來到法國諾曼第小鎮維蘇梅的海灘上，一九四四年D日第一波攻勢發起時，我父親就在此處登陸。現在是早上七點三十分，正是我父親踏上沙灘的時間。天空多雲，點綴著粉紅色曙光。海風傳送著一股濃烈刺鼻的海水與海藻氣味。這一帶灰綠色的海域曾經滿布登陸艦與兩棲戰車，史上最大規模的艦隊砲火震耳欲聾，如今是全然的空曠與寂靜，只有兩名早起的漁夫穿著涉水褲，站在漲潮的淺水區試試運氣。英格蘭在地平線上的某處。

站在這座強風吹襲的諾曼第海灘上，我想到父親登陸後將近八十年間，歐洲經歷的點點滴滴，尤其是我親身見證的近半世紀歐洲史，人事時地物。格但斯克的造船廠、布拉格的劇院、柏林的一道圍牆、克拉伊納的殺戮戰場；達倫多夫、哈維爾、葛萊米克、阿斯奈、安妮格雷特、羅莎與所有日後將決定歐洲前途的歐洲年輕男女；勝利與災難，耐心的成就與愚蠢的錯誤——包括我自己的錯誤。有些人從偉大變成渺小，有些男男女女看似「平凡」卻成就偉大。過去的殊方異域如今已是歐洲家園。

站立了一陣子之後，我轉身背對灰綠色海水，走上一條狹窄小徑。一九四四年六月六日，我父親在槍林彈雨中走過同一條小徑，和他的信號員砲兵軍士考斯福特（Bombardier Croxford）一起揹著沉重的軍用無線電。幾天之後，那位砲兵軍士會讓大家看他的鋼杯，上面有個被狙擊手射穿的彈孔，宛如老套電影情節，只是這回千真萬確。走上前方高地頂端的懸崖，我仍然看得到他們的第一個砲兵定位標點，一座被他們暱稱為「馬桶屋」的別墅，儘管得名緣由的環形車道後來蓋起了現代化房舍。正後方曾經有座德軍營房，是希特勒「大西洋長城」的一部分，如今也已消失不存。威斯騰當地歷史學家歐斯默斯的父親可能來過這裡拜訪朋友，他服役的納粹武裝親衛隊負責抵擋盟軍進攻。

我的視線沿著懸崖望向西方，天光初亮，英國的米字旗與法國的三色旗高高飄揚在一座建築物上，乍看之下像是雅典衛城，其實是英國諾曼第紀念堂，二〇二一年才揭幕啟用。中心紀念碑的四周是兩列勃艮第石灰岩石柱構成的巨大長方體，有如迴廊般的露天設置；石柱頂端以木質橫梁連結，又像是一座藤架。紀念堂靠海的那一面視野絕佳，耕耘整齊的田地與沼澤濕地、一英里又一英里的諾曼第登陸海灘，全都一覽無遺。中心紀念碑的一面鐫刻著戴高樂對同胞的宣示：解放大軍已經「從古老英格蘭海岸」開拔。

石灰岩石柱上鐫刻了兩萬兩千四百四十二位官兵的姓名，他們來自三十多個國家，由英國軍方統帥，在一九四四年六月六日諾曼第登陸戰到八月底巴黎解放這段期間犧牲性命。他們依據陣亡日期排列，紀錄非常簡要：姓氏、名字首字縮寫、軍階、年齡。我特意尋找兩個人，他們和我父親隸屬同一支部隊，而且任務一樣危險。找到了：六月十四日，霍爾，EWC，上尉，二十四歲；六月二十日，史旺，KG，少校，二十八歲。對我父親而言，這兩人分別是泰德．霍爾（Ted Hall）與肯恩．史旺（Ken Swann），是袍澤也是朋友。「永遠不會老去的少年們。」*我端詳父親戰時照片上他們的容貌。

也許只差那麼一點，父親的名字就會被刻上石柱。諾曼第登陸戰頭三個月，砲兵前進觀測官的傷

* 譯註：語出英國詩人郝斯曼（A. E. Housman）悼念波耳戰爭的詩作〈成百少年湧來〉（The Lads in Their Hundreds）。

亡率超過五成。我教父培瑞（Stephen Perry）也是一位砲兵前進觀測官，培瑞叔叔有一回和我一起搭船渡過英吉利海峽，跟我說戰後三十年仍有一塊彈片在他體內遊走。我哥的教父基爾恩（Robert Kiln）叔叔則是在安恆戰役失去一條腿。像這樣的事情，誰敢斷定不會再發生？南斯拉夫與烏克蘭都已發生，「啊，但不會發生在這裡。」他們說，他們總是這麼說。

記憶是關於過往，但也是放眼未來，就像德國村莊威斯騰與波蘭村莊普希謝欽，維蘇梅這座法國小鎮對此心領神會。記憶的美好工作在這裡已進行多年，而且不只是為了吸引觀光客。一位名叫杜龐（Jean-Pierre Dupont）的飛行迷在二戰時期還是個孩子，曾經長住維蘇梅的「馬桶屋」——我們還是尊重一點以正式名稱「救世主別墅」來稱呼。D日那天，基爾恩叔叔指揮的大砲試圖摧毀別墅後方的德軍營房，結果卻誤擊別墅，在中間炸出一個大洞，所幸杜龐當時已不住這裡。二十世紀即將結束時，杜龐發起一項計畫，設立一座小型博物館來記錄當地的D日歷史。如今博物館的策展人為我展示登陸戰的照片與重建模型，對細節如數家珍：好比說駐紮在救世主別墅後方的德軍，曾經將他們在東線戰場擄獲的蘇聯紅軍大砲千里迢迢運到諾曼第。維蘇梅的德意志國防軍有不少兵員是徵召自被德國併吞的波蘭西部、蘇臺德地區與阿爾薩斯。英國諾曼第紀念堂也看得到波蘭姓名。全歐洲都匯集在這裡。

解放之後，德國戰俘哈貝克（Dietrich Habeck）被留置在維蘇梅，執行地雷清除工作。他十五歲時因為加入聖經社團而被蓋世太保偵訊，十八歲時被徵召加入德意志國防軍，擔任無線電通信士。他在維蘇梅待到一九四八年，與兩名法國警衛成為好友，後來定期舊地重遊。一九七三年時，哈貝克教授已是德國蒙斯特（Münster）一位卓越的醫學專家。某日他發現救世主別墅外面掛著「出售」的告示牌，於是買下來作度假之用。一九九四年是D日五十週年紀念，杜龐與太太珍妮帶著我父母親、羅伯特叔叔與他妻子等四位英國客人，與哈貝克夫婦共進午餐，地點正是他們個人生命史奇特交織的所在：救世主別墅。哈貝克夫人笑著感謝兩位英國老兵當年在牆上轟出一個大洞，讓她靈機一動，安裝一扇美麗的大窗。那天賓主留下一張照片：英國人、法國人與德國人站在一起，滿臉微笑，後方矗立著一座重建後美侖美奐的半木結構房舍。這就是歐洲。

在我眼前，維蘇梅鎮長正熱忱談論鎮民如何致力於保持歷史記憶。他最近才啟用一條「記憶步道」，由九座紀念碑組成，安置在高度及腰的基座，沿著環繞城市的人行道擺放。除了關於當地歷史的照片與文字描述，也涉及邱吉爾與羅斯福等世界歷史事跡，並加上幾句精挑細選的名言。我特別喜歡戴高樂寫給未來的話：「愛國主義是熱愛自己的國家，民族主義是憎恨別人的國家。」艾德諾則如是說：「將所有原本可以避免的事件匯集起來，就成了歷史。」

維蘇梅鎮議會也建立了一個影子性質的「青年議會」，還設有虛位的「青年鎮長」與議員，其中幾位年輕人將要在紀念碑旁進行報告。我來到一家名為「海邊的司事」（Sexton Côté Mer）的小酒館，奇特的名字自有解釋：馬路對面一小塊三角形公有土地「基爾恩公園」（Espace Robert Kiln）中，就停放著一部二戰時期的司事式自走砲。我在這裡見到年方十三歲的青年鎮長黎安德（Léandre）：一頭捲髮，滿臉雀斑，眼睛炯炯有神，戴著新冠防疫口罩。他要準備報告邱吉爾與羅斯福。一開始的演練不太順利，似乎誤以為邱吉爾是美國總統，但接下來他唸出手機上的筆記，充分解釋了聯合國為何要成立，我也嘗試對他做了一點記憶傳輸。

想要尋找最淋漓盡致、道道地地的歐洲，沒有什麼地方比得過這處諾曼第鄉間：豐美的田地、矮樹叢與樹籬，蜿蜒小徑穿越散亂的村莊，中古時期教堂的布告欄召喚著征服者威廉的年代。大型莊園農場圍繞著高大厚實的石牆，在石牆後方的涼爽房舍，醇酒與美食也是歐洲文化的一部分。繁榮、和平、自由，那些讓法國各大城市郊區水深火熱的問題彷彿遙不可及。對於我們稱之為「歐洲」的政治計畫，這個洋溢歐洲特質的地方會給予最大支持，理應如此。

結果，在二〇一七年法國總統選舉的第二輪投票中，超過三分之一的維蘇梅選民投給國民陣線領導人瑪琳．勒龐，此人讚揚英國脫歐，主張法國脫離歐元區。可見當「歐洲計畫」在二十一世紀第一個十年遭遇困難，懷疑與憎恨也跟著水漲船高。進一步分析維蘇梅的選舉結果可知，有三百七十七名選民把票投給這位極右派民族主義候選人（二〇二二年總統選舉時勒龐又多了八十二票）。

「支持勒龐的選民多半不願意承認。」一位當地鎮議員警告我，但我還是找到其中一人。

在一個美好晴朗的星期六，這位勒龐支持者和我坐在海邊的司事小酒館，大快朵頤法式小牛頭與根莖類蔬菜。我應該稱他為「M先生」，他是一位性情愉悅、聰明過人、酒量奇佳的退休牙醫，八十來歲，有著講不完的故事與生活趣事。我喝了一杯葡萄酒，他暢飲四杯。老牙醫出生於一九三六年，對德軍占領時期記憶猶新，他記得的事情包括一名德軍士兵到他家吃晚餐，同時還有一名逃兵正躲在閣樓。他也記得自己偷聽ＢＢＣ的戰時法語廣播服務「倫敦電臺」，以及加拿大部隊解放維蘇梅。但他認為歐洲近年走上歪路，未來也會再次把票投給勒龐，「因為移民問題」，他的立場非常清楚。

「我贊同英國脫歐。對於今天的法國，我贊同停用歐元、脫離歐盟。」

他以「布魯塞爾」指稱歐盟：布魯塞爾一直對我們頤指氣使，甚至規定我們如何製作諾曼第乳酪。我們的民主怎麼會變成這樣？

我是一個來自英國的親歐派，因為同胞的投票結果而被剝奪歐洲公民權，此時開始嘗試說服他改變想法。歐盟的確犯了許多過錯，但你真的願意承受歐盟解體的風險嗎？你一定還記得那個狀況遠比今天糟糕的歐洲吧？

一個英國人想讓一個法國人肯定歐洲的好處，這可是相當奇特的角色置換。嘗試了幾個回合之後，我決定我們至少應該為歐洲乾一杯。

「所以，」我舉起酒杯，「無論如何，敬歐洲！」

但他不願意附和，雖然舉起第三杯酒，仍建議我們為「葡萄栽培」乾杯。

只是我並沒有放棄，甜點上桌時再次嘗試，M先生也再次拒絕，這回建議為「我們」舉杯。此時我想，「我們」已幾乎可以和「歐洲」畫上等號，儘管M先生並無此意。

在百般不願之後，他終於退讓，舉起最後一杯酒，半是勉強，半是欣然，聳聳肩膀。

「敬歐洲！」

作者附記

感謝讀者與我共度這段漫長的旅程，我在個人網站「www.timothygartonash.com」列出了我的筆記、本書所有引述，以及許多事實與數據資料的來源。這個網站還收錄了一些影像資料，從一九四五年我父親在威斯騰打板球、一九八〇年代東德史塔西祕密拍攝我與朋友、一九九〇年代晚期葛萊米克擔任波蘭外長時送我的「史達林的眼淚」伏特加，再到二〇二一年匈牙利總理奧班寫給我的信函、我在北非休達看到的「新鐵幕」，以及烏克蘭戰爭的影像。書中的故事會繼續進行，如果讀者對後續發展有興趣，可能會喜歡我的Substack電子報《歷史現在式》（*History of the Present*），歡迎上網站「timothygartonash.substack.com」訂閱。

本書的寫作得到許多人的協助。關於對話、回憶、特定論點的引導，我最感謝的是Gian-Paolo Accardo、Suleika Ahmed、Corinne Ailleret、Suzanne Ailleret、Othon Anastasakis、Carol Atack、Erica Benner、Jarosław Berendt、Paul Betts、Carl Bildt、Tony Blair、Koussay Boulaich、Hugo Brady、Archie Brown、Helen Buchanan、David Cameron、Alastair Campbell、Paul Chaisty、Sebastian Chosiński、Cathryn Costello、JeanFrançois le Cuziat、Pat Cummings-Winter、Kim Darroch、Florian Dirks、Weronika

Dorociak、Jean-Philippe Dupont、Charles Enoch、Tula Fernández、Irena Grosfeld、Margret Herbst、Judith Herrin、Fiona Hill、Lindsey Hilsum、Harold James、Jan Kaniewski、Jonathan Keates、Matthew Kiln、Kostis Kornetis、Kamila Kłos、Małgorzata Kranc-Rybczyńska、Joachim Krätschell、Werner Krätschell、Jarosław Kurski、Oliver Letwin、Edward Llewellyn、Eleni Louri-Dendrinou、Noel Malcolm、Hartmut Mayer、Michael McFaul、Franziska Meifort、Michael Mertes、Charles Moore、Wolfgang Münchau、Norman Naimark、Mattia Nelles、Kalypso Nicolaïdis、Peter Nippert、Pablo Núñez Díaz、Philippe Onillon、Zbigniew Orywał、Jan Osmers、Richard Pertwee、Maria Polachowska、Charles Powell (London)、Charles Powell (Madrid)、Jonathan Powell、Stuart Proffitt、Condoleezza Rice、Andrew Riley、George Robertson、Jacques Rupnik、Michael Scott、Jean Seaton、James Sheehan、Aleksander Smolar、Róża Thun、José Ignacio Torreblanca、Ivan Vejvoda、Jean-Luc Véret、Stephen Wall、Kieran Williams、Peter Wilson、Joachim Woock、Mark Wood、Martin Wolf、Michael Žantovský與Philip Zelikow。

我也得到許多非常珍貴的研究協助與回饋，在此要特別感謝Marilena Anastasopoulou、Sonia Cuesta Maniar、Lukas Dovern、Jan Farfal、Olivier de France、Kristijan Fidanovski、Daniel Kovarek、Josef Lolacher、Ana Martins、Jonathan Raspe、Adriana Riganová、Olena Shumska、Alexandra Solovyev、Lucas Tse、Achille Versaevel、Reja Wyss，以及歷任的達倫多夫計畫（Dahrendorf Programme）研究經理Maxime Dargaud-Fons、Selma Kropp、Jana Bühler、Luisa Melloh與Adele Curness。

Georges Borchardt、Natasha Fairweather、Stuart Williams、Bill Frucht、Ana Fletcher 與 Graeme Hall 讓本書編輯工作在每個階段都樂趣洋溢。我還要特別感謝 Daniel Judt、Ian McEwan、Michael Taylor、Tobias Wolff 與 Robert Zoellick 對每一份書稿的仔細校讀。至於我虧欠最多的人，就是本書題獻的對象 D、T、A：愛妻妲努塔與兩個兒子湯姆、艾利克。

Beyond

89

世界的啟迪

成為歐洲人

親身經歷的戰後歐洲史

Homelands: A Personal History of Europe

作者	提摩西・賈頓艾許（Timothy Garton Ash）
譯者	閻紀宇
責任編輯	洪仕翰
內頁排版	宸遠彩藝
封面設計	廖勁智
行銷企劃	張偉豪
總編輯	洪仕翰

出版	衛城出版／左岸文化事業有限公司
發行	遠足文化事業股份有限公司（讀書共和國出版集團）
地址	231 新北市新店區民權路 108-3 號 8 樓
電話	02-22181417
傳真	02-22180727
法律顧問	華洋國際專利商標事務所　蘇文生律師
印刷	呈靖彩藝有限公司
定價	新台幣 580 元
初版 1 刷	2025 年 6 月
ISBN	9786267645277（紙本）
	9786267645215（EPUB）
	9786267645222（PDF）

歡迎團體訂購，另有優惠，請洽 02-22181417，分機 1124

國家圖書館出版品預行編目(CIP)資料

成為歐洲人：親身經歷的戰後歐洲史／提摩西・賈頓艾許(Timothy Garton Ash)著；閻紀宇譯 -- 初版. -- 新北市：衛城出版，左岸文化事業有限公司出版：遠足文化事業股份有限公司發行，2025.06
-- (Beyond ; 89)(世界的啟迪)
譯自：Homelands: A Personal History of Europe
ISBN 978-626-7645-27-7(平裝)

1. 歐洲史

740.275　　114003952

ACRO POLIS
衛城出版
Email　acropolisbeyond@gmail.com
Facebook　www.facebook.com/acrolispublish